Rudolf Kleinpaul

Rom in Wort und Bild

Eine Schilderung der ewigen Stadt und der Campagna

Verlag
der
Wissenschaften

Rudolf Kleinpaul

Rom in Wort und Bild

Eine Schilderung der ewigen Stadt und der Campagna

ISBN/EAN: 9783957009227

Auflage: 1

Erscheinungsjahr: 2016

Erscheinungsort: Norderstedt, Deutschland

Hergestellt in Europa, USA, Kanada, Australien, Japan
Verlag der Wissenschaften in Hansebooks GmbH, Norderstedt

Cover: Sandro Botticelli "Die Verleumdung des Apelles" (1495)

ROM

IN WORT UND BILD.

ERSTER BAND.

Die Bauten Caligula's: Reste seiner Brücke vom Clivus Victoriae gesehen.

ROM

IN WORT UND BILD.

EINE SCHILDERUNG

DER EWIGEN STADT UND DER CAMPAGNA

VON

RUDOLF KLEINPAUL.

ERSTER BAND.

MIT 172 ILLUSTRATIONEN.

LEIPZIG

HEINRICH SCHMIDT & CARL GÜNTHER.

1882.

SEINER MAJESTÄT

DEM

KÖNIG ALBERT VON SACHSEN

IN TIEFSTER UNTERTHÄNIGKEIT

GEWIDMET

VON

RUDOLF KLEINPAUL.

Alma parens hominum, populorum magna sacerdos,
Lucida militia, relligione, fide:
Bis suprema globi regina, bis arbitra terrae
Et nostri sedes scilicet imperii:
Roma, caput mundi, vetus orbis domna rotundi,
Tot confessorum sanguine rubra pio:
Urbs sacrata diu mortalibus imperiturae
Saxoniae Regem rite salutat: Ave!

VORWORT.

Wir sind in Rom; ein Genius hat unsern Schritt beflügelt und uns einen der vielen Wege gewiesen, die nach der Welthauptstadt führen.

Ist das jenes Rom, das eine Welt in sich getragen hat, dessen mächtiger Name wie Donnerrollen unser kindliches Ohr und die erwachende Phantasie betäubte, das wir nicht aussprechen können, ohne die Schauer der Unendlichkeit zu fühlen? —

Ist das Rom, die Niobe der Nationen; ist das Rom, die grosse Karawanserai der Christenheit; ist das Rom, das Aachen Italiens, die Krönungsstadt und das ruhmvolle Erbtheil unserer deutschen Kaiser? —

Ist das die ewige, die heilige, die Siebenhügelstadt? —

Ja, sie ist's! Sie liegt vor Gott in ihrer Majestät und Grösse; eine himmlische Luft zieht belebend in unsere Brust, eine urwüchsige Vegetation heisst uns erstarken und gesunden, blaue Berge umkränzen duftig und sanftansteigend das weite Blachfeld — und ein mildes, überirdisches Licht blüht über den sieben Hügeln, verklärt die schweigenden Ruinen und die herumstehenden Marmorbilder, weckt in uns eine nie geahnte Stimmung von feierlicher Ruhe, von andächtigem Gebet, von ernster Sabbatstille.

Es ist, als lernten wir hier erst unsere Erde und unsern Himmel kennen — als seien wir wie Kinder auf einen Stuhl gestiegen, um näher am Angesicht der unendlichen Mutter zu stehn und sie zu erlangen mit unserer kleinen Umarmung.

Und wie Kinder ruhen wir am Herzen der grossen Mutter, spielen wir mit ihr, laufen wir in ihrem Hause umher, horchen wir auf die Geschichten, die sie uns erzählt, entzücken wir uns an den Bildern, die sie vor uns ausgebreitet hat.

Das alles dringt auf uns ein — Altes und Neues, Zerbrochenes und Ganzes, Vergangenes und Umgewandeltes, Heiliges und Profanes — das Leben der Göttin und ihr ungeheures Dasein umbraust uns wie ein Meer, verwirrend, berauschend, hinreissend, überwältigend.

Wie fangen wir es an, einige Ordnung hineinzubringen und diese Flut von Eindrücken zu bemeistern und zu dämmen? —

Da begegnet uns ein ehrwürdiger Greis, ein alter Romfahrer und deshalb von den Italienern Romeo genannt; der giebt uns aus dem Schatze seiner Erfahrung einen guten Rath.

Er sagt: Liebe Kinder, seht euch alles an, wie es eben kommt. System ist von Uebel in Rom; da läuft alles durcheinander, das müsst ihr nicht künstlich auseinander nehmen wollen. Denkt an den nächtlichen Sternenhimmel und seine Pracht: da giebt es Sterne, deren Licht Jahrtausende braucht, um zu uns zu gelangen, andere, die wir nach Jahrzehnten und noch andere, die wir fast in demselben Augenblicke wahrnehmen, wo sie erscheinen. Und doch sehen wir sie alle auf einmal und sie bilden für uns alle zusammen ein grosses unermessliches Sternenzelt, wie die Kinder und die Greise, die Jünglinge und die Männer eine einzige bunte Gesellschaft für uns bilden. Kennt ihr den hellen, röthlichen Fixstern in der Nähe der Plejaden? Wenn wir unsere Augen aufschlagen und sein glänzendes Licht bewundern, kann er vielleicht längst untergegangen sein, denn die Reise, welche ein Strahl von ihm zurücklegt, dauert an siebzehnhundert Jahre; und doch freuen wir uns seiner, als begrüsste uns ein trauter Zeitgenosse. Solche Sonnen und solche Sonnenweiten finden sich auch in Rom: bald sind es Aeonen, dass eine Stelle und eine Ruine wie ein Sternbild geleuchtet hat, bald nur ein paar Momente. Aber in der Gegenwart und im Augenblicke fliessen die alten und die jungen Strahlen zu einer Glorie und zu einem Kranz zusammen: ich bitte, zerpflückt sie nicht, die blühende Himmelsrose und lasst Rom sein Antlitz, das tausendfältige, das ewig wechselnde, das allgegenwärtige, lebt wohl! —

Wie wir nun die trefflichen Worte in unseren Herzen bewegen, begegnet uns ein anderer Romeo und giebt uns abermals einen guten Rath.

Er sagt: Ihr müsst methodisch zu Werke gehn. Ei, meine Kinder, Rom zu sehen ist ein grosses Glück für euch! Also nutzt dieses Glück recht aus. Macht euch eine Eintheilung und durch den Körper der Stadt wie durch ein Gebirge verschiedene Querdurchschnitte. Auf diese Weise gewinnt ihr Profile, durch welche die Structur und Mächtigkeit der historischen Schichten blossgelegt wird. Unten fängt ihr an: da lagert klar und stark wie krystallinisches Gestein das classische Alterthum. Es zerfällt in drei parallele Lagen, die kostbare Versteinerungen führen: in der obersten entspringt gleissend die goldene Ader der christlichen Religion. Weiter hinauf gewinnt Petrus völlig die Oberhand; es entsteht ein secundäres Gebirge, reich an Todtliegendem: daran schliessen sich kalkige Niederschläge und jüngere Eruptivgebilde. So bauen sich über einander und stetig wachsend die Formationen auf, bis endlich die verwitterte, zerfressene, von Thälern durchfurchte, selbst in ewiger Wandlung begriffene Kruste zu Tage kommt, die zu guterletzt vom italienischen Basalt gesprengt und durchbrochen wird. Jede dieser Formationen müsst ihr für sich betrachten und auf ihre Fossilien und ihre Petrefacten prüfen, dabei wie gesagt mit der ältesten anfangen und mit der jüngsten schliessen. Rom ist ein Bild der Erde: Glück auf! Treibt in Rom Geognosie.

Aber während wir wieder über diese Methode nachdenken, begegnet uns ein dritter Romeo und giebt uns einen dritten guten Rath.

Er sagt: Meine jungen Freunde, Rom ist wie das Meer; seid ihr wie Seeleute, die seine Tiefen messen, zugleich oberflächlich und gründlich, frisch und staubig und mit einer blendenden Form über bodenlose Wege täuschend. Ihr fahrt lustig auf der Oberfläche — sie ist eben und spiegelglatt; aber der Meeresgrund bald näher, bald entfernter. Bald ist das Wasser so tief, dass ihr den Mont Blanc oder den Chimborazo hineinwerfen könntet und die Wogen sich über ihnen schlössen; bald ist es so flach, dass ihr es mit euren Armen abreicht. Nun nehmt ihr eure Sonde zur Hand und lasst das Senkblei an der Leine in die Tiefe gleiten: es geht richtig zu Boden und steigt langsam wieder in die Höhe, alle Tiefenschichten stetig und der Reihe nach durchbohrend. Ob zweitausend Faden oder nur zweihundert gelothet werden, das Niveau des Meeresspiegels bleibt darum doch dasselbe, ohne örtliche Anschwellungen, der idealen Fläche gleich, welche entsteht, wenn wir uns den Meeresspiegel unter den Gebirgsmassen der Erde fortgesetzt und die letzteren gleichsam abgeschnitten denken. Ihr sitzt in eurem Schifflein und schickt euer Tiefloth abwärts an einer Stelle nach der andern und habt gleichsam ein Gebirge von Wasser unter euch, das mit ungleichen Gipfeln den Meeresboden ausfüllt, aber dessen breiten Rücken nur Sonne und Mond durch ihre Anziehungkraft verändern oder ein spielendes Lüftchen kräuselt.

Das Meer ist die räthselhafte Ewigkeit, die Rom umgiebt; der Meeresgrund ist der classische Boden, über den sie lautlos ebbt und fluthet; der Meeresspiegel ist die Gegenwart, in der ihr ankommt.

Und die Faden, nach denen die Tiefe gemessen wird, sind die Zeiten und die Perioden Roms: sie haben kein Ende, sie haben kaum einen Anfang, sie thürmen sich immer höher, und jedes Gestern verschwindet unter einem Heute, das wiederum vom Morgen überdeckt wird.

Die älteste Zeit bespült den jungfräulichen Meeresgrund. Das ist das antike Rom: es hat das Hauptbassin geschaffen und angefüllt. Auch die nachstürzenden Fluten höhlen sich ihre eigenen Becken aus: sie nehmen ihren Weg in die Campagna, sie verbreiten sich über das Marsfeld, sie dringen bis auf die rechte Tiberseite; und die Tiefsee erhält sich stellenweise rein und unvermischt, dass wir ihre krystallenen Wogen bis auf den heutigen Tag mit unserem Kiel durchschneiden, zum Beispiel am Palatin. Aber gewöhnlich laufen die jüngeren Ströme über die Spiegel der älteren Gewässer und bleiben wie Oel über ihnen stehen oder berühren sich mit ihnen und tauschen sich aus und bilden ein wunderbares Amalgam. Ist nicht unser Meer wie ein Gebirge aus Schichten zusammengesetzt und ruht nicht über dem Ocean die Luft, ein anderer Ocean? Wer oben im Aether schwämme und sich gleich einem Taucher herunterliesse, bis er zu den Korallenriffen und den Ungeheuern der traurigen Oede tief unter dem Schall der menschlichen Rede käme, der vollbrächte eine Reise wie sie das Bathometer des Touristen in den Abgründen der römischen Ewigkeit zurücklegt.

Wenn wir den Vergleich der Jahre mit den Maassen, die zu Tieflothungen dienen, beibehalten wollten, so könnten wir sagen, dass das römische Meer bis an dreitausend Faden hat — da wo es bis in die Urgeschichte Latiums hinabreicht; dass es an zweitausend Faden hat — da wo es bis ins christliche Alterthum hinabreicht; dass es etwa tausend Faden hat — da wo es bis in die Aera Karls hinabreicht; und dass es nur zwölf Faden hat — da wo es in's moderne Italien hinabreicht.

Aber es ist nicht gesagt, dass es nicht auch eine Tiefe von vielen tausend Faden haben könnte, wo eben die italienische Strömung herrscht, weil dieselbe ihre empörten Wellen wohl über das Urmeer und über alle Tiefenschichten zusammen treiben kann.

Wäre ich nun wie ihr, ich kundschaftete die Stellen aus, wo das Meer ungefähr die gleichen Faden hat, und mässe zuerst die tiefsten; dann ginge ich Schritt für Schritt oder Seemeile um Seemeile zu den flacheren und endlich zu den flachsten. Dabei habt ihr den Vortheil, einen festen Ausgangspunkt zu besitzen und zwar den allernatürlichsten: den, wo ihr eben seid. Ihr braucht nur an Bord zu gehn und die Segel aufzuhissen. Es ist eine lange Reise: die Götter geleiten euch; fahrt wohl! —

Das ist die Methode, nach welcher wir im gegenwärtigen Werke haben fahren wollen. Wir sind auch in Rom, wenn nicht der Wirklichkeit, so doch der Einbildungskraft und dem kunstvollen Bilde nach — dem Bilde, welches einem Gegenstande nicht ferne steht, der selbst ein Bild ist, und welches, seiner Klarheit und Deutlichkeit wegen, einem schwer erkennbaren Original nicht selten vorzuziehen ist. Die ewige Stadt wirft gleichsam ihre Schatten in unsere enge Zelle. Nun diese Schatten zu ordnen erfordert genau so viel Ueberlegung als eine Reise nach Rom und ein liebevolles Studium an Ort und Stelle; und da haben wir eben von der Gegenwart ausgehen, aber uns in der Gegenwart, ohne sie zu verlassen und ohne je mehr als einen einzigen Punkt *à plomb* zu nehmen, analog dem bleisenkenden Seemann vertiefen wollen, das topographische und historische Verfahren combinirend. Und sie senkten den Bleiwurf ein, heisst es von den Schiffsleuten, so Paulum gen Rom führeten, in der Apostelgeschichte, und fanden zwanzig Klafter tief, und über ein wenig von dannen senkten sie abermal, und fanden fünfzehn Klafter. Wir sind Nachkommen Pauli, wir haben sein Loth gefunden: lothen wir in Rom selbst.

Gohlis-Leipzig, 24. Juni 1882.

Rudolf Kleinpaul.

INHALTS-VERZEICHNISS.

ERSTER HAUPTTHEIL.

Wanderung durch das antike Rom.

ZWEITER HAUPTTHEIL.

Wanderung durch das altchristliche Rom.

Santa Maria in Ara-Celi.

Santa Pudenziana und Santa Prassede.

San Paolo fuori le Mura.

San Clemente Romano.

Die Callistus-Katakomben und die heilige Caecilia.

Santa Maria in Domnica und San Lorenzo fuori le Mura.

Sant' Agnese fuori le Mura und die Agnese-Katakomben.

San Giovanni in Laterano.

Santa Croce in Gerusalemme. — Santa Maria Maggiore.

Verzeichniss der Tafeln.

Verzeichniss der Text-Illustrationen.

Die westliche Seite des Forum mit dem Capitol, in ihrer jetzigen Gestalt, im Vordergrunde die Reste der Basilica Julia.

ERSTER HAUPTTHEIL.

Wanderung durch das antike Rom.

Forum.

I.

Am Abhang eines steilen Hügels, der durch eine Einsattelung in zwei Gipfel zerlegt und dessen ungleiches Areal mit Palästen, Klöstern und Statuen bedeckt ist, stehen wir; rechts gegenüber erblicken wir einen andern, viereckigen Berg, den ein Chaos von Ruinen und blühende Gartenanlagen überkleiden; und in der Tiefe dazwischen liegt in grossartiger Verwüstung, rings einstürzend und von öden Brandstätten umgeben, der ausgestorbene Marktplatz einer alten Stadt. Er ist wie gekehrt; kein Hauch von Leben regt sich in dieser Welt von Trümmern; nur hier und da lehnt ein fremder Pilgrim sinnend an einem kunstreichen Gebälk, einer eingerissenen Marmorwand, während über ihm auf den drei Säulen die drei Sibyllen sitzen, und die Sage unsichtbar und riesengross durch die verlassenen Hallen schreitet. Wie wird uns? Welch ein heiliger, ehrfürchtiger Schauer fasst uns an? Der Abhang, auf dem wir stehen, ist der capitolinische, auf jenem Berge erhob sich das alte Palatium, und dieser Platz heisst Forum.

O, sei gegrüsst, du ehrwürdiger alter Marktplatz, in deinem schauerlichen Ruin, in deiner düstern Grösse! Wagen wir's, zu dir hinabzusteigen? Darf der Sohn einer neuen, glorreichen Zeit die Steine betreten, auf denen Riesen wandelten, über die der triumphirende Feldherr die Nationen schleifte, wo die Catonen und die Caesaren ihre Fusstapfen zurückgelassen haben? —

Noch hallt der Donner der ciceronianischen Beredtsamkeit von den zwiefachen Rostris wieder, das erstaunte Rom hinreissend; noch tagt eine brausende Volksmenge, gleich einem aufgewühlten, launischen Meere auf dem Comitium; noch richtet sich angesichts desselben der Leichnam mit der dreiundzwanzigfachen Wunde geistergleich und dämonisch vom Todtenbette in die Höhe, und die Flammen seines Scheiterhaufens steigen wie Brandfackeln himmelan, mit denen der Triumvir das Weltreich entzündete.

Grosser, grosser, welthistorischer Platz, wo jeder Stein zu uns spricht! — Die ungeheure Wirkung, die Rom auf die Menschheit ausgeübt hat, klingt noch heute nach: es lebt Niemand auf Erden, dessen Dasein durch diese Stadt nicht näher oder entfernter, directer oder indirecter berührt worden wäre. Nun, gleich wie Rom die Welt elektrisirt, so das Forum Rom: denn das Forum ist gleichsam ein Rom in Rom, wo sich die Adern des Reichs als in einem Herzen sammeln, wo der „Umbilicus Romae" aufragt, wo der Heerd des Staates gegründet ist und das heilige, unverlöschliche Feuer der Vesta brennt — es ist auf kleinstem Raume das grösste, vollständigste Bild der Weltgeschichte, vor dem die hohe Sonne, wenn sie in ihrem täglichen Laufe vorüberkommt, trauernd anhält, denn wie der melancholische Hirte klagt, der hier auf dem Campo-Vaccino in Ziegenfelle gekleidet an einem Wagenrade lehnt, Rom ist nicht mehr, wie es einst gewesen:

Roma! Roma! Roma!
Roma non è più come era prima.

II.

Das Wort Forum bedeutet soviel wie Marktplatz, den Ort, wo die Wochenmärkte (nundinae) abgehalten und die unentbehrlichen, schnellem Verderben ausgesetzten Nahrungsmittel, wie frisches Gemüse, rohes Fleisch, Fische, Eier, Milch den Consumenten dargeboten werden. Es ist dies ein wesentlicher Bestandtheil aller Städte, die gleichsam aus Marktflecken hervorgehen und daher oft genug sogar ihre Namen von diesem Lokal entlehnen: Wie wir Städte Namens Marktbreit oder Neumarkt haben, so gab es im Alterthum ein Forum Julii, das heutige Friaul, ein Forum Livii, das heutige Forli, und zahllose Fora nova. Ja, mit der zunehmenden Ausbreitung einer Stadt entstehen sogar in derselben mehrere Märkte. Zu dem Altmarkt tritt ein Neumarkt, ein Kohlmarkt, ein Viehmarkt, ein Grempelmarkt hinzu; ebenso sprachen die Alten von einem Forum boarium, d. i. einem Rindermarkt, einem Forum suarium, d. i. einem Schweinemarkt, einem Forum piscatorium, d. i. einem Fischmarkt, und einem Forum olitorium, d. i. einem Gemüsemarkt. Der alte Hauptmarkt aber gab zugleich die natürlichste Stätte zu Volksversammlungen und Gerichten her: Mitten auf dem Forum wurden also die Comitien oder die Bürgerversammlungen abgehalten, in welchen das gesammte, in seine Abtheilungen gegliederte Volk über die Gesetzesanträge abstimmte, und der Marktplatz war zugleich der Maalplatz oder, wie es mit einem andern altdeutschen Worte heisst, die Dingstatt. Neben diesen allgemeinen Versammlungen gingen wieder diejenigen nebenher, die ein Ausschuss der bejahrten Patrizier, der sogenannte Senat, in einem Rathhaus abhielt: dieses Rathhaus, vor welchem eine Kanzel, die Rednerbühne, stand, hiess Curia und lag, wie gewöhnlich, abermals am Markte. Wie endlich bei uns in dieser Gegend die ältesten und bedeutendsten Kirchen zu stehen pflegen, ich will z. B. an den Markt in Regensburg, in Halle, den Gensdarmenmarkt in Berlin und an soviele Domplätze erinnern, die zugleich Marktplätze sind: also wurden an einem Forum die Tempel der Götter und der alten Schutzpatrone, des Saturn, der Concordia, der Dioskuren angelegt, während man auf ihm, wie auf modernen Plätzen, für verdiente Bürger Denkmäler errichtete. Und so war denn ein Forum für die Nation etwa dasselbe, was das mit den Penaten geschmückte Wohnzimmer für die Familie — das bürgerliche Heiligthum des Volks.

Das ungefähr sind die wesentlichsten Züge in dem Bilde, das hier noch kümmerlich und stückhaft vor uns liegt, und das zu reconstruiren wir uns eben irgend einen modernen Marktplatz vor Augen halten müssen, obwohl sich ihm sicher keiner an Pracht und Herrlichkeit nur annähernd vergleichen dürfte. Wenn wir jetzt von einem Forum reden, so pflegen wir dabei zunächst an Gerichtsverhandlungen und Volksversammlungen zu denken, und die Reste, mit denen das römische bedeckt ist, und die durchgängig sogenannten öffentlichen Gebäuden angehören, scheinen auch nur auf dergleichen forense Zwecke hinzudeuten. Aber ursprünglich war das Forum nichts weiter als der Marktplatz von Rom, zu welchem, wie es heisst, der König Tarquinius Priscus die Tiefe nordöstlich vom Palatin bestimmte. Sie war noch ein Morast, ein schilfumwundener Sumpf, der erst zugeschüttet und trocken gelegt werden musste: der König that es durch ein unterirdisches Riesenwerk, die sogenannte grosse Kloake, deren unlängst entdeckten Hauptarm man nach soviel Jahrhunderten noch heute am Ostende des Platzes unterhalb der Basilica Julia bemerkt. Der so gewonnene tiefe, künstlich geebnete Platz war weder gross, noch regelmässig: die Bühne, auf der so erhabene und so weitreichende Dramen abgespielt werden sollten, in Wahrheit beschränkt wie eine Bühne — abermals ein Beweis dafür, dass das, was die Geschicke der Welt regiert, nicht der planmässige Calcül, nicht die bewusst und regelrecht zugeschnittene Anlage des Menschenverstandes ist. Die abgezirkelte Symmetrie moderner Bauten, die mechanische Gleichförmigkeit Berliner und Pariser Plätze findet sich nicht am Forum der Welthauptstadt, das enger und winkeliger als der Leipziger Marktplatz war. Es bildete ein Trapez, das sich vom Capitolinischen Hügel im Nordwesten bis zur Höhe des Titusbogens, der sogenannten Velia im Südosten erstreckte: diese Strecke beträgt etwa 200 Meter, während die Breite am westlichen Ende zu etwa 60, am östlichen zu etwa 35 Meter gemessen wird. Der Leipziger Marktplatz, der ebenfalls kein ganz regelmässiges Viereck ist, hat, von der Mitte je einer Seite nach der Mitte der gegenüberliegenden und von Haus zu Haus gemessen, allerdings nur eine Länge von 153, aber eine Breite von 70 Metern.

Das Forum romanum in seiner Glanzperiode.

An den beiden Langseiten dieses Trapezes liess nun Tarquinius Priscus Hallen und Buden, die sogenannten Tabernae anlegen: die an der Südseite waren die älteren, sie hiessen daher veteres, die an der Nordseite kamen später hinzu, sie hiessen daher novae. Besagte Colonnaden enthielten ungefähr alles, was wir in unsern Markthallen erblicken und was wir oben namhaft machten: Kohl und Hülsenfrüchte, Gänse und Ochsenfleisch — es war ein Fleischerladen am Forum, an welchen sich eine tragische Scene der Republik anknüpfte. Appius Claudius, der tyrannische Decemvir, hatte, auf seinem Richterstuhl sitzend, zu verschiedenen Malen ein schönes, junges, kaum erwachsenes Mädchen in eine Volksschule am Forum gehen sehn. Virginia, die Tochter Virginius', eines angesehenen Plebejers und die Braut eines Volkstribunen. Ihre naive Schönheit reizte den vornehmen Wollüstling, und er beschloss sie in seine Gewalt zu bringen. Einer seiner Clienten, Marcus Claudius, musste vorgeben, Virginia sei kein rechtes, sondern ein untergeschobenes Kind des Virginius, und zwar die Tochter seiner eignen Sklavin, die er, Marcus Claudius, als sein Eigenthum reklamire. Der Vorgang ist echt römisch und wird bewunderungswürdig von Livius geschildert. Keine Entführung, kein Betrug, keine offenkundige Gewaltthat; dem Frevel bleibt der Schein der höchsten Gesetzmässigkeit gewahrt. Ein Fremder, der den Grund der Intrigue nicht durchschaute, hätte in dem Decemvir den gerechten, durch keine Rücksicht abgelenkten Richter bewundern müssen. Trotz der Schwüre des Vaters, der aus dem Lager herbeigeeilt und in Trauerkleidern auf dem Forum erschienen ist; trotz der Drohungen des Tribuns und seines Anhangs; trotz der Thränen der unglücklichen Braut spricht er dem Marcus Claudius die Jungfrau zu und heisst ihn sich ihrer als seiner Sklavin bemächtigen. Da bittet der hoffnungslose Vater den Appius um die Erlaubniss, noch einmal, in Gegenwart seiner Tochter, die Amme befragen zu dürfen, tritt mit den beiden Frauen ein wenig abseits an einen Fleischerladen, ergreift ein Fleischermesser und stösst es Virginia in's Herz — die Rose brechend, ehe sie der Sturmwind entblätterte. Wir glauben die Emilia Galotti oder Mass für Mass zu lesen, und wirklich ist ja die Geschichte der römischen Virginia typisch für alle ähnlichen geworden.

Jene Buden waren ursprünglich klein und hölzern, nach Art unserer Jahrmarktsbuden; später, etwa 290 v. Chr., wurden sie in Peperin und altetruskischem Style aufgeführt, und Luxusläden traten an die Stelle plebejischer Fleischbänke und Bäckereien. Sie heissen Silberhallen (argentariae tabernae), und wir werden uns darunter einerseits Wechselgeschäfte und Bankhäuser, andererseits Werkstätten von Goldschmieden und Juwelierläden zu denken haben, in denen ein Gallus für seine Lycoris Ohrgehänge mit Perlen und einen bernsteinernen Halsschmuck kaufen konnte: diese neuen Arkaden müssen eine frappante Aehnlichkeit mit den Gallerien des Palais Royal oder mit dem Florentiner Ponte vecchio gehabt haben, wo bekanntlich ebenfalls ausschliesslich Schmuckwaaren und Luxusartikel vertreten sind. Als der Dictator Papirius Cursor im Jahre 309 v. Chr. über die Samniter triumphirte, wurden die erbeuteten goldenen Schilde den Juwelieren am Neumarkt übergeben, um damit ihre Läden zu decoriren; sie lagen nämlich an der Strasse der Triumphatoren der zum Capitol hinaufführenden Via sacra, an ihnen zogen die Glücklichen vorüber, um sie erschollen die Danklieder der Erretteten. Endlich, um 197 v. Chr., verschwanden auch diese Peperinhallen, nachdem sie ein Jahrhundert bestanden hatten, daher sich der obenerwähnte Dichter Gallus wohl vergeblich nach ihnen umgesehen und einen unnützen Weg gemacht haben wird. Allmählich nämlich wurde der Platz für das mächtige Leben, das sich hier zusammendrängte, zu eng; man musste daran denken, das Forum zu erweitern und den Verkehr seitlich auszuladen. Dies geschah durch eine Reihe von Prachtbauten, die, griechisch und mit einem griechischen Fremdworte bezeichnet, in Rom eine ganz eigenthümliche Ausbildung erhielten — die sogenannten Basiliken. Man versteht darunter grosse öffentliche Gebäude, deren Inneres grosse Aehnlichkeit mit einer alten Kirche hatte: Ein oblonger, durch zwei Säulenstellungen in drei Schiffe getheilter Raum, deren mittleres die grössere Breite hat und in eine Nische oder Tribuna ausläuft: dieser Theil des Gebäudes ist von dem vorderen durch ein Gitter, gleich einem Chore, abgegrenzt, sodass ein reservirter und der profanen Menge unzugänglicher Raum entsteht; in demselben werden die Gerichtssitzungen abgehalten, hier wird plaidirt und processirt, während das Schiff dem Handel und Wandel und den Geschäften

Tempel des Vespasian und des Saturn auf dem Forum.

der Kaufleute dient. Die zwei Säulenreihen tragen überdies eine Empore oder eine Gallerie, die von Müssiggängern und neugierigen Zuschauern bevölkert wird, und wo man das bunte Gewühl beobachten und den Schwurgerichtsverhandlungen folgen kann, ohne sich selbst hineinzumischen. Ein Dach scheint nicht gewöhnlich, sondern das Ganze eine offene Halle gewesen zu sein. Eine solche Basilica war also ein Mittelding zwischen Börse und Rathhaus oder zwischen Börse und Gericht, und wohl mögen wir uns den fieberhaften Drang, das dumpfe Brausen solcher Orte vergegenwärtigen, wenn wir die Pfeilerstümpfe der Basilica Julia und die unkenntlichen Areale so vieler anderen aufsuchen.

Denn das Forum bekam gleichsam einen breiten Saum von Basiliken. Längs der alten Buden liefen zu beiden Seiten Strassen, und an diese stiessen Häuser und Gründe von Privaten. Letztere wurden expropriirt, die Grundstücke angekauft und darauf Basiliken erbaut, die mit ihren Langseiten Front gegen das Forum machten: die Buden verschwanden, was noch von Viktualienhändlern da war erhielt andere Plätze, und der Hauptmarkt war, ohne seine ursprüngliche Gestalt und Anlage zu verlieren, auf die geschickteste Weise und sozusagen durch einen Kunstgriff um das Dreifache erweitert worden. Der alte Cato scheint den klugen Gedanken zuerst gehabt zu haben. Er kaufte vier Stände in den Markthallen an der Nordseite und die Höfe von zwei anstossenden Häusern an und erbaute im Jahre 184 die nach seinem Geschlechtsnamen benannte Basilica Porcia, die im Jahre 52 gleich dem benachbarten Rathhause ein Raub der Flammen wurde; 179 folgte die Basilica Aemilia, 169 die Basilica Sempronia; endlich Caesar, der mit den meisten grossen Herrschergeistern die Leidenschaft zum Bauen gemein hatte, der ein neues Forum, das Forum Julium ansetzte und einen Durchstich durch den, Capitol und Quirinal verbindenden Rücken plante, um den Verkehr mit der im Marsfeld aufblühenden Neustadt zu erleichtern, er gründete nach der Schlacht bei Thapsus (46 v. Chr.) die grosse Basilica Julia an der Südseite, die erst spät vollendet, dreimal durch Brand zerstört, dreimal wieder aufgebaut und, untergegangen und Jahrhunderte lang vergessen, im Jahre 1871 freigelegt ward: bei der Ausgrabung fand man die Reste einer Kirche, die in ihr errichtet worden war, und fast bis zum heutigen Niveau menschliche Gebeine; hier war nämlich der Kirchhof des anstossenden Hospitals der Consolazione (vgl. unser Bild S. 1).

Der Vespasiantempel und der Porticus der 12 Götter.

Sie war ein prachtvoller Marmorbau; noch jetzt sieht man geringe Reste der kostbaren Platten, mit denen der Fussboden getäfelt war, und auf denen die alten Römer nicht bloss Geschäfte abzuschliessen, sondern gelegentlich auch Dame zu spielen pflegten. Der Grundplan ist ein Rechteck von etwa 100 Meter Länge und halb so breit; dasselbe zerfällt nach einem abweichenden, aber grossartigen Plane in einen oblongen Mittelraum und einen denselben rings umschliessenden, zwiefachen Gürtel von Seitenschiffen, die durch backsteinerne, mit Travertin verkleidete Pfeiler, nach der Strasse durch dorische Halbsäulen gebildet werden; das durch Eisengitter geschlossene Mittelschiff vertrat die Stelle der sonst üblichen Tribuna oder Apsis, denn in ihm fanden die Sitzungen des über Civilsachen urtheilenden Collegiums der Hundertmänner statt. Die Gallerien, auf denen das Publikum den Vorträgen folgen konnte, fehlten nicht, von den dazu führenden Treppen sind noch Ansätze an der Südseite erhalten. Hier lehnten sich ältere Bauten aus Tuff an die Basilica an, vermuthlich Wechslerbuden, die sich nach der vorbeilaufenden Strasse öffneten.

Steigen wir auch einmal auf so eine Gallerie hinauf, einer Gerichtsverhandlung beizuwohnen, und machen wir einmal im alten Rom den Pflastertreter. O, die römischen Richter waren nicht lauter Catonen, sondern Menschen wie andere. Ein Redner entwirft uns von ihnen ein anmuthiges Charakterbild, aus einer Zeit, wo noch auf dem Comitium Recht gesprochen ward (c. 170 v. Chr.). Er schildert sie, wie sie, sorgfältig parfümirt, noch unmittelbar vor der Sitzung bei Tische liegen, Würfel spielen und mit schönen Mädchen schäkern. Wie es zehn Uhr, d. h. nach unserer Rechnung etwa drei Uhr Nachmittags wird, schicken sie einen Sklaven auf's Comitium, der sich erkundigen soll, wie die Sachen stehen, wer für das Gesetz, wer dagegen gesprochen, und welchen Verlauf die Abstimmung der Tribus genommen hat. Hierauf entschliessen sie sich endlich aufzubrechen, damit sie ihren Termin nicht versäumen und die Geldbusse bezahlen müssen. Unterwegs sprechen sie, des süssen Weines voll, wiederholt in kleinen Anstalten ein, die im alten Rom genau so wie in den gegenwärtigen italienischen Städten eingerichtet gewesen sind. In etwas katzenjämmerlicher Stimmung kommen sie auf dem Forum an. „Die Sachwalter vor!" rufen sie; der Präsident lässt die Zeugen vorladen und geht abermals hinaus, sich seines Ueberflusses zu entledigen. Wie er zurückkommt, sagt er: „Schon gut, ich habe gehört, gebt die Stimmtafeln ab." Er will sie lesen, aber die Augen fallen ihm zu, so trunken ist er. Nun ziehen sich die Geschworenen zurück, den Wahrspruch zu fällen, aber dabei klingt es ungefähr so: — „Das verfluchte Geschwätz! Trinken wir doch lieber eine Bowle Meth und essen einen feisten Krammetsvogel oder einen Hecht, der zwischen den zwei Brücken gefangen ist!"

Der Hecht, der im Schlamme der Tiber zwischen dem Pons sublicius und dem Pons palatinus fett geworden war, genoss einer besonderen Berühmtheit.

III.

Diejenigen Gebäude am Forum, die zunächst die Augen auf sich ziehen, weil von ihnen verhältnissmässig noch am meisten erhalten ist, und die mit ihren Säulen gleichsam die Wahrzeichen des Platzes bilden, sind die Tempel. Wir haben ihrer sechs: drei uralte, den des Saturn, den des Castor und Pollux und den der Concordia; und drei jüngere, verstorbenen und vergötterten Kaisern geweihte, den des Caesar, den des Vespasian und den des Antoninus und der Faustina. Von ihnen stehen drei am Kopfende des Forums, am Abhange des Capitolinischen Hügels und unmittelbar unterhalb des antiken Staatsarchivs, des aus grossen Peperinquadern erbauten Tabulariums, dessen mächtigen Unterbau, vom Senatorenpalast gekrönt, wir auf unserm Bilde (S. 1) im Hintergrund erblicken: nämlich der Saturn-, der Vespasian- und der Concordientempel; drei andere am Fussende des Forums, nach der Velia zu: nämlich der Dioskuren-, der Caesar- und der Faustinatempel; beide Reihen bezeichnen etwa die Schmalseiten des Forums, wie die Hallen vorhin seine Langseiten bezeichneten; durch die zwei mittleren, den Vespasianstempel oben und den Caesartempel unten könnte man allenfalls die Axe des Forums legen. Von dem Faustinatempel steht noch die ganze Vorhalle mit zehn Säulen und ein Theil der Cella; von dem Saturntempel stehen noch acht

Säulen, von dem Vespasianstempel und dem Tempel des Castor und Pollux noch je drei Säulen; von dem Concordientempel und dem Caesartempel steht gar nichts mehr.

Wir übergehen hierbei den runden Vestatempel, der südöstlich vom Caesartempel am Fusse des Palatin und neben der königlichen Amtswohnung des Pontifex maximus, des antiken Papstes lag, da wo jetzt die Kirche S. Maria Liberatrice steht.

Der Tempel des Saturn, (siehe unsere Tafel) dessen acht ionische Säulen, sechs vorn und je eine von der Langseite auf einem fünf Meter hohen Unterbau, erst einer späten Restauration anzugehören scheinen, ist einer der heiligsten, ältesten und sozusagen römischsten von ganz Rom; seine Stiftung wird in die mythische Zeit zurückverlegt. Saturn war, nach einer aus

Der Concordia-Tempel, restaurirt (nach Canina).

Aegypten bekannten Vorstellung, nicht nur ein Gott, sondern auch ein alter König von Latium. Die Sage erzählte, er sei nach längerem Umherirren unter der Herrschaft des Janus nach Italien gekommen, von diesem gastfreundlich aufgenommen worden und habe sich auf dem Capitolinischen Hügel niedergelassen, welcher darob den Namen „mons Saturnius" erhielt. Er lehrte die Menschen den Ackerbau, brachte ihnen die Segnungen der Civilisation und das goldene Zeitalter; er schuf sozusagen das Land, welches nach ihm „Saturnia tellus" heisst; ja in dem Namen Latium selbst, der Flachland bedeutet, wollte man eine Anspielung auf das Verschwinden, die „Latenz" des Gottes erkennen, der ihm plötzlich entrissen ward. Ihm zu Ehren errichtete man am Abhang des Capitolinischen Berges einen Altar; später (491 v. Chr.) weihten ihm die Consuln Sempronius und Minucius an derselben Stelle einen Tempel. Wer dieses Heiligthum betrat, der erblickte darin das Bild eines alten, bärtigen Mannes mit verhülltem Hinterhaupte, wollenen Banden an den Füssen und einer Sichel in der Hand; es troff von Oel, denn um den Reichthum Latiums an Oelbäumen anzudeuten, war die hohle Statue mit Olivenöl angefüllt. Seine Gemahlin hiess Ops, die Personification des Reichthums, dessen letzte Quelle der Landbau ist.

Es schien deshalb eine sinnreiche Idee, ihn zum Hüter der aufgehäuften Reichthümer der Welt zu machen: der Saturntempel war seit den ältesten Zeiten das Aerar oder die Schatzkammer des Staates, wie das anstossende Tabularium das Staatsarchiv. In unterirdischen Kellern wurden hier die öffentlichen Gelder nebst den dazu gehörigen Rechnungen, auch andere Werthsachen und Papiere, wie Feldzeichen, Abschriften der Senatsbeschlüsse, Gesetze, Patente und dergleichen aufbewahrt; eine besondere Abtheilung bildete das Aerarium sanctius, die geheime Schatzkammer, für die höchsten Nothfälle, namentlich für den einer gallischen Invasion bestimmt. Gegenwärtig hat bekanntlich nur das Deutsche Reich einen Staatsschatz von Bedeutung: den Reichskriegsschatz, der im Juliusthurm der Citadelle zu Spandau in Reichsgoldmünzen niedergelegt ist; dieser Juliusthurm ist der Saturntempel Berlins und noch immer gegen Gallien gerichtet. Als Caesar bei Beginn des Bürgerkrieges (März 49) dem römischen Volke eine Gratification versprochen hatte, fehlte es ihm an Geld: er liess sich durch seinen Senat autorisiren, den Staatsschatz im Tempel des Saturn zu nehmen. Ein Tribun, L. Metellus, widersetzte sich. „Ich habe Gallien überwunden", sagte Caesar, „dieser Grund existirt nicht mehr, und die Zeit der Waffen ist nicht die Zeit der Gesetze". Aber der Tribun vertritt ihm den Eingang und will den Schatz nicht herausgeben. „Ich werde dich todtschlagen lassen", drohte Caesar zornig, „wisse, junger Mann, es ist mir weniger leicht, es zu sagen als zu thun."

Das Aerarium publicum, welches der Senat verwaltete, ist verschieden von dem Fiscus der Kaiserzeit, womit man die aus den Einkünften der kaiserlichen Provinzen gebildeten kaiserlichen Cassen bezeichnete, und welcher unserer Civilliste entspricht. Besagte Einkünfte wurden in Körben eingehoben, und solche aus Binsen oder Stroh geflochtene Geldkörbe, wie sie vermuthlich auch im Saturntempel standen, führten den Namen fisci. Ursprünglich legte man in den Fiscus nicht Geld, sondern Obst, Käse u. s. w., und noch heute hat sich bei der römischen Bevölkerung das Wort fiscella für die Binsenkörbchen erhalten, in welche man eine Art süssen Käse, die Ricotta, legt.

Links vom Saturntempel und unmittelbar unterhalb des Tabulariums erblicken wir eine Säulenhalle (siehe unser Bild S. 5), den sogenannten Porticus der vereinigten Götter (deum consentum), welcher auf zwei Seiten die Schola Xantha, ein Lokal für Schreiber und Notare begrenzt; erstere sind mit unsern Stenographen zu vergleichen. Dahinter ragt (siehe unser Bild S. 7) schroff und düster der tarpejische Felsen auf. Rechts davon stösst an das Tabularium die edle Ruine von drei korinthischen Säulen aus carrarischem Marmor, die rechte Ecke der ursprünglich sechssäuligen Vorhalle des Tempels, welchen Domitian seinem Vater errichtete und nachmals Kaiser, Senat und Volk restaurirten (estituer, die einzigen Buchstaben, welche von der Inschrift am Friese der Vorderseite übrig blieben. (Vgl. unsere Bilder.) Das Gebälk mit seiner reichen Ornamentik wurde lange Zeit als eins der herrlichsten Vorbilder betrachtet; am Fries der auf unserer Tafel sichtbaren Seitenfront lassen sich noch ein Stierschädel und zwei Opfergefässe unterscheiden. Abermals weiter rechts und ebenfalls mit der Rückwand an das darüber ragende Tabularium gelehnt stand der Concordiatempel, von dem wir auf S. 9 ein prächtiges Gesimsstück, wie sie rings umherliegen, bewundern können, während er auf unserem Bilde S. 7 mit der heiligen Strasse davor, dem Tabularium dahinter und dem Vespasians- und Saturntempel daneben die hervorragendste Stelle einnimmt.

Der Concordiatempel wurde im Jahre 366 v. Chr. von dem Dictator M. Furius Camillus erbaut. Als der greise Kriegsheld die Gallier zum letzten Male geschlagen hatte und nach

Der Campo Vaccino.

Rom zurückgekehrt war, weihte er den Abend seines Lebens einem Werke der Versöhnung: er vermittelte die Annahme der Licinischen Gesetze und dadurch den Frieden zwischen Patriziern und Plebejern, worauf er der Eintracht dieses schöne Denkmal setzte und, von ganz Rom betrauert, starb. „Concordia res parvae crescunt", das legte er seinen Mitbürgern wie ein scheidender Vater auf dem Todtenbette an's Herz, das sollte das Füllhorn ausdrücken, welches die Göttin der Eintracht in ihrer Linken hielt; in ihrer Rechten hatte sie einen Oelzweig. Der (von Tiberius restaurirte) Tempel erhob sich, wie unsere Abbildung zeigt, auf mächtigem Unterbau; eine Freitreppe führte zu der Vorhalle mit sechs korinthischen Säulen an der Front; Fussboden und Wände waren mit farbigen Marmorplatten bekleidet, der Saal mit Gemälden und Statuen geschmückt. Der Saal, denn in ihm versammelte sich in den Zeiten der Republik zur Berathschlagung wichtiger Angelegenheiten, wie unter anderem bei der Catilinarischen Verschwörung, der Senat.

Gesimsstück vom Concordiatempel.

Die Senatoren hielten ihre Sitzungen gewöhnlich im Rathhaus ab, in der von Tullus Hostilius zu diesem Zwecke am Comitium erbauten Curia Hostilia, die an der Nordseite, bei der Kirche S. Adriano, zu suchen ist, und vor welcher die älteste Rednerbühne stand; letztere, welche von den volskischen Schiffsschnäbeln, mit denen sie geschmückt war, den Namen Rostra führte, war halbkreisförmig wie eine Kanzel ausgebogen, genau entsprechend den Ambonen altchristlicher Kirchen, und so eingerichtet, dass sich der Redner nach Belieben zu den Senatoren und zum Volke wenden, in die Curie hinein und zum Comitium hinaus sprechen konnte; denn die Sitzungen des Senats waren halb öffentlich, er berieth bei offenen Thüren, und auf den Bänken am Portal der Curie sassen die Volkstribunen. Später indessen traten die Senatoren auch in Tempeln oder sonst einem durch die Auspizien geheiligten Ort zusammen, und so hatte sie Cicero am 8. November 63 in den Tempel des Jupiter Stator auf dem Palatin berufen, wo er seine erste Catilinarische Rede hielt: Quousque tandem abutere, Catilina, patientia nostra! Die zweite und dritte war an das Volk gerichtet, aber die vierte (5. December) abermals an den Senat, der diesmal im Tempel der Concordia versammelt war, um über Leben und Tod der Gefangenen zu entscheiden. Hier war es, wo der Consul indirect die härtere Strafe anempfahl, und der Senat, trotz Caesars Widerspruch, unter dem mächtigen Eindruck einer zweiten, von M. Porcius Cato gehaltenen Rede, auf sofortige Hinrichtung der Verbrecher erkannte, welcher verfassungswidrige Beschluss (denn nach altem Rechte konnte nur die gesammte Bürgerschaft über einen römischen Bürger das Todesurtheil aussprechen) noch am Abend desselben Tages in dem unterirdischen Gefängniss nebenan, dem Carcer Mamertinus, vollzogen wurde.

„Est in carcere locus, quod Tullianum appellatur, circiter duodecim pedes humi depressus. Eum muniunt undique parietes atque insuper camera lapideis fornicibus vincta; sed incultu, tenebris, odore foeda atque terribilis ejus facies est".[1] So beschreibt Sallust das grauenvolle, in den Capitolinischen Berg eingehauene Verliess, wo die Scharfrichter den Verschwörern die Kehle mit einem Stricke zusammenschnürten. Es ist das untere, von Servius Tullius angelegte Gemach des Kerkers. Auch Jugurtha wurde nach dem Triumphzuge nackt in's Tullianum geworfen: „Herkules", rief er lachend, „wie kalt ist euer Bad!" Dann rang er hier sechs Tage lang mit dem Hunger. Alle feindlichen, im Siegesgepränge aufgeführten Fürsten und Feldherren wurden hier vom Leben zum Tode gebracht, aber gewöhnlich erdrosselt, wie jene Staatsverbrecher; die Leichname dann mit Haken herausgezogen und an die Gemonischen Treppen, den altrömischen Rabenstein, geschleift. Wir werden auf dieses Lokal zurückkommen, das an Schrecklichkeit keinem italienischen Gefängniss etwas nachgiebt, und wo der Tradition nach auch der Apostel Petrus geschmachtet hat; auf sein Gebet entsprang daselbst ein Quell, mit dem er seine Wächter, Processus und Martinianus und 47 Mitgefangene taufte. Das Loch, über welchem die Kirche der Zimmerleute S. Giuseppe de' Falegnami steht, heisst daher S. Pietro in Carcere.

Wenn hier, wie so oft, das Christenthum selbst in's Heidenthum hineinspielt, so liest sich dafür die Geschichte des Dioskurentempels, in welchem ebenfalls häufig Senatssitzungen gehalten wurden, wie die einer christlichen Kirche. Es war ein Wunder, wie man es von unsern Heiligen zu sehen gewohnt ist. Am Regiller See hatten die Römer 496 v. Ch. einen Sieg über die Latiner davongetragen. Am Abend des Schlachttages erschienen auf dem Forum 2 Götterjünglinge in glänzendem Waffenschmuck, tränkten ihre Pferde an dem Brunnen beim Vestatempel und verkündeten der erstaunten Bevölkerung den Sieg. Das waren die Dioskuren, Castor und Pollux, und man beschloss den beiden Schutzpatronen dankbar an dieser Stelle eine Votivkirche zu gründen. Das republikanische Heiligthum wurde späterhin von Tiberius mit deutschem Gelde verschönert und erweitert, und diesem Neubau des Tiberius gehören die drei korinthischen Säulen von parischem Marmor an, die wir auf S. 11 erblicken, und die der Mitte der südöstlichen Langseite des dem Forum zugekehrten Tempels angehören.

Der Carcer Mamertinus.

Sie sind ausgezeichnet durch ihre schönen Verhältnisse sowohl, als durch die vortreffliche Arbeit der Verzierungen, die man zumal an dem wohlerhaltenen Gebälk bemerkt. Wahrscheinlich standen ihrer dreizehn an jeder Langseite und acht in der Front; der Unterbau ist sieben Meter hoch. Die Stufen, die hinauf führten, sind noch grossentheils zu erkennen; am Forum sprang eine Freitreppe von achtzehn Stufen vor. Dieser Tempel hatte einen Antipoden in dem schräg gegenüber an der Via sacra gelegenen Faustinatempel, zu dem ebenfalls eine Freitreppe von zwanzig Stufen hinauf führte; die beiden Freitreppen waren sich wie Füsse oder, wenn man will, wie Stirnen zugekehrt. Durch die neuesten Ausgrabungen ist die Façade des Faustina-

[1]) Im Gefängnis ist ein Raum, der Tullianum genannt wird, etwa zwölf Fuss unter der Erde. Ihn umschliessen ringsum Wände und darüber liegt eine andere Kammer mit einem Kreuzgewölbe; aber in Folge seiner Wüstheit, Finsterniss und Ausdünstung flösst er Furcht und Entsetzen ein.

tempels vollkommen freigelegt, die Säulen sind nicht mehr halb im Schutt begraben, die Strasse, welche sich hier am Forum hinzog, existirt nicht mehr.

Die Gemahlin des frommen Antoninus war eine emancipirte Weltdame gewesen, und doch machte er ihr zu Ehren nicht nur eine Stiftung für arme Mädchen, welche puellae alimentariae Faustinianae hiessen, sondern widmete ihr auch einen Tempel, der ihm nach seinem Tode auf Beschluss des Senats (Divo Antonino et Divae Faustinae ex S. C.) mitgeweiht ward. Die Vorhalle desselben hat zehn korinthische, aber nicht cannelirte Säulen von Cipollino, sechs in der Front; die Capitäle sind verstümmelt gleich den Greifen, welche, durch Candelaber und Vasen geschieden, die Decoration des Frieses bilden. Die Mauern der Cella bestehen aus Peperinquadern, die mit Marmor bekleidet waren; von dieser Bekleidung bemerkt man noch ein Pilastercapitäl. Bereits 1430 legten sich die römischen Apotheker in der Vorhalle eine kleine Capelle an, die, weil sie das ehrwürdige Monument verunstaltete, bei dem Einzuge Karls V. niedergerissen wurde; 1602 bauten sie eine neue in die Cella ein. Diese geschmacklose Kirche, zu welcher seitwärts eine Brücke über den tiefliegenden antiken Boden führt, krönt barock die edlen Reste des Alterthums, und dennoch nannten sie unsere Apotheker San Lorenzo in Miranda, ein Name, der augenscheinlich von den bewunderswerthen Denkmälern in ihrer Nähe hergenommen ist.

Der Dioskurentempel.

Zwischen dem Dioskuren- und dem Faustinatempel, hart vor dem ersteren und gleichsam einem der beiden Dioskuren die Aussicht versperrend, aber selbst Forum und Comitium beherrschend und gerade das Capitol anblickend, lag der Tempel Julius Caesars, davor die Rednerbühne, die er hierher verlegt hatte, und auf welcher Antonius dem Ermordeten die Leichenrede hielt.

Bereits stand sein Scheiterhaufen auf dem Marsfeld; aber erst musste auf dem Forum nach altem Brauch die Standrede gehalten werden. Mit Pomp wurde der Leichnam auf elfenbeinerner Bahre dahin getragen und vor den Rostris niedergesetzt: Antonius stieg hinauf. „Es wäre Unrecht," sagte er, „wenn ich einen so grossen Mann allein loben wollte. Hört die Stimme des ganzen Vaterlandes." Und langsam las er die Senatsbeschlüsse vor, nach welchen dem Caesar göttliche Ehren zugestanden waren, in denen er heilig, unverletzlich, Vater des Vaterlandes genannt ward. Wie er diese letzten Worte aussprach, fügte er, zum Todtenbette gewandt, hinzu: „Und das sind die Beweise ihrer Güte. Bei ihm fand jeder, jeder Hülfe, und er konnte sich selbst nicht retten: sie haben ihn ermordet. Und doch schwuren sie, ihn zu vertheidigen, sie fluchten allen, die nicht mit ihrem Leben für ihn stünden!" Hierauf erhob er die Hände zum Capitol: „O, allmächtiger Jupiter, Hüter dieser Stadt, und ihr himmlischen Götter, ich rufe euch Alle zu Zeugen an; vernehmt meinen feierlichen Eid: ich werde ihn rächen!" Er trat wieder an den Sarg und stimmte einen Hymnus auf den grossen Todten an; mit fiebernder und glühender Beredtsamkeit schilderte er seine Kriege, seine Triumphe, seine Eroberungen: „O du siegreicher Held, hast du deine Schlachten nur geschlagen, um mitten unter uns zu fallen" — und er reisst die Toga, die den Leichnam deckte, weg, zeigt dem Volke das Blut, mit dem sie geröthet ist, die Stiche, wo die Dolche der Unmenschen hineingefahren sind. Die Menge beginnt zu schluchzen, der Redner weint selbst; aber er braucht noch eine neue Wendung. Der Todte lag ausgestreckt und den Blicken unerreichbar auf der Bahre. Plötzlich richtete er sich auf. Der Imperator mit den dreiundzwanzig Wunden in der Brust und im Angesicht, wahrscheinlich ein Wachsbildniss, ersteht und dreht sich langsam im Kreise herum, dass man auf dem ganzen Forum den Blutenden sehen kann; und der Trauerchor singt: „Ich habe sie gerettet, um durch sie zu sterben."

Da erträgt das Volk den Jammer nicht mehr; es glaubt den Schatten zu sehen, der Rache von ihm fordert: man rennt zu der Curie, wo Caesar erschlagen worden ist, steckt sie in Brand; man sucht die Mörder, und durch die Namensähnlichkeit getäuscht, reissen die Wüthenden einen Tribun in Stücke, den sie für Cinna, den Praetor halten. Die Curie des Pompejus steht in Flammen; sie nehmen die glühenden Feuerbrände und setzen den Verschworenen den rothen Hahn auf die Dächer; dann eilen sie zum Leichnam zurück, der im Jupitertempel selbst verbrannt werden soll. Da die Priester Einspruch erheben, tragen sie ihn wieder auf's Forum, vor die bereits erwähnte Königsburg des Numa, die Regia, wo Caesar als Pontifex Maximus gewohnt. Einen neuen Scheiterhaufen improvisirend, hauen sie die Bänke, die Richterstühle, die Wechslertische klein; die Soldaten werfen ihre Speere, die Veteranen ihre Kränze, ihre Ehrengeschenke, ihre Auszeichnungen, die Frauen ihren Schmuck in's Feuer; man glaubte die Dioskuren Castor und Pollux zu sehen, wie sie selbst die erste brennende Fackel brachten. Das Volk verbrachte die ganze Nacht beim Scheiterhaufen. Ein Komet, der um diese Zeit erschien, gab dem Fanatismus Recht: Caesar war unter die Götter aufgenommen worden, für die Mehrzahl ein wirklicher, unumstösslicher Glaubenssatz. Dem einen sichtbaren Ausdruck zu verleihen, liess Octavian im Venustempel eine eherne Statue seines Adoptivvaters mit einem goldnen Stern auf dem Kopf aufstellen; später, nach der Schlacht bei Actium, erbaute er ihm auf der Verbrennungsstätte, die bisher nur ein Altar bezeichnete, oberwähnten Tempel, dessen massiver Kern 1872 aufgedeckt worden ist.

IV.

In den Tempeln wurden die Götter und zu Göttern erhobene Menschen angebetet. Aber auch grosse Männer verehrte man auf dem Forum: ihre Standbilder waren unbedeckt auf Postamenten und Säulen aufgepflanzt; dieser Platz glich nicht nur einem Pantheon, sondern auch einem Nationalmuseum.

Ein Wald von Ehrensäulen und Ehrenstatuen überwucherte den Marktplatz, mehr Schatten gewährend als die drei edlen Culturgewächse, welche von den Plebejern als die köstlichsten Geschenke des Himmels auf ihrer ursprünglichen Malstatt angepflanzt worden waren, und die, von Geschlecht zu Geschlecht gepflegt, fortdauerten und grünten, nachdem das Forum lange gepflastert war, bis in die Kaiserzeit hinein: der Feigenbaum, die Weinrebe und der Oelbaum; der gleichfalls auf das Comitium versetzte heilige Feigenbaum, unter welchem die Wölfin die Zwillinge gesäugt, verdorrte unter Nero. Tacitus erzählt es mit dem Gefühle, dass der Untergang des Grossen in der Menschheit auch die Natur berührt, und mit dem Ausdrucke vaterländischer Wehmuth, die sein unsterbliches Werk durchzieht. Diese Kinder einer vergessenen Natur versteckten sich furchtsam, wie einsame Fremdlinge, vor der stolzen Pracht und den glänzenden Schöpfungen der Kunst. Vor diesen steinernen Männern, diesen metallenen Reitern,

Gesammtbild des Forum Romanum.

die hier wie die Pilze aufgeschossen waren; schon Cato wollte lieber, dass die Leute frügen, warum ihm keine, als warum ihm eine Statue gesetzt sei.

Die Ehrensäulen mussten nicht gerade nothwendig Portraitstatuen auf ihrer Spitze tragen: die des Duilius, von der Nachbildungen auf dem benachbarten Capitol im Conservatorenpalast und bei der Auffahrt zum Pincio zu sehen sind, war nur mit den von ihm erbeuteten Schiffsschnäbeln geschmückt; die des Maenius ebenfalls unbesetzt, denn auf sie stieg täglich vermittels einer Leiter ein Gerichtsdiener hinauf, um, nicht unähnlich einem orientalischen Mueddin, Mittag und Sonnenuntergang auszurufen, sie vertrat also gewissermassen die Stelle einer Marktuhr. Uebrigens diente die Columna Maenia auch als Pranger, woran schuldige Sklaven und Diebe angebunden und öffentlich gezüchtigt wurden. Gewöhnlich indessen gaben diese Säulen nur Piedestale, vor

Der Faustinatempel.

allem für Kaiserbilder ab, wie auf drei anderen römischen Säulen gegenwärtig Heiligenbilder stehen: und ein solches Piedestal ist uns auf dem Forum noch erhalten, nämlich das letzte seiner Art, die berüchtigte Phocassäule (S. 14), die Jahrhunderte lang das Wahrzeichen des verschütteten Forums geblieben ist.

Auf ihrem Gipfel erhob sich die Porträtstatue des byzantinischen Kaisers Phocas, dessen struppige, koboldartige Missgestalt in vergoldeter Bronze wiedergegeben war. Sie selbst ist cannelirt und von korinthischer Ordnung: ihre Arbeit, die den guten Zeiten der Kaiser entspricht, setzt ausser Zweifel, dass sie einem älteren Gebäude entnommen worden ist. Das Postament ruht auf einer viereckigen Substruction von Backsteinen und diese wiederum auf einem pyramidalförmigen Unterbau, an dessen vier Seiten Stufen hinaufführten, die stellenweise noch erhalten und aus antiken Bruchstücken zusammengesetzt sind. Daneben bemerkt man noch verschiedene

Postamente, auf denen vermuthlich ebenfalls Ehrensäulen standen: Fragmente von rothem orientalischem Granit liegen haufenweise umher.

Auf unserer restaurirten Ansicht des Forums erblicken wir rechts von der Phocassäule auch eine Reiterstatue, die eine zweite Gattung von Ehrendenkmälern repräsentirt. Es ist nach der Ausdrucksweise der Römer, denen das Ross mehr als der Reiter in die Augen zu stechen pflegt, das Pferd Domitians (Equus Domitiani), für uns besonders dadurch merkwürdig, dass unter seinen Vorderhufen unser Rhein, der gefangene Rhenus liegt; der Kaiser, der mit der ausgestreckten Rechten Frieden gebietet, in der Linken eine gewappnete Pallas hält, hatte einen Feldzug gegen die Hessen unternommen und denselben beendet, ohne einen Feind gesehen zu haben, aber dennoch geglaubt, einen glänzenden Triumph feiern und sich auf's hohe Pferd setzen zu müssen. Es stand in der Mitte des Forums, auf eben jener Stelle, wo dereinst ein besserer Ritter, Marcus Curtius, der höchste Schatz Roms, in dem gähnenden Abgrund verschwunden war: Nichts besseres hatte Rom, als Waffen und Heldenmuth. Das eitle Monument Domitians wurde vom römischen Volke selbst, gleich allen Bildnissen des verhassten Kaisers, unmittelbar nach seinem Tode zerstört und mit Wuth, als gälte es dem lebenden Tyrannen, in Stücke gerissen. Ein ähnliches Schicksal wurde einem anderen Denkmal eines Sieges über Germanien zu Theil, dem Triumphbogen Tibers, den wir auf demselben Bilde zwischen dem Saturn- und Vespasianstempel, hinter Ehrensäulen versteckt, wahrnehmen, und der die Wiedereroberung der unter Varus verlorenen Feldzeichen verewigen sollte: der Triumph des Germanicus, in welchem er Thusnelda sammt Sigmund und ihrem eignen neugebornen Söhnchen aufführte, war vielmehr das Ende als der Anfang des römischen Glücks gewesen, das wie jene Denkmäler, ja wie Caesar Germanicus selber, frühe unterging und starb.

Die Phocassäule.

Der Triumphbogen Tibers führt uns auf eine dritte Gattung von Ehrendenkmälern, der wir in der Stadt noch wiederholt begegnen werden und von der wir jetzt im Triumphbogen des Septimius Severus das erste Beispiel sehen: die Arcus triumphales. In der republikanischen Zeit verstand man unter diesem Ausdruck ungefähr dasselbe, was wir in Deutschland unter einer Ehrenpforte: einen provisorischen, hölzernen, über die Strasse, wo der Triumphzug durchkam, geworfenen und nach dem Feste wieder abgebrochenen Bogen. Erst unter den Kaisern wurden diese fliegenden Ehrenpforten in dauernde, marmorne verwandelt: sie dienten nicht mehr zu Thoren für den kommenden Zug, sondern zu Denksteinen eines längst vorübergegangenen, obwohl sie naturgemäss noch immer gern über die Triumphal-Strasse, namentlich über die letzte Hälfte derselben, die Via Sacra, gespannt wurden, auf welcher die Spuren der Triumphwagen noch heute sichtbar sind. Wir versparen uns die Beschreibung dieses merkwürdigen Schauspiels auf den Titusbogen auf, weil er der interessanteste ist und die lehrreichsten Details enthält: der gegenwärtige soll uns nur eine vorläufige Idee verschaffen.

Anfangs waren die stehenden Triumphbogen klein und schmucklos und hatten nur einen Durchgang, aber allmählich bekamen sie grosse Dimensionen und eine reiche bildnerische Decoration. Das beweist der Bogen des Septimius Severus, der diesem Kriegsfürsten wegen seiner Siege über die Parther 203 n. Ch. vom Senat, laut Inschrift, errichtet wurde; die Buchstaben der letzteren waren mit Metall ausgelegt, wie zahlreiche Nietlöcher beweisen. Er ist von pentelischem Marmor und hat drei gewölbte Durchgänge, einen grösseren in der Mitte und zwei kleinere zu beiden Seiten, zu welchen Stufen führen; diese Durchgänge communiciren vermittels zweier Bogen auch wieder unter sich; alle fünf Gewölbe sind kassettirt und mit Rosetten verziert. Jede der beiden Hauptfronten

Der Severusbogen.

schmücken vier hervorspringende cannelirte Säulen, wie die gegenüberstehenden Pilaster, römischer Ordnung. Die äusserst verstümmelten Reliefs in den vier Feldern, welche sich, zwei vorn und zwei hinten, links und rechts von den Scheiteln der Seitenbögen zum Gebälk hinaufziehen, stellen Begebenheiten aus den Kriegen vor, zu deren Gedächtniss dieses Monument errichtet wurde und zwar angeblich an der Forumseite links den Entsatz von Nisibis, rechts den Bundesvertrag des Severus mit dem König von Armenien und die Belagerung von Hatra; an der Capitolseite rechts die Einnahme Babylons, links den Uebergang über den Euphrat und Tigris und die Eroberung von Ctesiphon und Seleucia. Sie sind ungleich gearbeitet und durch Horizontallinien in je fünf Abtheilungen zerlegt.

An den Friesstreifen, unter diesen Reliefs, sind ebenso viele Triumphzüge vorgestellt; jeder einzelne geht nach einer Roma, welche die Gefangenen knieend um Gnade anflehen; in der Mitte steht die besiegte Parthia, in Barbarenkleidung und eine phrygische Mütze auf dem Kopfe. In den Winkeln des Hauptbogens sieht man Victorien mit Trophäen, unter ihnen Genien der Jahreszeiten, auf den zwei Schlusssteinen desselben den siegreichen Mars; in den Zwickeln der Seitenbogen Flussgötter und auf den dreistufigen Postamenten der Säulen Römer mit gefangenen Barbaren. Den First, zu welchem eine Treppe im Innern des Gebäudes führt, krönte ein Sechsgespann des Septimius Severus und seines Sohnes Caracalla; rechts und links je ein Fussoldat und an den beiden Ecken je ein, gleichsam darüber hinaussprengender Reiter. Von dem ursprünglichen Ganzen gewährt das Münchener Siegesthor eine vortreffliche Anschauung, welches ja im Stil römischer Triumphbogen entworfen worden ist.

V.

Im zehnten Gesange von Dantes „Purgatorio" gelangen die beiden Dichter auf schmalem Felsenpfad bis zur ersten Gallerie des Berges, deren Rückwand marmorn und mit herrlichen Basreliefs bedeckt ist. Sie stellen Beispiele der Demuth dar, die den Stolzen zur Lehre dienen sollen, und unter ihnen befindet sich auch die Geschichte Trajans, die Gregor den Grossen veranlasste, bei Gott einen Antrag auf seine Begnadigung zu stellen. Trajan stand im Begriff, an der Spitze seines Heeres in den Krieg zu ziehen. Da tritt ihm eine arme Wittwe in den Weg, der der Sohn erschlagen worden war, und bittet den Kaiser, ihr Recht zu verschaffen. Trajan sagt erst, sie solle bis zu seiner Rückkehr warten, und wenn er selbst nicht zurückkomme, so werde sein Nachfolger für sie sorgen, gewinnt es aber schliesslich doch über sich, der unglücklichen Mutter wegen seinen Feldzug aufzuschieben, lässt den Mörder aufsuchen und, da dies sein eigner Sohn ist, so fragt er sie, ob sie ihn sterben sehen oder anstatt des Verlorenen zur Sühne annehmen wolle, womit sie zufrieden ist.

Warum mir diese Anecdote einfällt? Weil hier auf dem Forum hinter der Phocassäule zwei 1873 gefundene Marmorbalustraden stehen, die von dem Dante'schen Berg zu stammen scheinen, obwohl sie vermuthlich die Plattform der Rednerbühne umgeben haben. Ihre Reliefs beziehen sich ebenfalls auf Wohlthaten des Trajan und zwar auf solche, die er der Stadt Rom auf dem Forum erwiesen hat; der Senat, welcher seine Nachfolger mit den Worten begrüsste: „Sei glücklicher als August und besser als Trajan", er wollte ihnen seine Verdienste auch sichtbar vor Augen stellen. Das erste war, dass er den römischen Bürgern die rückständige Erbschaftssteuer erliess: er that es, indem er die Steuerregister (syngraphae) von Lictoren zusammentragen und auf offenem Markte verbrennen liess, wie auf unserem Bilde links zu sehen ist; rechts davor auf der Rednerbühne steht Trajan, links der bereits erwähnte heilige Feigenbaum, der unter Nero verdorrt, aber wieder ausgeschlagen war, und auf dem Postament daneben eine Statue des geschundenen Marsyas; eine solche war nämlich auf dem römischen Forum, wie oft auf antiken Marktplätzen, aufgepflanzt, wie man will als Sinnbild der städtischen Freiheit, ich möchte eher glauben, als warnendes Beispiel für Anmassende; dahinter bemerkt man zwei Tempel und einen Schwibbogen oder gewölbten Durchgang (Janus). Die zweite Wohlthat war, dass er ein Waisenhaus stiftete, in welchem Waisen und arme Kinder freier Eltern alimentirt werden sollten, und darauf beziehen sich die Reliefs der andern Balustrade, die wir nicht sehen, wo das betreffende Edict dem Volke auf den Rostris durch einen Magistrat verkündet wird, und der auf dem curulischen Sessel sitzende Trajan die Kindlein zu sich kommen lässt. Auch hier wird das Forum durch den Feigenbaum und den Marsyas gekennzeichnet. Die Kehrseiten beider Platten zeigen je drei Exemplare von Schlachtvieh, an denen jeder Metzger seine Freude haben wird, nämlich je einen Eber, Widder und Stier, die Elemente des grossen Sühnopfers, der sogenannten Su-ove-taur-ilia: Die Thiere

Die Balustraden der Rednerbühne auf dem Forum,
links der Erlass der Erbschaftsteuer, rechts die Opferthiere der Suovetaurilia.

wurden, wie deutlich zu erkennen, mit farbigen, reichgestickten Banden (dorsualibus) um den Leib und weissen Wollflocken (infulae) um den Kopf unter Gesängen und Gebeten dreimal um die Versammlung herumgeführt und hierauf geschlachtet; Trajan scheint also gleichzeitig eine städtische Lustration vorgenommen und das Sühnopfer gebracht zu haben. In den Löchern der oberen Gesimsfläche mögen die die Schenkungsurkunden enthaltenden Bronzetafeln befestigt gewesen sein.

Auf diesen Balustraden haben wir also ein altes Bild des Forums, wie es Ende des ersten Jahrhunderts n. Chr. und zur Zeit seines höchsten Glanzes bestanden haben mag. Der Weg, den es seitdem zurücklegen musste, um bis zu seinem gegenwärtigen, man darf sagen, ärmlichen Zustand zu gelangen, ist ein weiter und trauriger, für die Menschheit beschämender. Dass dieser Platz allmählich verödete, als er sinnlos geworden und Roms Freiheit und Bürgertugend untergegangen war, begreift sich: jemehr er sich mit den Standbildern von Kaisern und Kaiserknechten füllte, um so leerer wurde er an Römern, für die überdies von Caesar bis Trajan fünf neue Fora angelegt worden waren, den alten Mittelpunkt mit den Prachtbauten des Marsfeldes verbindend. Aber dass dieses ehrwürdige und heilige Forum im Laufe dunkler Jahrhunderte ganz zerstört, ganz zusammengeschlagen und ausgeraubt ward; dass man in diesen edlen Bauwerken nichts mehr als ergiebige Steinbrüche sah und aus dem köstlichen Marmorrelief nichts besseres als Kalk zu machen wusste; dass von einem der prächtigsten und reichsten Stadttheile, die die Erde getragen haben mag, schliesslich nicht viel weiter übrig blieb, als die gestohlene Säule und das zusammengestückelte Postament eines blutbefleckten Tyrannen von Byzanz — das begreift sich schwer. Und doch ist gerade diese systematische Zerstörung ein Beweis dafür, dass Rom nicht gleich Pompeji verschüttet und plötzlich wie durch Zauber von allem Leben gesäubert worden, sondern fort und fort von Menschen bewohnt gewesen ist, welche sich die Reichthümer des Alterthums in einer neuen Zeit für andere Zwecke zu nutze machten. Ohne Rücksicht und Pietät; aber dass dergleichen neue Zwecke da waren, ist immerhin ein Merkmal von der Fortdauer der Stadt. Erst diejenige Zeit, die das Forum nicht mehr braucht, lässt es ausgraben.

Das Mittelalter brauchte unser Forum. Es brauchte die Basiliken und Tempel: man legte Kirchen und Kirchhöfe darin an. Es brauchte die Triumphbogen: Man setzte Thürme darauf und verwandelte sie in Burgen. Es brauchte das Tabularium: man baute auf seinen Trümmern ein neues Rathhaus für die Sitzungen des mittelalterlichen Senats, dessen Oberhaupt schlechtweg der Senator (Senatore) heisst. Indessen die Dimensionen des Alterthums waren so riesig, die Massen so kolossal, dass sie nicht gleich auszufüllen waren: was übrig blieb, gab noch unerschöpfliche Fundgruben ab. Man brauchte sie auch. Man nahm die Säulen und die Werkstücke und schleppte sie fort, um noch an andern Stellen Kirchen und Festungen zu bauen, selbst fremde Städte, wie Pisa, Pavia, Salerno holten sich Baumaterial in Rom; und um den Mörtel bequem zu haben, richtete man in den Basiliken Kalkbrennereien ein. Man vergass auch die vergoldeten Lettern nicht, mit denen die Inschriften ausgelegt waren: man schlug Zecchinen daraus, an einem einzigen M befand sich eine Krone Goldwerth. Auf diese Weise bewältigte man das Forum.

Zu der eigenen und freiwilligen Zerstörung gesellte sich nun aber auch, ganz abgesehen von dem Zahn der Zeit, die Zerstörung durch Feindes Hand, durch Gothen-, durch Vandalen-, durch Normannenhand; die Vorstellung der Christen, dass die Götzenbilder und die heidnischen Greuel des Forums dereinst von Flammen verschlungen werden müssten, schien bereits durch die Westgothen bestätigt worden zu sein; der schreckliche Brand, der im Mai des Jahres 1081 Rom vom Lateran bis zum Capitol in Asche legte, als Guiscard die Stadt erstürmte, hat sicherlich auch das Forum nicht verschont. Feuer und Schwert, Krieg und wüthender Parteikampf halfen den christlichen Römern nach, das aufräumend, was die Maurer und was die Kalkbrenner etwa noch stehen gelassen hatten. So ward der römische Marktplatz endlich völlig leer, und das

Forum, bis auf die ehrfurchtgebietende Tiefe selbst, von der Bildfläche der Erde hinweggetilgt. Dämmerung brach ein, dunkle Nacht, eine undurchdringliche Finsterniss lagerte darüber, durch welche die „tria fata", die drei greisen Parzen oder Feen mit ausgebreiteten Schwingen, wie riesige Nachtfalter, lautlos zu flattern schienen: denn mit diesem räthselhaften aber sinnreichen Namen bezeichnete man vom achten Jahrhundert an das Forum.

Veranlassung zu ihm sollen drei Sibyllenbilder in der Nähe der Rednerbühne und der berühmten Thorhalle des Janus am Fusse des Capitols gegeben haben, welche, weil sie zum Beginn eines Krieges geöffnet, nach Beendigung desselben geschlossen wurde, „Templum fatale" hiess.

Jetzt ward es zum Müllkasten und zum Kehrichtwinkel Roms: vier Jahrhunderte luden ihren Bauschutt in ihm ab. Sie füllten es mit Wust, der stellenweise eine Mächtigkeit von 13 Metern erreichte, und unter welchem die Fläche des Forums vollständig begraben ward. Schon die Mauern der Thürme und Burgen, mit denen der Adel den Platz bedeckt hatte und die seit 1221 niedergerissen wurden, lagen chaotisch und trümmerhaft umher; aber man verschüttete es auch geradezu, indem man bei Neubauten den Grus und die Abfälle kurzweg in das Forum wie in eine dazu hergesetzte Mulde warf. Als der Papst Paul III 1536 eine Triumphalstrasse für Karl V. anlegen liess, wurden an zweihundert Häuser, die zwischen dem Titus- und dem Severusbogen standen, planirt und die Schuttmassen in die grosse Grube zwischen Palatin und Capitol verfahren. Wäre das alte, prächtige Forum in seinem vollen Glanze zugeschüttet worden, so hätte man das beweinen, aber man hätte sagen dürfen, dass es gleichsam begraben und im Schoss der Erde für eine schönere Zukunft geborgen worden sei. Aber es wurde vielmehr erst zerstört und all seines Schmuckes beraubt, und der leere Raum dann wie die gemeinste Abfallgrube benutzt. Tiefer konnte es nicht herabgewürdigt werden.

Nun entstand der Campo Vaccino, wörtlich das Kuhfeld, gleich dem anstossenden Heumarkt (piazza de' fenili) und dem capitolinischen Ziegenberge (Monte caprino) ein getreuer Reflex der jeweiligen Bestimmung dieser Gegend.

> Und der Rinder
> Breitgestirnte, glatte Schaaren
> Kommen brüllend
> Die gewohnten Ställe füllend.

Es sind die Zugochsen, die aus der Campagna Heu in die grossen Futtermagazine beim Forum bringen, und welche die Fuhrleute hier auf der weiten Fläche, zu Füssen der alten Tempel ausspannen und lagern lassen: Bei ihren Karren ruhend und mit den langen gewundenen Hörnern an die vereinzelten Zeugen antiker Kunst und Pracht anstossend, bringen sie einen wunderbaren Zug von idyllischer Poesie in das immer noch majestätische Gemälde. Zugleich scheint auf dem Campo Vaccino, wie auf einem neuen Forum boarium, ein wirklicher Viehmarkt abgehalten worden zu sein; vor dem Porticus des Faustinatempels stand ein Thurm, wo Zoll von Vieh erhoben ward, und Schweinehändler hatten ihren Posten auf dem Comitium. Dem entsprach die übrige Nachbarschaft des Forums: vom Bogen des Septimius Severus bis zum Faustinatempel sassen Stellmacher und Schmiede, welche Karren, Joche und alles verfertigten, was der Landmann braucht. Man konnte sich in die Zustände unter Tarquinius Priscus zurückversetzt glauben: das Forum war gleichsam zu seinem Ursprung zurückgekehrt, ja geradezu wieder geworden, was es in vorgeschichtlicher Zeit gewesen, ehe noch eines Menschen Hand daran gerührt und eine Kloake angelegt — ein Sumpf, ein undurchdringlicher Sumpf, wenigstens zur Regenzeit, unwirthlich und unwegsam und von einer unglücklichen Allee kranker Bäume gespensterhaft durchzogen.

In einer Schilderung des Lebens und Treibens auf dem römischen Forum, die uns von Plautus erhalten ist, gehen die guten und wohlhabenden Bürger, die vor Gericht und an der Börse nichts weiter zu suchen haben, die weder zu den falschen Zeugen auf dem Comitium, noch zu den Schwätzern an der Rednerbühne, noch zu den Halsabschneidern in den Wechslerbuden, noch zu den Feinschmeckern am Fischmarkt, noch zu den Roués in der Basilica gehören, ruhig am untern Ende des Forums spazieren. Im achtzehnten Jahrhundert lustwandelten die Quiriten wiederum die stille Allee entlang: sie hatten gleichfalls nichts mehr auf Forum und Comitium zu thun.

Diese Phase in der Geschichte des Platzes ist abermals vorüber: die Ausgrabungen, bereits von Raphael geplant, dann abwechselnd unterbrochen und, so namentlich in unserem Jahrhundert unter Fea's und Canina's Leitung fortgesetzt, sind seit 1871 von der italienischen Regierung mit Energie wieder aufgenommen worden: an der Spitze derselben stand erst Pietro Rosa, seit 1875 thut es Giuseppe Fiorelli, der Generaldirektor der italienischen Museen und Ausgrabungen. Dank ihnen liegt das römische Forum wieder vor uns, nicht das unversehrte, aber doch wenigstens das zerstörte Forum, will sagen der Marktplatz selbst. Wir erwähnten bereits, dass die Strasse, welche es auf der Nordseite begrenzte, nicht mehr existirt; die Allee ist gleichfalls gefällt, aber, damit man die Tiefe überschreiten und vom Marsfeld zum Palatin gelangen kann, zwischen San Lorenzo in Miranda und S. Maria Liberatrice ein Damm nach Art des vom Severusbogen zum Capitol gelassen worden. Die rechteckige, von vier Strassen umrahmte Mitte des Forums, die Travertintäfelung dieser und das polygonale Lavapflaster jener, samt den verschütteten Postamenten und Substructionen der Denkmäler ist wieder und dabei sogar noch manches Neue an's Licht getreten, so das berühmte und wichtige Puteal Libonis, das Rendezvous der römischen Wechsler und Wucherer, eine von Jupiters Blitzen getroffene, darum heilige und mit einer Brunnenmündung eingefasste Stelle. Der Fremde, der bei den drei Säulen, an der Rückseite des Dioskurentempels zu den Ausgrabungen hinabsteigt, hat wirklich das Vergnügen, das versunkene Theater der römischen Weltherrschaft zu betreten und ahnungsvoll über einen Platz zu schweifen, der an Anschaulichkeit und Schönheit der Ruinen etwa mit dem Trümmerfelde auf der athener Akropolis nicht verglichen werden kann, der dennoch unbedingt der inhaltreichste des Abendlandes ist. Ihn in seiner ganzen Länge und mit seiner monumentalen Einfassung wiederherzustellen, trotz aller Hindernisse wiederherzustellen, welche durch die Ansprüche des modernen Verkehrs in den Weg gelegt werden, erscheint als ein schöner Act der Pietät gegen das römische Alterthum, zugleich aber auch als ein Act, durch welchen der Platz endgiltig von der Stadt an die antiquarische Forschung übergeben wird.

Denn dies ist keine neue Epoche des Forums, es ist nur die Redintegration einer vorhergegangenen. Die Wissenschaft hat, wenn ich mich so ausdrücken darf, dem Leben gegenüber etwas Impotentes, und indem das Forum zum Tummelplatz der selten einigen Archäologen wird, die nichts Neues schaffen, sondern nur das Alte erkennen wollen, hört seine Theilnahme am Dasein der Stadt völlig auf. Das Forum, das beim Volke den Namen der „tria fata“ führte, hat selbst seine drei Schicksale gehabt, nicht mehr: es ist erst der Marktplatz, dann der Steinbruch und endlich der Kuhstal Roms gewesen — jener Roma, die vom Glockenthurme des Senatorenpalastes, an das christliche Kreuz gelehnt, stet und göttergleich auf dies Treiben herniederschaut. Am 21. April, dem Tage der Gründung Roms und dem alten Feste der Palilien, wird das Forum illuminirt: dann erglänzt über dieser Roma in künstlichem Magnesiumlicht ein blendend weisser Stern. Dieser Stern bedeutet Roms, er bedeutet Italiens Glück und Stern. Er ist ein Bote der Tria Fata und der Götter des Forums, die nach so viel Wandlungen diese Stadt in neuer Gestalt umschweben; die, ob sie es gleich verlassen haben, noch immer aus dem Forum, wie Rauchwolken aus einem Krater, aufzusteigen und über seine ausgebrannten Wände hinzuirren scheinen.

Die Velia.

I.

Nordöstlich vom Palatin zieht sich ein Hügelrücken gegen jene Spitze des Esquilin, welche im Alterthum den Namen Carinae trug, und die jetzt die Kirche S. Pietro in Vincoli bezeichnet: er scheidet das südöstliche Thal des Colosseums von dem nordwestlichen des Forums, welches am Vicus Tuscus, einer vom Tiber her kommenden und vor dem Caesartempel vorbeilaufenden Querstrasse, seine tiefste Einsenkung hatte und sich, von hier ab wieder steigend, denselben hinan erstreckte. Dieser Hügelrücken, dessen Höhe, wie bereits bemerkt, der Titusbogen krönt (29,8 m) und über den die jene Thäler verbindende Sacra via ging, hiess Velia, ein Name, der, mit dem einer unteritalischen Stadt (Elea) identisch, angeblich Moosberg bedeutet. Diesen bescheidenen Gipfel wollen wir zur Feier des Abends eben noch erklimmen und von ihm aus auf den durchlebten Wandertag zurückschauen, aber indem wir auf ihn und den Titusbogen zusteuern, fällt uns links eine runde Kirche auf, deren Portal durch zwei antike Porphyrsäulen und einen ebenfalls antiken Architrav gebildet wird. Sie ist unbesucht, aber offen und die bronzene Thür nur angelehnt: wir werden einmal hineinschauen. Eine alte Rotunde, auf die spätere Kaiserzeit deutend, mit einer modernen Kuppel überwölbt, die durch eine runde Oeffnung Licht erhält; diese Oeffnung war ursprünglich unbedeckt, jetzt hat man sie mit einem kleinen runden, an den Seiten mit Fenstern versehenen Thürmchen, einer sogenannten Laterne, überbaut; ein starkes Echo, wie durch einen doppelten Boden verursacht, begleitet gespenstisch unsere Schritte. Wo sind wir? Im Tempel der Stadt Rom? Wir wissen es nicht, aber wir gehen immer weiter, denn die eigentliche Kirche scheint erst noch zu kommen und diese Rotunde nur ein Atrium zu sein. Ganz recht: dahinter liegt eine Basilica, einschiffig und durch eine halbkreisförmige Nische abgeschlossen, die gleichfalls aus einem antiken Gebäude entstanden scheint. Es schweigt und dunkelt; aber hier, im Dämmerlichte des versunkenen und vergessenen Heiligthums, überkommt es uns wie eine himmlische Vision: aus einer goldenen Wolke taucht der Erlöser auf, majestätisch und übermenschlich schwebt er über uns in der Mitte der Auserwählten, die ihre Kronen halten, und von helläugigen Cherubim umflattert, tiefsinnig schreiten die Lämmer der Apokalypse auf das mystische Gotteslamm zu, das auf dem Stuhle sitzt — es ist, wie die Inschrift unter dem Gewölbe der Tribüne meldet:

Der Tempel des Romulus, jetzt SS. Cosma e Damiano.

> Gottes Aula erglänzt im Schmucke lauteren Goldes,
> Herrlicher noch als Gold funkelt der Glaube darein.

Wir sind in die seltsame Kirche zweier Heiligen gerathen, die, Aerzte und auf italienisch Medici genannt, deshalb als die Schutzpatrone der Florentiner „Medici“ gegolten haben und, arabische Zwillingsbrüder, an dieser Stelle auf die römischen Zwillinge, Romulus und Remus, gefolgt sind; ihnen (ursprünglich nur dem Romulus und zwar nicht dem Erbauer der Stadt, sondern dem Sohne des Maxentius) war die antike Rotunde geweiht, die, wie der benachbarte Tempel des Antoninus und der Faustina, in eine christliche Kirche umgeschaffen worden ist; die hervorstehende Mauer links ist vermuthlich der Rest der ehemaligen Vorhalle dieses Gebäudes, zu welcher auch zwei halbverschüttete Cipollinsäulen rechts (vor dem Oratorio della Via Crucis) gehörten. Wie dort ein antiker Porticus zur Vorhalle der Kirche San Lorenzo, so dient hier ein antiker Rundtempel zur Vorhalle der Kirche SS. Cosma e Damiano, die nicht minder unmittelbar auf antikem Grunde steht; der alte Fussboden der Rotunde, welcher auf gleichem Plane mit dem des Tempels des Antoninus und der Faustina gelegen und nur allmählich durch den Schutt des Forums verdeckt worden ist, tritt nämlich noch in einer Unterkirche zu Tage, zu welcher in der Apsis eine Thür hinabführt, und die ein drittes Element in den verwickelten Bau-Complexe darstellt; sie ist nichts anderes als das Gewölbe, welches Urban VIII. 1633 über dem alten tiefen und feuchten Pflaster aufführen liess und wodurch er die Kirche wieder auf gleiches Niveau mit ihrer erhöhten Umgebung brachte. Dass Felix IV., welcher sie 527 anlegte, gerade diesen Tempel als Bauplatz wählte, wird wohl durch die Analogie der beiden Brüderpaare veranlasst worden sein, da man bei „Romulus" auf alle Fälle zunächst an Romulus und Remus dachte, und die Kirche immer das Princip gehabt hat, in die heidnischen Tempel Heilige einzusetzen, welche den daraus vertriebenen Göttern einigermassen entsprachen; vielleicht hatte man bereits des Namens Romulus wegen diese Wände mit dem marmornen Plane des alten Roms bekleidet, dessen merkwürdige Fragmente gegenwärtig an der Treppe des capitolinischen Museums eingemauert sind und die wiederum zu dem Titel „Templum Urbis Romae" führten. Es heisst aber überdies, dass hier bereits in alter Zeit ein medicinischer Club bestanden und unser Rundtempel eine Art „Jatreion" abgegeben habe: hier mag Antonius Musa aus und eingegangen sein, der August durch seine kühne Kaltwassercur vom Tode gerettet hatte, nachdem er von den übrigen Aerzten schon aufgegeben war; hier mag der Zahnarzt Cascellius, der Bandagist Hermes, der Augenarzt Hyginus, der Hühneraugen-Operateur Fannius verkehrt; hier mag der berühmte Galen, der Leibarzt des jungen Commodus, den Teuthras getroffen und einen Vortrag über die Frage gehalten haben, ob der von Erasistratus bekämpfte Aderlass nicht in gewissen Fällen unerlässlich sei. Ein Grund mehr, das Local den heiligen, umsonst practicirenden und daher von den Griechen „Doctoren ohne Geld" genannten Medici anzuweisen. Ihre Gebeine befinden sich nicht hier, sie wurden vielmehr 1649 von Bremen nach München übergeführt und in der Michaeliskirche beigesetzt.

Wir müssen es uns leider versagen, bereits hier auf jene grossen Mosaiken näher einzugehn, und die Beschreibung und Abbildung derselben auf die christliche Zeit versparen, wo uns ein günstiger Stern hoffentlich wieder einmal um dieselbe Stunde, auf der Rückkehr von den Katakomben, über die Velia führen und uns der Herr Christus wieder erscheinen wird; gegen Abend ist nämlich das beste Licht für diese feierlichen, tiefergreifenden Darstellungen. Für heute lassen wir uns an der flüchtigen „Vision" genügen und kundschaften zunächst das Terrain noch weiter aus, das uns immer von neuem zu einer liebevollen Vertiefung in das classische Alterthum hindrängt.

II.

Interessante und fragenreiche Denkmäler begleiten unsern Weg in unablässiger Folge. Hinter den Heiligthümern des Romulus und des Antonin und der Faustina, genauer hinter den Plätzen, die sie später einnahmen, lag der berühmte Tempel, den Vespasian nach der Eroberung Jerusalems mit grosser Pracht inmitten eines neuen Forums erbauen liess, und den er gleich diesem der Göttin des Friedens, der den Oelzweig und den Caduceus führenden Pax weihte: die beiden sich in einander windenden Schlangen daran sind ein Symbol der Eintracht; den Reichthum, den wir oben mit der Concordia und dem Saturn vermählt gefunden haben, trägt die Pax als Kind auf ihren Armen, wie eine schöne Statue der griechischen Irene in der Münchener Glyptothek beweist. In dem Friedenstempel stellte Vespasian unter andern Kunstwerken und Weihgeschenken auch die Jerusalemer Spolien auf, die der Kronprinz Titus mitgebracht, das heisst den siebenarmigen Leuchter und den Schaubrodtisch, denn die Vorhänge des Tempels und die Gesetzbücher waren in den kaiserlichen Palast auf den Palatin gekommen. In der fürchterlichen Feuersbrunst unter Commodus, die uns der griechische Geschichtschreiber Herodian ausführlich beschrieben

Die Konstantinsbasilica.

hat, c. 190 n. Chr., brannte der herrliche Bau Vespasians nieder; die jüdischen Schätze wurden angeblich gerettet und an einem andern unbekannten Orte niedergelegt, wo sie Jahrhunderte lang verblieben.

Dieses vespanianische Templum Pacis hat man nun in den erhabenen Ruinen erkennen wollen, welche gleich neben SS. Cosma e Damiano liegen und die schon ihres Umfangs und ihrer Erhaltung wegen zu den merkwürdigsten Roms gehören. Drei einsame riesenhafte Bogen gähnen abgrundgleich dem Wanderer entgegen, als ob sie ihn samt der Velia und dem gegenüberliegenden Palatin verschlingen wollten, drei Gewölbe von ungeheurer Spannung, wie drei Peterskirchen neben einander; wirklich dienten sie der Renaissance beim Bau dieser Weltkirche zum Vorbild. Sie wären des Vespasian nicht unwürdig gewesen, doch lag der Friedenstempel, wie wir bereits bemerkten, nicht neben, sondern hinter dem Tempel des Romulus, mit welchem diese grossen Reste gleichen Ursprung haben: sie stammen wie jener vom Kaiser Maxentius und von einer

Basilica desselben her. Aber alle prachtvollen Werke, mit denen Maxentius Rom geschmückt, weihte der Senat nachmals, nachdem er von seinem Mitkaiser Konstantin dem Grossen geschlagen und im Tiber ersäuft worden war, dem glücklichen Sieger: und so wurde Konstantins Name auf den Rundtempel, den der Vater dem Sohne gewidmet, und auf die „Konstantinsbasilica" übertragen. Als solche hat sie der Archäolog Nibby zuerst erkannt, und seine Ansicht wurde

Hauptbogen der Konstantinsbasilica.

seinerzeit durch eine Münze mit dem Namen Maxentius bestätigt, die in einem herabgestürzten Stück Gewölbe steckte; es liegt dicht vor der zweiten Tribüne. Nur beim Volke leben noch heute die schönen Namen „Tempio della pace" und „Via del tempio della pace" unvergesslich fort.

Eine eigenthümlich variirte, ausserordentlich (76 m zu 100 m Länge) breite Basilica, bei der an die Stelle des Säulenbaues das Princip der Gewölbeconstruction getreten ist, der Hauptrichtung nach etwa mit dem Forum parallel, also mit der einen Langseite der Sacra Via und dem Palatin, mit der einen Schmalseite dem Colosseum zugekehrt; von diesem her, durch eine zum Theil noch erhaltene Halle, der jetzt in einen Kornspeicher verbauten Tribüne gegenüber war der ursprüngliche, enge und niedrige Eingang. Später, vielleicht durch Konstantin den Grossen, erhielt die Basilica eine zweite Tribüne und einen zweiten Eingang: zu dem Zwecke ward von der Via Sacra her eine eilfstufige Treppe zu ihr hinaufgeführt und am Portal eine Halle von vier Porphyrsäulen errichtet. Vor die neue Tribüne stellte man zwei Säulen, deren Gebälk umherliegt; von ihr erkennt man noch den Stuhl des Präsidenten, das Tribunal, und die Sitze der Geschworenen, die durch ungeheure, mit Victorien verzierte Kragsteine geschieden sind. Dazwischen haben byzantinische Künstler betende Christen gemalt, welche stehend die ungefalteten und ausgebreiteten Hände gen Himmel erheben; die Heiden beteten auch so, hielten aber die Hände nebeneinander.

Was stellen nun die drei so grosse Bewunderung erregenden Bogen in dem beschriebenen Gebäude dar? Die Tonnengewölbe des rechten Seitenschiffes, die nach der Breite der Basilica gerichtet sind, und deren mittleres die zweite Apsis enthält. So kühn und gewaltig ihre Wölbung ist, so wurden sie an Mächtigkeit doch noch durch die drei der Längsrichtung entsprechenden Kreuzgewölbe des Mittelschiffes übertroffen; denn während sie 20,5 m breit, 17,5 m tief, 24,5 m hoch sind, so betrug die Breite der drei Kreuzgewölbe 25 m bei 35 m Höhe und 20 m Tiefe. Ihre Flächen sind durch achteckige Cassettoni, wie man die vertieften, kastenmässigen Felder nennt, in den Zwischenräumen mit Rosetten und Rauten belebt; der Hauptbogen sticht durch verschiedene Zeichnung derselben ab. Vor den Mittelpfeilern standen acht Riesensäulen von weissem Marmor korinthischer Ordnung, eine davon werden wir auf dem Platze vor S. Maria Maggiore, von der h. Jungfrau bestanden, wiederfinden.

Hinter der Basilica liegt ein Haus, in dem arme Mädchen von ihrem sechsten Jahre an bis zu ihrer Verheirathung oder anderweitigen Versorgung nach Art der „puellae alimentariae Faustinianae" unterhalten werden, das „Conservatorio delle povere zitelle mendicanti"; und diese armen Mädchen haben auf den drei Gewölben einen Garten angelegt. Man spricht viel von den hängenden Gärten der Semiramis: auf den Resten des Friedenstempels hängen die Gärten der römischen Bettelmädchen, in ihrer Art auch Königinnen. Vermittels einer Wendeltreppe klettern sie hinauf und hegen auf dem erhabenen Beete Rosen und Lilien, und dabei überblicken sie ahnungsvoll, in der Abendsonne verglühend, die Sieben-Hügelstadt und ihre ewigen Ruinen. Hat der Dichter wohl an sie gedacht, als er sagte, prächtiger als wir in unserem Norden wohne der Bettler an der Engelspforten, denn er sehe das ewig einzige Rom? —

Inzwischen ist es, bei der in Rom ohnehin kürzeren Dämmerung, völlig Nacht geworden, und indem wir endlich auf der Höhe der Velia ankommen, finden wir uns samt dem Titusbogen in Schatten eingehüllt, die der siebenarmige Leuchter nicht aufzuhellen vermag.

III.

Aber das ist die rechte Stunde, wenn wir die Vorbereitungen zu dem Triumphzug sehen wollen, den dieses berühmte Monument besiegelt und verewigt; denn sie wurden in der Nacht und an einem andern Platz gemacht. Hören wir den Josephus, der Augenzeuge war. Die beiden Imperatoren, Titus und sein kaiserlicher Vater Vespasianus brachten die Nacht auf dem Marsfelde nahe beim Isistempel zu; die Unterfeldherren ordneten während derselben das siegreiche Heer in Rotten und Schaaren. Bei Tagesanbruch erschienen die Herrscher, lorbeerbekränzt und festlich angethan, vor der erwartungsvollen Menge und begaben sich zu den Säulengängen der Octavia, allwo sie vom Senat und den obersten Behörden empfangen wurden. Alles jauchzte und jubelte den Glücklichen zu, die würdevoll auf ihren curulischen Sesseln sassen; der Kaiser Vespasian aber

Der Porticus der Octavia (Vorbau, innere Seite).

erhob sich, verhüllte sein Haupt und betete zu den Göttern; dann lud er die Soldaten zum Festmahl ein und entliess sie. Verweilen wir, ehe wir die Triumphatoren weiter verfolgen, zunächst ein wenig bei jenen Säulengängen der Octavia, in denen die mediceische Venus gefunden ward, und deren edle Reste sich noch heute an der Grenze des Ghetto und des früheren Fischmarktes, in pittoresker Umrahmung über einem dunklen graubraunen Häuserknäuel erheben.

Säulenhallen oder Colonnaden, wie man in gewissen Gegenden auch sagt, Lauben, das-heisst lange, schmale, mit einem auf Säulen ruhenden Dach bedeckte Gänge sind in allen südlichen Ländern ein Bedürfniss und finden sich daselbst allerorten und zu allen Zeiten in verschiedenartiger künstlerischer Ausbildung. Sie gewährten zugleich frische Luft und Schutz gegen die Wärme der Sonne oder die Feuchtigkeit der Atmosphäre und stimmten in dieser Beziehung mit unsern Passagen sowie mit den Münchener Arcaden überein: namentlich leiten sich von ihnen auch die Kreuzgänge der christlichen Klöster her. Den Griechen, welche sie Stoen nannten, wird ihre Erfindung zugeschrieben, von ihnen adoptirten sie die Römer unter dem Namen Porticus. In Rom wurden sie wie gewöhnlich ins Grosse ausgeführt und in jeder Hinsicht vervollkommnet, und verschönert, bald mit Anlehnung an andere Gebäude, bald als freistehende und selbständige Constructionen und bald privatim, bald öffentlich. In letzterem Falle, wenn für die grosse Menge bestimmt, wurden sie bald zu beliebten Sammelplätzen der Bevölkerung und deshalb wie unsere Promenaden mit Bänken und Stühlen versehen, mit Gemälden, Reliefs und Statuen decorirt: die Venus von Medici sollten die Blicke der römischen Spaziergänger erfreuen. Denn die prachtvolle Halle, welche Augustus erbaute und nach seiner Schwester Octavia benannte, war eben ein glänzendes Beispiel eines solchen antiken Porticus.

Der Porticus der Octavia.

Wir haben oben bei SS. Cosma e Damiano einer marmornen Karte des alten Rom

Erwähnung gethan, die an den Wänden der Treppe des Capitolinischen Museums eingemauert ist. Auf ihr besitzen wir den Grundriss des Gebäudes. Dasselbe bestand aus einer doppelten Säulenreihe und bildete ein längliches Viereck, worin zwei Tempel, ein Jupiter- und ein Junotempel eingeschlossen waren; es erhob sich auf einigen Stufen. Der Haupteingang ist auf dem Plane in der Mitte der rechten Seite deutlich zu erkennen: er wurde durch einen Vorbau bezeichnet, der Aehnlichkeit mit der Vorhalle eines Tempels, einem Pronaos hatte. Zweimal vier Säulen und je zwei Anten an den Ecken trugen einen Giebel von edler Form und, gleich Säulen und Gebälk, von weissem Marmor; die Anten d. h. die Wandpfeiler bestanden mit Ausnahme der Capitäle aus Ziegeln, die aber, wie noch Spuren zeigen, mit Marmor bekleidet waren. Diese Halle vor der Halle ist noch grossentheils erhalten, aber durch spätere Reparaturen und moderne Einbauten sehr entstellt: Wir haben auf Seite 25 die Aussen- und auf unserer Tafel die Innenseite derselben vor uns. An jener, welche nach dem Fischmarkt zu gelegen ist, bemerken wir den schönen antiken Giebel, rechts eine Ante und einen backsteinernen, zur Unterstützung des Gebälkes, wahrscheinlich bereits unter Septimius Severus und Caracalla an Stelle zweier Säulen aufgeführten Bogen; links, ziemlich versteckt die beiden andern Säulen. Von der inneren Seite stehen nur noch zwei Säulen nebst einer Ante. Säulen und Anten sind von korinthischer Ordnung, die Basen verschüttet, die cannelirten Schäfte arg beschädigt. An den vortrefflich gearbeiteten Capitälen erscheinen anstatt der Akanthusblätter und der rankenartigen Voluten Adler mit Donnerkeilen in den Klauen, die Vögel Jupiters, dessen Tempel, wie bemerkt, in der Halle eingeschlossen war. Rechts und links vom Vorbau sieht man überdies je einen den weiteren Fortgang des Porticus andeutenden Ziegelbogen; unter dem Anfang der Wölbung haben diese Bögen, welche gleich den Anten mit weissem Marmor bekleidet waren, noch marmorne Gebälke, die mit Rosetten verziert sind, wie auf unserer Tafel links zu sehen ist.

Die Spolien des Jerusalemer Tempels, Sculpturen vom Titusbogen.

IV.

Von dem Porticus der Octavia begaben sich die Imperatoren zu dem freistehenden Thore auf dem Marsfelde, durch welches gewöhnlich eingezogen ward (porta triumphalis), nahmen ein Frühstück ein, opferten vor den hier aufgestellten Götterbildern und legten die Triumphatorengewänder an: das palmengestickte Hemd (tunica palmata) und den purpurnen, mit goldnen Sternen übersäten Mantel (toga picta). Nun begann die Procession: langsam und feierlich, ein unabsehbarer Strom, ergoss sie sich über den Flaminischen Circus, dann am westlichen Ende des Capitolinischen Berges durch die Carmentalis in die Porta eigentliche Stadt, von da zum Circus Maximus, durch diesen und zwischen Palatin und Caelius zur Velia und auf der Via Sacra zum Forum, endlich den Abhang hinauf auf das Capitolium — zum Tempel des Jupiter, in welchen so einzuziehn ein fast übermenschliches Glück erschien, und an dessen Stufen einst Caesar ehrfurchtsvoll die stolzen Knie beugte, um demüthig hinauf zu klimmen.

Mit ihr gelangen wir also wieder auf unsere Velia und zu jenem Bogen, der dem Kaiser Titus nachmals zum Gedächtniss dieses Tages errichtet wurde: an ihm können wir uns noch heute die Hauptmomente des Triumphes, der wegen der Zerstörung Jerusalems 71 n. Chr. abgehalten ward, lebendig vergegenwärtigen. Den Zug eröffnete der Senat, welcher die Truppen an den Thoren Roms empfangen hatte und sie nun gleichsam in die Stadt einführte. Hierauf kam die Musik, grosse gewundene Hörner (cornua) und geradeaus laufende Trompeten (tubae); dahinter eine Reihe von Wagen, die mit der Kriegsbeute beladen waren: die interessantesten und werthvollsten Stücke wurden auf Bahren (ferculis) dazwischen getragen und den neugierigen Blicken der Menge ausgesetzt. Das Basrelief an der Seitenwand unter dem Titusbogen, welches wir umstehend abgebildet haben, gibt diesen Theil des Zuges treu wieder. Römische Soldaten tragen die Spolien des Herodianischen Tempels auf ihren Schultern durch die Porta triumphalis: acht den goldnen Schaubrodtisch (1. Kön. 7, 48) und die silbernen Posaunen, mit denen das Halljahr durch ganz Palästina verkündigt ward (3. Mos. 25, 9); acht andere den goldnen Leuchter, der im Heiligen stand, und dessen sieben Arme die sechs Wochentage mit dem Sabbat in der Mitte vorbedeuten sollten; wohl aus eignem Einfall hat der Bildhauer auf dem Fusse Stiere, Adler und andere Ungeheuer angebracht. Nach diesem tausendmal copierten Leuchter, welchen man in Stuck auch an den Wänden unserer Judenschulen abgebildet sieht und von dem der im mailänder Dome aufgepflanzte Candelaber eine lehrreiche Anschauung gewährt, hiess der ganze Bogen im Mittelalter „arcus septem lucernarum“; er allein hat der Nachwelt die Gestalt des heiligen Geräthes überliefert. Nebenher werden an der Spitze langer Stangen Placate getragen, auf welchen die Zahl der Gefangenen, der Werth der Beute, der Name der eroberten Stadt und Provinz in grossen Buchstaben zu lesen ist: diese Placate heissen tituli, und ihre eigenthümliche Form hat sich auf die Marmortafeln, welche die Nischen der italienischen Friedhöfe verschliessen, ja bis auf unsere Fünfmarkscheine vererbt: das Täfelchen auf der Rückseite, welches die Worte „Fünf Mark“ enthält, ist ihnen ganz ähnlich. Auf dem Original folgen hier noch gefangene Juden, denen die Hände auf dem Rücken zusammengebunden sind.

Der Zug des Triumphators, Sculpturen vom Titusbogen.

Von jetzt ab müssen wir uns den Triumphzug wieder mit der Phantasie ausmalen. Hinter den Spolien marschirte eine Bande von Flötenbläsern (tibicines), die den weissen, ritualmässig geschmückten Opferstier anführten, welchem wiederum die Priesterschaft mit ihren Acoluthen folgte. Dieser Opferzug ist mit mehreren Rindern am Friese des Säulengebälks dargestellt, dabei der personificirte Jordan, der als Greis auf einer Bahre wie vorhin getragen wird: wir sehen das auf unserer Tafel. Dann gab es wieder Waffen, Fahnen und andere dem Feinde abgenommene Trophäen: bei uns würden in diesem Falle die vernagelten Geschütze figuriren; ihnen schleppten sich und ihre Familien trauernd die besiegten Fürsten und Feldherren und, mit Ketten beladen, die Gefangenen alle nach. Der greise, gramgebeugte Held da, der barfuss und in schwarzem Kleide hinter den Gesetzestafeln herwankt, ist Simon Bar Giora, der jüdische General; wenn der Triumphzug das Capitol erreicht hat, wird er im mamertinischen Gefängniss erdrosselt werden. Vae victis! Warum liess er sich auch einfallen, Jerusalem und den Tempel Jehovahs gegen das allmächtige Rom vertheidigen zu wollen? —

Nun kam der Kern und die Krone des Festzugs, und zugleich fangen unsere Bilder wieder an, die uns jetzt das Basrelief an der gegenüberliegenden Innenwand abspiegeln: Die kronprinzlichen Lictoren treten auf, in Civil, will sagen in Toga, Stirne und Fasces mit Lorbeer bekränzt, gleichsam die Ehrengarde oder die Vorhut des Triumphators, welcher in der obenbeschriebenen Uniform, auf dem Haupte einen Lorbeerkranz, in der Hand einen elfenbeinernen Stab mit einem Adler an der Spitze, aufrecht auf einem kreisförmigen, von vier Schimmeln gezogenen Wagen steht, ein gottgleicher Mann und ein Rivale Jupiters, daher auch sein Gesicht, wie das thönerne Bildnis des Jupiter Capitolinus, mit Mennige geschminkt ist; dahinter hält ihm ein Sclave eine mit Edelsteinen geschmückte Krone von massivem Golde über's Haupt und ruft pathetisch: Bedenke, dass du ein Mensch bist! Homo es, non Deus! — eine Mahnung, die übergrosse Freude weise zu mässigen, wie sie der Clerus noch heute dem neugekrönten Papst ertheilt. Wenn er sich in der Peterskirche zum Hochaltar begibt, wird eine Flocke Werg, die an der Spitze eines silbernen Stabes befestigt ist, angezündet und vom Volke ausgeblasen, wobei der Ceremonienmeister zu dem Erwählten spricht: Sic transit gloria mundi! — und diese symbolische Handlung noch zweimal bis zu seiner Ankunft am Altar wiederholt. Bei dem Krönungszuge nach dem Lateran, der offenbar einem antiken Triumphzug nachgebildet war, musste er sich früher zu demselben Zwecke auf einen Nachtstuhl setzen. Dem weisen Amtsdiener, der so kluge Bemerkungen an den goldnen Lorbeerkranz knüpfte, hat der Künstler auf unserem Basrelief poetisch die Figur einer geflügelten Victoria gegeben, wie denn vier langgestreckte Siegesgöttinnen auch die Bogenwinkel beleben; die Rosse der Triumphalquadriga führt nicht minder poetisch die Göttin Roma am Zügel, die man auch in der verstümmelten Figur auf dem Bogenschlusse erkennen will; Lictoren zählt man zwölf. Den Titus hat der Bildhauer in seinem weichlichen, fetten, nicht gerade idealen Habitus allein ohne seinen allerdings noch hässlicheren Vater, der mit triumphirte, dargestellt. Kinder besass Titus nicht, sonst würden dieselben bei ihm im Wagen gestanden haben, während die älteren Söhne als Postillone auf den Schimmeln oder auf besondern Pferden nebenher zu reiten pflegten. Hinter dem General marschirten die hohen Offiziere, die Legati, die Tribuni und die Equites, alle zu Pferd, dazu die Bürger, die er aus der Kriegsgefangenschaft befreit, den Freiheitshut auf dem Kopfe: das gesammte siegreiche Armee-Corps, lorbeerbekränzt und Lorbeerzweige in den Händen, schloss den Zug, bald Hymnen zu Ehren ihres Feldherrn, bald nach altrömischer Sitte derbe Spottlieder auf eben denselben singend und in das „Io triumphe" des Publicums einstimmend. Auf dem Capitol verrichtete der Triumphator ein Dankgebet, opferte dem Jupiter und legte dem Gott seine goldne Krone, sowie den Lorbeerzweig, welchen er in der Hand trug, später statt dessen eine Palme in den Schoos, weihte ihm auch einen Theil der Beute. Zuletzt gab er seinen Freunden und den angesehensten Männern der Stadt auf dem Capitol ein splendides Gastmahl, von dem er abends mit Fackeln und Musik nach Hause begleitet wurde.

Diese Reliefs sind wahrscheinlich Nachbildungen von Gemälden, auf denen der Krieg in seinem ganzen Verlaufe dargestellt war und wie sie bei Triumphen gewöhnlich auf hohen Staffeleien

Der Triumphbogen des Titus auf der Via sacra.

mit umgetragen wurden. Da sah man, sagt Josephus, das Land verwüsten, die Feinde niedermetzeln, die Mauern einbrechen, die Festungen berennen, die Stadt anzünden und jenen Tempel einäschern, welcher die letzte Schutzwehr der verzweifelten Juden gewesen war. Der ganze Bogen und Triumph beweist übrigens, dass die Römer das Volk Israel als keinen geringen Feind betrachteten — „die Nation der Juden bezwungen und die solange vergeblich angegriffene Stadt Jerusalem endlich niedergeworfen zu haben", erschien ihnen besonders glorreich.

V.

Es erübrigt nun noch, das Wenige nachzuholen, was an dem Bogen sonst bemerkenswerth sein dürfte — dem Bogen, denn in der That ist es, im Gegensatz zu andern, ein einziger, einfacher, nur durch je zwei länglich viereckige Fenster unterbrochener Bogen. An beide Façaden sind je vier Säulen angelehnt, je zwei an den Ecken und je zwei zu Seiten des Gewölbes, unter ihnen aber nur die beiden mittleren an der Façade nach dem Colosseum, wo die Inschrift steht, antik, und diese die frühesten Beispiele der römischen Säulenordnung, deren Kapitäl aus dem korinthischen Akanthusblätterkelch und den jonischen Voluten zusammengesetzt ist. Der Kern des Bogens besteht aus Travertin, die Attika aus enormen Marmorblöcken, die in den Feuern des Tages fast lebenswarm entbrennen, im Schatten einen kalten, grünlichen Schein annehmen; mit pentelischem Marmor war derselbe ursprünglich ganz bekleidet, aber als er im zwölften Jahrhundert zu einem Thor der frangipanischen Festungen erhoben, und das berühmte Monument mit so vielen anderen in eine grosse finstere, zinnengekrönte Burg verschmolzen ward, die dann wieder langsam von ihm abbrach und gleich einer Schale barst, mag auch sein weisses Kleid in Stücke gegangen sein. Laut der schönen, leserlichen Inschrift an der Attika, an welcher dem Laien die Unzertrenntheit der Worte und die stehende Wiedergabe von U durch V auffallen wird:

SENATVS
POPVLVSQVEROMANVS
DIVOTITODIVIVESPASIANIFILIO
VESPASIANOAVGVSTO —

— Vespasianus war Beiname auch des Titus — wurde der Bogen dem vergötterten Titus, mithin erst nach seinem Tode errichtet, was auch daraus hervorgeht, dass am Scheitel der mit rosettirten Kassetten und hübschen Arabesken darum herum verzierten Tonnenwölbung (wir sehen sie am vollkommensten auf unserer zweiten Tafel) Titus' Apotheose dargestellt ist: der Kaiser wird von einem Adler zum Himmel emporgetragen. Ein Adler flog nämlich bei der Ceremonie der Apotheose oder Consecration vom Scheiterhaufen auf, wie man glaubte, die Seele des Verstorbenen entführend. Alle Kaiser nahmen diese Ehre für sich in Anspruch, die den Göttlichen in der Regel durch Senatsbeschluss zuertheilt ward, ausgenommen Vespasian, Titus' Vater.

Noch heute mag kein Jude durch den Titusbogen gehn, der ihn an den vollständigen Verlust der politischen Selbständigkeit und die verhängnissvolle Zerstreuung seines Volks über das Abendland erinnert, und den dieses sein Volk Jahrhunderte lang beim päpstlichen Krönungszuge mit Teppichen und seidnen Stoffen decoriren musste; er geht zwischen ihm und dem Palatin hinunter. Auch glaubt er nicht etwa, dass dem Heiden, dem er wohl gelegentlich einen Stein an seinen Tituskopf wirft, die Zerstörung der heiligen Stadt so hingegangen sei: nein, Jerusalem liess sterbend seinen Stachel in ihm zurück. Beim Triumphzug drang dem Imperator eine Mücke mit kupfernem Stachel durch die Nase in's Gehirn, ihn fortan ununterbrochen quälend. Als er einmal bei einer Schmiede vorbeizog, hörte das Insect, erschreckt von dem Gehämmer, zu stechen auf: Titus war schon froh, er wollte nun neben seinem Palast beständig ein Hammerwerk unterhalten lassen. Allein die Mücke gewohnte den Hammerschlag, eine Phrase, die bei den Juden sprichwörtlich geworden ist.

Casino Farnese, Aufgang zum Palatin.

Palatium.

I.

Die Velia bildet geographisch nur einen Abhang des höchsten und berühmtesten unter den sieben Hügeln, welcher, ursprünglich eine grüne Bergtrift und mit altlateinischen Sennhütten bedeckt, Palatium d. i. Anger oder Alm genannt ward: der Name, den man sogar von den über ihn zerstreuten Schafen und Lämmern (a balatibus ovium) hat ableiten wollen, hängt wahrscheinlich mit Pabulum, Pastor und mit der Hirtengöttin Pales zusammen, deren Schutz man, wie heutzutage dem heiligen Antonius, das Wohl der Heerden anbefahl, und an deren Fest, den bereits erwähnten Palilien, dreimal über die reinigenden Flammen brennender Heuschober gesprungen ward. Sie bildet den nordöstlichen, nach dem Forum und dem Esquilin zu gelegenen Abhang dieses Hügels, während ein nordwestlicher, Germalus oder Cermalus genannt, nach dem Capitol und der Tiber, ein südöstlicher nach dem Caelischen Berg gerichtet, endlich ein südwestlicher durch das Thal des Circus vom Aventinus geschieden war; mit diesen Abhängen stellt er ein unregelmässiges Viereck dar, dessen Umfang 1744 m, genau soviel wie der Tuileriengarten, beträgt und das sich, durch ein schon in alter Zeit überbrücktes Thal in der Richtung von Nordost nach Südwest durchschnitten, bis zu 51,2 m über den Meeresspiegel, 35,4 m über das antike Niveau der Stadt erhebt. Beim Besteigen der Velia und noch vor deren Gipfel, von welchem der älteste Aufgang war (durch die Porta Mugionis; einen zweiten, durch die Porta Romanula, hat man am Forum und einen dritten, die Treppe des Cacus, am Circus aufgefunden), bemerkten wir rechts, gegenüber der Constantinsbasilika, ein Portal, darüber ein Einhorn, das Wappen der Farnese, und die lateinische Ueberschrift:

Horti Palatini Farnesiorum,

die uns auf das Palatium einzuladen schien. Wir können jetzt der Versuchung nicht widerstehen, statt die Velia auf der andern Seite und zum Colosseum hinabzugehen, erst zu diesem Thore einzutreten und die dräuenden, von immergrünen Eichen umrauschten Felsenwände zerstörter Kaiserpaläste zu erklimmen, trotzdem wir voraussehen, dass wir uns in einen labyrinthischen Irrgarten und in ein verzaubertes Schloss begeben, aus dem wir nicht gleich wieder herauskommen werden — und indem wir die breiten Stufen der ersten Rampe bequem hinaufsteigen, wiederholen wir uns eine alte, bekannte Legende.

Die Tiber ist ausgetreten und begräbt eine wüste Landschaft in einer wüsten Flut, unter deren Andrang Busch- und Strauchwerk nachgibt und aus welcher die sieben Hügel wie Inseln aus einem Nil aufragen. Auf dieser Flut treibt, wie weiland das Körbchen Mosis in Aegypten, eine mit zwei lebendigen Knäblein beladene Wiege. Es sind auserwählte Kinder, Werkzeuge des Schicksals und die unbewussten Träger einer grossen Zukunft — die Zwillinge des Mars, die in Albalonga, den Plänen des Usurpators zum Trotz, aus dem jungfräulichen Schoosse einer Vestalin entsprossen und auf Amulius' Befehl den unbarmherzigen Wellen übergeben worden sind. Aber sanft trägt sie der gelbe Strom die niedrige Campagna und bis an den Palatin hinab, wo ihr steuerloses Fahrzeug von ohngefähr an dem knorrigen und ausgebreiteten Geäst eines wilden Feigenbaumes, der Ficus Ruminalis, hängen bleibt. Gottes Hand ruht sichtbar über ihren Häuptern: eine grimme Amme, eine Wölfin hört ihr Schreien und säugt sie — säugt sie, bis sie erstarkt die kräftigere Atzung eines Spechts vertragen, der mit andern heiligen Vögeln hülfreich geflogen kommt. Welch Wunder! Faustulus, der fromme Schäfer, betrachtete es staunend: er nahm die Zwillinge, trug sie in seine Strohhütte am Rande des Berges und brachte die von wilden Thieren an Kindesstatt angenommenen Wölflein der Acca Larentia, welche sie Romulus und Remus nannte, während die alte Mutter heulend in ihre tiefe Höhle, das finstre Lupercal kroch.

Die Wölfin mit Romulus und Remus.
(Etruskischer Erzguss, früher am Lupercal, jetzt auf dem Capitol.)

Sie legte sich hier zu Füssen ihres Herrn, des mit Ziegenfellen bekleideten Faunus Lupercus, dem alle Wölfe unterthan sind, und der sie nach Belieben zur Heerde sendet und von der Heerde abwehrt (lupos arcet); ihm zu Ehren ward nachmals hier alljährlich im Februar das volksthümliche Fest der Lupercalien gefeiert, das in Shakespeare's Julius Caesar vorkommt, ja, das in anderer

Form noch heute unter den römischen Katholiken fortlebt, sintemal es von der Kirche in die Lichtmess verwandelt worden ist.[1])

Auferzogen auf der Alm, in Sennhütten wie schlichte Hirtensöhne, wuchsen die Findlinge zu kecken Knaben auf, die sich im Kampf mit wilden Thieren und mit wilden Räubern massen und es mit aller Welt aufnahmen. Eines Tages geriethen sie in Streit mit den Hirten des reichen Numitor, die auf dem Aventin weideten; Remus wurde gefangen genommen und vor den Herrn in Albalonga, seinen eigenen unbekannten Grossvater geschleppt. Das Gesicht des Gefangenen, sein Alter, sein wunderbares Schicksal, alles das fiel dem Numitor auf; er schickte auch nach Romulus, der mit Faustulus herbeieilte. Da offenbarte sich die Abkunft der Zwillinge: mit ihren beiderseitigen Gefährten, den Quiptilii und den Fabii, erschlugen sie den Usurpator, setzten ihren Grossvater wieder in seine rechtmässige Würde ein und kehrten selbander an den heimathlichen Strom zurück, um an seinen Ufern eine Stadt zu gründen.

Gleichen Alters, gleich stark und gleich angesehen, haderten die Brüder, wo diese Stadt zu stehen kommen, wessen Namen sie tragen, wer über sie herrschen solle. Schliesslich wollten sie es den Göttern anheimstellen und das altlateinische Augurium des Vogelflugs befragen. Als Weissagevögel galten Raben, Krähen, Adler, Spechte und Geier: deren sah Remus, auf dem Aventin stehend, sechs, aber fast gleichzeitig flogen vor Romulus auf dem palatinischen Auguratorium zwölf Geier auf; dies entschied zu seinen Gunsten. Der Aventin, später ein Hauptsitz der Plebejer, war noch immer ein Unglücksberg gewesen: an ihm haftete von früher her das verwünschte Andenken des Cacus; jetzt wurde er für Remus zu einem Orte schlimmer Vorbedeutung, und noch heute scheint ein Fluch auf ihm zu ruhen, denn er ist eine Einöde, welche Klöster und Weinberge bedecken, nur von schwermüthigen Einsiedlern bewohnt.

Somit ward Rom von Romulus gegründet. Am 21. April, dem ersten Frühlingstage, nach Varro's Berechnung im 3. Jahre der 6. Olympiade oder 753 v. Chr. spannte er nach etruskischem Ritus einen Stier und eine Färse an einen Pflug und zog eine Furche um den erwählten Berg: diese Furche bezeichnete die Stadtmauer und die sacralrechtliche Schranke zwischen Stadt und Feldmark, das sogenannte Pomoerium, jenseits dessen, extra muros, das profane, fremde, plebejische Gebiet begann. Schon erhob sich die aus mächtigen Tuffquadern ohne Mörtel nach Läufern und Bindern geschichtete Ringmauer, als Remus spottend mit einem Satze darüber sprang; Romulus, nach Andern Celer, durchbohrte ihn und rief: So soll es jedem ergehen, der hier darüber springt! Die Stadt, die mehr Blut vergiessen sollte als sonst eine in der Welt, ward selbst in ihren Grundmauern mit Bruderblut gefärbt.

Das war die Roma quadrata, die älteste, mit dem palatinischen Hügel zusammenfallende, viereckige Stadt. Etymologen wollen wissen, jener mit eherner Pflugschar gezogene Mauerkreis sei orbis oder urbs und das Thor porta genannt worden, weil man daselbst den Pflug aufhob und hinübertrug (von portare, tragen); später wendete man den Begriff auch auf Häusereingänge an. Diese Erklärung hat etwas Ansprechendes, namentlich für Rom, das so oft mit dem Erdkreis identificirt wird, doch müsste man dann „orbis" und „Kreis" in einem sehr weiten Sinne nehmen, weil sonst „urbs quadrata" eine musterhafte Contradictio in adjecto wäre, und die altitalienischen Städte überhaupt nicht kreisförmig gebaut gewesen sind. Das palatinische Rom, der Keim und

[1]) Dasselbe war ein Reinigungsfest, durch welches nicht sowohl der „Wolfsabwehrer" als vielmehr der „Befruchter" (Inuus) versöhnt werden sollte. Am 15. Februar (XV. Kal. Mart.) fanden sich die Priestercollegien der Fabii und Quinctilii am Palatin ein und brachten ein Bockopfer im Lupercal — ursprünglich vielleicht ein Menschenopfer, wie man daraus schliessen kann, dass die Opferpriester zwei vornehme Jünglinge mit blutigem Messer an der Stirne berührten, worauf das Blut mit milchgetränkter Wolle wieder abgewischt ward, die Jünglinge selbst aber lachen mussten. Nach dem Opferschmause zerschnitt man die Felle der geopferten Böcke in Riemen und Lappen: mit den letzteren umgürtet, die ersteren wie Geisseln schwingend, liefen die Priester, die man selbst luperci hiessen, nackt durch die Stadt, alle Begegnenden, namentlich unfruchtbare und schwangere Weiber peitschend. Diese Peitschung nannte man „februatio", d. i. Reinigung, das Ziegenfell selbst februum", den Festtag „dies februatus" und den ganzen Monat „mensis februarius" woher unser „Februar", soviel wie Reinigungsmonat.

Der südöstliche Abhang des Palatin, im Hintergrunde das Colosseum.

Kern der Weltstadt und des Weltreichs, war, wie man auch über die Urformen der Dinge denken mag, nicht rund, sondern viereckig, dem östlich abgestumpften Paralleltrapez entsprechend, welches der Hügel bildete, und dieses Trapez mit der durch drei Thore unterbrochenen Mauerlinie auf halber Höhe des Abhangs ganz umziehend. Vielmehr haben die Alten eben in der Roma quadrata ein Emblem der Welt gesehen, die sie sich als ein Viereck dachten, die vier Zeiten und vier Gegenden besass, die wie die Lotosblume aus vier Blättern zusammengesetzt war und wie ein Wagen auf vier Rädern vorwärts rollte, wie sie später in den sieben Hügeln, auf denen die mit sieben Palladien gesegnete Stadt erbaut war, ein Abbild der himmlischen Planeten-Sieben zu erkennen glaubten; sie verglichen die bewohnte Erde mit einer ausgebreiteten Chlamys und mit einem Pallium, beides viereckigen Gewändern. Ja, dergleichen kosmische Bezüge haben zu der stolzen Bezeichnung „Aeterna urbs" geführt.

II.

Die Sage verfährt gerade umgekehrt wie die Wissenschaft, welche bekanntlich Rom nicht durch Romulus, sondern Romulus durch Rom entstehen lässt: sie betrachtet diesen Heros nur als eine etymologische Personification des Ursprungs einer Stadt, deren griechischer Name Roma etwa unserem „Starkenburg" und dem lateinischen „Valentia" entspricht,[1]) seine Geschichte (abgesehen von der aus einheimischen Mythen compilirten Erzählung über seine Geburt und einzelnen andern Bestandtheilen ähnlichen Ursprungs) nur als eine den nachmaligen Vorstellungen von der ersten Bildung und ältesten Verfassung des römischen Staates entsprungene Fabel, die auf keiner positiven Ueberlieferung beruht. Romulus ist augenscheinlich ein Diminutivum von Romus, wie Faustulus von Faustus (qui gregi faustus), Romus aber, welches an sich soviel wie „Starke" bedeuten würde, nur aus der Projection der Idee eines Stadterbauers in die Wirklichkeit hervorgegangen, Remus eine andere Form seines eignen Namens oder aber eine ähnliche Personification einer Stadt Rem[uri]a auf dem Aventin. Der Name Romulus ist in dem modenesischen Familiennamen Romoli heute noch lebendig, wie sich denn die Italiener gern nach historischen und mythologischen Grössen nennen, und so ein moderner Romoli, trotzdem er nur als ein später Schatten des ersten Königs von Rom erscheint, dennoch eine ungleich realere Figur.

Und doch scheint uns eben der alte Romulus seine Existenz mit Brief und Siegel zu belegen. Während wir nämlich über dergleichen Reminiscenzen die Rampe hinaufgekommen und in eine pittoreske Wassergrotte gerathen, aber in Gedanken weiter gegangen und eine neue Treppe bis zu dem Casino hinaufgestiegen sind, werden wir urplötzlich durch eine prächtige Wölfin überrascht, welche, erfüllt von zarten Muttersorgen, bang und scheu in ihrem Käfig auf und abhuscht. Verwundert betrachten wir dieses lebendige Stück römischer Gründungssage: Lebt am Ende die alte Luperca noch, die unsere Zwillinge gesäugt hat? Wir befragen den Comthur Rosa, Conservator der Kaiserpaläste und Inhaber des Casino, über dieses archäologische Specimen — ob er etwa die Amme des Romulus eingefangen habe? Und er theilt uns mit, dass sie allerdings die echte römische Wölfin sei. In ihren Adern rolle das Blut des Romulus. Vor ein paar Jahren habe der Graf Pianciani, damals römischer Bürgermeister, angeregt durch die Bären Bern's und die Adler des protestantischen Rom's, eine Wölfin angekauft und in die Gärten des Capitols, links von der asphaltirten Flachtreppe, gesetzt. Grober Missgriff! Wo war denn das Lupercal? Hier unten am Germalus. Da erkennt man ja noch die Wolfsschlucht und das ehrwürdige Zwillingsheim, unterhalb der Hütte des Faustulus. Er habe also flugs eine andere Wölfin für die farnesischen Gärten des Palatin gekauft; und nun sei die Wahrheit gleich offenbar worden. Nämlich die Wölfin des Grafen Pianciani war keine Wölfin, es war ein Wolf! Das kommt davon, wenn man die Topographie vernachlässigt.

[1]) Neben ihm existirte noch ein priesterlicher Name der Stadt, Flora, und ein geheimer, unaussprechlicher, weil zugleich der der Schutzgottheit der Stadt, die feindliche Priester nicht etwa anrufen und den Römern abspenstig machen durften, villeicht Amor, das Anagramm von Roma,

9

Es steht zu hoffen, dass Herr Rosa auch die bronzene Wölfin, jene etruskische Nachbildung des römischen Wappenthiers, das uns von allen Omnibusen und von allen Bannern der Stadt entgegengrinst, wieder vom Capitol herunterholen und an den Eingang des Lupercal, oder in die benachbarte Kirche San Teodoro verpflanzen wird, die für einen alten Tempel des Romulus und Remus gilt, und in welcher sie im sechzehnten Jahrhundert stand.

Unsern Vätern, den Germanen, war das Erscheinen, der Angang eines Wolfes ein glückliches Vorzeichen, daher gaben sie sich des guten Omens wegen den Namen Wolfgang. Das war also jetzt auf dem Palatin ein wahrer Wolfgang für uns. Uebrigens aber sieht es hier oben nicht nach Wolfsschluchten und nach den Sennhütten der Gründungszeit aus: jene ländlichen Traditionen werden von welthistorischen Jahrtausenden erdrückt. Welch ein Bild, das sich vor uns entrollt! Ein starres Ruinenmeer, wüst und unübersehbar, voll erschütternden Ernstes, beredt in seinem Schweigen.

Neuer Garten auf dem Palatin.

Es gab schönre Zeiten,
Als die unsern, das ist nicht zu streiten!
Und ein edler Volk hat einst gelebt.
Könnte die Geschichte davon schweigen,
Tausend Steine würden redend zeugen,
Die man aus dem Schooss der Erde gräbt. (Schiller.)

Schönere Zeiten? Mich dünkt, diese Steine zeugen vielmehr von ungeheurem Frevel, von masslosem Beginnen und vom Wahnsinn der Caesaren. Aber sie zeugen allerdings zunächst von den grossen Zeiten der römischen Republik, von jener Periode, die auf die mythische der Könige gefolgt ist, und in die wir uns jetzo vertiefen wollen, indem wir hinter der Wohnung des Directors in einen langen gewölbten Gang, den sogenannten Cryptoporticus, eintreten, in welchem dereinst auf gleichem Wege Caligula ermordet worden ist, der uns aber glücklicher und ohne andern Aufenthalt als den bei einem merkwürdigen Sarkophag mit der Fabel der Medea zu einem altrömischen Privathaus, gerade an dessen Eingang leiten wird.

Frühe waren sechs kleine Ortschaften auf benachbarten Waldhöhen in die romulische Altstadt eingegangen und das Palatium hatte sich zu einem Septimontium erweitert: das Andenken an ihre Aufnahme erhielt sich in dem alljährlich im Dezember gefeierten Siebenhügelfest, welches gleichfalls Septimontium genannt ward. Der gegenüberliegende capitolinische Berg wurde zur Burg der Stadt ausersehen; die heimathlosen Flüchtlinge, denen Romulus hier ein Asyl gewährt hatte, kamen auf diese Weise zum römischen Bürgerrecht. Auf dem Quirinal sassen die Sabiner: nach hartem Kampfe, in welchem Romulus den Jupiter Stator anrief, dem Fluchtsteller den noch heute bei der Porta Mugionis erkennbaren Tempel angelobend, fand die Vereinigung mit ihnen statt und damit eine weitere Annexion. Den Caelius zog Tullus Hostilius zur Stadt, indem er die Bewohner des zerstörten Alba dahin verpflanzte; den Aventin der König Ancus Marcius, der ihn Lateinern anwies. Und so wurde wie gesagt ein Hügel nach dem anderen erworben und das Pomoerium mehrmals vorgerückt, aber der Palatinische Berg darüber nicht verlassen. Im Gegentheil, die ehrwürdige quadrate Mutterstadt, voll uralter Heiligthümer und durch die nationalen Sagen und Wahrzeichen geweiht, mit Inschriften bedeckt, die dem Fremdling wie noch heute von der Urgeschichte des römischen Volks erzählten, sie blieb nicht nur die Residenz der meisten Könige, z. B. des Ancus Marcius und des Tarquinius Priscus (Servius Tullius wohnte auf dem Esquilin), sondern auch der Stamm- und Lieblingssitz der alten Patrizierfamilien, genau so wie diese Familien in Wien oder in Paris nicht die Vorstädte, sondern die von Glacis umgebene innere Stadt zu bewohnen pflegen. Wer kennt nicht das prächtige, an Kunstschätzen reiche „Palais de Scaurus", nach welchem Mazois seine Untersuchungen über das römische Haus betitelt hat? Nun, sothanes Palais stand auf dem Palatin, da wo, gegenüber dem kleinen Museum, eine Tafel die Wohnung des Clodius angibt, denn dieser in den Zeiten des Unterganges der römischen Republik vielgenannte Agitator kaufte es für beiläufig drei Millionen Reichsmark. Berühmt ist seine Feindschaft mit Cicero und diese Feindschaft schien sich sogar auf die Häuser der beiden Staatsmänner zu vererben: sie waren Nachbarn und recht hämische Nachbarn, denn Cicero spricht es offen aus, dass er dem Clodius die Aussicht verbauen wolle, um selbst das Vergnügen zu haben, ihn von oben herab anzusehen. Cicero bewohnte das Haus des Crassus, das er für etwa eine halbe Million Mark erworben hatte. Catilina, sein anderes Kreuz, ärgerte ihn gleichfalls durch seine verhasste Nähe; endlich sein Rivale, der reiche Hortensius, mit dem er um die Palme der Beredsamkeit rang, wohnte auch bei ihm auf dem Palatin. Bekannt ist ferner, dass das alte Geschlecht der Lutatier, die Livier, die Antonier hier sassen, und so wird es uns auch nicht

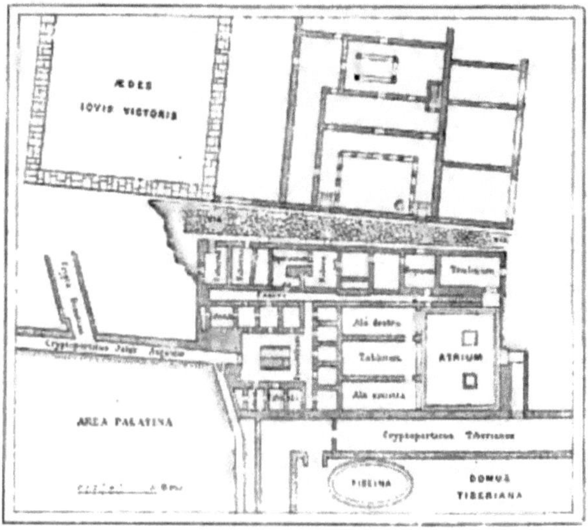

Grundplan des Hauses der Livia auf dem Palatin (siehe Seite 37).

Wunder nehmen, wenn es die Familien thaten, welche Rom seine ersten Kaiser gegeben haben: die Familie Julius Caesars, der anfangs ein bescheidenes Haus in der Niederung zwischen Caelius und Esquilin, der lebhaften Subura inne hatte, aber als Pontifex Maximus die hiesige Amtswohnung, die Regia bezog, und die des Tiberius Claudius Nero, des alten Tiberius oder des Kaiservaters und Gemahls der Livia Drusilla, an dessen Thür uns eben unser Cryptoporticus geleitet, und dessen stillem Heim, als dem letzten palatinischen Privathaus, wir gegenwärtig einen Besuch abstatten wollen. Da sich die Livia, welche von ihrem Gemahl geschieden und an den Kaiser Augustus abgetreten worden war, nach dessen Tode wieder hierher zurückzog, wird es von den Italienern gewöhnlich „Casa di Livia" (Domus Liviae) genannt.

Der Fremde nimmt zwar im Allgemeinen auf Treu und Glauben hin, was ihm die Gelehrten sagen; aber er möchte doch auch manchmal erfahren, wie sie zu ihren Bestimmungen und ihren Resultaten kommen. Woher weiss man z. B., dass dies gerade Kaiser Tiberius' Elternhaus vorstellt, höre ich einen fragen, wo es doch weder im Brandkataster steht noch an den Wänden abgesehen werden kann? — Ich will dem liebenswürdigen Skeptiker verrathen, woher man es weiss, und ihm eine Probe archäologischer Forschung geben. Dieses backsteinerne Häuschen ist erst 1869 blossgelegt und seine Taufe allerdings auf Grund einer alten Inschrift vollzogen worden, die nur nicht gerade über dem Portal zu lesen ist. Nein, sie ist auf den Bleiröhren zu lesen, die da unten an der linken Wand des mittleren Zimmers lehnen. Sie leiteten das Trinkwasser in das Haus und wurden 1870 in einem unterirdischen Gange gefunden. Auf ihnen stehen also ab und zu die Worte: JULIÆ AUG., d. h. Juliae Augustae. Julia Augusta hiess Livia nach Augustus' Tode: indem ihr der Kaiser ein Drittheil seines Vermögens im Testament vermachte, nahm er sie zugleich ins Julische Geschlecht und in den Julischen Namen auf. Nun aber ist wiederum bekannt, dass dergleichen Geräthschaften regelmässig mit dem Namen des Hausbesitzers gezeichnet sind: zu Juliae Augustae hat man etwa „proprietas", Eigenthum hinzuzudenken. Mithin gehörte das Gebäude sammt jenen Röhren der Kaiserinwitwe Livia.

Der Palatin wurde mit Wasser durch die Aqua Claudia versorgt, von der man noch fünf Bogen im Osten erblickt; von hierher kam also wohl auch der ebenerwähnte unterirdische Kanal. Er wurde nachmals durch den Palast der Flavier unterbrochen, die „Aedes publicae" Domitians; aber vor denselben bemerkt man eine von rechts her einmündende Zweigleitung, wahrscheinlich bestimmt, das Wasser um den Palast herum dem Hause der Livia zuzuführen. Zu dieser Zweigleitung gehörte die ebenfalls hier aufbewahrte Röhre, auf der man folgende Buchstaben entziffert:

IMPDOMITIANICAESARAUG. SUBCURA
EUTYCHIL. PROC. FEC. HYMNZSCAESARNSER

will sagen:

Imp(eratoris) Domitiani Caesar(is) Aug(usti). Sub cura
Eutychii l(iberti) proc(uratoris) fec(it) Hymnus Caesar(is) n(ostri) ser(vus),

oder zu deutsch:

(Eigenthum) des Kaisers Domitian. Fabricirt, unter Leitung des Freigelassenen Eutychius, von Hymnus, unserer Kaiserlichen Majestät gehorsamem Diener.

Bei Livia's Tode ging nämlich das Haus in den Besitz des Germanicus Caesar, ihres Enkels, über und wurde dann Bestandtheil der kaiserlichen Domäne überhaupt. Es kam also, wie eben diese Bleiröhre beweist, auch an Domitian, der es nicht nur bestehen, sondern so sorgfältig unterhalten liess, dass er bei der Anlage der Aedes publicae Massregeln ergriff, um ihm seine Wasserleitung nicht zu entziehen. Ja, dasselbe Haus hat sich, fort und fort geschont und eben deshalb tiefer als die umliegenden Paläste, für welche das Areal erhöht ward und von denen man auf Stufen zu ihm herabsteigen musste, bis ins dritte Jahrhundert hinein erhalten, wie eine

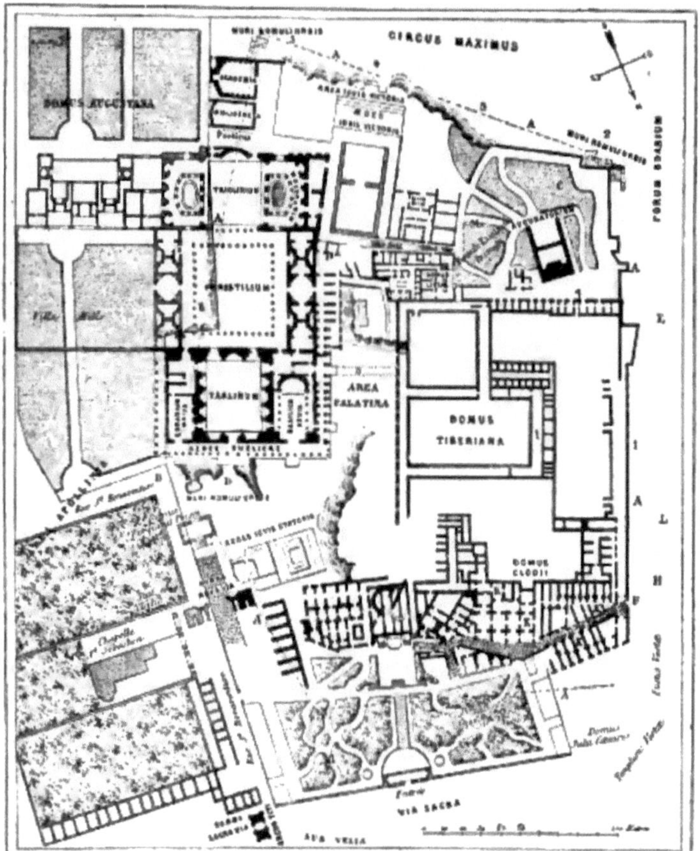

Dessiné par Rud. Thisbe — Gravé par Erhard

Plan der Ausgrabungen auf dem Palatin.

INDICIA

A. Pomœrium Romuli urbis

1. « . . . . *Et quod pomœrium Romulus posuerit. Igitur a foro Boario ubi æreum tauri simulacrum aspicimus . . . .*
2. *ut magnam Herculis aram amplecteretur.*
3. *Inde certis spatiis interjecti lapides per ima montis Palatini*
4. *ad aram Consi,*
5. *mox curias veteres,*
6. *tum ad*
6 (bis). *Sacellum larium*
7. *Forumque Romanum.»* (Tacit. *Ann.* XII, 24.)

B. Roma quadrata ea incipit a silva quæ est in area Apollinis. (Tit. Liv.)

C. Roma quadrata et ad supercilium Scalarum Caci habet terminum ubi tugurium fuit Faustuli, ibi Romulus mansitavit. (Solinus.)

D. Porta Mugonia a Romulo instituta.

E. Germalus a germanis Romulo et Remo, quod ad ficum ruminalem ibi inventi, quo aqua hiberna Tiberis eos detulerat in alveolo expositos. (Varro, *de Ling. lat.* v, 54.)

F. Porta Romana instituta est a Romulo infimo clivo Victoriæ. (Festus.)

G. Aurum in palatio ad portam Mugonis secundum viam sub sinistra, ubi ædes lautum est. (Varro et Solinus.)

H. Caligula, ponte transmisso palatium Capitoliumque conjunxit. (Suet. *Cal.*)

I. Caligula, magna parte noctis vigiliæ cubandique tædio . . . . nunc per longissimas porticus vagus, invocare identidem atque exspectare lucem consueverat. (Suet. *Cal.*)

K. Caligula partem palatii ad Forum usque promovit.

L. Otho per Tiberianam domum in Velabro, inde ad milliarium aureum sub ædem Saturni pergit. (Tacit. *Ann.*)

M. Vitellius, capta urbe, per aversam palatii partem Aventinum in domum uxoris sellula defertur, dein mobilitate ingenii in palatio regreditur. (Tacit. *Hist.* lib. III, LXXXV.)

andere mit der „Julia Augusta" zusammengelöthete Bleiröhre beweist, die Herr Rosa 1870 unter der Täfelung des Peristyls entdeckt hat und die folgende Inschrift trägt:

L. PESCENNIUSEROS. CAESARUM.

das heisst:

L(ucius) Pescennius Eros (fecit). Caesarum (proprietas):

In obgenanntem Ingenieur hat man wahrscheinlich einen Freigelassenen der Familie des Pescennius Niger zu erblicken, die „Caesares" würden dann Septimius Severus und sein Sohn Caracalla, oder aber dieser und sein Bruder Geta sein. So viel lässt sich noch nach Jahrtausenden aus ein Paar unscheinbaren, in der Erde vergrabenen, wahrlich nicht für die Archäologen gezeichneten Röhren lernen.

In ihnen giebt uns also der alte Tiberius Claudius Nero gewissermassen seine Visitenkarte und wir haben das Vergnügen, uns gleich irgend einem reisenden Hyperboräer bei ihm umzusehen und einen indiscreten Blick in seine Häuslichkeit zu thun. Pompeji bietet nichts Interessanteres. Da

Ausgrabung des Hauses der Livia.

stehen wir also zum ersten Mal in unserem Leben in einem Atrium, einem wirklichen, echten, antiken Atrium. Wir wissen lange, dass das den Mittelpunkt des römischen Wohnhauses bildete — dass es Atrium hiess, weil hier der Kochherd (focus) stand und es von Rauch geschwärzt (atrum) war — dass es ausserdem das Ehebett, die Webstühle der Sclavinnen, die Familiengötter und den Geldschrank enthielt — dass es ein viereckiger Hof war mit Oberlicht und mit einem Dache, das in der Mitte eine Oeffnung hatte, welcher Oeffnung, Compluvium genannt, unten im Fussboden ein Bassin, das Impluvium entsprach — in diesem Bassin sammelte sich das Regenwasser, das durch das Compluvium niederging — dass aber auch das Compluvium fehlen und der ganze Raum mit einem gewölbten Schutzdach, wie mit einer Schildkrötenschale (testudo) bedeckt sein konnte, und dass eben unseres ein solches Atrium testudinatum war — das Alles haben wir im Vitruv gelesen und unterschiedliche Grundrisse davon gesehen; der marmorne Stadtplan auf dem Capitol selbst musste herhalten, um uns eine Idee von einem Schildkrötendach zu geben. Ja, wir haben es wohl gelesen, aber wie mächtig belebt doch unser Studium die unmittelbare Anschauung; welch ein ander Ding ist es doch, leibhaftig durch die offene Hausthüre (janua) in den Hausflur einzutreten, kecklich die Thür zum Atrium (ostium) aufzumachen, den kostbaren

10

Mosaikfussboden zu beschreiten und in den vier Wänden an den Resten eines Laren-Altars auszuruhn: man lebt wirklich mit den Alten und bekommt gleich Lust, sich im Triclinium zu lagern und ein „Prandium" einzunehmen, oder man tritt an das gemalte Fenster und sieht mit anderen Gaffern der schönen Dame nach, die da unten, gefolgt von ihrer Sklavin, vorübergeht und sich mit einem Flabellum Luft zufächelt. Man wird eben über Vieles, ich möchte sagen, bereits an der Schwelle aufgeklärt, welche Schwelle, wie wir sehen, direct an der Strasse lag: ein Vestibulum, wie es unsere Lehrbücher jedwedem regelrechten römischen Haus vorlegen, gab es nicht. Ei was, ein Vestibulum! Will sagen, ein grossartiger Vorplatz, der durch vorspringende Seitenflügel zwischen Haus und Strasse vor der Façade gebildet wird, wie vor dem Versailler Schloss! Ein solcher hatte offenbar nur bei grossen und ausgedehnten Palastanlagen statt, während Privathäuser wie unseres nichts weiter als einen engen, zwischen den zwei Hausthüren gelegenen Corridor, das sogenannte Prothyrum besassen, welches man sehr irrthümlich mit einem Vestibulum verwechselt; das ist so wahr, dass man in der ganzen kleinen Provincialstadt Pompeji nicht ein einziges Vestibulum antrifft.

Auch an andere Räumlichkeiten darf man nicht einen Masstab legen, den man wohl an die eines modernen Hauses legt: das Palais einer deutschen oder russischen Kaiserinwittwe ergäbe gar andere Ruinen. An das Atrium schliessen sich dem Eingange gegenüber drei Gemächer, deren mittleres den Salon oder, um mich so auszudrücken, die gute Stube, das Tablinum darstellt; an die rechte Seite des Hofes lehnt sich ein länglich viereckiger Raum, dessen Wände im schönsten pompejanischen Roth entbrennen, der Speise-Saal, mit einem griechischen Fremdworte Triclinium genannt, weil es Sitte war, drei Ruhebetten hufeisenförmig um die Tafel aufzustellen, während die vierte Seite frei blieb. Nun, schon diese Säle sind für eine so vornehme Dame wie die Livia nicht gerade bedeutend; sie haben mehr Tiefe als Breite, die Höhe der Mauern übersteigt keine vier Meter. Wenn man aber vollends auf dem hölzernen Treppchen an der rechten vorderen Ecke des Atriums zu der hinteren Hälfte der Wohnung hinansteigt, welche die Schlaf- (cubicula) und Fremdenzimmer (hospitia), die Bäder (balnea) und die heizbaren Gemächer (hypocausta), die Vorrathskammern und Wirthschaftsräume enthält und gleichsam das Privathaus im Privathaus darstellt, so wundert man sich geradezu, wie bescheiden und dürftig dasselbe angelegt ist. Die kleinen Schlafzimmer, ohne Verbindung unter sich und ihr Licht vom Hof oder hochgelegenen in den Hof schauenden, Fensterchen erhaltend, mit schmalen Bettnischen in den Wänden können kaum so comfortabel wie unsere Schlafstellen oder Alkoven gewesen sein. Diese Beobachtung wiederholt sich in Pompeji, wo die vornehmen Häuser gleichfalls weite Höfe und darum herum eine Menge kleiner auffallend kleiner Räume haben, aber solch Missverhältniss gründet sich zum guten Theil auf die Lebensgewohnheiten der Alten und der Südländer insbesondere. Sie waren nicht viel zu Hause, sie lebten mehr unter freiem Himmel und in reger Theilnahme an der Oeffentlichkeit; und im Hause liebten sie wiederum den Aufenthalt in den Höfen und Säulengängen, wo sie ihre Klienten empfingen und der frischen Luft genossen; die Stuben und die gedeckten Räume betrachteten sie dagegen mehr wie einen augenblicklichen Unterschlupf und als eine Herberge, in der man einkehrt, um sie bald wieder zu verlassen. Dergleichen Einrichtungen und Sitten konnte sich natürlich auch eine Dame, und wenn sie eine Livia war, nicht entziehen. Sie schloss sich auch in sofern daran an, als sie an einer Ecke ihres Hauses, nach der Strasse zu, welche dasselbe vom Tempel des Jupiter Victor schied, zwei Läden (tabernae) an Kaufleute vermiethete; Läden gehören auch in Pompeji, wie im heutigen Neapel zu den stehenden Dependenzen vornehmer Häuser.

Dafür war die künstlerische Decoration und die Ornamentik ihres Wittwensitzes so anmuthig wie jemals eine, und schönere Fresken hat kaum eine moderne Majestät, als sie hier, nach fast zwei Jahrtausenden, frisch und harmonisch an den Wänden des Tablinums prangen; es ist wahr, dass sie Herr Rosa wieder mit antikem, nach Vitruv's Recept bereitetem Firniss überzogen hat. Diese Gemälde sollen in dem fensterlosen Raume abbilden, was durch Fenster im Freien oder auf der Strasse zu sehen ist, wie man noch heutzutage an der Riviera blinde, mit allerhand parrhasius'schen Scherzen bemalte Fenster liebt, und ähnliche Ueberraschungen sich in den

Wandgemälde des Tablinums im Hause der Livia.

italienischen Villen überhaupt und in Rom selber wiederholen. Die ganze Malerei beruht auf einer Augentäuschung, und als diese Kunst noch neu war, schien man Gefallen daran zu finden, die Täuschung möglichst vollkommen zu machen. Aufschiessend von einer braunen, scharlachumsäumten Sohlbank, tragen fingirte Säulen, deren Kannelirungen durch Kränze unterbrochen werden, gleichfalls perspectivische Karniese von einem seltnen Reichthum: zwischen ihnen und abwechselnd mit einfachen Feldern, die, lebhafter geröthet und gelb cassettirt, durch Friese von zartem Blau gehoben werden, durch diese elegante, bizarre, capriciöse Architektonik hindurch erblicken wir die wohlerhaltenen Bilder.

Stylistisch das schönste ist das kleine Gemälde rechts, in dunkelbraunem Rahmen zwischen zwei geflügelten Victorien, welches die Fabel der Jo zum Gegenstande hat. Die Tochter des Inachos wurde von Zeus geliebt und aus Furcht vor Hera, deren Priesterin sie war, in eine Kuh verwandelt. Dennoch bekam die eifersüchtige Gemahlin Wind davon und setzte den hundertäugigen Argos zu ihrem Hüter ein: im Auftrag des Zeus musste Hermes dem Argos den Kopf abschlagen, worauf die Göttin die verhasste Nebenbuhlerin durch eine Bremse von Land zu Land und von Europa nach Asien unstät jagen liess, bis sie endlich in Aegypten Ruhe fand. Von diesem Mythus, welcher eine Vermenschlichung des wandelnden, nachts vom Sternenhimmel (Argos) bewachten, in der Morgendämmerung (Hermes) befreiten, aber nun vom Glanz des Tages (Juno) überschienenen und gleichsam durch die Himmel gejagten Mondes (Jo) zu enthalten scheint — ihn als eine weisse Kuh und seine Sicheln als die Hörner derselben aufzufassen, ist eine uralte Symbolik — sehen wir hier den Moment der Argostödtung dargestellt. Jo sitzt in menschlicher Form, aber mit Kuhhörnern zu Füssen einer Säule, auf welcher die Statue einer bekleideten Juno aufgepflanzt ist; Argos, mit Lanze und Schwert bewaffnet, den rechten Fuss aufgestützt, über dem gebogenen Knie ein Stierfell, ist, schlaftrunken und seiner kaum mehr mächtig, über sie gebeugt, daher er sich auch mit der Hand an den mittleren Felsen anhält; denn bereits umspielt seine Sinne süss und bestrickend das Flötenspiel des Hermes, welcher vorsichtig heranschleicht, um ihn mit seinem Schwert oder, so sieht es aus, mit einem Steinwurfe zu tödten. Diese Darstellung wiederholt sich oft, namentlich auch auf Vasen; Hermes ist wie Argos nackt, aber als alter Reisender durch den breitkrämpigen, geflügelten Filzhut (petasus) charakterisirt.

Daneben, an derselben Wand spielt sich die bereits oben angedeutete Strassenscene ab, überaus merkwürdig, weil sie uns zeigt, wie die Bürgerwohnungen des siebenten Jahrhunderts in Rom aussahen: nämlich so wie die zwei Häuser, die hier neben einander an einer Strasse liegen, eins auf das andere gezeichnet, mit einflügeligen Thüren, die oberen Stocke mit Balkons oder Altanen versehen, nicht viel anders als heutzutage; eine massive Schnur grenzt die erste von der zweiten Etage ab. An einem Fenster und auf den Balkonen stehen drei Personen, mit den Augen einer trefflich drapirten Dame folgend, welche eben mit einem jungen Mädchen das Haus verlassen hat und einen Fächer aus Pfauenfedern (flabellum) in der Hand hält. An der Wand dem Eingang gegenüber endlich erblicken wir Galathea, die, von anderen Nereïden umgaukelt, auf stolzem Seepferd über die Fluthen des sicilischen Meeres sprengt, sich verächtlich von Polyphem abwendend, der, liebebedürftig und einen Eros auf der Schulter, der wonnigen Nymphe nachsieht.

Oben sind kleinere Bilder zu Schönleisten des Staatszimmers verwandt. Da wird ein Lamm geopfert, da wird Zauberei getrieben. Das Opfer haben wir auf unserem Bilde in der Mitte. Eine griechisch gekleidete Priesterin schüttet aus einer Amphora Wein auf den Altar, vor welchem eine römische, portraitartige Matrone schweigend sitzt, sie hält ebenfalls einen Fächer in der Hand: Wein auszugiessen und dem Thiere Weihrauch und Dinkelmehl mit Salz (mola salsa) zwischen die Hörner zu streuen, war der gewöhnliche Beginn eines Opfers. Die Heldin der zweiten freieren Composition ist vermuthlich Phaedra, welche dem Hippolytus einen Liebestrank brauen will. Sie sitzt und hält ein Kästchen auf den Knieen, eine Zofe steht aufrecht hinter ihr; vor einem Dreifuss mit wabernder Lohe erhebt sich gross und feierlich die Magierin, von der Königin angstvoll beobachtet; sie reicht ihr einen Gürtel oder ein Degengehänge. Diese beiden kleinen, als wirkliche Malereien gedachten Skizzen geben eine deutliche Vorstellung von dem antiken Tafelbilde, welches zusammenlegbare Flügel gleich einem Klappenaltar hatte.

Die Wandgemälde der übrigen Räume zeigen dieselbe Anordnung in Felder, welche durch simulirte Säulen, Stühle und Gesimse begrenzt und auseinander gehalten werden. Im linken Flügel des Tablinums, den wir umstehend abgebildet haben, sind die Säulen grau und mit lauchgrünem Laubwerk umwunden, die Säulenstühle roth; die durch breite, isabellfarbene Plinthen vermittelten Felder braun und blau gerändert. Ueber ihnen läuft eine goldene, mit ausschreitenden Löwen und Greifen geschmückte Schönleiste und darüber wieder eine Reihe purpurumrahmter Tafeln hin, deren höchst anmuthige Decoration an die Titusthermen und die Loggien des Rafael erinnert: Auf hellem Grunde sieht man blau-, grün- und rosageflügelte Genien zu zwei und zwei um leichte Arabesken spielen. Im rechten Flügel sind die Felder isabellfarben und mit Festons von Blumen- und Fruchtguirlanden schwerbehangen, während auf einer Leiste darüber, unterhalb eines dunkelgelben Frieses, Scenen aus dem damaligen Strassenverkehre figuriren. Nichts pikanter als diese Schildereien des Volkslebens vom Ende der Republik. Ein Consul, begleitet von Lictoren ohne Beile und einer Ordonnanz (accensus), geht seinen Geschäften nach; Matronen besuchen den nahen Tempel, andere die Gräber an der appischen Strasse, wo sie ein Todtenopfer bringen; Frauen aus dem Volke mit Körben (sportis) in der Hand wollen auf dem Markt Einkäufe machen; Advokaten eilen auf's Forum, das vor ihnen abgebildet ist; Kaufleute führen ihre schwerbeladenen Kameele; Freigelassene machen ihre Läden auf, Jäger kehren in die Stadt zurück, ein Fischer spannt seine Netze aus. Dergleichen Wandgemälde sind oft lehrreicher als die Wände selbst.

Haus der Livia: Linker Flügel des Tablinums.

Das Triclinium ist mit Landschaftsbildern geschmückt. An der Wand rechts sieht man eine Gegend im Geschmack des Schwetzinger Schlossgartens dargestellt, mit Phantasiebauten, mit Sculpturen, mit Zugbrücken, mit Muschelwerk, mit Wasserkünsten; im Vordergrunde kommen drei Enten, lange Furchen ziehend, unter einer Grotte hervorgeschwommen, Hirsche und Eber scheinen über das Gesims zu laufen. Die Rückwand belebt ein zweites Landschaftsbild, ein Rasenplatz, in dessen Mitte ein mit einer griechischen Vase gekrönter Pfeiler aufragt; rechts und links ziehen sich auf einer Schönleiste jene fabelhaften Wesen hin, die aus Löwen und Adlern zusammengesetzt sind und welche man Greife (gryphos) nennt. Endlich an der Eingangswand bemerkt man grosse transparente Obstschalen (calices), deren Form an unsere Tafelaufsätze und an den heiligen Gral in Genua erinnert — sie sind die einzigen Beispiele von Gefässen, in denen bei den Alten Früchte aufgegeben wurden.

Was denn für Früchte? Vielleicht denkt Mancher: recht schöne Apfelsinen; die italienischen Ciceroni, die diese Gegenstände zeigen, glauben selbst welche zu sehn. Ich besuchte einmal die Villa der Kaiserin Livia, die in der Campagna bei Prima Porta gelegen ist und die von den daselbst gezogenen Hühnern den charakteristischen Beinamen „ad Gallinas“ trug: daselbst finden sich ähnliche

Malereien; unter blauem Himmel, in einem mit Rosenhecken umzäunten Garten stehen die verschiedenartigsten Zierpflanzen, mit Früchten beladen und von zahlreichen Vögeln belebt. Darunter wies mir nun die Schliesserin Feigen, Mandeln, Pfirsiche, Citronen und Apfelsinen, wie man in Rom sagt, Portogalli. Die gute Frau ahnte nicht, das eben dieser Name, welcher an die Einführung der sinesischen Aepfel über Portugal erinnert, ihre Auffassung unmöglich mache: eine Orangerie hat unsere Kaiserin nicht besessen, nicht einmal Citronen. Wie Schouw nachgewiesen hat, dass in Pompeji weder Cacteen noch Agaven dargestellt sind, so darf man a priori behaupten, dass in dieser Zeit auch Niemand Agrumen malte; ja, selbst die Normannen haben die Orangen noch nicht gekannt, und wenn Gregorovius erzählt, sie hätten welche von Salerno an ihre Brüder nach der Normandie geschickt, um ihnen zu zeigen, dass das Land ein Paradies sei, so ist das ein Anachronismus. In gedachter Villa, die als ein Pendant unseres palatinischen Hauses zu betrachten ist, wurde 1863 die schöne Statue des Augustus gefunden, das vorzüglichste Abbild dieses grossen Kaisers überhaupt, welches ihn in einem reich mit Reliefs geschmückten Panzer wiedergiebt und das wir dem Leser bei den vaticanischen Museen vor Augen stellen werden, während gegenwärtig sein Haus unsere ganze Aufmerksamkeit erfordert.

III.

Augustus machte einen Palast aus dem Palatium — dieses Wort, in fast allen modernen Sprachen die Bezeichnung für die Wohnungen der Fürsten und Könige, entstand, als der Sieger von Actium das Haus des Hortensius kaufte und seine Residenz auf den alten Adlerhorst verlegte, wo er selber geboren war: der Hügel, über den ein paar arme Hirten ihr Vieh getrieben, auf dem dann eine Stadt erbaut ward, welche Stadt wieder als innere Stadt einen Kranz von Vorstädten hervortrieb, er entwickelte sich jetzt zum Schlossberg und zu einem Typus für alle Residenzschlösser, alle Zwinger und Hofburgen der Welt.

Salvator Rosa, der Ahn unseres Archäologen vom Palatin, hat einmal die Glücksgöttin gemalt, wie sie die Schätze der Erde aus ihrem Füllhorn über eine Heerde Thiere ausschüttet: auf den dummen Esel, der Bücher, Pinsel und Malerpaletten ungeschickt betalpst, regnet es Lorbeerkränze, das Schwein watet in rothen Rosen, wühlt in Perlen und Mehreres dergleichen, was eine Satire auf den römischen Hof sein sollte. Wie merkwürdig! Eben das lateinische Wort Cohors, aus welchem das italienische Corte und das französische Cour hervorgegangen sind, bedeutet einen Viehhof, die „Turba Cortis“, wie man die Schaar der Höflinge nennen könnte, bestand wirklich aus Schweinen, Eseln und anderen Hausthieren. Klingt es nicht wie eine gleiche Fabel, wenn von einem „Palazzo“ und einem „Palais“ die Rede ist, aus welchem letzteren unser mittelhochdeutsches Palas und (indem wie bei Papst ein T antrat) unser heutiges Palast ward? — Unmittelbar nahmen wir das Wort Palatium in der Form Pfalz in unsere Sprache auf, womit man gleichfalls zunächst den kaiserlichen Palast, dann das zu ihm gehörige, für den Unterhalt der Pfalzgrafen bestimmte Gebiet bezeichnete.

Auch die Tuilerien lassen sich mit dem Palatium vergleichen, indem sie bekanntlich aus einer Ziegelbrennerei (tuilerie) hervorgegangen sind.

Der Palast des Augustus, die Domus Caesaris oder Augustana, die schliesslich, alle Privathäuser verdrängend, den königlichen Hügel überdeckte, lag an der Stelle der sogenannten Villa Mills, welche bisher den Klosterfrauen von der Heimsuchung Mariä angehörte, aber neuerdings angekauft worden ist, anstiess, von derselben Villa eingefriedigt, ein grosser Apollotempel und die berühmte Bibliotheca Palatina. Augustus hatte in den Gewässern des Ambrakischen Meerbusens, des heutigen Golfo di Arta, bei dem Vorgebirge Actium am 2. September des

Jahres 31 v. Chr. den Seesieg über Antonius und Cleopatra erfochten, welcher ihm die Weltherrschaft sicherte. Auf besagtem Vorgebirge stand ein uralter, der Sage nach von den Argonauten gegründeter Tempel des Apollo, und es war natürlich, dass Augustus fortan diesem Gott eine specielle Devotion widmete und ihn gewissermassen als seinen Patron betrachtete, wie er eine solche Patronin bereits in der Venus, der angeblichen Stammmutter des Julischen Geschlechtes hatte. Er liess also nicht nur den Tempel des Apollo Actiacus erweitern, die erbeuteten Trophäen daselbst aufhängen und die früher hier gefeierten Festspiele erneuern, sondern führte ihm auch 28 v. Chr. einen neuen Tempel auf dem Palatin neben seinem Palaste auf, gleichsam eine Hauskapelle; ja, selbst die elegante Statue des eidechsentödtenden Apollo, die seine Privatgemächer schmückte, und die, 1777 gefunden, gegenwärtig in der vaticanischen Galleria delle Statue aufgestellt ist, mochte er mit einer Art von gläubiger Verehrung ansehn. So bauten christliche Sieger unzählige Mal den Heiligen Kirchen, an deren Namenstage ihnen Heil widerfahren war. Der palatinische Tempel war sehr reich, sein Portal mit Schnitzereien von Elfenbein bedeckt, und in ihnen Apollo dargestellt, wie er an seinen Feinden Rache nahm — an den sein Delphi bedrohenden Galliern, die von dem Parnass herabgestürzt wurden, an den Niobiden, die seinen Pfeilen widerstandslos erlagen. Nichts ist von ihm übrig als die Beschreibung des Properz (II, 31). Unter dem Bilde des Gottes wurden in zwei vergoldeten Schränkchen (forulis) die Sprüche beigesetzt, die für seine specielle Offenbarung (Apollinis beneficium) galten und das Evangelium der alten Römer bildeten: die sibyllinischen, unter Augustus neugesichteten und sorgfältig revidirten Bücher. Aber unter seinem Schutze standen noch sehr viele andere profane Bücher, und die

Reste der Bibliotheca Palatina.

Scripta, Palatinus quaecumque recepit Apollo,

zu katalogisiren, mag eine schwere Arbeit für die römischen Bibliothekare gewesen sein. Wir machen uns im Allgemeinen ein falsches Bild von der Cultur des Alterthums, das wir als eine Vorstufe für unser Mittelalter und die darauffolgende Neuzeit ansehen, während sich doch diese Perioden in der Geschichte jedes einzelnen Volkes wiederholen und z. B. das augusteische Zeitalter durchaus nichts Alterthümliches an sich hat, sondern bis auf unwesentliche Mängel nur mit den hochentwickelten Zuständen moderner Grossstädte verglichen werden kann, über die es in manchen Dingen sogar noch hinausgegangen sein mag. So dürfen wir auch nicht zu gering von der literarischen Bewegung desselben denken, ob es wohl noch keine beweglichen Lettern gab: Bücher und Büchermacher, Sortimenter und Verlagsbuchhändler, gute und schlechte Dichter und Autoren gab es eben genau so viel wie bei uns. Man hat ermittelt, dass Martial's Gedichte, erste Sammlung in der Prachtausgabe, 5 Denare (4,12 Reichsmark), etwa soviel wie Heine's Buch der Lieder, in der wohlfeilen Ausgabe etwa die Hälfte kosteten, und dass die Firma Schwelger (Tryphon) seine Xenien zu 4 Sesterzen (87 Pf.)

nach des Verfassers Meinung viel zu theuer angab; dass die Auflage beiläufig 1250 Exemplare stark war, und die Druckkosten, will sagen die Schreibkosten doppelt soviel als heutzutage, wo der Verleger im Allgemeinen den Druckbogen mit dreissig Pfennigen berechnet, betragen haben mögen. Es gab also auch Bibliotheken, öffentliche und private, griechische und lateinische die Hülle und die Fülle, mindestens soviel wie gegenwärtig: Asinius Pollio, der, ein Redner wie Cicero, ein Dichter wie Virgil und ein Historiker wie Sallust, zur Zeit des Augustus blühte, soll zuerst in dem Tempel der Libertas auf dem Aventin eine Bücherei angelegt haben, die dem leselustigen Publicum zu gewissen Stunden des Tages geöffnet war, und Augustus selbst gründete deren zwei, eine in dem früher erwähnten Porticus der Octavia, die danach Bibliotheca Octaviana hiess (sie ging bei dem verheerenden Brand unter Titus in Feuer auf) und die Palatina in einer dem Tempel des Apollo Palatinus angebauten Säulenhalle, die, von seinen Zeitgenossen als die reichhaltigste bezeichnet, ebenfalls ein Raub der Flammen unter Commodus wurde. Bekanntlich heisst auch die von den Kurfürsten von der Pfalz gesammelte Heidelberger Bibliothek Bibliotheca Palatina. Da Pfalz dasselbe Wort ist wie Palatium, so werden wir uns über dieses Zusammentreffen nicht verwundern.

Wenn wir der Tafel mit der ausdrücklichen Angabe „Bibliotheca Palatina" trauen dürfen, so besitzen wir noch die Reste dieser berühmten Sammlung: den Porticus von sechs Cipollinsäulen, von denen zwei ganz, vier theilweise erhalten sind, und die wir umstehend abgebildet haben. Daneben liegt, hart am Rande des Berges und eine herrliche Aussicht über das enge Circusthal hinweg auf den Aventin, die Tiber und die südliche Campagna mit den grossartigen Linien und dem warmen, prächtigen Farbenspiel gewährend, ein viereckiger Raum, der durch eine tribünenartige Ausbuchtung abgeschlossen und von Sitzen umgeben ist, angeblich die Akademie, wo Dichter und Rhetoren ihre Vorlesungen (recitationes) hielten. Gleich der Schriftstellerei, so blühte nämlich auch im alten Rom bereits das Vortragswesen, indem die Autoren ihre neuesten Werke in geschlossenen Gesellschaften, zu denen man nur auf besondere Einladung Zutritt hatte, vorzulesen pflegten. Wie Wilhelm Jordan als wandernder Rhapsode seine „Nibelunge" declamirt, so trug Statius mit gleich angenehmem Organe seine „Thebaide" vor. Die Wuth der Dichterlinge, ihre Sachen privatim vorzulesen, ein unglückliches Opfer mit Vorlesungen zu verfolgen, kennt wohl Mancher unter uns, der einmal wie Horaz von einem Sohn der Musen angepackt worden ist, aus eigener Erfahrung. Dass sie vollends die Gelegenheit, sich öffentlich und vor den Kaisern selber hören zu lassen, begierig ergriffen, lässt sich denken.

In Herculanum hat man 1753 eine vollständig ausgestattete Privatbibliothek entdeckt, und man kann sich danach eine Idee machen, wie die alten Römer ihre Bücher oder Papyrusrollen aufstellten und aufbewahrten. Nämlich in den Fächern mannshoher, numerirter Wandschränke (armaria); im Centrum stand ein besonderes Bücherbret in Form eines viereckigen Pfeilers, nach allen vier Seiten hin Front machend und ebenso wie jene Schränke angefüllt, den drehbaren Büchergestellen unserer Zeit entsprechend (forulus); ein solches Schränkchen sieht man auf einem Sarkophage abgebildet, der gegenwärtig in einer römischen Strasse zum Brunnenbecken dient. Dieses Bibliothekzimmer ist allerdings so klein, dass es ein Mann mit ausgespannten Armen abreicht; die grossen römischen Bibliotheken hatten andere Dimensionen und luxuriöse, mit den Porträts und den Büsten berühmter Männer, mit den Statuen der Minerva und der Musen geschmückte Lesesäle. Avitus wollte z. B. gern das Bildniss des Martial für seine Bibliothek, und der Dichter konnte nicht umhin, es ihm nebst einem Exemplar seiner Gedichte durch seinen Bruder Turanius zu verehren; Asinius Pollio hatte in der aventinischen Bibliothek Varro's Statue aufgestellt. Wie diese alten Bibliotheken bei Tempeln, so liegt noch heute die besuchteste Bibliothek in Rom bei einer Kirche, sinnreich bei der Kirche S. Maria sopra Minerva, und man nennt sie schlechthin „la Minerva", genau so wie oben Horaz die Palatinische Bibliothek schlechtweg den „Apollo" nannte.

Das Haus des Augustus war bescheiden und ohne Prätension; aber als Haus des Kaisers und des Pontifex Maximus, dessen Amt für ein Attribut der Kaiserwürde galt, ist es immerhin der Grundstein der nachfolgenden Prachtbauten und seine Anlage epochemachend für die Geschichte des palatinischen Bergs gewesen, der seitdem die Privathäuser abzuschütteln anfing und zu jenem complicirten Kaiserstuhle ward, der auf die Phantasie der Völker einen so mächtigen, noch heute lebendigen Eindruck hervorgebracht hat. Die Domus Caesaris ward ausgebaut, etwa wie in München zu dem alten Schloss der Königsbau und der Festsaalbau hinzugefügt worden ist, oder wie sich in Berlin neben dem königlichen Schloss das Palais des Kaisers und des Kronprinzen erhebt. Tiberius setzte da, wo sein Vaterhaus lag, die mit diesem nicht zu verwechselnde Domus Tiberiana an, welche, die Niederung des Velabrums beherrschend, über die Domus Liviae hinaus bis an den Westrand des Hügels vorgerückt und im Osten und im Süden mit unabsehbaren Säulenhallen umgeben war: in diesen Gallerien, deren Ruinen unsere Augen vergeblich zu ermessen streben, irrte sein geisteskranker Nachfolger Caligula, ein ruheloser Nachtwandler, in der erträumten Gesellschaft der Unsterblichen umher. Hier konnte man hören, wie er dem Jupiter die Leviten las, ihm drohte, er werde ihn heimschicken nach Griechenland; hier war es, wo er in mondhellen Nächten, wenn das Gestirn Dianens voll erglänzte, die keusche Göttin beschwor, sich nicht lange zu zieren und in seine Arme zu kommen. Dieser Unglückliche, in welchem kein Arzt etwas Anderes als ein Opfer gewöhnlichen Grössenwahnes erkennen wird, der mehr Gott sein als die Götter und sein Reitpferd zum Consul ernennen wollte, er erweiterte die Schlossanlagen nach dem Forum und dem Clivus Victoriae zu. Er hatte den geistreichen Einfall, den Tempel des Castor und Pollux zu einer Portierloge und die Dioskuren, zwischen die er sich gelegentlich stellte, um sich mit ihnen anbeten zu lassen, zu seinen Thürhütern zu machen: er durchbrach deshalb

Palast des Tiberius.

die Cella des Tempels, damit sie leichter eintreten konnten. Er hatte auch den Einfall, ein Stündchen mit dem capitolinischen Jupiter verplaudern zu wollen: von Zeit zu Zeit sah er den Alten gern: er verband also Palast und Capitol durch einen Viaduct, wobei er sich mittels ungeheurer Substructionen auf dem Niveau des Palatin erhalten und, mit Naturgewalten wetteifernd, gleichsam den Berg selbst fortsetzen musste. Ei, er, der Jupiter Latinus! Das Herrgottstiefelchen [1], dessen Altar auf dem Palatin stand! Vor dessen goldenem, täglich nach seiner Mode gekleidetem Bilde die Flamines rothflügelige Flamingos, schwarze Gänse, Pfauen, Auerhähne, Fasanen opferten! Hatte er doch ein anderes Mal, um den Xerxes zu übertreffen, im Golf von Neapel eine anderthalb Stunden lange Schiffbrücke von Misenum nach Puteoli schlagen und bei ihrer Einweihung der Volksmenge, die darauf stand, die Schippe geben lassen. Die unlängst blossgelegten Träger der römischen Brücke, die sich in thurmhohen Untergeschossen und Wölbungen verlieren, erblicken wir auf unserer Tafel nebenstehend ein noch erhaltenes Stück ihres Geländers, der marmornen und durchbrochenen Cancelli.

Marmorgeländer der Brücke Caligula's.

So erhoben sich nun bereits drei kaiserliche Pfalzen; aber erst durch Nero's ungeheure Neubauten, nach dem grossen Brande, wurde der Privatbesitz von diesen Höhen gänzlich ausgeschlossen: sein „Goldenes Haus" (Domus Aurea) umfasste nicht bloss sie, sondern reichte bis auf den Esquilin hinüber. Wie der Palatin dereinst die sieben Hügel absorbirt hatte, so verschlang jetzt der Palast eines Einzigen die Stadt, deren Grund und Boden er wie ein Riesenschmarotzerpilz überwucherte. Es muss einen märchenhaften Anblick gewährt haben, dieses goldene Haus des Nero mit seinen Marmorwänden, seinen leuchtenden Säulenhallen, seinen vielarmigen Freitreppen, seinen Räucherbecken, seinen Sphinxen, seinen Kolossen, seinen Lustgärten, Wäldern und Seen — obgleich es in der Welt nicht gerade einzig dasteht, und zum Beispiel der Zwinger Augusts des Starken in Dresden, von dem bekanntlich nur der Vorhof fertig geworden ist, recht ähnliche Aspirationen und Dimensionen aufweist: Vor ihm spielt die Scene der „Lebenden Fackeln Nero's," welche Henri Siemiradzki auf seinem Kolossalgemälde verewigt hat. Diese alles Mass überschreitenden Pläne gaben die sparsameren Flavier, Vespasian und seine Söhne auf; sie beschränkten den Palast wieder auf das Palatium und legten in der Einsenkung zwischen der Domus Augustana und der Domus Tiberiana, hart an dem uralten Tempel des Jupiter Victor,

[1]) Der Name Caligula bedeutet Stiefelette. Caliga hiess der Schuh, den die römischen Soldaten mit Einschluss der Centurionen (nicht der höheren Offiziere) trugen. Es war ein geschlossener Halbstiefel, welcher den ganzen Fuss bedeckte, eine doppelte, mit eisernen Nägeln beschlagene Sohle hatte und mit Riemen befestigt wurde; ein dergleichen Schuhmacher ward caligarius genannt. Cajus Caesar nun erhielt diesen Beinamen, weil er schon als Knabe am Rhein unter den Legionen des Germanicus die Caliga trug. Genau auf dieselbe Weise erhielt der Kaiser Aurelius Antonius Bassianus den Zunamen Caracalla, weil er ein der gällischen Caracalla analoges Gewand in Rom einführte, welches seitdem allgemein vom Volk getragen, später von den römisch-katholischen Priestern angenommen ward und noch heute unter dem Namen der Sottana fortlebt.

dessen Schonung auf die Richtungslinie einen unverkennbaren Einfluss übte, auf einer künstlich hergestellten Fläche und über alten Häusern aus der Zeit der Republik, den Grund zu der nach ihrem Geschlecht genannten Domus Flavia, welche, zum Sitze des römischen Reiches (Sedes Imperii Romani) und zum Regierungsgebäude (Aedes Publicae) erhoben, die Kaiserpalastbauten vorläufig einmal abschloss und mit ihren deutlich vorliegenden Räumlichkeiten gegenwärtig das Hauptinteresse des Palatin bildet. Wir gelangen zu ihr, indem wir dem mehrerwähnten bedeckten Gange, dem Cryptoporticus, folgen, der gleichsam den Faden der Ariadne in dem Labyrinth der palatinischen Ausgrabungen bildet, und dessen System wie ein unterirdisches Netz die Wohnung des Directors, die Bauten des Tiberius und den Flavischen Palast umspannt.

Aedes Publicae.

IV.

Die Geschichte hat uns die Beschreibung eines Gastmahls aufbewahrt, welches Domitian bei Gelegenheit eines Triumphes über die Dacier den vornehmsten Senatoren und den angesehensten Rittern gab. Es spricht ebenso sehr für die bizarren Launen dieses Kaisers, der sich eine Freude daraus machte, die Menschen zu ängstigen und zu quälen, als für die Schwäche und die tiefe Gesunkenheit jener berühmten Körperschaften unter dem Kaiserreiche. Als die Gäste beisammen waren, liess sie Domitian in einen Saal eintreten, der ganz schwarz ausgeschlagen und von ein paar Grablampen unsicher beleuchtet war. Vor jedem Platze stand ein Sarg und darauf der Name des Eingeladenen. Zugleich kommt eine beflorte Schaar von Lemuren hereingehuscht, die das Ansehen bleicher Schemen haben und um die Tafel einen schattenhaften, gespenstischen Tanz aufführen. Nachdem sie ausgetanzt haben, stellen sie sich hinter die Gäste, die von diesen Schreckgespenstern bedient werden sollen. Was bekommen sie zu essen? Die Speisen, die man bei

Leichenmählern den Verstorbenen vorzusetzen pflegt — schwarze Bohnen und ähnliche Todtenfrüchte; Schädel sind ihre Trinkgefässe. Ein tiefes Todtenschweigen herrschte unter der Versammlung: Domitian allein sprach und unterhielt die verdutzten Würdenträger von Blutgerüsten, Executionen, Rabensteinen. Endlich liess er sie in Leichenwagen stecken und in denselben — nach Hause zurückbefördern. Sie begannen aufzuathmen — Botschaft vom Kaiser! Schon recht, unser Todesurtheil. Aber nein, es sind die Lemuren von vorhin, die Larven, die den Mummenschanz abgethan und sich in unschuldige Kinder verwandelt haben. Sie bringen kostbare Geschenke.

Die Herren Senatoren und Ritter konnten wahrlich froh sein, dass sie mit dem blossen Schrecken davon gekommen waren: denn in der Kaiserzeit wurde kurzer Process mit ihnen gemacht. Man erinnert sich, dass dereinst Commodus während der Spiele, den abgehauenen Kopf eines Strausses in der einen, das gezogene Schwert in der andern Hand, unter die zuschauenden Väter trat, indem er mit seltsamem Kopfwackeln andeutete, er werde es mit ihnen betreffenden Falles ebenso machen, wie mit dem Vogel. Die Pantomime soll freilich so possirlich gewesen sein dass sich die Senatoren trotz der Gefahr nur durch Kauen von Lorberblättern das Lachen erhalten konnten.

Aedes Publicae.

Im Hintergrunde ein Kaffeehaus der Farnese, rechts die Villa Mills.

Da stehen wir in dem domitianischen Banketsaal: der Cryptoporticus hat uns gerade hineingeführt. Wahrlich das Andenken der schaurigen, von Dio Cassius geschilderten Mahlzeit werden wir nicht los; es verfolgt uns in dem herrlichen Salon, der, 34 m breit und 30 m tief, jedenfalls Raum für eine ansehnliche Tischgesellschaft bot, dessen goldstrahlende Decke ein domitianischer Hofpoet, Statius, mit dem unendlichen und unerreichbaren Himmelsgewölbe zu vergleichen wagte, und dessen Fenster sich nach Norden auf die kühle Nymphenburg, eine Grotte voll plätschernder Springbrunnen, das Nympheum öffneten, während im Osten der viereckige, säulenumgebene Garten, das Peristylium an ihn stiess: ein Garten von 54 m Umfang im Quadrat, nicht unähnlich einem italienischen Campo Santo und gleichfalls mit Wasserwerken, mit holländischen Buchsbaumspielereien, mit zierlich beschnittenen Bäumen und Hecken, Lauben und Alleen reich belebt. Diese Mauern sind voll von kaiserlichen Extravaganzen und Bubenstreichen — von fliegenfangenden und spiessenden Domitians — der Menschen Tugend schreiben wir in Wasser, ihr böses Treiben lebt in Erz. Sie sind auch voll von Attentaten und Staatsverbrechen; ihr Geruch ist Mord. Beregtes Peristylium führte im Alterthum den Namen Sicilia, wie eine Abtheilung des Tuileriengartens in Paris Provence genannt wird; und der Speisesaal den Namen Jovis Coenatio, wie Lucullus ein Esszimmer Namens Apollo hatte, wahrscheinlich hier wie dort, weil die gleichnamige Statue darin stand; Coenatio, womit man sonst einen Speisesaal im ersten Stock bezeichnet, war ein Synonym von Triclinium. Nun in dieser Sicilia und in dieser Coenatio wurde Pertinax von den verschworenen, bis hieher gedrungenen Prätorianern niedergemacht. In demselben Zimmer wurde Commodus erdrosselt, nachdem er bereits Gift bekommen hatte; Domitian selbst wurde hier in seinem Schlafgemach ermordet. Wer wurde nicht ermordet? Wie viel römische Kaiser starben eines natürlichen Todes in den Armen der Ihrigen? Nicht mehr als Czaren Russlands.

Die Laren, die dieses Haus behüten sollten und deren bekränzte Gestalten man noch heute in der bekannten typischen Darstellungsweise am Altare Larariums erblickt: als gestiefelte, hochgeschürzte Jünglinge, die in der erhobenen Hand ein Trinkhorn (rhytium), in der anderen einen Eimer (situla) halten — der Genius familiaris, der verhüllten Hauptes an der Vorderseite desselben Altars steht — sie haben wahrlich nicht viel für ihre Schutzbefohlenen gethan.

Das Lararium, wo Alexander Severus, wenn man seinem Biographen Lampridius glauben darf, Abraham, Orpheus und Jesus von Nazareth unterbrachte, bildet in unserem Palaste ein besonderes Gemach und einen Seitenflügel des Thronsaales, der Aula Regia, welche sich rückwärts an das Peristylium anschliesst, der andere Seitenflügel war eine Basilica, wo der Kaiser Recht sprach (Basilica Jovis); auf den Thronsaal, einen gewaltigen Raum von 36 mal 45 m, mit einer Apsis für den Thron und acht abwechselnd runden und viereckigen Nischen für kolossale Basaltstatuen, folgt abermals rückwärts ein breiter Vorplatz, die Halle, wo die Leibwache aufgepflanzt war, und wo sich meldete, wer vorgelassen werden wollte: mit dieser Vorhalle stehen wir am nordwestlichen Rande des Plateaus, welches hier (man vergleiche unser Bild auf der vorhergehenden Seite) nach dem Muster eines Besatzes à la Grecque in rechtwinkeligen Zinnen symmetrisch zu dem alten Niveau des Hügels der Via Nova und der Porta Mugionis abfällt. Von da wird man auf den Stufen einer breiten Treppe (Gradus Palatii) zu dem Palast emporgestiegen sein, der in Einer Flucht Wache, Thronsaal, Garten, Speisesaal enthielt. Wir sehen diese Flucht, welche im Allgemeinen der gewöhnlichen von Atrium, Tablinum, Peristylium, Triclinium entspricht, auf unserer Abbildung, und zwar nicht in der Linear-, sondern in der Kavalierperspective von der Seite, etwa von der Villa Mills aus, die auch hier wieder den Ausgrabungen hindernd im Wege steht: das südliche Drittheil des Gartens und des Speisesaals wird nämlich durch die rechtwinkelig hervorspringende Umfriedung des Salesianerinnenklosters vorweggenommen, sodass der Plan dieser Räumlichkeiten in Gedanken seitlich über die Klostermauern hinaus zu ergänzen ist. Analog hat der nebenanliegende, von Quintus Fabius Maximus Rullianus nach der Schlacht bei Sentinum (295 v. Chr.) ex voto gestiftete Jupitertempel den Bauten selbst Einhalt gethan und zum Beispiel die Veranlassung dazu gegeben, dass das Gemach rechts neben dem Nympheum in spitzem Winkel abgeschlossen wurde. Dergleichen Umstände wirken nun bestimmend bis auf den Holzschnitt herunter, der nach Jahrtausenden von den Ruinen entworfen wird. Die Fläche links, die von ihrer einstigen Pracht, von ihrem sicilianischen Blumenflore nichts

Der Cryptoporticus.

11

bewahrt hat als einige Spuren der Marmorbekleidung, die Stümpfe der vierzig im Quadrat aufgepflanzten Säulen und die imponirenden Dimensionen, ist das Peristylium, darüber hinaus sehen wir die Coenatio Jovis, das noch in seinen Ueberbleibseln reizende Nympheum mit dem elliptischen Bassin, rechts, uns zunächst das Lararium, jenseits desselben den Thronsaal, dessen gegenwärtige Oede gleichfalls einen auffallenden Contrast zu dem „Augustale Solium Caesariani Palatii" und seiner erhabenen Verschwendung, seinem Giallo antico, seinem Pavonazzetto bildet; der riesige, pittoreske, rothbraunglühende Mauerrest dahinter, stammt von der Basilica. Dieselbe hat ganz die früher einmal angedeutete Form dieser Gebäude: sie zerfällt durch zwei Reihen von je fünf Säulen in ein Mittelschiff und zwei schmale Seitenschiffe, welche drei Schiffe durch Marmorschranken von der

Südwestlicher Abhang des Palatin.

halbrunden Tribuna an der westlichen Schmalseite geschieden sind; diese Tribuna, wo die Gerichtsverhandlungen stattfanden, schloss das Ganze. Von den Marmorschranken, welche nach Art von Radspeichen durchbrochen waren, steht noch ein Rest; man nannte sie, wie oben das Geländer an der Brücke Caligula's, cancelli: noch heute heisst ein Gitter im Italienischen cancello und etwas durch gitterförmige Federstriche ausstreichen, gleichsam ausgittern, cancellare. Auf diese „Cancelli" ist unser deutsches Kanzlei zurückzuführen, ursprünglich der mit Schranken umgebene Ort, wo die öffentlichen Urkunden, die landesherrlichen Rescripte, die Gerichtsurtheile u. s. w. ausgefertigt wurden, und dessen Vorsteher den Titel Kanzler führte; nicht minder unsere Kanzel, die sich aus den Lesepulten oder Ambonen an den Chorschranken altchristlicher Basiliken herausgebildet hat, ja die vielleicht selbst von Cancellen umgeben war, wenigsten sollen es auch die antiken Rostra gewesen sein.

Im Westen geht der domitianische Palast, dessen Länge über 150 m, dessen Breite etwa halb soviel beträgt, nicht über den Speisesaal hinaus: die Räume, welche sich an die Rückwand desselben anschliessen, die vorhin erwähnte Bibliothek und Akademie, scheinen, obgleich sie ihrer Bestimmung nach überhaupt nicht klar sind, eher zu dem Hause des Augustus gehört zu haben; doch bilden sie mit den flavischen Zimmern Eine Reihe und gleichsam eine über den Hügel von Osten nach Westen und von Rand zu Rand gelegte Kette, denn unmittelbar hinter dem Conferenzsaal fällt, wie bemerkt, das Terrain zum Thal des Circus, der Vallis Murciae, ab, die von den Juden zum Friedhof auserkoren und wie ein Thal Josaphat mit Leichensteinen übersäet ist. Ja, der vielgliederige Palastkörper erreicht sogar dieses Thal und streckt seine Fühlhörner bis in die Tiefe aus; denn am Westabhange des Palatin, genau unterhalb der Academia und der Veranda der Villa Mills liegt noch eine Dependenz desselben: das Paedagogium, zu dem sich die Strasse von der Südwestecke des Jupitertempels aus wie von einem Alpenpasse in grossen Kehren hinuntersenkt. Eine Reihe gewölbter Kammern mit einem Porticus davor, an deren Wänden man einmal über das andere eingekritzelt liest: „CORINTHUS EXIT DE PAEDAGOGIO“... „MARIANUS AFER EXIT DE PAEDAGOGIO“ etc. De Paedagogio? Was ist das, ein Paedagogium? Etwa dasselbe wie eine deutsche Cadettenanstalt oder wie die Militärschule von Saint-Cyr. Vielleicht am allerrichtigsten das kaiserliche Pageninstitut, denn die hier erzogenen Knaben hiessen Paedagogiani Pueri und daraus ist das Wort „Page“ vermuthlich entstanden. Sie stellten auch der Sache nach Pagen vor: es waren junge Sklaven, die, eines gefälligen Aeusseren wegen zu Gespielen der Kinder des Hauses ausersehen, unter der Aufsicht alter Sklaven sorgfältig ausgebildet wurden. Dies geschah nicht blos beim Kaiser, sondern bei reichen Leuten überhaupt. Wenn sie nun von der Schule abgingen (exibant de Paedagogio), worauf sie sich vermuthlich ebenso sehr freuten, als unsere Cadetten, so malten sie's an die Wand.

Ansicht des Palatin und des Circus Maximus.

Diese Kritzeleien sind das Interessanteste. Es heisst: Narrenhände bemalen Tisch und Wände, und die Herren Pagen sind gehörige Narren gewesen. Und sonderbar! Was so ein Philologe in der Gegenwart keines Blickes würdigen, eventuell mit einer Carena bestrafen würde, das sammelt er aus dem Alterthum mit einer Art von Ehrfurcht. Ein dummer Junge braucht nur ein paar Jahrtausende alt zu werden, so beschäftigen sich liebevoll die grössten Gelehrten mit ihm. Sie geben diesem mit Griffel (stilus) auf Stuck bewerkstelligten Gekritzel den pompösen Namen Graffito, worunter man eigentlich eine kunstgerechte Manier der Wandmalerei versteht. Bekanntlich gab einmal ein französischer Schriftsteller und Reisender, Emanuel Domenech, die Croquis Hinterwäldler Bübchen in dem berüchtigten „Livre des Sauvages“ für amerikanische Hieroglyphen aus. Für Hieroglyphen werden nun die Graffiti gerade nicht ausgegeben, aber herausgegeben, erklärt, studiert trotz jenen.

Ausser über ihren bevorstehenden Abgang haben sie der Nachwelt noch verschiedene wichtige Mittheilungen gemacht und zunächst wie natürlich in grossen Buchstaben, griechisch und lateinisch, ihre Namen angeschrieben, z. B. den Namen *FELICIO.ΦΗΛΙΚΙΩΝ*. Unter diesen Namen, die oftmals von Porträts begleitet sind, liest man allerdings nicht blos solche von Schülern, sondern auch von alten gedienten Soldaten, z. B. gleich rechts an der Eingangswand:

HILARIUS MI. V. D. N. (d. i. miles veteranus domini nostri)

oder aber:

BASSUS ET SATURUS PEREGRINI (sc. milites, die nicht römische Bürger waren).

Man hat daher hier auch Wachtstuben und einen Palasteingang gesucht. Doch warum könnten das nicht die Namen der Institutslehrer gewesen sein? —

Aber auch eine Menge witziger, muthwilliger Caricaturen machten unsere Pagen, genau so wie Karlchen Miessnik. Das Büffeln und das Ochsen mag ihnen schwer geworden sein: sie trösteten sich mit dem Esel, der die Getreidemühle treiben muss, eine äusserst anstrengende Arbeit, die man auch durch Sklaven verrichten liess — und schrieben darunter:

LABORA ASELLE QUOMODO EGO LABORAVI
ET PRODERIT TIBI

das heisst:

Arbeite, Eselchen, wie ich gearbeitet habe, und es wird dir zum Guten sein.

Das ist echter altrömischer Schulstubenwitz. Die Mühle sieht ungefähr so aus: Auf einem Kegel ruht die untere Glocke eines sanduhrförmigen Steines gleich einem Hute; die obere Glocke stellt einen offenen Trichter dar. In diesen Trichter wird das Korn geschüttet und, durch Umdrehen der Sanduhr, zwischen Hut und Kegel zu Mehl zermahlen, welches in eine um die Basis des Kegels herumlaufende Rinne fällt.

Fast noch charakteristischer ist ein zweites Zerrbild, das von den heidnischen Pennalen zur Verhöhnung des „gläubigen Alexamenos" eingeritzt worden ist — man liest diesen Namen, ALEXAMENOS FIDELIS in der That noch jetzt an einer andern Stelle, am Fuss einer Marsfigur. Vor einer an einem Kreuze hängenden menschlichen, aber eselsköpfigen Gestalt steht anbetend und die Hände aufhebend ein, gleich dem Gekreuzigten, mit wollener Unterjacke (interula) und loser Blouse (tunica) bekleideter Mann, darunter der griechische Satz:

ΑΛΕΞΑΜΕΝΟϹ ϹΕΒΕΤΕ (sic, soll heissen *ϹΕΒΕΤΑΙ*) *ΘΕΟΝ Α.*

das heisst:

Alexamenos verehrt seinen Gott.

Dieses Bild bestätigt die Angabe Tertullians, dass man Christus, den in der Eselskrippe liegenden Gott (ὀνοκοίτης) spottweise mit Eselsohren abgebildet habe, und es ist höchst merkwürdig, wie dasselbe mit einer seltenen, ohne Jahres- und Ortsangabe erschienenen schlesischen Satire zusammentrifft, wo von einem auf dem Zobtenberge aufgestellten, mit den Insignien des römischen Cultus versehenen, männiglich verspeisten Esel die Rede ist — wahrscheinlich ebenfalls eine heidnische, gegen das vordringende Christenthum gerichtete Farce. Das von einem Jesuiten 1856 entdeckte Stuckfragment befindet sich nicht mehr an Ort und Stelle, sondern in der christlichen Abtheilung des Museo Kircheriano in der Lehranstalt der Jesuiten; nicht ungeschickt hat es Henri Siemiradzki auf seinen „Fackeln des Nero" verwerthet, wo das Spottcrucifix auf den die Anklage enthaltenden Täfelchen unter den Worten: „CHRISTIANUS, INCENDIATOR URBIS GENERISQUE HUMANI HOSTIS" angebracht ist.

Man liest in der Apostelgeschichte, wie Paulus in Athen einen Altar fand, welcher dem unbekannten Gott geweiht war, und wie er an diesen unbekannten Gott anknüpfte, als er auf der Akropolis predigte. Nun hier, nur ein paar Schritte von dem Paedagogium, erhebt sich so ein dem unbekannten Gott geweihter Altar. SEI DEO SEI DEIVAE SACRUM, wie auf dem Travertinblock der den muldenförmig vertieften, mit zwei Voluten verzierten Altarstein trägt, alterthümlich geschrieben steht. Hatte etwa Paulus auch dieses Heiligthum entdeckt, es zum Ausgangspunkte eines Vortrags in Rom genommen und die Familie des Alexamenos bekehrt?

V.

Wir haben das Paedagogium verlassen und sind an Gemüsebeeten und namenlosen Trümmern vorbei, links über uns in unerreichbarer Höhe die Cypressen der Villa Mills, treppauf, treppauf, bis zu einem Platz gekommen, der im Osten und im Süden von neuen, höchst grossartigen Ruinen-Complexen eingeschlossen ist. Es sind die südlich gelegenen Kaiserpaläste, die malerischen Reste der Anlagen des Septimius Severus und des räthselhaften, siebenstöckigen Septizoniums, das seinen Landsleuten aus dem dunkeln Welttheil bei ihrer Ankunft in Rom zuerst in die Augen fallen sollte, denn Septimius Severus war ein geborener Afrikaner; sie werden von dem alten Palast des Augustus durch eine Wettlaufbahn, das elliptische, 185 m lange Stadium getrennt, welches der Zeit Domitians angehören soll und von dem man an dem Westende noch das Ziel (meta) und an der Südseite noch die kaiserliche Tribüne (Exedra) erkennen will. In der Ruinenmasse jenseits ist angeblich die kaiserliche Loge (pulvinar) am Circus Maximus erhalten — an jenem Circus, in welchem jetzt, umrauscht von hohem Schilfrohr, die weissen jüdischen Leichensteine stehn. Wir schauen zurück: Ungeordnet, unerkannt, aber warm und harmonisch, das schwelende Ziegelwerk von dunkeln Epheuranken liebevoll umsponnen, dehnt es sich vor uns aus gleich einem Chaos: es liegt vor Gott in seiner Leere, mit seinen ausgestorbenen Corridoren, seinen hohlen Gewölben, seinen gähnenden Gallerien; wer sich in ihnen verliert, den graust es. Darüber blüht und duftet die Damascener Rose: aus den Ritzen schiesst Goldlack und wilde Reseda auf, und Hecken von Bastardlorbeer bekleiden die ausgedörrte Wand.

Pfeilerhalle und Exedra des Stadium Palatinum.

Wir überschreiten eine Brücke und treten auf die Plattform des Belvedere — ein erhabenes, einziges Panorama thut sich auf, das wie der Anblick des Meeres oder der feierlichen Wüste mit nichts zu vergleichen ist — jene grosse Ebene, die von dem weiten Amphitheater ewig klassischer Gebirge und ewig klassischer Gebirgsstädte eingeschlossen, des Ruhms und der Erinnerungen müde, die Last von fünfundzwanzig Jahrhunderten schweigend trägt. Links neben uns der ungeheure, halbentblätterte Mauerkranz des Colosseums; vor uns der stille, idyllische Coelius mit seinen Dorfkirchen, seinen Landhäusern, seinen duftigen Wildnissen; rechts der verlassene Aventin, an dessen Fuss, riesig und ernst, ein öder Denkstein, die Cestiuspyramide, steht, und darüber hinaus der unabsehbare, monumentale Kirchhof der alten Römerwelt, bis dahin, wo am Horizonte der lichte Streifen des tyrrhenischen Meeres hell erglänzt.

Diese feuchten, mit Rohr so lange bewachsnen Gestade,
  Diese mit Bäumen und Busch düster beschatteten Höh'n,
Wenig Hütten zeigten sie erst; dann sahst du auf einmal
  Sie vom wimmelnden Volk glücklicher Räuber belebt.
Alles schleppten sie drauf an diese Stätte zusammen;
  Kaum war das übrige Rund deiner Betrachtung noch werth.
Sahst eine Welt hier entstehn, sahst dann eine Welt hier in Trümmern,
  Aus den Trümmern auf's neu fast eine grössere Welt!

Goethe richtet diese Verse an die Sonne, die bewundernd über Rom weilt — sie ist abermals im Westen hinter der Kuppel von Sanct Peter hinabgesunken — aber sinkend wirft sie mit ihren letzten Strahlen einen milden, verklärenden Schimmer über die Trümmerstätte — mit ihrem tiefen Golde umspielt sie die grauen Mauern der viereckigen Stadt — die Kaiserpaläste stehen sprühend in den Flammen des Sonnenuntergangs — den palatinischen Berg bedeckt wie ehedem ein königlicher Purpur — über ihm wölbt sich der Himmel furchtbar prächtig wie ein glühender Baldachin, in dessen Feuer die Cypresse und die Palme von San-Bonaventura ihre stolzen Wipfel selig träumend taucht.

Die Natur allein ist noch kaiserlich auf dem Palatium — sie allein vergoldet den Hügel noch, bekleidet ihn noch mit einem Purpurmantel — übrigens ist er wieder zu dem Anger, der Trift von ehedem geworden, auf der die Heimchen zirpen — durch die offenen Hallen streicht der Wind — der Custode geht neben seinem Amte ländlichen Geschäften nach — Ziegenheerden, ja, Ziegenheerden beweiden den grünen, von den Ausgrabungen noch nicht berührten Rain — während vor uns ein Volk von Geiern, wie zu Romulus Zeiten, krächzend auffliegt und, im blauen Raum verloren, seine majestätischen Kreise zieht.

O, Welt, du rollendes Rad! Wie dieses Palatium, so werden dereinst auch unsere Paläste, auch unsere Tempel, auch unsere wolkenhohen Thürme zerfallen und untergehn; so wird auch für uns einmal der Tag kommen, wo die heilige Ilios in den Staub sinkt — wo der Fuhrmann über die Pegnitz fährt, mit der Peitsche knallt und hinwirft: Hier stand Nürnberg! — oder wo, wie Macaulay sagt, ein Neuseeländer auf der London Bridge die Ruinen der Paulskirche zeichnen wird.

Ueber die Vergänglichkeit alles Irdischen und über den Kreislauf der Dinge nachzusinnen, in welchem das Kleine gross und das Grosse klein wird, ist ein Lieblingsgeschäft aller Philosophen, und von Salvator Rosa besitzen wir ausser dem oben angezogenen auch ein Bild, das die „Fragilità umana“ zum Gegenstande hat, und wo sothane Fragilità in Gestalt eines schönen, mit Rosen bekränzten Mädchens auf einer Glaskugel sitzt, während vor ihr ein Knabe Seifenblasen steigen lässt, ein anderer, das an einem Spinnrocken hängende Werg in Brand steckt. Aber, wahrlich, Niemandem kann dieses Geschäft leichter werden als dem Herrn Pietro Rosa, der, wie wir mittheilten, ein Verwandter des Malers ist und der, indem er aus dem Palatin ein neues Pompeji macht, zu dem Bilde seines Urgrossvaters gleichsam die Staffage liefert. Ja, nicht blos die alten Besitzer und Schöpfer dieser Gärten, die römischen Caesaren, sondern sogar die modernen Herren und Kaiser derselben müssen ihm Stoff zu recht lehrreichen Betrachtungen gewähren — die farnesischen Gärten hat Napoleon III. nach der Schlacht bei Sedan auf Wilhelmshöhe bei Kassel an Victor Emanuel verkauft, weil er sich in Geldverlegenheit befand. Er bekam vorläufig 80,000 Francs dafür; später im December 1870 wurden sie von der italienischen Regierung für 650,000 Francs angekauft — ungefähr die Summe, welche den Cicero das Haus des Crassus gekostet hatte. Napoleon selbst hatte die farnesischen Gärten im Jahre 1861 von Franz II., dem Exkönige beider Sicilien, für 250,000 Francs erworben, als dieser kapitulirte. Sonderbare Ironie und Analogie des Schicksals! An die neapolitanischen Bourbons waren die Gärten gekommen, als ihnen das Erbe der Farnese zufiel, die 1731 mit Don Antonio erloschen, und deren Grösse sich von dem Gründer der Villa, Papst Paul III. Farnese herschreibt.

Antike Treppe im Palast des Septimius Severus.

Die übrigen Grundstücke, z. B. die Vigna Nussiner und die Vigna del Collegio Inglese, in der wir stehen und wo, wie es heisst, die reizende Aphrodite Kallipygos gefunden ward.... doch da zupft uns der Custode am Ohr, wie der Cynthische Apollo den Virgil, als er Schlachten und Könige besang. „Es wird geschlossen, meine Herren, 's ist vierundzwanzig Uhr, haben Sie das Ave Maria nicht läuten hören?" — So pflegt Septimius Severus, der gewöhnlich zuletzt daran kommt, seine Gäste hinaus zu bekomplimentiren: der Palatin wird zugemacht. Gedankenvoll gehen wir den Weg zurück, den wir gekommen — zum Tempel des Jupiter Victor, zu den Aedes Publicae, zum Hause der Livia, um den ganzen Palatin herum — wir brauchen keine Angst zu haben, dass wir uns verirren, denn um sicher zu sein, dass wir nicht oben bleiben, begleitet uns unser Custode selber wie ein hülfreicher Engel bis an das Casino des Directors und zum Labyrinth hinaus. Die Gluth des Sonnenuntergangs erlosch: Ueber die Landschaft legt es sich plötzlich wie ein Bahrtuch; die Ruinen erstarren und erkalten, die Cypressen zeichnen sich schwarz am Horizonte ab: der opalisirende Himmel nimmt den Schein einer bläulichen Todtenfarbe an. Nur das Nachleuchten des Tages breitet noch über das durchwanderte Trümmerfeld und über die mit uns herabwallende Menge eine matte, fast geisterhafte Helle.

So langen wir wieder an dem Thore des Palatin und auf unserer Velia an, wo uns die heilige Nacht mit ihrem breiten Schatten zum zweiten Mal umhüllt.

Das Thal des Colosseums.

I.

Feurig ist der Vollmond aufgegangen; mit einer im Norden unbekannten Wärme ist er aus dem abendlichen Dunstmeer emporgequollen und das Auge der Nacht ruht wie ein Traum der Sonne, still und magisch über der ausgebreiteten Traumwelt. In seinem Lichte taucht die Stadt wieder auf, aber eine neue Stadt: sie ist es und ist es nicht, ein anderer, seligerer Geist bescheint sie und spiegelt sich in ihr; mit unsichtbaren Strahlen verklärt er das alte Rom, und indem sie gleichsam alles Einzelne verschlingen und von den Ruinen nur die grossen, allgemeinen Umrisse übrig lassen, entfaltet sich eine einfachere, aber eben darum noch erhabenere, feierlichere Landschaft. Eine überirdische, süsse Helligkeit umfliesst die sieben Hügel; die Himmelsflur, eingelegt mit Scheiben lichten Goldes, zieht uns magnetisch an wie eine ferne Heimat, lockt unsere ahnungsvolle Seele wie ein verwandtes Geisterreich, wo unzählige Unsterbliche ihre leuchtenden Kreise beschreiben und harmonisch durcheinander schwingen und klingen, ihre liebliche, vom Lärm des Tages nicht mehr übertönte Musik anhebend — und indem wir sehnsuchtsvoll hinhören, schweben uns von den Blenden links die silbernen Gestalten der Venus und Roma auf, schreiten Arm in Arm und riesengross über die heilige Strasse hin und bergen sich dann wieder in den Nischen ihres Tempels, welchen sie schwesterlich und göttlich, unüberwunden durch die Stürme der Jahrtausende bewohnen.

Ja, sie sind's, die Allsiegreichen, die Allbezwingerinnen, die Allbeherrscherinnen! Nicht zwei Göttinnen, sondern eine, nur gleich einem Janus mit einem Doppelantlitz vorwärts und rückwärts blickend! Die Mutter der Welt in kriegerischer Rüstung, Minerven ähnlich dem Colosseum, die Stammmutter des Julischen Geschlechtes in dünnem Gewand, durch welches die Formen ihres ambrosischen Leibes hindurchschimmern, dem Forum zugewandt! — Das, beide Gottheiten als eine und gleichsam als zwei Seiten eines und desselben unfassbaren und unausdrückbaren Wesens erscheinen zu lassen, war augenscheinlich die Absicht Hadrian's, des kaiserlichen Baumeisters, der die Pläne zu diesem grössten und prächtigsten Tempel der Stadt selber entworfen hat; deshalb wollte er, dass sie unter einem Dache zusammen wohnten, deshalb widmete er ihnen nicht zwei Tempel, sondern einen Doppeltempel, dessen congruente Zellen mit den Scheiteln ihrer Apsiden an einander stiessen, sodass man der zweieinigen Göttin bald von oben bald von unten nahen und ihr zu gleicher Zeit auf zwei Altären diesseits und jenseits Opfer bringen und Weihrauch anzünden konnte; deshalb weihte er beide Heiligthümer zugleich am Feste der Palilien im Jahre 135 ein, am 21. April, dem Gründungstag einer Stadt, die beide personificirten, ja, nach welcher der Doppeltempel vom dritten Jahrhundert an schlechthin Templum Urbis hiess.

In der That, diese Zusammenstellung war keine willkürliche, sie brachte nur einen Gedanken zum Ausdruck, der im Bewusstsein Aller längst geschlummert hatte. Die Sage vom trojanischen Ursprung der Stadt Rom und von der Ahnenschaft der Frau Mutter Venus ist bekannt: mit der Erweiterung der römischen Macht und der Entwickelung der römischen Weltherrschaft bekam sie eine allgemeine Geltung und wurde durch die lateinischen Mythographen und Dichter, besonders

Blick durch den Titusbogen auf das Thal des Colosseums.

der Familie der Julier zu Liebe, eifrig gepflegt. Der fromme Aeneas, Sohn des Anchises und der Aphrodite, war nach Latium gekommen, den Grund zum römischen Volk zu legen: die Localsagen, nach denen er bald hier bald dort das Ziel seiner Fahrt gefunden, wurden ignorirt, und diese Orte als Stationen in die weite Reise von Troja nach den italienischen Küsten eingereiht. Der Sohn, den er hier mit der Lavinia erzeugt, Aeneas Silvius, gründete das Geschlecht der Könige von Alba longa, sein Erstgeborener Julus, den er von Troja mitgebracht, gründete Alba longa selbst und das grosse Julische Geschlecht: aus jenem ging nach dem Rathschlusse der Götter der erste König, aus diesem der erste Kaiser von Rom hervor. Ja, der Wunsch, den Sitz des Römischen Reiches an diesen seinen Ursprung zurückzuverlegen und gleichsam den Kreis seiner Geschicke zu schliessen, hat, verbunden mit der hinreissenden Schönheit der trojanischen Gegend, nachmals den Kaiser Konstantin bewogen, Byzanz an Stelle Rom's zur Welthauptstadt und damit dem Römischen Reiche selbst ein Ende zu machen — gemäss der Prophezeiung des Horaz, wonach es in's Nichts versinken sollte, wenn dereinst ein Nachfolger des Augustus zu seinem Ausgangspunkt zurückkehren werde.

Die Venus war also die Mutter jener Stadt, deren Personification wie eine Doppelgängerin an ihrem Rücken lehnte, und schon das hätte genügt, eine solche innige Verbindung zu rechtfertigen. Aber dieselbe hatte noch einen anderen, tiefsinnigeren Grund. Wie kam die Menschheit wohl darauf, eine Roma als Göttin und in einer Gestalt anzubeten, die erst Winckelmann von der einer Minerva unterscheiden gelehrt hat? — Von Jugend auf erblicken wir mächtige Wesen über uns und vor uns, deren allumfassende Natur wir nicht anders als unter dem Bilde einer Gottheit anzuschauen vermögen. Dergleichen Wesen sind der Himmel und die Erde, die Sonne und das Meer — warum nicht Rom? Denn diese ungeheure Localität forderte zu einer kindlichen Verehrung genau so auf, wie jene elementaren Kräfte, und wenn man, wie dies noch heute geschieht, gewöhnliche Städte verpersönlichte, so konnte man wohl die allgebietende Stadt Rom vergöttlichen. Es entstand eine Göttin Roma, wie es bei uns etwa eine Göttin Germania oder bei den heutigen Italienern eine Göttin Italia geben könnte; und indem sie als solche das Erdenrund zu symbolisiren schien, musste sie sich abermals mit einer Göttin decken, die im tiefsten Grunde eine Versinnbildlichung der Mutter Erde, der blühenden, fruchtbaren, meerentstiegenen Erde, der Braut des Adonis war, und welche in Griechenland Aphrodite, in Latium Venus, ja, wie Rom selbst genannt ward: denn der priesterliche Name Flora, welchen die Stadt neben ihrem bürgerlichen hatte, galt auch für ein Praedicat der Venus, der Ahnmutter der Aeneaden.

Die Vorstellung der Liebe und der Alles bezwingenden Schönheit, welche gleich dem Wein und gleich dem Tode die Welt überwindet und das Universum in ihre Fesseln schlägt — diese Vorstellung, welche man späterhin an Venus zu knüpfen pflegte, als ihre kosmische Bedeutung zurückzutreten anfing: sie war nicht minder geeignet, die Mutter Amors zur Kehrseite der weltbeherrschenden Stadt zu machen.

Alles das und noch vieles Andere mochte der gläubige Römer in seinem Herzen bewegen, wenn er sich dem weitläufigen Gebäude näherte, welches alle uns bekannten Tempel in Rom, selbst den des capitolinischen Jupiter, an Grösse übertraf; wenn er die Marmortreppen zu der äusseren Säulenhalle emporstieg, die gleichsam seinen Vorhof bildete, und zu welcher die in dieser Gegend herumliegenden Granitsäulen-Bruchstücke gehörten; wenn er durch sie in eine zweite, innere Halle eintrat, die von cannelirten Säulen griechischen Marmors getragen ward; wenn er endlich durch die Riesensäulenreihen eines dritten Porticus hindurch die colossalen Gestalten der Schwestergöttinnen in ihren parabolischen, innen mit Alabaster und Giallo antico, aussen mit weissem Marmor bekleideten Cellen gross und übergewaltig sitzen sah. Sie waren so gross, dass ein Baumeister spottete, sie würden nicht aufstehen können, ohne mit dem Kopfe

15

an die goldene Cassettirung des Gewölbes anzustossen: der Baumeister hiess Apollodorus und er hat mit seinem Spotte selbst derb angestossen, ja er hat ihn selbst den Kopf gekostet. Der geniale Schöpfer des Forums und der Säule des Trajan, des Odeons und anderer trajanischen Monumente, zum Beispiel der berühmten Donaubrücke unterhalb des Eisernen Thores (Porta Trajana) hatte bereits damals Hadrian's Kunstrichterei mit einem Stolze und mit einer Energie abgewiesen, welche bei einem Griechen jener Zeit in Verwunderung setzt. Hadrian war eben in der Architectur ein Dilettant. Als nun der Dilettant seinen Venustempel fertig hatte, konnte er sich doch, war es Eitelkeit oder eine dem Künstler gestellte Falle, nicht enthalten, dem Apollodor den höchsteigenhändigen Riss zu übersenden. Apollodor beurtheilte Hadrian's Plan verächtlich und büsste seine ungebundene Freimüthigkeit mit dem Leben.

Von beiden Cellen stehen noch auf einer von Tuff und Peperin in Mörtel gebauten, ihrer Travertinbekleidung entblössten Substruction die Seitenmauern und die feingerauteten Apsiden, deren eine, sehr wohlerhaltene in das Kloster von S. Francesca Romana verbaut und im Hofe hinter der Kirche zu sehen ist, während die andere dem Colosseum offen gegenüberliegt. Hier, wo die Göttin Roma thronte und sich am Anblick des flavischen Amphitheaters weidete, stehen auch wir plötzlich wie festgebannt: ein Weltwunder blendet uns; wir finden nichts, womit wir es vergleichen könnten.

II.

An uns vorbei senkt sich die Strasse hinab nach dem Colosseum, dem Amphitheater des Titus, welches die Thalsenkung zwischen Palatin, Caelius und Esquilin mit mächtiger Ellipse ausfüllt, ja, eben dieses Thal durch seine eigene Schwere gebildet zu haben scheint. Denn den Boden mit ihrer Wucht eindrückend, massig und doch organisch gegliedert, liegt sie mondbestrahlt gegenüber, die grösste Ruine der Welt und in ihrer Grösse nicht unwerth für ein Symbol dieser majestätischen Stadt und der Welt selbst zu gelten.

Quandiu stabit Colyseus, stabit et Roma,
Quando cadet Colyseus, cadet et Roma,
Quando cadet Roma, cadet et Mundus —

Millionen fremder Pilger, die das ungeheure Monument der flavischen Dynastie vielleicht noch in seiner ursprünglichen Herrlichkeit erblickten, haben dieses echt römische, zu Beda's Zeiten geltende Sprichwort wiederholt; noch ein Pilger dieses Jahrhunderts, ein Landsmann des angelsächsischen Mönches, spricht es nach:

While stands the Coliseum, Rome shall stand,
When falls the Coliseum, Rome shall fall,
And when Rome falls — the World —

und die Jahrhunderte werden noch, wenn wir an ihrem Flammenherzen längst verglommen sind, diese erhabene Rundung anstaunen und bekennen:

So lange das Colosseum steht, wird Rom stehen,
Wenn das Colosseum fällt, wird Rom fallen,
Und mit Rom fällt die Welt.

Denn noch immer ist sie unfassbar — sie zieht uns an wie eine Erde mit centripetaler Kraft — wir verlieren uns in ihr wie eine Welle im ewigen Ocean — wir gehen auf sie zu, wie unser Leben unwiderstehlich in den Schooss der unendlichen Mutter, der Natur hinabsinkt.

Nichtig und unbedeutend erscheint alles Menschenwerk neben dem Colosseum, und wäre es noch so riesig; ja man darf ohne die eitlen Hyperbeln kleiner Reisender sagen, dass weder der griechische noch selbst der aegyptische Genius, zu dessen auffallendsten Charakterzügen die

Kolossalität gehört, etwas so Grandioses hervorgebracht hat. Trotzdem ist es nicht wahrscheinlich, dass das Wort Colosseum wirklich von der kolossalen Grösse dieses Gebäudes hergenommen sei, da dasselbe in seiner ältesten Gestalt, bei Beda Venerabilis, nicht Colosseum, sondern Colyseus oder Colysaeus lautet, und dieses Colysaeus bis auf den heutigen Tag in dem italienischen Coliseo, dem französischen Colisée, dem englischen Coliseum und dem spanischen Coliseo fortlebt; man kann nicht begreifen, wie Colysaeus aus Colosseum entstanden sein und sich hartnäckig erhalten haben soll, während es umgekehrt sehr nahe lag, das wunderliche Colysaeus an das geläufigere Colossus anzulehnen und als ein kolossales Gebäude (aedificium colosseum) verständlicher zu machen. Das italienische Volk, zumal das römische ist sehr geneigt zu Wortspielen und zu etymologischen „Spropositi": es sagt z. B. nicht „Arabia Petraea", sondern „Rabbia Petrella", nicht „Chili", sondern „Qui e Lì", nicht „Cecilia Metella", sondern „Sciscilia minestrella", nicht „S. Maria in Via lata", sondern „S. Maria inviolata", nicht „aut Caesar aut nihil", sondern „o Cesare, o Niccolò"; und es vertauscht das obenerwähnte Coliseo, kraft einer ziemlich ordinären Anspielung, gewöhnlich mit Culiseo, was der Grund ist, dass die Italiener „Il bel di Roma" oder „Il più bel di Roma" an ihren Körper haben. Mittelst einer analogen, edleren Verdrehung bildeten einige Nationen, eigentlich nur die Deutschen aus Colysaeus Colosseum, ja noch kühner Colossus selbst hervor, welche Namen dann auch auf andere grosse Amphitheater, z. B. das von Capua und das von Luna übertragen wurden. Man darf vermuthen, dass bereits dem Masculinum Colysaeus der Gedanke an Colossus zu Grunde lag, und dass das Gebäude ursprünglich Colysaeum oder Colyseum hiess, mithin nicht sowohl einem Worte wie Coryphaeus, als vielmehr einem Worte wie Museum zu vergleichen war, obwohl in jenen barbarischen Jahrhunderten die Geschlechter überhaupt vielfach ineinanderlaufen und z. B. Palatius neben Palatium, Vocabularius neben Vocabularium gesagt wird.

Dieser Colossus, welcher im zehnten Jahrhundert auf das Colysaeus des achten folgte, brachte die Gelehrten wieder auf eine neue Gedankenassociation. Sie liessen Colosseum gelten, meinten aber, das sei nicht etwa selber ein Koloss, sondern nur eines Kolossen Nachbar, gleichsam das „Amphitheatrum in Colosso" — und gründeten das auf folgende Erwägung. Vor dem Eingang des Colosseums stand einmal ein Koloss — ein gletscherhafter Koloss, dessen Höhe auf vierzig Meter angegeben wird, mithin fast noch einmal so gross als die Münchener Bavaria (20,5 m) und der heilige Carlo bei Arona (24 m); auch die aegyptischen Kolossalstatuen brachten es niemals viel über zwanzig Meter, ja selbst der Koloss von Rhodus, der angeblich mit gespreizten Beinen über dem Hafeneingang stand, dass die Schiffe darunter durchsegelten, war sechs Meter niedriger. Nämlich die eherne Bildsäule des Nero, das Wunderwerk Zenodor's, deren Geschichte interessant zu lesen ist. Drei verschiedene Köpfe hat sie nacheinander gehabt: zuerst, wie billig, den des Nero, dann wahrscheinlich den des Titus, der aber die Sonne vorstellen sollte und deshalb mit Strahlen von sieben Meter Länge umgeben war, endlich den Kopf jenes grossen, einzigen Mannes, der 735 Mal als Gladiator auftrat und 12000 Fechter mit seiner Linken niederschlug, des herculischen Commodus. Und analog hat der metallne Riese dreimal den Platz gewechselt und ist wie ein eherner Gast von Piedestal zu Piedestal gewandert, jedesmal einem Gotte weichend: er stand ursprünglich in einem Hofe des Goldenen Hauses, da baute Vespasian seinen Friedenstempel hin und schickte den Koloss auf die Via Sacra. Kaum hatte er hier Posto gefasst, so kam dem Hadrian die Idee zu dem Tempel der Venus und Roma: es half nichts, der Herr Gouverneur zu Fusse musste wieder abziehen und weiter nach unten rücken: aber, müde zu gehen, liess er sich in aufrechter Stellung von vierundzwanzig Elefanten bis vor's Colosseum tragen, und hier auf einem dritten Fussgestell, einem aus Backsteinen und Gussmörtel aufgemauerten Schemel, wie er ihn brauchte, fand er endlich Ruhe; hier blieb er, bis er vermuthlich von den Gothen todt geschlagen ward. Man sieht dieses letzte, grasbewachsene Postament noch heute zwischen dem Tempel der Venus und Roma und dem Colosseum; das erste, unter Nero selbst erbaute nimmt auf Henri Siemiradzki's mehrerwähntem Bilde im Vordergrund zur Linken die ganze Höhe bis zum oberen Rahmen ein. Es gleicht einem Festungswerke, und man darf es nicht etwa mit dem armseligen Rest eines domitianischen Springbrunnens verwechseln, der, nach seiner konischen Form Meta sudans, triefender Kegel, sozusagen Trippstein zubenannt, auf unserer Tafel rechts daneben vor dem Colosseum steht, obgleich, nach der Höhe der Wasserentnahmestelle und dem Röhrendurchmesser zu urtheilen auch dieser in seiner Art recht grossartig gewesen sein und die prächtigen Fontainen auf dem Platze von Sanct Peter weit übertroffen haben mag. Dergleichen Metae, deren Mantel sich zu einem bedeutenden Umfange erweiterte und an denen der herabstürzende Wasserstrahl absatzweise zwei Cascaden bildete, gab es auch anderwärts, zum Beispiel eine ganz ähnliche in Bajae.

Der Koloss des Nero nun war allerdings, als der Name Colosseum auftauchte, längst untergegangen und den erz- und goldgierigen Gothen anheimgefallen: immerhin ist er als ein merkwürdiges plastisches Pendant zu dem architectonischen Ungeheuer zu betrachten, von dem es uns nicht Wunder nehmen kann, wenn es, um mich so auszudrücken, mit ihm über einen Kamm geschoren wird. Die Sage, die gleich der Schleiereule in altem Gemäuer haust, die im Augenblicke der Zerstörung in die Ruinen einzieht, sie nicht verlässt, so lange noch eine Spur von ihnen übrig ist, und um so besser gedeiht, je einsamer sie sind, sie nistete gleichsam in dem Winkel zwischen den beiden Monumenten und flatterte behaglich vom Bronzekoloss zum Mauerkoloss hinüber. Sie erzählte, das Colosseum sei ein Ort in Rom (quidam locus Romae), wo einst die Bilder aller Provinzen aufgestellt gewesen wären, und in ihrer Mitte hätte Roma, ihre Herrin und Königin gestanden mit einem goldenen Apfel in der Hand. In diesen Statuen habe Zauberei gesteckt, sobald nämlich eine Provinz gegen das Reich aufstand, kehrte ihre Bildsäule im Colosseum der Roma den Rücken zu, und gleich schickten die Römer ein Heer nach der Provinz, den Aufstand zu dämpfen: tali arte, so schliesst unser Wintermärchen, Romani Trojani mundum subjugabant. Ob mit diesen Provinzen die Standbilder gemeint sind, welche zum Schmucke der mittleren Stockwerke in den Bögen an der Aussenseite des Amphitheaters standen, und ob die Roma das Götterbild von der dem Colosseum zugekehrten Nische des hadrianischen Doppeltempels war, welches in der Erinnerung der Völker mit dem ehernen Koloss verschmolz? Denn der goldene Apfel ist unzweifelhaft die Weltkugel, welche die römischen Kaiser in der Hand zu halten pflegen und aus welcher unser Reichsapfel hervorgegangen ist. Eine spätere, minder ursprüngliche Version derselben Sage versetzt diese Statuen in der Zahl siebzig auf das Capitol und hängt ihnen Glöckchen an den Hals, mit denen sie zum Zeichen der Empörung läuten.

Eigentlich bevorzugte unsere Schleiereule den Koloss des Nero, den grossen Simson, wie er auch genannt wird; die Sage haftet in dieser Stadt überhaupt lieber an Bildsäulen als an todten Monumenten. Das beweist schon die eben mitgetheilte Fabel, aber auch in andern ist immer nur von einer Statue die Rede. So in der, welche an die Legende von der tiburtinischen Sibylle und Octavian erinnert — dass Romulus da, wo die zwei Tempel der Pietas und der Concordia stehen, sein goldenes Bild mit den Worten aufgestellt habe: Es wird nimmer fallen, bis eine Jungfrau gebären wird (non cadet, donec virgo pariet); und dass es, als dies geschah, augenblicklich zusammengestürzt sei: mit den zwei Tempeln der Pietas und der Concordia ist nachweislich der Doppeltempel der Venus und Roma gemeint, und ich glaube, man kann den goldnen Romulus nicht besser als auf den goldnen Nero deuten, bei dessen Fall die Erde gezittert haben mag. Ja, ich halte sogar, gestützt auf die unverkennbare Analogie, dafür, dass die obenerwähnte Prophezeiung des Beda Venerabilis: Quando cadet Colyseus, cadet et Roma, ursprünglich

Die obere Via sacra mit Umgebung.

vom Koloss des Nero gegolten hat, und erst nachmals auf das benachbarte, allein übrige Colosseum bezogen worden ist.

Wäre dem so, so würde die ganze Frage nach dem Ursprunge des Wortes Colosseum eine andere Gestalt gewinnen. Es würde in Wahrheit auf den Koloss des Nero zurückzuführen, aber nicht von Colossus abgeleitet, sondern identisch mit dem Namen Colysaeus sein, den der Koloss trug und aus diesem Colysaeus hätte sich dann stufenweise Colysaeum, Coloseum, Colisseum, Colosseum entwickelt. Das ist auch recht wahrscheinlich; trotzdem bleibt das Räthsel des Colysaeus selbst noch immer unaufgelöst. Statt Colossus hätte man allerdings wohl Colosseus (*Κολοσσαιος*), der Kolossale sagen dürfen, aber es ist absolut nicht abzusehn, wie aus diesem Colosseus Colysaeus werden und der sonderbare Fehler Jahrhunderte lang im Munde aller Völker bleiben konnte, während doch das Wort Koloss in andern Ableitungen keineswegs erlosch; und deshalb ist man verpflichtet, im Stillen auf eine andere Etymologie zu denken. Es will sich keine recht darbieten, nicht einmal das so naheliegende Wort *Κωλυσις*: wenn dieses Käfig bedeutete, so liesse sich daraus allenfalls *Κωλυσαιον*, Menagerie gewinnen und mit dem Namen Verlascio vergleichen, den in Italien viele Amphitheater führen und den man als „Bärengelass" erklärt — — aber es sei mir gestattet, hier zum Schluss eine Vermuthung vorzubringen, die zwar eben so wenig durchschlägt, die sich indessen hören lässt, weil sie auf historischen Daten fusst.

Wir sprechen wohl von einem Goldfischteiche oder von einem Karpfenteiche; und analog könnten wir von einem Meerjunkerteiche sprechen. Meerjunker heisst nämlich bei uns, Regenbogenfisch bei anderen Völkern, einer der schönsten Seefische, dessen Farben auf das mannigfaltigste in einander spielen und sich beständig mit dem auffallenden Licht verändern. Er ist oben blaugrün mit orangefarbenem Längsband, an den Seiten silbergrau und violett gestreift, am Kopfe braungelb, blau und silbern gemustert, an der Rückenflosse purpurn, an den übrigen Flossen blauroth. Der Junkerfisch gehört zu derselben Familie wie der ebenfalls prächtig gefärbte Papageifisch, der auf dem Rücken purpurroth, an den Seiten rosenroth und violett, an Brust- und Bauchflossen orangegelb und mit veilchenblauen Linien gezeichnet ist.

Die Alten kannten und liebten beide Fische: sie nannten den Meerjunker Julis, den Papageifisch Scarus, ja, es heisst, dass Tiberius eine Flotte ausrüsten liess, um den letzteren im griechischen Inselmeere aufzusuchen und in den italienischen Gewässern zu verbreiten. Sie kamen sogar auf die Tafel, aber man darf behaupten, dass dies wie bei den Pfauen weniger um ihres Wohlgeschmacks als um ihrer Farbenpracht willen geschah. Für Julis galt auch der Name Coris, desgleichen der Name Colisa, den französische Gelehrte dem Meerjunker bis auf den heutigen Tag geben.

Nun steht fest, dass Vespasian sein Amphitheater an der Stelle eines künstlichen Sees gründete, welcher im Umkreis des Goldenen Hauses lag; und nichts hindert uns anzunehmen, dass Nero diesen meerähnlichen Teich mit jenen berühmten Fischen bevölkert hatte: im Gegentheil, das ist im höchsten Grad wahrscheinlich. Die Meerjunker stechen angeblich wie die Wespen. Wer weiss, der Tyrann belustigte sich am Ende damit, Christen in seinem Teiche baden und sie von den Meerjunkern beissen zu lassen.

Jener Teich könnte wie Nymphaeum nach Nympha, nach Colisa Colisaeum genannt, und der Name dann auf das hineingebaute Amphitheater übertragen worden sein; bei den Schiffskämpfen (Naumachien) wurde ja die Arena sogar noch immer in einen See verwandelt und mit Fischen angefüllt. Sind nicht nach Aalen, Karpfen, Heringen Dörfer und Städte in der Welt benannt? Warum nicht in Rom ein Amphitheater nach den Junkerfischen? —

III.

Wir pochen an die Holzthür in der Arcade am Eingang vom Palatin her. Ist der Herr Custode da? Können wir die oberen Stockwerke besteigen? Wollen Sie uns durch diese finstern Corridore leuchten? —

Welch ein bewunderungswürdiges Oval! Wie ist die grosse Ellipse mit Meisterhand gezogen! Wie sie harmonisch in sich selbst zurückkehrt! Wie sich Sitzreihen über Sitzreihen und Gallerien über Gallerien staffelförmig und concentrisch aufbauen! Wie die Wände des ungeheuren Kessels rings in die Arena, als in einen Abgrund zusammenstürzen! —

Ha! Ich erkenne sie wieder, die siebenundachtzigtausend zuschauenden Römer! Der

Innere Ansicht des Colosseums.

überwältigende Anblick eines versammelten Volkes wird mir abermals! Vom Boden aufwärts bis an den Rand, über den Bauch des Kessels hin, in wundervoller Ordnung ist terrassenartig ein Reich von Königen gelagert: golddurchwirkte Teppiche spannen sich schützend über ihre Häupter, und Wohlgerüche strömen in Nebelschauern kühlend auf sie herab.

Ave, Caesar Imperator, morituri te salutant! Die Gladiatoren kommen! Und Heerden wilder Thiere, afrikanische und asiatische Löwen, indische Elefanten, Eber von den Ufern des Rheins, Bären aus den Wäldern Apuliens, Stiere aus den pontinischen Sümpfen, die Ungeheuer des Nil, Krokodil und Hippopotamus, Tiger, Nashörner, Panther und Hyänen, durch Stacheln, Feuerbrände und Peitschenknallen gereizt, stürzen wüthend auf den Sand — und das Volk jauchzt vor Entzücken, wenn sich die Rasenden zerfleischen — wenn die Samniten und die Thracier brav auf einander einhauen — aus den Reihen ertönt es triumphirend: Habet! Er hat's! —

Der schwer Verwundete hebt einen Finger in die Höhe und bittet um sein Leben — aber die Quiriten wenden den Daumen nach unten, man soll ihm den Todesstoss ertheilen — und ich höre sie, wie sie sich erbittern, weil er nicht gerne sterben will: Treibt ihn mit Peitschen in den Kampf! Stosst ihn mit den Glüheisen zurück! — wie sie, die furchtbarsten Bestien unter allen, nach Blute lechzen, in Blute schwelgen und in einem Anfall von Wahnsinn Wollust und Grausamkeit vereinen.

Und ich theile für einen Augenblick den kolossalen Taumel dieses Volkes: der Kitzel des Schrecklichen, der allgemeine Rausch des Gemetzels und der fremden Todesqual ergreift mich, reisst mich wider Willen fort gleich einem Wirbel; und wie der Mann, der dieses Amphitheater schuf, in seinem eigenen Meisterwerke den Raubthieren vorgeworfen und der ersten Märtyrerkrone in dem Colosseum gewürdigt ward: so büssen auch wir, die wir uns dasselbe in Gedanken wieder aufbauen, die Schuld unserer Phantasie damit, dass wir den Leidenschaften, die gleich Tigern des Menschen Brust bewohnen und unter dem Zauber einer sanfteren Religion entschlummert sind, von Neuem zum Opfer fallen.

Ein Corridor des Colosseums.

Der Architect, welcher den Bau des Colosseums in Accord nahm und es unter Titus im Jahre 80 n. Chr. beendigte, schuf damit nichts Neues, er befolgte nur die Regel, die längst für diese Art von Schauspielhäusern feststand. Theater, in denen einerseits Gladiatorenspiele, andererseits Thierhetzen gegeben wurden, kannte man bereits seit den Tagen des Caesar und Pompejus, denn in den letzten Zeiten der Republik fingen diese grausamen Lustbarkeiten an Mode und von den Machthabern, welche darin angeblich ein männliches Vergnügen und ein Mittel zur Erhaltung und Stählung des kriegerischen Sinnes sahen, im Grunde aber nur um die Gunst des Pöbels buhlten, ausdrücklich hervorgesucht zu werden. Die Fechterspiele waren das Ursprüngliche, die Thierhetzen kamen erst im Laufe der Zeit hinzu; und zwar gingen jene von Leichenspielen aus. Beim Leichenbegängniss eines Feldherrn eine gewisse Anzahl von Kriegsgefangenen wie Vieh auf seinem Grab zu opfern, war in grauen Jahrhunderten eine allgemeine Gepflogenheit nicht bloss der Etrusker, sondern auch der Griechen: Homer lässt in der Iliade den Achill bei der Bestattung des Patroclus zwölf junge Trojaner schlachten; und so mochten es auch die alten Römer und die Trojaner selbst gehalten haben, deren Stammhalter Aeneas dieses Opfer dem Anchises in Sicilien wahrscheinlich nur deshalb vorenthält, weil er keine Griechen zur Hand hat. Späterhin erachteten sie es für einfacher, die Gefangenen sich selber untereinander morden zu lassen: sie, oder an ihrer Stelle Sklaven und verurtheilte Verbrecher mussten sich in aller Form am Scheiterhaufen (ad rogum) duelliren, und schwere Duelle wurden nun auch im Frieden bei vornehmen Leichen, namentlich zu Ehren des gestorbenen Vaters auf öffentlichen Plätzen vorgenommen; Virgil hätte auch diesen Zug benutzen können, während den ersten derartigen Fall vielmehr Valerius Maximus erwähnt. Im Jahre 261 v. Chr. liessen Marcus und Decius Brutus bei der Bestattung ihres

Vaters drei Paare auf dem Ochsenmarkte fechten; ein halbes Jahrhundert später traten beim Begräbniss des M. Aemilius Lepidus zweiundzwanzig Paare auf die Mensur, wozu sich die Quiriten drei Tage hintereinander auf dem Forum versammelten; Scipio Africanus feierte den Doppeltod seines Vaters und Oheims 210 in Spanien durch ein Kampfspiel, an welchem sich sogar freie Männer betheiligten. Man sieht, diese blutige Solennität gehörte durchaus zu den römischen Exsequien, ja hat bis in das letzte Jahrhundert vor Christus dazu gehört, denn um die Mitte desselben gab Cajus Scribonius Curio beim Tode seines Vaters noch immer Fechterspiele. Dieser Mann aber machte in der Vorführung der Spiele eine wichtige Neuerung, sozusagen eine Erfindung, aus der die bis dahin unbekannten Amphitheater hervorgegangen sind.

Bisher waren für das Publicum auf dem ausgewählten Platze einfache Tribünen wie bei unseren Rennen kunstlos aufgeschlagen worden, während es zu dramatischen Aufführungen bereits seit 145 v. C. vollständige Theater gab. Curio kam nun auf die Idee, zwei hölzerne Theater mit dem Rücken an einander bauen zu lassen, die Vormittags wie gewöhnlich zu Schauspielen benutzt, Nachmittags aber um ihre Bühnen erleichtert, mitsammt den Zuschauern wie Karouselle herumgedreht und zu einem Kreise verbunden werden konnten: auf dem von beiden Theatern umschlossenen Platze wurden die Fechterspiele ausgeführt. So entstand ein Haus, wo der Zuschauerraum nicht halbkreisförmig die Bühne vor sich, sondern wo er kreisförmig die Bühne in der Mitte hatte: nicht sowohl ein doppeltes als vielmehr ein ganzes Theater, dem gegenüber die bisherigen nur halb gewesen waren. Man nannte es Amphitheatrum und den elliptischen, mit Sand (arena) bestreuten Kampfplatz Arena, welches zugleich der häufigste Name der Amphitheater im Mittelalter geworden ist. Ziemlich lax wird mit dem Worte Amphitheater in neuerer Zeit ein stufenweis aufsteigender Halbkreis, ja im Theater der der Bühne gegenüberliegende Theil des Zuschauerraums allein bezeichnet, und man sollte zum Beispiel nicht sagen, dass sich Neapel amphitheatralisch am Gestade des Tyrrhenischen Meeres erhebe, sondern theatralisch.

Dieser Plan war ebenso einfach wie grossartig, ebenso zweckmässig wie schön, ebenso überraschend wie leicht verständlich: er musste wie ein Naturgesetz alle nachfolgenden beherrschen, und es konnte sich, abgesehen von dem Grade der Rundung, nur um das Material und die Dimensionen handeln, in denen er ausgeführt ward. Die letzteren mussten gross sein, denn das harte und freiheitsstolze Volk fand am Anblick der im Todeskampf ringenden Sclaven immer mehr Geschmack, es strömte zu den Parade-Manövern, die ihnen die Magistrate bei ihrem Amtsantritte und nicht etwa blos bei Leichen, sondern alle Augenblicke gaben, um sich populär zu machen; und in demselben Masse waren die Zahlen der Auftretenden gewachsen, die von den Festgebern bandenweise zusammengekauft, auch freiwillig angeworben, ja gewaltsam gepresst wurden und die, schulgerecht ausgebildet und organisirt, nach der Führung ihrer Hauptwaffe (a gladiando) Gladiatores, Meister vom langen Schwerte hiessen. Ja, durch seine Verbindung mit grossartigen Menagerien, die alle Schrecken der Wüsten Afrika's und Asien's enthielten, in denen sich die ersten Löwenjäger und die kühnsten Thierbändiger aller Zeiten producirten, oder in denen man die aufregende Scene einer qualvollen Execution durch Bärenklaue und Tigerzahn geniessen konnte, hatte das Institut vollends an Zugkraft und Ausdehnung gewonnen. Es war daher nachgerade natürlich und nothwendig, dass man daran dachte, stehende Amphitheater wenn auch zunächst nur von Holz anzulegen, wie man wohl in unsern Metropolen bleibende Circusse und permanente Ausstellungspaläste baut, und ein solches dauerndes Amphitheater bekam definitiv folgende Einrichtung.

Ein aus lauter concentrischen und allmälig abfallenden Ellipsen oder Kreisen bestehendes Gebäude erhob sich vollkommen und in fehlloser Reinheit auf dem Plane und grenzte denselben wie ein dazwischen gelegter Ring von der eirunden Arena ab. Die Mauer, welche letztere von den Sitzreihen und den Korridoren schied, vertrat die innerste, tiefste und kleinste Linie dieses Ringes; die Umfassungsmauer, die aus mehreren Reihen senkrecht auf einander gestellten Arcaden gebildet war, die äusserste, höchste und grösste Linie: die zwischen der äussersten und innersten liegenden Curven, die an Höhe wie an Weite symmetrisch abnahmen, waren die Sitzreihen (gradationes), welche von der höchsten bis zur letzten und in gerader Richtung bis zu dem die Bühne selbst umgebenden Corridor von Treppen durchschnitten wurden; diese perpendiculären Treppen theilten den ganzen Hohlraum in keilförmige, unten schmale, oben breite Ausschnitte (cunei). Um die Arena herum befanden sich die Behälter für die wilden Thiere und die Kammern für die Gladiatoren.

Ein Gang des Colosseums.

In republikanischer Zeit sassen alle Stände ohne Unterschied untereinander; in der späteren Kaiserzeit aber wurden jeder Volksklasse besondere Sitzreihen angewiesen und diese durch Schranken und Korridore getrennt. Die unterste und vornehmste hiess Podium (it. Poggio): hier war die kaiserliche Loge, der Ehrenplatz des Spielgebers und der Vestalinnen; hier sassen, Lictoren zur Seite, die Kampfrichter auf ihren unsern Feldstühlen gleichenden Ehrensesseln (sellae curules). Nach der Bühne zu war das Podium durch Gitterwerk und überdies durch einen breiten und tiefen Graben vor den Gefahren geschützt, die aus der unmittelbaren Nähe der Kampfthiere entstehen mochten; man war jedenfalls durch Erfahrung klug geworden, zum Beispiel wird berichtet, dass in den einst von Pompejus gegebenen Spielen wüthende Elefanten die Barrieren, welche sie vom Volke trennten, niederzureissen versuchten. Auf das Podium folgten die sogenannten Maeniana, das heisst einzelne, unsern Rängen entsprechende Stockwerke von Sitzreihen, die durch Brustwehren (baltei) von einander geschieden waren und deren es bald mehr bald weniger, je nach den Dimensionen des Gebäudes gab; ganz oben lief rundum eine Gallerie, die sich mit unserm Paradiese vergleichen lässt. Die Sitzbänke (gradus), welche in den ältesten

17

Amphitheatern 36 Centimeter hoch und ebenso breit gewesen waren, erhielten später eine Breite von 72 bis 95 Centimetern, so dass man seine Füsse ausstrecken konnte, ohne dem Untermann auf dem Kopfe herumzutrampeln. Zum Ein- und Austritt dienten in allen Stockwerken Pforten (vomitoria), durch welche man zu den im Innern umlaufenden Gängen, den in sie mündenden Treppen und schliesslich zu seinem genau bezeichneten und numerirten Platz gelangte: jede dieser Pforten stand wiederum mit anderen Treppen in der Dicke des Gebäudes in Verbindung, welche nach Aussen führten, so dass die Menge fast gleichzeitig ohne das geringste Gedränge das Haus verlassen konnte; man hat berechnet, dass sich der Strom von neunzig oder hunderttausend Menschen, der sich bei den Spielen in die Amphitheater ergoss, durch diese Treppen und Pforten in nicht fünf Minuten wieder zu verlaufen im Stande war. Für die obersten Staatsbeamten gab es einen reservirten Eingang.

Dergleichen grosse und mächtige Amphitheater zählte nun die Weltstadt seit Cajus Curio bereits beinahe ein Dutzend, aber noch alle waren sie, wie gesagt, von Holz oder wenigstens grösstentheils aus Holz, selbst das, welches Statilius Taurus unter Augustus errichtete, denn wie könnte es sonst bei dem Neronischen Brande in Flammen aufgegangen sein? Aus demselben Grunde brach einmal ein Amphitheater in dem benachbarten Fidenae zusammen und begrub unter seinen Trümmern fünfundzwanzigtausend Menschen. Augustus selbst wollte ein steinernes bauen, kam aber nicht dazu. Erst Vespasian, der sparsame Vespasian nahm seinen Gedanken wieder auf und legte den Grund zu einem Gebäude, welches, von Titus im Jahre 80 vollendet, nicht nur alle früheren Amphitheater an Umfang und Pracht weit übertreffen, sondern, ein Wunder von Solidität und gleichsam für die Ewigkeit bestimmt, die ganze römische Baukunst vorher und nachher in Schatten stellen sollte. Es bildet namentlich einen frappanten Contrast zu dem Goldenen Hause, von dem es eine bedeutsame Stelle einnimmt. Der geile Luxus des Nero verschwand über Nacht wie ein üppiges Schlinggewächs. Die tüchtige Schöpfung Vespasian's trotzt wie ein starker Eichbaum mit ungezählten Ringen den Jahrtausenden.

Man kann, wenn man von den künstlichen Mauersteinen absieht, nach dem verwendeten Material drei Perioden der römischen Baukunst unterscheiden: die Peperin-, die Travertin- und die Marmorperiode. In der älteren Zeit bauten die Römer mit Pfefferstein oder Peperino, einem vulkanischen Tuffstein von aschgrauer oder grünlichgrauer Farbe, aus welchem ein grosser Theil der Berge und Hügel von Latium besteht; vorzüglich ward er am Albanergebirge gefunden und deshalb nannte man ihn lapis Albanus. Er musste, weil sich feinere Gliederungen in ihm nicht ausführen liessen, im Laufe der Zeit dem härteren, leichteren, wegen seiner porösen Beschaffenheit besser bearbeitbaren Kalktuff weichen, der in der Nähe der Stadt Tibur gebrochen ward und der deshalb den Namen lapis Tiburtinus führte: aus diesem Tiburtinus ist das italienische Travertino entstanden. Der Travertin endlich pflegte in noch späterer Zeit durch den Marmor ersetzt zu werden, der unter Augustus allgemeine Verbreitung fand und aus den entferntesten Gegenden herbeigeschafft ward, nachdem zuerst L. Licinius Crassus in seinem Hause sechs kleine Säulen aus hymettischem Marmor angebracht und Mamurra auf dem Caelius das seinige mit Marmor bekleidet hatte. Doch ist der Travertin neben dem Marmor immer ein sehr gesuchtes und beliebtes Baumaterial geblieben; die grössten Gebäude des alten wie des neuen Rom bestehen sämmtlich aus Travertin. Auf der Strasse nach Tivoli begegnet der Reisende noch heute Büffelgespannen, Vier-, Sechs- und Achtgespannen, die auf rohen zweiräderigen Karren Blöcke des bald weissen, bald grauen, bald gelblichen, bald röthlichen Gesteins langsam und durch Nasenringe gebändigt in die Capitale transportiren. Sie kommen von den Travertinbrüchen am Anio, von denen schon Strabo spricht, und aus denen halb Rom hervorgeholt worden ist. Hier ruhte, wenn ich mich so ausdrücken darf, in den Tiefen der Erde verschlossen, die ganze Peterskirche, bis ein Papst mit starker Hand ihre ewigen Ketten sprengte; hier hatte vor ihr, unter jenen grünen Hügeln und Thälern, der berühmte Koloss geschlummert, den die flavische Dynastie aus seinem Bann befreite, den sie zum Staunen der Welt von seinem Bette aufriss, den sie hier Stück für Stück und Glied für Glied an's Tageslicht hervorzog.

Wer könnte ihn vergessen, den rothgelblichen Stein des Colosseums, der im Abendsonnenglanze so tief und unbeschreiblich glühen kann, und dessen tausend Lücken wuchernder Epheu vergebens zuzudecken sucht? Dieser Stein ist der tiburtinische; Travertinquadern, durch Eisenklammern zusammengehalten, bildeten den Hauptbestandtheil des flavischen Riesenbaues, neben dem nur im Innern auch Tuff und Ziegel zur Verwendung gekommen sind. Zu zwei Dritteln ist er nicht mehr vorhanden; den Werth des übrig gebliebenen Materials hat man nach den laufenden Travertinpreisen noch immer auf acht, ja ein andermal auf siebzehn Millionen Lire veranschlagt. Das ganze Amphitheater soll an sechzig Millionen Lire zu bauen gekostet haben, und zwölftausend gefangene Juden mussten dabei frohnen. Ein Architect mag die Genauigkeit dieser Ziffern beurtheilen, wenn er etwas von den Maasen des Gebäudes erfährt. Dieselben werden ausserordentlich verschieden und meist sehr viel höher angegeben, aber nach den zuverlässigsten Messungen beträgt in Metern:

Der aussere Umfang des Colosseums	524
Der Umfang der Arena	238
Die grosse Axe der äusseren, das Ganze umschreibenden Ellipse	187,77
Die kleine Axe derselben	155,638
Die grosse Axe der inneren, die Arena umschreibenden Ellipse	85,756
Die kleine Axe derselben	53,624
Die Höhe der Aussenwand	48,5
Die Weite der Entlastungsbogen	4,2
Die Höhe derselben	7 (abnehmend bis 6,4)
Die Weite der Haupteingangsthore	4,6

Aus dem geringen Unterschied der Länge der beidesmaligen Axen geht zugleich hervor, dass die Excentricität der Ellipsen keine grosse gewesen ist, und dass sich namentlich die Umfassungsmauer der reinen Kreisform genähert hat. In der That erscheint das Colosseum auf den ersten Blick dem ungeübten Auge als ein Zirkel, erst später, namentlich von oben und bei Mondlicht, tritt die elliptische Anlage mehr hervor. Der deutsche Baumeister Johann Michael Knapp, der im Verein mit dem römischen Ingenieur Lucangeli zu Bunsens Zeit der Vermessung, Herstellung und Nachbildung des Monumentes Jahre angestrengter Arbeit gewidmet hat, nennt die Ellipse des Colosseums die schönste und kunstvollste, die man kenne.

An diesem Riesengebäude nun lassen sich vier Hauptpartien unterscheiden, die wir gesondert betrachten müssen, und die sich wieder in Unterabtheilungen gliedern, daher wir sie der leichteren Uebersicht wegen mit Buchstaben bezeichnen wollen.

A. Die Aussenseite. Man wolle einen Blick auf unsere Tafel und auf die nordöstliche, nach dem Esquilin zu gelegene Hälfte des Gebäudes werfen, wo dasselbe noch fast vollständig erhalten ist. Ein 2,6 m breiter Kreis prächtiger Travertinquadern umgiebt es und hebt es vom Strassenpflaster ab; dieser Kreis ist nach vorn durch eine Stufe abgetheilt, die sich zum Abflusse des Regens leise senkt. Inmitten desselben ragt stolz und felsenfest die grosse Ruine vor, von der wir zunächst nichts weiter als die Umfassungsmauer sehen. In vier Stockwerken steigt sie auf, in den drei unteren durch je achtzig Bogen entlastet, im obersten von rechteckigen Fensterchen durchbrochen, die über je zwei Bogen der unteren Geschosse stehen; ein Kranzgesims schliesst sie ab. Die Pfeiler zwischen den einzelnen Bogen sind mit halben, ein einfaches Gebälk sammt Attika tragenden Säulen geziert und zwar, entsprechend der Last, in einer ebenso zweckmässigen wie harmonischen Anordnung. Bekanntlich weist die dorische Säule die einfachsten Formen und schwersten Verhältnisse, die jonische flüssigere Formen und leichtere Verhältnisse, die korinthische die reichsten Formen und schlanksten Verhältnisse auf. Demgemäss gehören also die Halbsäulen am ersten Stocke der dorischen, am zweiten der jonischen, am dritten der korinthischen Ordnung an, und nach derselben Proportion ist der zweite Stock etwas höher als der erste, der dritte ein Minimum niedriger als der zweite. Der oberste Stock, zu dem überdies noch das Gesims hinzukommt, ist der höchste; er hat korinthische Pilaster, die genau über den vorhergehenden Halbsäulen stehen; zwischen ihnen lehnten runde Schilder (clipea) von Bronze, auf denen Brustbilder der Ahnen der flavischen Familie und ähnliche Darstellungen in Relief angebracht waren: die Sitte, dergleichen Ahnenschilder, an deren Stelle im Mittelalter die symbolischen Wappenschilder traten, an öffentlichen Gebäuden aufzuhängen, war eine sehr alte, angeblich trojanische. Die hundert und sechzig Bogen der beiden mittleren Stockwerke waren mit ebenso viel Statuen von Erz oder Marmor ausgefüllt, die in der Höhe der Brüstung auf einem Travertinuntersatze standen; die achtzig Bogen des Erdgeschosses dagegen leer und nicht für ein marmornes, sondern für ein lebendiges Volk bestimmt.

Sie bildeten die Eingänge oder Thore des Amphitheaters, gleichfalls achtzig an der Zahl. Die vier vornehmsten lagen an den vier Scheiteln der Ellipse, da, wo die grosse und kleine Axe die Umfassungslinie traf, offenbar den ausgezeichnetsten Punkten des Gebäudes; sie waren dreischiffig, überhaupt breiter und prächtiger als die übrigen und von je einem ehernen Viergespann überragt. Die an den Scheiteln der kleinen Axe gelegenen Portale, mit einem Vorbau, der von mächtigen cannelirten Säulen phrygischen Marmors getragen ward, dienten für den Kaiser, die kaiserliche Familie und die fremden Gesandten und Könige; die an den Scheiteln der grossen Axe einerseits für die Gladiatoren, die bei Eröffnung der Spiele durch diese Pforten im Parademarsch eintraten, ihren festlichen Umzug um die Arena hielten und, bei der kaiserlichen Loge vorübergehend, dem Imperator zurufen mochten: „Sei gesegnet, Kinder des Todes grüssen dich"; andererseits für die wilden Thiere und die Maschinen, die hier vor den Spielen hereingeschafft und den Dépôts unter der Arena übergeben wurden. Die übrigen sechsundsiebzig Bogen waren für das Ein- und Ausströmen des Publikums bestimmt, doch durfte man nicht zu jedem beliebigen hineingehn, sondern, um Verwirrung zu vermeiden, hatte jeder Einzelne eine bestimmte Thüre zu wählen, deren Nummer auf seinem Einlassbillet, der Tessera amphitheatralis (nicht zu verwechseln mit der Tessera gladiatoria) ausdrücklich angegeben stand; zu dem Ende waren die sechsundsiebzig Bogen numerirt, von XXIII bis LIV lassen sich die Ziffern noch erkennen. Sie sind in den Travertin eingehauen, der also hier nicht mit Stuck (opus albarium) bekleidet gewesen sein kann wie er es anderswo, namentlich in den Gallerien, die zu den kaiserlichen Logen führten, war; man behauptet, der Maler Giovanni da Udine, der grösste Meister der neuen Kunst in solchen Verzierungen, dem von den Italienern die Wiedererfindung der Stuccaturarbeit zugeschrieben wird, habe dieselbe dem Colosseum und den benachbarten Titusthermen abgesehen und die Decorationen jener Gewölbe ihrer Schönheit wegen gezeichnet.

B. Der Zwischenbau. Im Vorigen haben wir die Aussenseite des massiven Ringes und gewissermassen das geschildert, was den Begriff des Colosseums in der Phantasie der Menschheit constituirte, wie es sich dem Beschauer darstellte, wenn er die heilige Strasse hinunterkam, und wie es auf alten Münzen abgebildet ist. Dieser Aussenseite ist nun offenbar die Innenseite des Ringes entgegengesetzt, die man um sich erblickte, wenn man auf der Arena stand; aber in das Colosseum kann man nicht wie in einen Fingerring hineinsehen, man kann auch nicht über das Kranzgesims hineinfliegen, wie ein Stein, der von aussen hineingeworfen wird, sondern, um hineinzugelangen, muss man es gerade so machen, wie der alte Römer, der

Das Colosseum — im Hintergrunde rechts der Esquilin.

die Spiele besuchen wollte: man muss durch den Ring hindurchgehen. Und zwar hatte der Römer, je nachdem er tief unten oder hoch oben sass, in dem Kerne des keineswegs hohlen Ringes Strecken zu durchmessen, die in umgekehrtem Verhältniss zu der Höhe des gesuchten Stockwerks standen. Nämlich der Ring, der nach aussen eine senkrechte Mauer bildete, fiel nach innen terrassenförmig ab und hatte hier gleichsam eine Menge neuer Ringe angesetzt, die immer kleiner und niedriger wurden, bis der aufgemauerte Gürtel seine vollständige Dicke erreicht hatte. Die Folge war, dass man wagerecht um so mehr Schichten zu durchbrechen, um so mehr Schalen zu durchbeissen hatte, je näher man an der Arena sass, und dass z. B. der Kaiser, dessen Loge unmittelbar daranstiess, wohl ein Dutzend Mauern und Korridore kreuzen musste, während der Proletarier, der oben die Gallerie bestieg, sofort ans Freie kam. Die ganze Partie nun, welche von dem verborgenen und finstern Ringkern gebildet wird, und die zwischen der Aussenseite und der Innenseite desselben liegt, haben wir als Zwischenbau bezeichnet.

Derselbe ist einerseits als Unterbau, andererseits als eine Art Kanalbau aufzufassen. Zu jenem gehören die fünf Mauern, die, durch Umgänge (ambulacra) von einander geschieden, innerhalb der Umfassungsmauer und parallel mit dieser eingezogen sind. Die erste dieser inneren Mauern war wie die Aussenmauer aus Bogen, nur zu einer geringeren Höhe aufgeführt, sodass beide gleichsam die Vorhalle des inneren Rundbaus bildeten. Die folgenden vier stellten sich, im Durchschnitte gesehen, als Scherwände dar, nach innen gesenkt, um die Sitze der Zuschauer zu tragen, und den äusseren Thorbogen entsprechend durch gerade hindurchführende Gänge und Treppen unterbrochen. Die letzteren sind das, was wir eben als Kanäle bezeichneten; denn sie lassen sich, wenn wir das Bild eines Menschenstroms festhalten, mit dem Röhrenapparat vergleichen, durch welchen das Trinkwasser in einer Stadt vertheilt, in die einzelnen Häuser geleitet und in den Häusern bis in alle Etagen gehoben wird. Gleich dem Wassertropfen trat das Individuum in die Rinnen des Amphitheaters ein und ward in denselben auf verschlungenen Wegen bis zur Mündung des Rohres emporgeführt: solcher Mündungen, Vomitoria genannt, gab es im Colosseum hundert und sechzig. Hier angekommen oder „ausgespieen", hatte der Zuschauer nur die oberhalb jedes Ranges hinlaufende Gürtelbahn (praecinctio) zu verfolgen und den Cuneus zu erreichen, der seinen Platz enthielt, dann stieg er die nächste Treppe hinab, bis er an seine Sitzreihe kam und brauchte nun blos die paar Personen zu incommodiren, die etwa vor ihm sassen. Dieses vielverzweigte System von bald stollen-, bald schachtartigen Gängen, Treppen und Stiegen, Passagen und Pförtchen war unbedingt einer der kunstvollsten und bewunderungswürdigsten Theile des Colosseums, welches durch ihn das Ansehen eines grossen Badeschwamms erhält; es gleicht einem Ringgebirge, aber einem klaren und luftigen Ringgebirge, das von geschäftigen Gnomen nach allen Richtungen hin durchbohrt und durchlöchert worden ist, und durch dessen Lücken jetzt, wo diese Hallen

Durchschnitt und Aufriss des Colosseums

18

längst verödet sind, Myriaden Geister schlüpfen und gleich den durchstreichenden Winden statt der Lebendigen circuliren.

C, Das Innere (Cavea). Endlich, nachdem wir durch den fünffachen Mauerring hindurchgedrungen sind, stehen wir zum zweiten Mal im Umkreis des Gebäudes und können uns das Colosseum wieder von innen ansehen. Wir thuen es nun mit besserem Verständniss und unterscheiden ohne grosse Mühe folgende fünf Hauptabtheilungen des Zuschauerraumes:

1, Das Podium, zu unterst und zu innerst, unmittelbar über der Arena. Hier befanden sich an den beiden Enden der kleinen Axe die beiden prachtvollen, je mit einem Polster (pulvinar) versehenen Kaiserlogen (cubicula): in der einen nahm der Kaiser mit seinem Gefolge, in der gegenüberliegenden die kaiserliche Familie und der Hof, die Damen inbegriffen, Platz. Die beiden Curven rechts und links von diesen beiden Logen füllte die Elite des Weltreichs, zu welcher auch die Vestalischen Jungfrauen gerechnet wurden — ein glänzender Kreis und wohl majestätischer als irgend ein modernes Parterre von Königen. Hier sassen und zwar in Einer Reihe, nicht in mehreren hintereinander, auf elfenbeinernen Stühlen die höchsten Würdenträger der Monarchie, die curulischen Magistrate, die Consuln, Censoren, Praetoren und curulischen Aedilen, alle in der mit einem Purpurstreifen eingefassten Toga (toga praetexta), daneben die Mitglieder der höchsten, geistlichen und weltlichen Aristokratie, oft untermischt mit fremden Fürsten und Gesandten, die damals natürlich genau so die Blicke auf sich zogen, wie heutzutage. Als nach Victor Emanuels Tode König Humbert den Eid vor den vereinigten Kammern leistete, zeigte man sich im Parlament auf Monte Citorio die vornehmen Gäste, die zum Begräbniss in Rom erschienen waren, den deutschen Kronprinz, den Erzherzog Rainer und den Marschall Canrobert. So flüsterte man sich wohl im Colosseum zu: „Seht Ihr dort den blonden Hünen mit den himmelblauen Augen in der engen, knappanschliessenden Tracht? Das ist ein deutscher Häuptling,

> Germania quos horrida parturit
> Fetus;

seht Ihr dort den Andern in der hohen persischen Mütze und dem weiten goldstrahlenden Gewand? Das ist ein Ptolemaeus. Nein, es ist Hyrcanus, der Judenfürst. Nein, es ist der König von Armenien, Tiridates, der neulich in Puteoli mit einem einzigen Speerwurf zwei Stiere durchbohrt hat". So ging's her im Colosseum. Zufällig steht das römische Parlamentsgebäude auf den Ruinen eines alten Amphitheaters, nämlich des obenerwähnten, von Statilius Taurus errichteten.

Auf das Podium folgten, durch Mauern und Terrassen geschieden und wie gewöhnlich von Treppen in Keile (cunei) zerspalten, drei grosse Ordnungen von Sitzreihen oder Ränge (Maeniana), die der dreifachen Abstufung der Stände in Senat, Ritterschaft und Volk entsprachen. Wir bemerken von unten aufwärtsgehend

2, den ersten Rang (Maenianum primum, ima Cavea) mit zwanzig marmornen Sitzreihen.

3, den zweiten Rang (Maenianum secundum, media Cavea) mit sechzehn Sitzreihen übereinander

4, den dritten Rang (Maenianum tertium, summa Cavea) mit vierzehn Sitzreihen, deren Stufen steiler sind. Endlich über dem dritten Rang erhob sich

5, die bedeckte Säulenhalle (Porticus): hier sassen auf hölzernen Stühlen in zehn Reihen die Frauen, abgesehen von den Hofdamen und den Vestalinnen, die wir vorhin unten am Podium, in unmittelbarer Nähe des grausamen Spiels erblickten. Das Dach der Halle bildete eine Terrasse, und diese diente als Stehplatz für die römischen Proletarier, die Pullati, die keine weisse, sondern nur eine dunkle Toga (toga pulla) hatten. Wie man nämlich heutzutage, namentlich in England beim Besuch eines guten Theaters in „full dress", d. h. in Frack und weisser Cravate erscheinen muss, so war für das Colosseum die weisse Toga und die Bekränzung mit Lorber vorschriftsmässig, wenigstens für die Bürger, denn die zahllosen Fremden, die wir uns in der Weltstadt jedenfalls unter den Zuschauern denken müssen, werden wohl ihre Nationalcostüme beibehalten haben. Die Armen waren also nicht salonfähig, aber von ihrem Paradiese aus konnten auch sie, gleichmässig gegen das Wetter geschützt, das Lieblingsschauspiel der Römer geniessen, ohne den Anblick des versammelten, festlich bekränzten und bekleideten Volks zu stören. Neuere Schriftsteller werden nicht müde, die Pracht dieses Anblickes zu preisen und als ein Schauspiel hinzustellen, „so überwältigend gross, wie die Welt es nie, weder vorher noch nachher, gesehen hat." Nun, es soll allerdings nicht geleugnet werden, dass sich kein volles Haus der Neuzeit an Grossartigkeit und Schönheit nur entfernt dem gefüllten Colosseum an die Seite stellen könnte, obgleich am Ende das Theaterpublicum auch bei uns eine recht glänzende Versammlung und gleichsam das Abbild und Emblem eines wohlgeordneten Staates ist. Trotzdem klingt es etwas eigenthümlich, dass die Quiriten, die doch überdies an diesen Anblick gewöhnt waren, hauptsächlich in das Amphitheater gegangen sein sollen, um sich selbst zu sehn und so zu sagen ohne Gage

Gladiatoren nach einer altrömischen Malerei.*)

mitzuspielen. Diese Ansicht schmeckt nach archäologischer Stubengelehrsamkeit; sie liegt den Antiquaren nahe, weil sie die grossartigen Ruinen der Cavea noch bewundern, aber von den Spielen gar nichts mehr sehen. Für den alten Römer war sicherlich der Anblick des Publikums etwas Nebensächliches, ja nicht einmal so interessant, als er es für uns in unsern Theatern ist, weil die Damen fehlten. Diese waren in den früheren Amphitheatern keineswegs so streng von den Männern geschieden, sondern sassen mit ihnen in bunter Reihe, wie aus der charakteristischen Anecdote des Plutarch hervorgeht. Es traf sich einst, dass eine schöne und vornehme, aber jüngst von ihrem Manne geschiedene Frau, Namens Valeria, bei den Spielen nahe dem glücklichen Sulla zu sitzen kam. Sie trat von hinten an ihn heran, riss sich, an ihn gestemmt, eine Wollflocke von seiner Toga ab und kehrte auf ihren Platz zurück. Sulla sah sie gross an; sie antwortete: „Kein Wunder, Imperator, ich will auch ein klein wenig von deinem Glücke abhaben." Das kitzelte Sulla, er fing augenblicklich Feuer und erkundigte sich heimlich nach dem Namen und den Verhältnissen der Dame. Nun warfen sie sich, heisst es wörtlich, verliebte Blicke zu und lächelten sich an und schauten sich in die Augen und verlobten

*) Zwei Samniten haben gegen zwei Mirmillones gefochten. In der Gruppe links streckt der besiegte Samnite die Hand aus, um die Gnade des Volkes zu erflehen, während der Sieger sich von seinem Fechtmeister (lanista) loszureissen sucht, um seinen Gegner zu opfern. Rechts ist es der Mirmillo, welcher tödlich verwundet fällt. Auf dem Friese sind die Namen der Gladiatoren, ihrer Herren und die Zahl ihrer Siege angeschrieben.

sich schliesslich, als ob sie nicht Sulla und Valeria, sondern Hans und Grete geheissen hätten, und wirklich wird auch Sulla von wegen seiner knabenhaften Entzündlichkeit hart getadelt.

Die erwähnte Terrasse gab nicht blos ein Stehparterre, sondern auch einen Schnür- und Maschinenboden ab: auf ihr konnte man eine höchst grossartige Anlage der alten Schauspielhäuser studieren. Für das Behagen der Zuschauer war in jeder Weise gesorgt: die Gänge wurden mit Blumen bestreut, die Treppen mit Wasser angefeuchtet, wohlriechende Essenzen und Bouquets durch ein Druckwerk bis zu den oberen Sitzen emporgesprengt (sparsio). Natürlich, dass man auch daran dachte, sie vor Regen und den brennenden Strahlen der Mittagssonne zu schützen: zu dem Ende wurden purpurfarbene Zeltdächer aus feinem Linnen über ihnen aufgespannt; Nero liess einmal in ein solches Zeltdach den ganzen gestirnten Himmel und in der Mitte sein eigenes Bild zu Wagen sticken. Diese Zeltdächer hiessen Velaria, und sie wurden wie Segel durch Matrosen der kaiserlichen Flotte mit Hülfe von Tauen, Kolben und Flaschenzügen an Mastbäumen (mali) je nach Bedürfniss aufgehisst und wieder eingezogen. Am Colosseum bemerken wir nun unmittelbar über den hohen Fenstern des obersten Stockes auswendig grosse und schönverzierte Kragsteine, auf denen dergleichen erzbeschlagene Masten mit ihrem Fusse ruhten und die den runden Spuren an kleineren Theatern, z. B. dem pompejanischen, entsprechen; durch die Löcher im Gesims über den Kragsteinen wurden die Masten hindurchgesteckt. Die an ihnen befestigten Taue sollen strahlenweise nach einer über der Arena ausgespannten, durch ihre gleichmässige Anziehung in der Schwebe gehaltenen Ellipse gelaufen sein, so dass das Ganze einem riesigen Spinnengewebe glich und die Segel zwischen den Speichen des Rades flatterten. Jedenfalls standen die Matrosen, welche diese Segel bedienten, gleichfalls auf der Terrasse, wo sich der Abschaum der Stadt anzusammeln pflegte: es mag ein wüstes Treiben hier oben geherrscht haben, das zu schildern ein anziehender Vorwurf für einen Emile Zola gewesen wäre. Gegenwärtig läuft über die Mauerkrönung statt allen Tauwerks ein Telegraphendraht.

D. Die Arena. Der ovale Platz, auf welchem die wilden Thiere und die Gladiatoren kämpften, und auf welchen die Blicke der ungeheuren Menge gerichtet waren, wurde durch einen Bretterboden gebildet, der auf colossalen Substructionen ruhte, das, was wir heutzutage unter einem Podium verstehen; man bestreute ihn mit Sand, um das Ausgleiten der Füsse zu verhindern. Es liegt in der Natur der Sache, dass er an sich nichts weiter Bemerkenswerthes enthielt: eine Bühne, auf welcher gespielt werden soll, muss leer sein. Nur unter ihr pflegt noch eine complicirte Maschinerie und eine ganze Welt zu stecken: wer jemals eine grosse Bühne mit ihren Versenkungen, Kanälen, Freifahrten, Wägen und den Apparaten gesehen hat, die bald zur Bewegung der Kulissen, bald zum Emporheben aus der Erde aufsteigender Erscheinungen dienen, der weiss es. Eine solche Untermaschinerie gab es natürlich auch im Colosseum, wo die Scenerie oft eine märchenhafte Pracht entfaltete und aus unterirdischen Schlünden bald eine Heerde von hundert Löwen, bald ein Zauberwald mit ausländischen Vögeln, bald ein ganzer zoologischer Garten in die Höhe geschleudert, bald eine See-, bald eine Landschlacht, bald wieder eine mythologische Pantomime gegeben ward; ja, die vielen wilden Thiere machten ganz andere Vorrichtungen erforderlich, als sie unsere Theater haben, wo höchstens einmal ein Hündchen oder ein lammfrommes Pferd lebendig auf die Bühne gebracht wird: der Unterraum der Arena musste eine ungeheure Menagerie vorstellen. Da liefen schräg ansteigend bald in geraden, bald in Schraubenlinien gemauerte Gänge hin, auf denen die Elephanten, die Rhinocerosse und ähnliche verständige Thiere heraufgetrieben wurden; da lagen bei den Fundamenten des innersten Mauerringes Kammern und Käfige für die reissenden; durch einen einfachen Mechanismus wurden die letzteren sammt ihren Behältern emporgeschnellt, und in demselben Momente sprang die Thüre des Käfigs auf, worauf der Jäger (Venator) das Thier reizte herauszukommen und entweder

Der Triumphbogen des Constantin.

den Kampf mit ihm selber und seinen Hunden oder mit den Verurtheilten aufzunehmen, die sich von ihnen zerfleischen lassen sollten: Christiani ad leones! Christiani ad belluas! — Man begreift nicht recht, wie sich die Zuschauer auf dem Podium, das nur etwa drei Meter über der Arena erhaben gewesen zu sein scheint, trotz aller Gräben, Netze und Scheuchen sicher fühlen konnten; ein wüthender Löwe überspringt wohl die grössten Hindernisse. Man muss annehmen, dass sich das damalige Geschlecht überhaupt weniger vor Katzen fürchtete, die der Kaiser gelegentlich selbst zu Dutzenden erlegte.

IV.

Die Geschichte des Colosseums ist im Allgemeinen die aller grossen römischen Ruinen: erst Zerstörung durch Feindeshand, dann Fortification durch die fehdelustigen Barone, dann rücksichtslose Ausbeutung zu finanziellen Zwecken, dann kirchliche Heiligung, endlich Ausgrabung und sorgfältige Erhaltung des Uebriggebliebenen durch die Archaeologie.

Von feindlicher Zerstörung ist nicht viel zu vermelden, erst als Guiscard's Normannen Rom 1084 verwüsteten, scheint das Colosseum in dieser Beziehung gelitten zu haben; wohl aber Einiges von Zerstörung durch Naturgewalten. Als unter Macrinus die Vulcanalien, das Hauptfest des Feuergottes, in ihm begangen wurden, fiel der Blitz darauf, und die obere Gallerie, an der vieles Holzwerk war, sowie die Stufen verbrannten; unter Elagabalus und Alexander Severus wurde der Schaden geheilt, so dass unter Philippus Arabs im Jahre 248 das tausendjährige Jubiläum der Stadt mit nie gesehener Pracht im Colosseum gefeiert werden konnte. So erblickte es vielleicht noch Karl der Grosse in seiner ursprünglichen Herrlichkeit, und erst sehr viel später, am 1. Juni 1231, stürzte wieder ein beträchtlicher Theil bei einem Erdbeben ein. Diese Erdbeben wiederholten sich noch oft, jedesmal ein paar Blöcke wie Felsstücke niederreissend, aber das Ganze nicht bezwingend. Inzwischen hatte das Christenthum von oben herab zur Abschaffung der Fechterspiele hingedrängt, namentlich seitdem einmal ein fanatischer Mönch, Telemachos, der in heiliger Entrüstung unter die Kämpfenden sprang, von dem unwilligen Volke zerrissen worden war (405); nur Thierhetzen fanden noch immer im Colosseum statt, besonders scheint es fort und fort zu Stiergefechten benutzt worden zu sein, welche sich, ursprünglich in Thessalien einheimisch, als Reste der amphitheatralischen Vorstellungen bis in unsere Zeiten erhalten haben, welche auch in Italien local bis vor ungefähr fünfundzwanzig Jahren üblich gewesen, hier aber meist aus den Amphitheatern in die Ballhäuser verlegt worden sind. Berühmt ist ein glänzendes Stiergefecht, welches der römische Adel am 3. September 1332 im Colosseum gab, wo die Sitzreihen abermals mit schönen Frauen bevölkert waren, die edelsten Ritter nach mittelalterlich-römischer Weise als ihre Horatius', ihre Aeneas', ihre Tarquinius' auftraten und achtzehn Matadore den Tod gefunden haben sollen.

Daneben aber war das Colosseum in den Fehden desselben Adels eine der Hauptfestungen der Stadt geworden und hatte bald den Frangipani, bald den Anibaldi als Donjon dienen müssen. Als die Ritter heraus waren, zogen die Industrieritter ein: es ward eine Räuberhöhle, welche die Brüder der Capelle Sancta Sanctorum säuberten; zur Belohnung erhielt diese Brüderschaft, deren marmornes Wappen, das Bild Christi zwischen zwei Leuchtern, noch heute an einem der innern Bögen zu sehen ist, den dritten Theil des Gebäudes vom Municipium geschenkt; sie legte ein Hospital darin an. Im Uebrigen wurde das Colosseum von jetzt ab allgemein, namentlich während des Aufenthalts der Päpste in Avignon, als Steingrube benutzt.

Drei der schönsten und grössten römischen Paläste, der Palazzo di Venezia, della Cancelleria und Farnese sind sämmtlich mit Steinen vom Colosseum erbaut und gleichsam Geburten, die

10

dieser mächtige Organismus von sich abstiess, während in einem andern Winkel Kalk gebrannt, in noch einem andern eine Salpeterplantage, abermals in einem andern eine Tuchfabrik angelegt ward. Damals mögen auch die vielen Löcher in den Mauern des Colosseums entstanden sein, indem man die metallenen Klammern zwischen den Quadern entwendete; einige darunter sind wohl gewöhnliche Rüstlöcher, deren Verstuckung ausgefallen ist, wie man sie an allen alten Gebäuden findet.

Benedict XIV. im vorigen Jahrhundert setzte der barbarischen Zerstörung zum ersten Mal ein Ziel. Schon längst waren auf dem durch das Blut so vieler Märtyrer geheiligten Boden Charfreitags Passionsspiele aufgeführt worden, an welche noch eine Ansicht Jerusalems an einem inneren Bogen erinnert; ja, Nonnen und Büsserinnen nach Art der heiligen Wiborad hatten sich hier als „Reclausae" einmauern lassen. Jener Papst machte nun einen wirklichen Kalvarienberg daraus, er verwandelte die Arena in eine Via Crucis, wo der Leidensweg des Erlösers mit seinen vierzehn Stationen abgebildet war, und vor das in der Mitte aufgepflanzte Kreuz setzte er eine Kanzel, wo jeden Freitag ein Kapuziner zum Schlusse der Andacht eine Predigt halten musste. Noch jetzt werden sich Viele dieser charakteristischen Predigten erinnern, die, seitdem die Stationen 1874 wieder entfernt wurden, gleichfalls verklungen sind; die Wegnahme dieser Kapellen ist bezeichnend für die allgemeine Entheiligung und Entzauberung, die das nüchterne Italien über Rom und über das Colosseum, Rom's Symbol, gebracht hat, und geht neben der tölpelhaften Ausrottung der vierhundertzwanzig Nummern starken Flora, welche diese Trümmer belebte, her.

Mit Pius VII. und Napoleon begann die Zeit der Restauration. Die äussere Mauer gegen den Lateran drohte den Einsturz: ein mächtiger, anspruchsloser Strebepfeiler verhütete ihn noch gerade zur rechten Zeit. Einige Jahre darauf wurde der antike Boden um das Colosseum blossgelegt, noch ein paar Jahre später in der Arena gegraben, deren unterirdische Anlagen man auffand. Auch unter den nachfolgenden Päpsten war man ununterbrochen damit beschäftigt, die bedrohten Theile zu sichern und die schadhaften Stellen auszubessern; nur die Arena ward wiederum begraben und vergessen. 1874 ging man abermals daran, sie und was darunter lag von Schutt und Erde zu räumen, wobei Säulenbruchstücke, Marmorplatten und andere Fragmente zum Vorschein kamen; ja, gegenwärtig ist die Hälfte sämmtlicher innerer Substructionen aufgedeckt. Aber das sich ansammelnde Wasser und die Schwierigkeit, demselben einen Abfluss zu schaffen, werden wohl die abermalige Zuschüttung veranlassen, wenn man nicht durch die Ausgrabung das Colosseum wieder zu dem machen will, was es gewesen ist — ein See.

V.

Neben dem Colosseum steht, am Eingange in die Schlucht zwischen Caelius und Palatin und auf der Mündung der letzteren in das Thal des Colosseums, der Triumphbogen Constantin's des Grossen, die alte hier durchgehende Triumphalstrasse überspannend.

Unter allen römischen Triumphbogen ist dies der besterhaltene, zugleich wenn nicht der schönste, so doch der grossartigste und prächtigste, daher ihn Friedrich von Gärtner bei der Erbauung des münchener Siegesthores speciell zum Muster genommen hat. Er wurde dem Kaiser von Senat und Volk gewidmet, weil er nach Gottes Rath und durch Geistes Kraft mit seinem Heere in gerechtem Kriege den Staat an dem Tyrannen und an dessen Partei gerächt hatte:

IMP·CAES·FL·CONSTANTINO·MAXIMO
P(IO)·F(ELICI)·AUGUSTO·S·P·Q·R·
QUOD·INSTINCTU·DIVINITATIS·MENTIS
MAGNITUDINE·CUM·EXERCITU·SUO
TAM·DE·TYRANNO·QUAM·DE·OMNI·EIUS
FACTIONE·UNO·TEMPORE·IUSTIS
REMPUBLICAM·ULTUS·EST·ARMIS
ARCUM·TRIUMPHIS·INSIGNEM·DICAVIT·

Gemeint ist der welthistorische Sieg, welchen Constantin am 27. Oct. 312 bei Saxa Rubra am Pons Milvius über seinen Gegenkaiser Maxentius erfocht, und dessen meisterhafte Darstellung wir im Vatican in der Sala di Costantino wiederfinden werden. Statt „Instinctu Divinitatis" soll es ursprünglich „Nutu J(ovis) O(ptimi) M(aximi)" geheissen haben, und jener Ausdruck erst durch die Christen hineincorrigirt worden sein. War es doch auf diesem Zuge gewesen, dass dem Constantin nach einer berühmten Legende unter der Sonne ein flammendes Kreuz mit der Unterschrift erschien, die ihm unter diesem Feldzeichen den Sieg verhiess (*Ἐν Τούτῳ Νίκα*; In Hoc Signo Vinces[1]); und dass er die Kriegsfahne, das Labarum, gleich den Schilden der Soldaten mit dem Kreuze bezeichnen liess.

Beim Bau dieses Monumentes hatten sich Senat und Volk an die Muster der älteren Triumphbogen und zwar an die zuletzt errichteten gehalten, die nicht nur mit Säulen und Sculpturen überreich geschmückt, sondern auch, wie der des Septimius Severus, mit drei Durchgängen statt des ursprünglichen einen versehen waren: einem grösseren in der Mitte und zwei kleineren zu beiden Seiten. Jener ist 11,5 m, diese sind 7,5 m hoch. Aber Senat und Volk copierten nicht nur die alten Bogen, sie machten die neuen auch buchstäblich aus den alten, und wie Kinder, die mit dem Baukasten spielen, rissen sie ihre Kunstwerke nur ein, um sie anderwärts wieder aufzusetzen. Der Bogen, den sie einrissen und den sie in den constantinischen verbauten, war ein Triumphbogen Trajans, der am Eingang des Trajansforums stand; so lächerlich, ja, so unglaublich es klingt, sie nahmen nicht nur die Materialien und die architectonischen Zierraten, sondern sogar die Basreliefs, als ob dieselben gar keinen Sinn gehabt hätten, zum grossen Theil von diesem Monumente, das ihnen vielleicht deshalb entbehrlich schien, weil das Andenken Trajan's schon ein anderer Bogen verewigte. Nun bei der Architectur kann es uns nicht viel verschlagen, welchem Zeitalter sie angehört, ob zum Beispiel die vier korinthischen Säulen an den beiden Fronten, alle mit einer einzigen Ausnahme von Giallo antico, durch welche die drei Thore gleichsam eingerahmt werden, neu sind oder nicht. Aber die Sculpturen müssen wir in zwei ganz verschiedene Gruppen sondern, je nachdem sie sich auf die Thaten des Trajan oder des Constantin beziehen — nämlich auf die letzteren nur ein verschwindend kleiner Theil, der Bogen trägt den Namen Constantin's des Grossen, aber das Kleid und die Farben des Optimus Trajanus.

A. Darstellungen aus der Geschichte des Trajan:

1. Acht oblonge Reliefs, welche in die Attika eingelassen sind. Je zwei sind zu einer Tafel vereinigt, an deren Seiten Statuen gefangener Dacier gleichsam Wache stehen.
   a. nördliche Front oder Colosseumseite, von links ab:
      α. Trajan zieht, von der Roma geführt, von der Gnade (Clementia) und der Erntegöttin (Annona) begleitet, sieggekrönt, nach dem ersten dacischen Kriege durch die Porta Capena in die Stadt ein.

[1]) Häufig wird aus den Anfangsbuchstaben der drei ersten Wörter dieses Satzes die bekannte Sigle erklärt, die man über den Professhäusern der Jesuiten sieht: I. H. S. Dies ist jedoch nur ein zufälliges Zusammentreffen; I. H. S. sind die drei ersten Buchstaben des Namens *ΙΗΣΟΥΣ* (Jesus), wie ☧ die zwei ersten des Namens *ΧΡΙΣΤΟΣ* (Christus). Lateinisch transcribirt hätten sie eigentlich I. E. S. lauten müssen, aber aus Unwissenheit beliess man den zweiten Buchstaben, weil er einem lateinischen (H) glich, auch in der lateinischen Schrift. Die Sigle stammt noch aus der Zeit, wo man sich scheute Christus leiblich abzubilden.

Dacien ist ungefähr mit der heutigen Moldau und Walachei identisch. Der Kaiser fährt nicht, sondern geht zu Fuss, von seiner Frau Pompeja Plotina begleitet, war er schon bei seiner Thronbesteigung, als er von Köln kam, eingezogen.

β. Trajan verlängerte die Appische Strasse, die ursprünglich nur bis Capua ging, bis nach Brundusium, dem Ueberfahrtsorte nach Griechenland (109 n. Chr.) Diese Strasse ist unter dem Bilde einer liegenden Frau vorgestellt, welche den linken Arm auf ein Rad stützt, den rechten gegen den Kaiser erhebt. Neben diesem stehen zwei Männer, welche der in jener Epoche ungewöhnliche Bart als griechische Philosophen kennzeichnet. Vielleicht sind es Wegebaumeister und heisst der eine Apollodor.

γ. Trajan stiftet, auf den Rostris stehend, Alimente für Waisen und für Kinder dürftiger freier Eltern.

δ. Trajan entsetzt, auf dem Suggestum stehend, den Parthamasiris, dem sein Onkel Arsakes XXV. die armenische Krone verschaffen wollte (115 n. Chr).

b. südliche Front, welche auf unserer Tafel abgebildet ist. Hier sieht man von links nach rechts folgende Scenen:

α. Trajan verleiht, auf einer Tribüne (suggestum) stehend und von seinen Truppen mit ihren Feldzeichen (signa militaria) umgeben, zu Ktesiphon dem armenischen Prinzen Parthamaspates die armenische Krone (116).

β. Trajan verhört in derselben Weise zwei des Hochverraths angeklagte Dacier, welche von Soldaten vorgeführt werden. Das gekrümmte Instrument rechts ist wahrscheinlich ein Augurenstab (lituus)

γ. Trajan hält, abermals auf dem Suggestum stehend, eine Ansprache an das Heer (Allocutio).

δ. Trajan bringt für sein Heer das feierliche Opfer der Suovetaurilien dar. Im Hintergrunde bemerkt man ausser zwei Feldzeichen auch zwei Fahnen (vexilla).

2. acht runde Reliefs unter den oblongen.

a. nördliche Front oder Colosseumseite:

α. Trajan zu Pferde auf der Jagd.

β. Trajan opfert dem Apollo.

γ. Trajan vor einem erlegten Löwen.

δ. Trajan opfert dem Mars.

b. südliche Front, die auf unserer Tafel abgebildet ist:

α. Trajan zieht auf die Jagd.

β. Trajan opfert dem Hercules.

γ. Trajan zu Pferde einen Bären erlegend.

δ. Trajan opfert der Diana.

3. Zwei ausgezeichnete Reliefs an den beiden Schmalseiten der Attica, jedes aus einem einzigen Stück Marmor gearbeitet und eine Dacierschlacht darstellend.

4. Zwei Reliefs im mittleren Durchgang.

α. Barbaren flehen den zu Pferde sitzenden Trajan um Gnade an. Darüber steht, auf Constantin bezüglich: Liberatori urbis.

β. Trajan wird von der Siegesgöttin gekrönt. Darüber: Fundatori quietis.

B. Darstellungen aus der Geschichte Constantins:

1. Vier Victorien und die Genien der vier Jahreszeiten in den Zwickeln des Mittelbogens, Flussgötter und Nymphen in denen der Seitenbogen; den Schlüssel des Mittelbogens bildet eine Roma.

2. Die Reliefs, welche sich als Friese über den Seitenbogen hinziehen.

a. nördliche Front.

α. Constantin hält vom Tribunal herab eine Ansprache (Allocutio) an das Volk.

β. Constantin macht dem Volke eine Geldspende (congiarium). Der Geber sitzt auf einer Tribüne (suggestum); die Empfänger treten einer um den andern vor und erhalten eine Anweisung (tessera) auf eine bestimmte Summe, welche Anweisung dann dem Vorzeiger in den kaiserlichen Kassen ausgezahlt ward. Bisweilen wurden diese Anweisungen auch aufs Gerathewohl unter die Menge ausgeworfen; dann nannte man sie Missilia. Tiberius schenkte jedem Bürger 300 Denare (ungefähr 246 Mark) als Congiarium, Caligula zweimal 300 Sesterzen (ungefähr 25 Mark), Nero 400 (ungefähr 33 Mark). Daneben blieben aber immer auch noch Schenkungen von Lebensmitteln in natura üblich, worin die Congiaria ursprünglich bestanden hatten; z. B. theilte Hadrian wieder Provisionen, Aurelian Kuchen von 700 Gramm Gewicht, Brod, Wein und Schweinefleisch aus. Einige führen auf diese Congiaria die unter dem Namen Cocagna bekannte Volkslustbarkeit zurück

Der Aventin.

b. südliche Front.

α. Belagerung der Stadt Segusio (Susa)

β. Schlacht am Pons Milvius

c. Schmalseiten: Triumphzüge Constantins und seines Sohnes Crispus. Ebendaselbst zwei Medaillons mit Sonne und Mond, Sinnbildern der Ewigkeit.

3. Die Reliefs an den Säulenstuhlen, welche Siegesgöttinnen, Soldaten und gefangene Barbaren, sowie die acht Brustbilder in den beiden Seitendurchgängen, welche Glieder der Familie Constantins darstellen.

Man kann dieses Denkmal so gut wie den Severusbogen besteigen, doch sieht man von dem Triumphwagen, der es wahrscheinlich krönte, keine Spur. Im Mittelalter wurde es mit dem Titusbogen und dem Colosseum in die grosse frangipanische Burg verbaut, in deren Trümmern es Jahrhunderte lang verschüttet liegen mochte. Im Jahre 1804 ward der Bogen ausgegraben und bei dieser Gelegenheit das Pflaster der Via triumphalis, welche vom Circus maximus in gerader Linie durch ihn hindurchging, wieder entdeckt.

Die südlichen Thäler der Stadt.

Thal zwischen Palatin und Caelius — zwischen Palatin und Aventin — zwischen Caelius und Aventin — zwischen Aventin und Testaceus — zwischen Palatin, Capitol und der Tiber.

I.

Während wir hier unten am Bogen Constantins verweilen, öffnet sich daroben ein anderes Siegesthor: Flammend springen die Pforten des Ostens auf, Frühroth färbt den Schnee der Lionessa, und, angethan mit Purpur, tritt der junge Morgen durch das himmlische Portal — es ist der ewige, tägliche Triumphzug, den der Vater des Lebens unter dem Jauchzen der Creatur über die entweichenden Schatten hält.

Hohe Sonne, die du des italienischen Tages glanzreiche Gegenwart bringst und wegnimmst, und, eine andere und doch die alte, nach dem prophetischen Gebete des entzückten Dichters, nichts Grösseres schaust denn Rom — deine irdischen Abbilder zerfallen und zerstieben, und der eherne Koloss, dessen goldstrahlendes Haupt dein glorreiches Licht nachäffte, stürzt ohnmächtig zusammen und sinkt blindlings in dumpfe Vergessenheit zurück. Du allein alterst und stirbst nicht, o grosser Triumphator. Du schirrst deine Rosse und lenkst sie mit Götterhänden über die Flur des Himmels wie vor grauen Jahrtausenden. Ein ewiger Rosengarten entbrennt unter ihren Hufen, und mit feuerblühenden Rosen kränzest du deine Locken, unauslöschlichen, unvergänglichen, unverwelklichen! —

O, welche Seligkeit, dieses wunderbaren Frühlichts zu geniessen, das in Safranfarben um alle Bäume und um alle Steine spielt, in dem das alte Rom abermals wiedergeboren wird, und dessen Andenken in unserer Seele fortleuchtet wie ein erschienener Geist! Welche Erquickung, welch höhere Wonne, an einem solchen Morgen ungebunden durch diese feierlichen Thäler, um diese Hügel zu schweifen, wo nichts die süsse, träumerische Ruhe und die schöne Sammlung des Geistes unterbricht! Denn einsamer und stiller ist kaum eine Gegend der Stadt als die, welche wir betreten. Klagend singt hier im Lenz die Nachtigall, und wenn die Hochsommerhitze unter dem harzigen Pinienbaldachine brütet, zirpt traut und heimlich in den Zweigen die Grille des Anakreon. Was einst zur Zeit der Päpste mehr oder weniger ganz Rom der Menschheit gewesen

10

ist — eine Stätte der Andacht, der frommen Einkehr in sich selbst und der inneren Beschauung, das findet sie noch in den Weinbergen und Gärten der südlicheren Hügel, in den Landhäusern des Caelius, in den Einöden des Circus Maximus, in den Klöstern des Aventin und auf der appischen Strasse, dem grossen Kirchhof der alten Römerwelt. Die Ruhe eines Kirchhofs, wie man sie oft genannt hat, aber eines schönen, eines beneidenswerthen Kirchhofs, jenes Kirchhofs, auf den Giuseppe Giusti in einer Erwiderung an Lamartine die ironischen Strophen gedichtet hat:

Italienisch:	Deutsch:
Veglia sul monumento	Es geht wohl ob dem Grabe
Perpetuo lume il sole	Eine brennende Fackel auf;
E fa da torcia al vento;	Den Todten blühn zur Labe
Le rose, le viole,	Levkojen und Rosen zu Hauf,
I pampani, gli olivi	Die Olivenbäume, die Reben,
Son simbolo di pianto —	Sie zeugen von Gram und Leide —
O che bel Campo Santo	O Friedhof, Friedhof zum Neide
Da far invidia a' vivi!	Den Lebendigen gegeben!

Die Strasse, welche vom Constantinsbogen zwischen Palatin und Caelius hin bis zu der Gregor dem Grossen geweihten Kirche, seinem einstigen Vaterhause führt, ist nachts ganz unbetreten, stockfinster, beinahe unheimlich; wer spät Abends aus der gastlichen Villa Celimontana in die Stadt zurückkehrt und sie zu Fuss passiren muss, dem wird wohl eine Waffe, oder wenigstens ein gehöriger Knüttel mitgegeben, damit er sich der Räuber und der hier umgehenden Gespenster erwehren könne. In der That war der Caelius bereits in alter Zeit, obwohl damals einer der bevölkertsten und glänzendsten Stadttheile, durch seine kreischenden Nachtvögel verrufen; auf ihm stand ein Tempel der Nymphe Carna, der Geliebten des Janus, welche vom Volke um Schutz gegen die „Striges" angerufen ward. Man versteht darunter geflügelte alte Weiber, die sich unsichtbar durch die Luft schwingen und namentlich mit vampyrartiger Gier, um ihnen das Blut auszusaugen, auf die unschuldigen Kindlein stürzen. Der Glaube an diese Unholdinnen, zu welchem die phantastische Erscheinung der Ohreulen (striges) Veranlassung gegeben hat, ist ein allgemeiner, nicht blos in Italien, sondern im ganzen Orient, besonders aber in Griechenland verbreiteter; und hat in beiden Ländern das Heidenthum überlebt. Das Hauptfest der Carna, an welchem der Familienvater der guten Göttin die Kinder anempfahl, eine zweijährige Sau opferte, die Hausthüren dreimal mit Zweigen des Erdbeerbaumes schlug und sein ganzes Grundstück mit Wasser reinigte, fiel in den Monat Juni, auf die Zeit der Sommersonnenwende, den nachmaligen Johannistag. Nun noch heute wird in der Mittsommernacht in Rom auf dem benachbarten Lateranplatz ein Volksfest abgehalten, bei dem man Knoblauchdolden und Lavendelblüten in der Hand trägt, um mit ihnen die bösen Geister zu vertreiben; noch heute stellt die Trasteverinerin am Johannisabend eine volle Salzmeste vor die Hausthür und legt zwei Besen kreuzweis daneben, damit die „Streghe", die erst alle Salzkörner und alle Besenreiser zählen müssen, nicht herein zu den schlafenden Kindern können. Allerdings hat sich in Italien aus der fabelhaften Strega allmählich der realere Begriff einer gewöhnlichen Hexe entwickelt, so dass die alte Eule schliesslich zu einer wirklichen alten Frau geworden ist. Analog hat der Italiener für eine Coquette den Ausdruck Käuzchen, weil dieses bekanntlich zum Vogelfange dient (Civetta).

Jetzt, wo es Tag ist, haben wir jene unheimlichen Gäste nicht zu fürchten: das Licht der Sonne hat sie längst in ihre Höhlen zurückgescheucht. Herrlich, gleich unersteiglichen Schroffen ragen rechts von uns die Kaiserpaläste in die klaren Lüfte; auf der Höhe ihres Kammes recken die Palmen des Franciskanerklosters, von herabhängenden Fruchttrauben gleich üppigen Locken umgeben, ihre schwanken Häupter, wie Fürstinnen, die aus einem Traum erwachen; während links von uns, am Abhang des Caelius, in dem von Napoleon I. angelegten Garten die Pinien und die immergrünen Eichen ihre Dächer wirthlich wölben, und die feuchte Wiese im Schmucke von Millionen Perlen frisch erglänzt. Bald erblicken wir oberhalb derselben, in dieser mehr als ländlichen Einsamkeit, die malerische Gruppe von Gebäuden, welche die Rückseite der Kirche SS. Giovanni e Paolo mit ihrer zierlichen Tribüne, dem alten Glockenthurme und dem Kloster der Passionisten bildet, etwas näher am Wege die hohe Freitreppe von S. Gregorio; und zwischen beiden Kirchen, unter Ziegelbogen und Strebepfeilern hindurch, steigen wir den alten Stieg des Scaurus, den Clivus Scauri zum Caelius hinauf, wo sich beide Tempelberge in der Höhe von Villa Caelimontana vereinigen.

Der Bogen des Dolabella.

Der Caelische Hügel, so breit wie der Aventin und so hoch wie das Capitol (50 m), hiess ursprünglich von den ihn bedeckenden Eichen-Wäldern der Eichenberg (Mons Querquetulanus); seinen jetzigen Namen erhielt er von dem etruskischen Feldherrn Caeles Vibenna, der, den Römern gegen die Sabiner zu Hülfe geeilt, auf ihm sein Lager aufschlug. Tullus Hostilius zog ihn zur Stadt, da er die Bewohner des zerstörten Alba dahin verpflanzte; unter Augustus machte der Berg den Haupttheil der zweiten Region aus, die von ihm Caelimontana oder Caelimontium genannt ward. Daher verlegte auch Augustus eine Scharwache auf den Caelius, nämlich die fünfte der sieben „Cohortes Vigilum", welche die nächtliche Polizei handhabten; die Wachtstube der siebenten ist vor etwa fünfzehn Jahren in Trastevere bei S. Crisogono aufgefunden worden; an die fünfte erinnern nur noch zwei monumentale Namensverzeichnisse (Vigilum Romanorum latercula duo Caelimontana), die, in Erz und Marmelstein gegraben und unter den immergrünen Eichen der Villa Celimontana aufgestellt, jedem modernen Nachtwächter den Muth erheben mögen. Diese „Vigiles," die unter dem Commando des Nachtwachtmeisters (nyctostrategus) standen, sollten überhaupt die öffentliche Sicherheit in der Stadt während der Nacht aufrecht erhalten und die Bürger und ihr Eigenthum gegen Mord und Diebstahl schützen; speciell aber lag ihnen das

Feuerlöschwesen ob, und die sieben Wachtstuben waren zugleich sieben Feuermeldestellen, daher der antikisirende Römer seine Feuerwehr, die sonst sogenannten Pompieri (welche einmal der Kaiserin von Russland zu Ehren auf der Piazza del Popolo ein eigens dazu erbautes zweistöckiges Haus in Brand stecken und sammt den hineingesetzten Menschen und Thieren retten mussten) gern mit dem augusteischen Titel „Vigili" beehrt; der italienische Ausdruck „Guardia del fuoco" ist nur eine Uebersetzung der deutschen „Feuerwache." Ihre Caserne (Caserma de' Vigili) ist gegenwärtig im Marsfeld, an der Piazza Borghese; wachte das Auge des Gesetzes noch über dem Caelius, so könnten wir die Villa Celimontana des Abends unbesorgt verlassen, während wir auf die obengedachten Listen schwerlich mehr zählen können, trotzdem dass sie von einem jungen dänischen Gelehrten, Olaus Kellermann, herausgegeben worden sind.

Ausserdem ist bekannt, dass auf diesem Hügel die grosse Speisemarkthalle, das aussen von Colonnaden umgebene und von einer Kuppel (tholus) überwölbte Macellum magnum stand, in welchem man Lebensmittel aller Art, als Fleisch, Wildpret, Gemüse, Geflügel, aber nicht roh, sondern gekocht zu kaufen bekam, wo man auch bei grossen Gelegenheiten Köche engagirte, und das daher eine gewisse Aehnlichkeit mit einer Garküche oder einer pariser Rôtisserie gehabt haben muss; gegenwärtig versteht man zwar unter einem Macellaro einen Fleischer, aber im Alterthum hiess dieser Lanio. Eine zweite solche Markthalle, das Macellum livianum, war auf dem Esquilin. Man hat wohl die grossen, aus massivem Travertin gebauten Arcaden, die eine Seite des Bergs bekleiden, für Reste des Macellums angesehn, wie man sie ein andermal für Thierkäfige erklärt hat, die Dependenzen des Colosseums gewesen wären. Gegenwärtig erkennt man darin vielmehr Substructionen der Domus Vectiliana, welche Commodus bezog, um den Schlaf zu finden, der ihn in den Kaiserpalästen floh — eins der vielen glänzenden und vornehmen Privathäuser, mit denen der freie, der Campagna nähere Berg bedeckt war, und unter denen das des Mamurra, das der alten Familie der Lateraner und das Grossvaterhaus des hier geborenen und erzogenen Kaisers Marc Aurel unser Interesse namentlich erregt.

Etwas Nennenswerthes hat sich auch von diesen nicht erhalten: das von schönen Gartenanlagen umgebene Haus des Verus, wo der kaiserliche Philosoph seinen ersten Jugendtraum geträumt hat, würde man ebenso vergeblich suchen wie etwa das Schloss des Tullus Hostilius oder die „Mansiones Albanae", von deren Söllern die Weiber von Alba weinend auf das heimatliche Gebirg und das verlassene Paradies zurückgeschaut haben mögen. Die deutlichsten und unmittelbarsten Spuren des Alterthums stellen die herrlichen Bogen dar, auf welchen Nero einen Zweig der Aqua Claudia über den Caelius leitete (Arcus Neroniani), und auf die wir stossen, indem wir links in der von Mauern eingeschlossenen Strasse weitersteigen. Ihnen einverleibt finden wir einen andern, einfachen, selbständigen Bogen aus Travertin, welcher, laut Inschrift (P. Cornelius P. F. Dolabella C. Junius C. F. Silanus Flamen Martial. Coss. Ex. S. C. faciundum curaverunt Idemque probaverunt) von den Consuln Dolabella und Silanus aufgerichtet, kurzweg der Bogen des Dolabella heisst. Dolabella, soviel wie Hacke, ist ein mehrfach unter den Corneliern vorkommender Zuname, der bekannteste Träger desselben der Schwiegersohn Ciceros, Publius Cornelius Dolabella, ein kleines Persönchen, das, als es einmal mit einem langen Schwerte zum Schwiegervater kam, diesem Veranlassung zu der scherzhaften Frage gab, wo denn das Schwert mit dem Mann hinwolle. Dieser Dolabella war Consul und zwar im Jahre 44 v. Chr.; ebenso kennt man einen Consul Junius Silanus aus derselben Zeit. Doch wird die Erbauung des Bogens in das zwölfte Jahr n. Chr. gesetzt, und man hat um so weniger Grund, dem zu widersprechen, als seine Bestimmung vollständig unklar ist. Auf unserem Bilde sehen wir ihn rechts, links ist das Portal des Hospitals von S. Tommaso in formis mit dem Wappen der Trinitarier, auf das wir später zu sprechen kommen werden. Die nähere Bestimmung ‚in formis' wird wohl von dem Aquaeduct entlehnt

Das Caldarium der Caracalla-Thermen.

sein, da ‚forma' im Mittelalter Bogen, speciell Bogen einer Wasserleitung heisst. Uebrigens ist der Berg wie das angrenzende Thal unter der Porta Capena schon von Natur ausserordentlich quellenreich; ein Beispiel bietet die vom klarsten Wasser erfüllte Grotte, die noch im Umkreis der Villa Celimontana liegt, und in welcher man vielleicht, wenn nicht das Heiligthum der Nymphe Egeria, so doch die bei den Alten durch ihre eigenthümliche Kraft und Frische berühmte Aqua Mercurii wiedererkennen darf.

II.

Wir kehren nach dem kurzen Besuche, den wir dem Caelius abgestattet haben, wieder zu unserm Ausgangspunkt, auf die Piazza di San Gregorio zurück. Hinter derselben theilt sich die Strasse: rechts zieht sich, der Westseite des Palatins entlang und am östlichen Rande des Circus Maximus, dessen Thal an dieser Stelle halbkreisförmig abschliesst, die nach ihm benannte Via de' Cerchi hin; links geht zwischen Caelius und Aventin die baumbepflanzte Via di Porta San Sebastiano ab. Sie führt uns zu einem Thore; aber wir stehen bereits hier an einem alten Thore und an der Grenze des ehemaligen Weichbilds. Nämlich an der Porta Capena, dem Capuaner Thore, von welchem die Lateinische und die Appische Strasse auslief, die eben mit der obengenannten identisch ist. Zu diesem Thore zog Horaz hinaus, als er nach Brundusium reiste; vor demselben Thore ging Juvenal spazieren, als er den Trödeljuden begegnete. Es lag neueren Ausgrabungen zufolge in dem Weinberge von San Gregorio. Um das Vorkommen eines solchen Thores in der Stadt und vor einem zweiten zu begreifen, braucht man nur an andere grosse alte Städte wie Wien oder Paris zu denken, wo es ebenfalls in einer Reihe hintereinander mehrere, mit den Mauerringen veraltende Thore giebt: die innersten sind die ältesten, die äussersten die jüngsten. Die Porta Capena entspricht etwa dem Wiener Burgthor oder der pariser Porte St. Denis. Die erste Mauer Roms war die um den Palatinischen Berg gewesen, wo wir auch die ersten Thore gefunden haben; die zweite zog der König Servius Tullius, indem er das ganze, durch Hinzufügung fünfer Hügel vergrösserte städtische Gebiet mit einer Befestigung umgab; sie schloss nur den Aventin, auf dem Remus die unglücklichen Auspicien genommen hatte, nicht in sich; und unter den Thoren der Stadt des Servius, die sieben bis acht Kilometer im Umfang hatte, befand sich die Porta Capena am Caelius. Endlich einen dritten Gürtel bildete die Mauer des Kaisers Aurelian, die Rom in dem Umfange von nahe achtzehn Kilometern umgab, und in ihrer Linie, die wesentlich noch die der jetzigen Stadtmauer ist, lag die Porta Appia, die gegenwärtig Porta San Sebastiano heisst.

Welch ein Gewühl mag das einst an der Porta Capena gewesen sein, wo die wichtigste Strasse des alten Italien ihren Anfang nahm! Jetzt gehört diese Stätte, der frühere Richtplatz, zu den stillsten und einsamsten des alten Rom. Vom Palatin gähnen die weitläufigen Ruinen der Kaiserpaläste herab auf die wüste Rennbahn, wo der ewige Jude an den Gräbern seiner Landsleute trauernd sitzt und die darauf gelegten Steine überzählt, während der Bach Marrana träge auf der Sohle des Thals dahinschleicht. Grosse Schuttmassen gleiten rüfenenartig vom Aventin herab, den grünen Rasen erdrückend, der die amphiteatralischen Sitzreihen wieder überkleidet, wie damals als hier die ersten Römer gelagert waren und ihre Sabinerinnen raubten. Melancholisch klingen die Klosterglocken von S. Saba und von S. Sabina drein; durch das Schilfrohr flüstert es wie ein Memento mori; und neben uns geht ein Seiler in den Alleen der Sebastiansthorstrasse auf seiner Reperbahn bedächtig hinter sich und zieht seine Sache in die Länge.

Indem wir diesen Seiler, der wahrscheinlich noch dort steht und gleich einem Verdammten des Tartarus an seinem unendlichen Seil arbeitet, kreuzen und die Via di Porta S. Sebastiano zehn Minuten lang verfolgen, gelangen wir, die trübe Marrana überschreitend, zu den Thermen des Caracalla, welche, rechts von der Strasse, in der Weitung des Thales zwischen Caelius und Aventin, gelegen, die Landschaft umher beherrschen.

Die Thermen des Caracalla sind der prächtigste Bau des kaiserlichen Roms gewesen, und ihre Reste gehören zu den gewaltigsten der Stadt. Sie waren das Wunder der Folgezeit, welche nicht mehr einsah, wie man die Decken dieser ungeheuren Säle habe construiren können; eine Menge der berühmtesten Kunstwerke sind aus ihren Trümmern hervorgezogen worden, so namentlich alle Farnesischen: die Flora, der Hercules und die kolossale Marmorgruppe des Farnesischen Stiers; der ganze Gebäudecomplex hat den Umfang einer Meile; in den Thermen des Caracalla steckt ein gutes Stück altes Rom.

Was sind Thermen? Unter Thermen pflegt man warme Quellen (θέρμαι) zu verstehen. Es heisst: die Thermen von Karlsbad, die Thermen von Ragaz und Pfäfers, und so sprach man schon im Alterthum von den Thermae Himerenses in Sicilien, dem heutigen Termini, welches genau dasselbe wie das deutsche Warmbrunn und das slavische Teplitz ist. Zugleich begriff man darunter die natürlich damit verbundenen warmen Bäder; und endlich wandte man das Wort auch auf künstlich angelegte und auf die Gebäude an, die alles enthielten, was zu einer vollständigen Badeanstalt gehört: kalte und warme, Wasser- und Dampfbäder — wo sie dann im Laufe der Zeit mit Kursälen, Konversationszimmern, Bibliotheken, Ballhäusern, Reitbahnen, Promenaden, Gemäldegallerien und anderen Bedürfnissen einer reichen und luxuriösen Bevölkerung ausgestattet wurden; die Gegenwart würde noch Spielbänke, Billards, Journale, Bazare, Concerte und Rauchzimmer hinzuthun. Dergleichen Thermen, die mit den Kurhäusern der deutschen und den Casino's der italienischen Bäder eine täuschende Aehnlichkeit gehabt haben müssen und sich von ihnen nur dadurch unterschieden, dass sie natürliche warme Quellen nicht gerade zur Voraussetzung hatten, gab es im ganzen römischen Reiche, ja wir besitzen auf eigenem Grund und Boden ein vortreffliches Exemplar derselben, in dem der Diana des Schwarzwaldes (Dianae Abnobae) gewidmeten Römerbad von Badenweiler, wo jene Voraussetzung wirklich erfüllt war. Wenn die römischen Legionen ein Land eroberten, so wurden ihnen auch Bäder angelegt. In Rom selbst lassen sich noch drei beträchtliche Etablissements dieser Art nachweisen: die Thermen des Titus auf dem Esquilin, wo die Laocoongruppe gefunden ward, die Thermen Diocletians, welche einen Theil des Viminal und des Quirinal bedecken und von denen ein einziger Saal die zweitgrösste Kirche in Rom hergab, und die gegenwärtigen des Caracalla am Fusse des Aventin, auch nach seinem Kaisernamen Antoninus Antoninianae genannt, begonnen von Caracalla im Jahre 212 n. Chr., erweitert von seinem Nachfolger Heliogabalus im Jahr 218, und vollendet von dessen Nachfolger Alexander Severus im Jahr 222.

Die gesammte Anlage mass 330 m im Quadrat; das eigentliche Thermengebäude, welches innerhalb dieses Quadrates stand, war ein Oblongum und 220 m lang, 114 m breit. In der Mitte desselben lag im Kellergeschoss der grosse Ofen, der zunächst zur Luftheizung gebraucht ward: vom Ofenraum (hypocaustum) ausgehende Kanäle führten die erwärmte Luft in die oberen Räumlichkeiten. Ueber dem Ofen waren in ingeniöser, holzsparender Weise drei Kessel (ahena) übereinander angebracht: aus dem obersten (frigidarium) floss kaltes Wasser in den mittleren (tepidarium) und von hier, abgeschlagen, in den untersten (caldarium), um heiss zu werden. Aus jedem Kessel gingen Röhren, die mit silbernen Hähnen (epistomia) versehen waren, in die Bäder; der oberste erhielt sein Wasser aus einem Reservoir (castellum), das durch einen besonders dazu angelegten Aquaeduct (Aqua Marcia) gespeist ward. Die Einrichtung der Bäder selbst war ganz die der irisch-römischen,[1]) wie man sie in jeder grösseren Stadt und speciell im Oriente findet, und nur insofern vollkommener, als man weniger zu bezahlen brauchte.

Begleiten wir einen alten Titius oder Cajus in die Thermen des Caracalla. Durch eine leichte Bewegung vorbereitet, betritt er zuerst das Apodyterium, wo er sich gemächlich auf einem Stuhle auszieht, und die Sachen während seines Bades an dem hölzernen Haken hängen bleiben; es ist Reglement, dass er sie hier ablegt, damit er nichts stehlen und darunter verbergen kann. Dann begiebt er sich in das Tepidarium, einen Raum mit mässig trockener Wärme, wo er sich zur Vorbereitung auf die höhere Temparatur des nächsten Zimmers in lauwarmem Wasser badet und nebenbei mit Oel salbt, was er während der Operation noch öfters wiederholt. Demnächst lässt er sich frottiren und mit Striegeln (strigilibus) behandeln, welche die verbrauchte Oberhaut jedenfalls noch gründlicher beseitigten als die bei uns gewöhnlichen wollenen Fausthandschuhe; worauf er in das Caldarium geht, um entweder nur zu schwitzen oder auch das heisse Wasserbad, welches einen bedeutenden Temperaturgrad hat, zu versuchen. Dieses Caldarium, dessen Seitenwände hohl sind und dessen Fussboden auf kleinen Pfeilern ruht, schwebt gleichsam in der heissen Luft, die vom Hypocaustum ausströmt und es in allen Richtungen umfliesst. Hier wartet unser Cajus, bis der hervorbrechende Schweiss Tropfen zu bilden beginnt. Ist es ihm noch nicht

Der Bogen des Drusus.

[1]) Der sonderbare Name deutet an, dass wir die römischen Bäder, die doch seiner Zeit von den Römern selbst bei uns eingeführt worden sind, in neuerer Zeit auf einem ungeheuren Umwege wieder empfangen haben. Dieser Umweg ist folgender. Die Römer stellten ihre Thermen auch in Griechenland und in Constantinopel her; daselbst fanden sie die Türken vor, welche sie mit ihren religiösen Gebräuchen in Verbindung brachten und zur nationalen Sitte entwickelten. Vom Orient aus war ihr Andenken in Deutschland abermals, zur Zeit der Kreuzzüge, aufgefrischt, aber im 17. Jahrhundert wieder vergessen worden, als der Besuch der Wildbäder und der Mineralwässer als Vergnügungsorte aufkam. Erst vor zwanzig Jahren burgerten sich die Thermen zum dritten Male ein, als sie ein Engländer, Namens Urquhart, in der Turkei kennen lernte und ihre Anlage in Irland, in St.-Ann's-Hill bei Cork veranlasste (1856). Von hier gelangten sie nach Deutschland, allwo 1860 Dr. Luther in Nudersdorf bei Wittenberg das erste „irisch-römische Bad" gründete.

heiss genug, so zieht er eine metallene Klappe (clipeus) am Boden mittels einer Kette in die Höhe, um mehr Wärme hereinzulassen; und er setzt sich unter den Bänken, die amphitheatralisch an den Wänden herumlaufen, auf die oberste; von Zeit zu Zeit benetzt er sich mit dem kalten Wasser des flachen Beckens (labrum) in der Ecke; dann verweilt er wieder ruhig so lange, bis der Schweiss auf der Haut reichlich herabrieselt. Nun lässt er sich durch einen Sklaven vom Scheitel aus mit lauwarmem Wasser übergiessen und macht dann dass er in das Frigidarium kommt, um durch das kalte Bad in dem Bassin die erschlaffte Haut wieder zu stärken, worauf der Körper zum letzten Mal mit Oel gesalbt wird. Abgekühlt und gereinigt, kehrt er in das Zimmer zurück, in dem er sich ausgekleidet hat, und lässt sich auf ein bequemes Polster nieder, den narbenvollen Leib in behaglicher Ruhe zu recken und zu strecken. Hierdurch wird dem Ausbruche eines zweiten Schweisses vorgebeugt und seiner Haut der durch das starke Schwitzen einigermassen beeinträchtigte Tonus wiedergegeben. Endlich giebt er sich neugeboren den geistigen und materiellen Genüssen hin, die ihm im Umkreis der Thermen an allen Ecken und Enden geboten sind.

Unsere Tafel zeigt die grosse, von Fenstern durchbrochene Rotunde des Caldariums, deren Gewölbe eingestürzt ist; sie hat 50 m im Durchmesser und tritt buckelförmig aus der geraden Grundlinie des Parallelogramms heraus. So mag das Pantheon aus den Thermen des Agrippa herausgestanden haben, die wir auf dem Marsfelde finden werden. Die Bestimmung der Räume im Einzelnen ist schwierig und unsicher; man staunt über die riesenhaften Verhältnisse und über die noch überall sichtbare glänzende Ausstattung, ohne den deutlichen Einblick zu haben, den die kleineren Bäder zu Pompeji so überraschend gewähren.

Von den Caracallathermen kehren wir auf die Strasse zurück, die hier bereits zur Gräberstrasse wird: links, wo die Via della Ferratella abgeht, gleich hinter der Kirche von San Sisto, bemerken wir ein erstes Monument, welchem dann noch innerhalb der Stadt, nachdem abermals links die Via Latina abgezweigt ist, in den anstossenden Vignen, durch Cypressen bezeichnet, die Grüfte der Scipionen (Sepulcra Scipionum) und verschiedene Columbarien folgen. Die Römer hatten Gräber sowohl für einzelne Personen als auch für ganze Familien und Corporationen; auch errichteten mehrere Familien zusammen eine gemeinschaftliche Grabstätte (sepulcrum commune). Solche für eine oder mehrere Familien, meist unter der Erde erbaute Grabkammern bildeten längliche Vierecke und enthielten in ihren Wänden, auch wohl an besonderen Massiven in der Mitte, mehrere Reihen von Nischen übereinander, die, weil sie an einen Taubenschlag erinnerten, Columbaria hiessen und je zwei Aschenkrüge (ollae) gleich einem Nest aufnahmen. In Rom und anderen grossen Städten mochten auch dergleichen Columbarien auf öffentliche Kosten oder auf Speculation gegründet werden, wo sich dann minder Bemittelte einen Platz für eine Urne, eine Inschrift, ja selbst für eine Büste kaufen konnten. Nun diese Grüfte wurden vorzugsweise in der Nähe der Städte auf eigens dazu erworbenen Arealen längs der grossen Heerstrassen, in Rom zum Beispiel längs der Via Flaminia, der Via Latina und eben der Via Appia angelegt: die langen Reihen grossartiger Denkmäler, die ihren Saum auf beiden Seiten bildeten, gaben eigenthümlich schöne und imposante Strassenprospekte ab und forderten den hindurchgehenden Wanderer mehr als etwas zu ernsten Gedanken auf. Innerhalb der Mauern von Rom selbst bestattet zu werden, galt, abgesehen von dem alten Armenfriedhof am Esquilin, für eine hohe Ehre, die nur ausnahmsweise vom Senat ertheilt werden konnte; dergleichen Ehrengräber befanden sich zumal auf dem Marsfelde. Wenn wir also den grossen Friedhof schon hier beginnen sehen, so dürfen wir nicht vergessen, dass diese Gegend ausserhalb der Porta Capena lag und erst von Aurelian im dritten Jahrhundert n. Chr. zur Stadt gezogen ward.

Unmittelbar vor dem Thore und gleichsam ein Vorthor bildend, erhebt sich als das letzte

Aqua Claudia.

Monument im Weichbilde der Stadt der Bogen, welcher dem Drusus Claudius Nero, dem Besieger der Germanen (Germanicus) errichtet wurde. Der Stiefsohn des Kaisers Augustus, der diesem von der Livia drei Monate nach seiner Hochzeit geboren ward (*τοῖς εὐτυχοῦσι καὶ τρίμηνα παιδία*) war tiefer ins Innere von Germanien denn irgend ein Römer eingedrungen, als er plötzlich an den Ufern der Elbe stehen blieb. Durch die Erscheinung eines erhabenen Weibes bewogen, das ihm in heimatlichen Accenten sein nahes Ende geweissagt, trat er, wie es heisst, den Rückzug an, auf welchem er, noch ehe er den Rhein erreicht hatte, infolge eines Sturzes vom Pferde, starb. Das Andenken seiner Siege feiert eine der schönsten Oden des Horaz (IV, 4) und dieser Triumphbogen, der, aus Travertinquadern erbaut, mit weissem Marmor bekleidet und von je zwei Säulen afrikanischen Marmors flankiert, später zum Träger des von Caracalla in seine Thermen geführten Zweiges der Aqua Marcia ausersehen und mit einer Kruste von Mauerwerk bedeckt ward.

Das Thor selbst, noch im Mittelalter Porta Appia genannt, besteht, gleich dem viereckigen Unterbau der beiden mittelalterlichen Thürme, aus grossen weissen Marmorquadern, die wahrscheinlich von den Denkmälern in der Nähe hergenommen sind.

Die Via Appia.

III.

Die appische Strasse führt anfangs ziemlich trostlos zwischen Weinbergen hin, die von hohen, beengenden Mauern eingefriedigt sind. Sie senkt sich den alten Clivus Martis hinunter, der von einem vormals hier stehenden Marstempel den Namen hat, läuft dann unter der Maremmenbahn hindurch und überschreitet den Bach Almo, in welchem die Statue der Cybele (wie später das Bildniss des Heilands auf dem Forum) alljährlich abgewaschen ward. Aber je weiter man kommt, um so schöner wird die Aussicht, um so grossartiger die ganze Scenerie, bis wir zuletzt in eine Landschaft von wahrhaft erhabenem Stil eintreten. Das alte polygonale Pflaster der Königin der Strassen, einem bis hierher geflossenen Lavastrom entnommen, kommt zu Tage; gerade vor uns die herrliche vulkanische Gebirgsgruppe von Albano, über welche der Weg nach den Pontinischen Sümpfen und nach dem glücklichen Campanien weitergeht; rings um uns ein unabsehbares, undulirendes Land, eine Steppe ohne Anbau grün, durch die der berittene Hirte mit eingelegter Lanze gleich einem Wüstenkönig jagt, während die fieberkranken Knechte von dem nahen Pachthof die ärmliche Osterie bevölkern und eine Winzerfamilie in irgend einer formlosen, epheuumrankten Ruine Schutz sucht. Links unten in mächtiger, hier und da unterbrochener Continuation die ehrwürdigen Bogenreihen der Aqua Marcia und der (zum Theil in die moderne Felice verwandelten) Aqua Claudia, an die Viaducte unserer Zeit errinnernd; die Strasse dicht und meilenweit mit Denkmälern besetzt, unter denen Alles ruht, was Rom an Feldherrn, Staatsmännern, Rednern Grosses gehabt hat, und die mit ihren Reliefs, mit ihren Inschriften eingehendster Betrachtung werth sind; eine erstaunliche Fülle bedeutender Reminiscenzen überall. Um uns dieselben einigermassen zu ordnen und anschaulicher zu machen, wollen wir versuchen, sie auf die Häupter dreier alten Römer zu concentriren, die zu verschiedenen Zeiten und in verschiedener Absicht, aber auf derselben Strasse mit uns zum Thor und in die Campagna hinausgegangen sind und die uns als Wegweiser zu den typischen Stellen derselben dienen.

Diese drei alten Römer sind: der fromme König Numa, der reiche Crassus und der Kaiser Maxentius.

Der erste besucht nächtlicherweile seine Freundin, die Nymphe Egeria; der zweite besucht das Grab seiner Gemahlin, der Caecilia Metella; der dritte besucht den neuen Circus, den er seinem frühverstorbenen Sohne Romulus zu Ehren errichtet hat, wie ein Anderer auf dem Sarge seines Kindes die circensischen Spiele selbst abbilden lässt, weil das menschliche Leben schneller dahin eilt als Räder am Wagen.

Die Grotte der Egeria.

Schlägt man hinter der Kirche Dominequovadis bei einer kleinen Kapelle den Feldweg links ein, und wendet man sich dann, auf der Wiese abermals links hinunter nach der Mühle, so stösst man auf ein kleines antikes Bauwerk, der Tempel des Deus Rediculus genannt. Obgleich es das nicht, vielmehr ein Grab aus Hadrians Zeit ist, so bietet doch diese Benennung einen willkommenen Anhalt, um sich den Wendepunkt in der Geschichte des zweiten punischen Krieges daran zu merken. Im Jahre 211 suchte Hannibal das belagerte Capua vergebens durch einen Marsch gegen Rom zu retten: er musste umkehren (redire) und dem Gotte, der ihn zu dieser Umkehr veranlasste, (Deo Rediculo) bauten die Römer vor der Porta Capena einen Tempel. Nun, als die späten Enkel den Ort suchten, wo der Schreckliche mit seinem Heere gelagert hatte, fanden sie keinen passenderen als den grossen Krater auf der Höhe des Albanergebirgs, der daher noch heute Hannibals Lager (Campo d'Annibale) genannt wird; und für den Tempel erklärten sie das ebenerwähnte Grabmal. Aber unmittelbar daneben localisirten sie ein noch viel älteres Ereigniss, suchten sie ein noch interessanteres Heiligthum und zwar ebenfalls mit einer Kühnheit, die ohne grosse kritische Sorgfalt zugreift, der wir nichts desto weniger ein neues Stück Poesie verdanken.

Der weise und gerechte König, der den neugegründeten Staat durch die Religion und durch friedliche Institutionen befestigte, wurde von der Sage nicht nur zu einem Schüler des Pythagoras gemacht, sondern auch in ein Verhältniss gesetzt, welches einen gewissen modernen romantischen Charakter und die schwärmerische Verehrung der Frauen, ja den Glauben an ihre Inspiration zur Voraussetzung hat. Numa Pompilius besass eine Freundin in der Nymphe Egeria wie Pericles in der Aspasia oder wie Augustus in der Livia, eine Freundin, mit der er alle wichtigen Fragen durchsprach; wenigstens gab er aus Klugheit vor sie zu besitzen und seine Gesetze à la Moses und à la Mohammed von ihr offenbart zu erhalten. Schon als Jüngling übernachtete er gern bei Mutter Grün in der Campagna und in heiligen Hainen, wo er des Umgangs der Unsterblichen genoss; und dieser Neigung zum Vagabundiren entsagte auch der König nicht, er ward fort und fort in der Einsamkeit der Wälder von der schönen Nymphe berathen und beglückt, die sich, als er starb, dermassen betrübte, dass sie von der mitleidigen Diana in eine Quelle verwandelt ward. Daher war ihr auch vor dem Capuaner Thore eine Grotte inmitten eines heiligen Haines geweiht, in der eine Quelle sprudelte und wo die Vestalinnen täglich das zum Opfer und zur Besprengung des Tempels nöthige Wasser holen mussten. Diese Grotte (Vallis Camenarum) befand sich also vermuthlich in der Umgebung des Caelius, an der Servianischen Mauer; aber durch die darüber hinaus wachsende Stadt irre geleitet, verlegte man sie später weit in die Campagna hinaus, ausserhalb der Aurelianischen Mauer und nannte ein Nympheum, welches man trifft, wenn man vom Tempel des Deus Rediculus im Thal des Almo aufwärts geht, „Grotta d'Egeria" und den kleinen Busch von immergrünen Eichen auf dem benachbarten Hügel „Bosco delle Camene" d. i. Hain der Camenen, als in welchem die Camene Egeria ihren sterblichen Freund empfangen haben soll: Camenae, in älterer Form Casmenae, sind die altitalischen Musen, ursprünglich wie diese Quellgottheiten und Personificationen der zum Weissagen und Singen (zu Carminibus = Casminibus) begeisternden Kraft der Quellen.

Grabmal der Cäcilia Metella — Capo di bove.

Von den topographischen Schwierigkeiten abgesehen, muss man zugeben, dass die Bezeichnung „Grotte der Egeria" gar nicht übel passt. Man versteht unter Nympheen (wir haben bereits eins auf dem Palatin gefunden) Bauwerke, welche Quellenbehälter umschlossen und unter den Schutz der Nymphen gestellt waren. Nun dieselben haben schon so wie so eine grottenartige Anlage gehabt, und eben das gegenwärtige hätte selbst, als es neu war, wohl mit der künstlichen Höhle eines englischen Parks verglichen werden können. Wie es sich aber vollends jetzt darstellt — ein kleines, tief in die Böschung, an der es lehnt, versunkenes Gewölbe — mit einer Nische im Hintergrund, in welcher, auf Kragsteine gebettet, die verstümmelte Statue eines Flussgottes ruht als eines Schlummernden — das Netzwerk der Mauern von dem durchsickernden Wasser feucht erhalten und in Folge dessen mit üppigem Frauenhaar und einem dichten Moosteppich bedeckt — angenehm belebt durch das leichte Geriesel einer Quelle, die in einer kunstlosen, aus Dachpfannen (imbrices supini) hergestellten Rinne austritt und niederträuft — welch eine kühle, lauschige, anmuthige Grotte ist es! Wie den Musen und den Najaden ein willkommener Aufenthalt! Welch ein hochentzückendes Nympheum! Denn wenn dasselbe auch dem Flussgott, der das Thal bewässert, zu Ehren errichtet worden und der obenerwähnte Torso eben dieser Flussgott sein soll, so mahnt uns doch schon der Name zunächst an keinen Almo, sondern an eine Egeria zu denken, die das silberne Nass aus ihrer Urne ausgiesst. Die Hirten der Campagna, die hier ihren Krug zu füllen kommen, bezeichnen das nicht gerade besonders köstliche, aber immerhin gesunde Wasser seiner verhältnissmässigen Reinheit wegen als ein leichtes, als „acqua leggiera." Es wäre nicht undenkbar, dass dieser einfache Ausdruck mitgewirkt hätte, es zu einer „acqua dell' Egeria" zu stempeln.

Gegenüber dem Hügel, welcher den Hain der Camenen trägt, liegt auf einer andern Anhöhe die alte Kirche des heiligen Urban, des Rebenpatrons und des christlichen Bacchus, der an dieser Stelle auf den alten Bacchus folgte; und von hier führt ein schöner, mit Bäumen besetzter Weg auf eine neue Chaussee, die oberhalb der Callistuskatakomben wieder in die alte appische Strasse mündet. Vermittels desselben kehren wir also in unser altes Gleis zurück, in welchem wir nun direct auf das stolze Grabmal der Caecilia Metella losgehen, auf jenen runden Thurm, der unsere Blicke schon lange auf sich gezogen und der den volksthümlichen Namen Ochsenkopf (Capo di bove) angeblich von den seinen Fries zufällig schmückenden Stierschädeln erhalten hat, der aber vielmehr selbst wie ein Ochsenkopf hervorragt und die Campagna beherrscht, genau so wie das Haupt und Herz des Fichtelberges Ochsenkopf genannt wird.

CAECILIAE Q. CRETICI F. METELLAE CRASSI, der Caecilia Metella, Tochter des Quintus Caecilius Metellus Creticus, Gemahlin des Crassus, wie die Inschrift auf der Marmortafel meldet; ob dieser Crassus gerade der bekannte Triumvir ist, ob der reiche Crassus hier den Manen seiner Gemahlin Wein ausgegossen und Hecatomben geopfert hat, wie er es einst dem Volke an zehntausend Tischen that, erscheint freilich zweifelhaft. Ein mächtiger, mit grossen Tavertinquadern bekleideter Rundbau von 20 m Durchmesser; der einem erst einen Begriff von solidem Mauerwerk giebt, um mit Goethe zu reden. Er erhebt sich auf einer viereckigen Basis, die ursprünglich ebenfalls mit Travertin bekleidet war; oben krönt ihn der mit Blumengewinden und Stierschädeln geschmückte Fries, der durch ein Kranzgesims abgeschlossen wird; der Zinnenaufsatz stammt aus dem 13. Jahrhundert, wo die Gaetani das Monument in ihren Bergfried verwandelten, um von hier aus die Bewegungen der Colonna zu überwachen. Die Ruinen dieser Gaetanischen Burg, des Schlosshofs und der Burgkapelle liegen nebenan auf der andern Seite der Strasse, die durch sie gesperrt ward; man erkennt daran noch das Wappen der Gaetani, das sie vermuthlich von dem Capo di bove entlehnten: einen Ochsenkopf.

An der Südseite ist der Eingang in die Gruft, deren Wände mit Backsteinen bekleidet sind und die sich nach oben kegelförmig verjüngt; der verschüttete Fussboden hat 5 m im Durchmesser. Hier befand sich der marmorne Sarkophag, der die Gebeine der Verstorbenen bewahrte und der, während die Stürme der Belagerung unablässig über ihm rasten, nimmer wankte, bis er im sechzehnten Jahrhundert unter Paul III. in den Hof des Palastes Farnese zu stehen kam. Die Leiche der Caecilia Metella wurde nicht verbrannt: ihre Verwandten mussten keine Freunde der Feuerbestattung sein, die entweder privatim auf dem Bustum, oder öffentlich auf der grossen Ustrina, an der appischen Strasse rechts, fünf Miglien von Rom, zu erfolgen pflegte. Eine solche Gruft wird von den Alten gewöhnlich Conditorium genannt, ebenso der Sarkophag selbst; Conditorium heisst z. B. der Peperinosarg des L. Cornelius Scipio Barbatus, der in dem Grab der Scipionen gefunden ward und dem wir im Vatican begegnen werden.

Die Caecilia Metella fascinirt: man hat Augen nur für sie: man geht auf sie zu, ohne was dazwischen liegt zu bemerken. Und doch ist es überaus merkwürdig: hier dehnt sich links von der appischen Strasse der Circus des Maxentius aus, der einzige, von welchem sich deutlich erkennbare Trümmer erhalten haben, denn auch der Hippodrom zu Konstantinopel, bis zur Zeit der Türken ein vorzügliches Specimen, bildet gegenwärtig nur einen grossen, viereckigen Platz, ähnlich wie die Piazza Navona. Den Circus des Maxentius müssen wir besuchen, wenn wir uns eine Vorstellung von dem grossen Circus machen wollen, in dessen ödes Thal wir schon so manchen ahnungsvollen Blick geworfen haben: er ist zwar nicht so umfangreich und misst nur 482 m in der Länge und 79 m in der Breite, während jener 640 m lang und 130 m breit war,

Der Circus des Maxentius.

er fasste keine 260,000 Zuschauer, sondern nur etwa 18,000: aber dafür hat er den Vorzug, überhaupt noch zu bestehn und uns die Einrichtung der alten Turfs lebendig zu vergegenwärtigen — uns Begriffe zu gewähren, welche wir mit unserer Phantasie beliebig in die Vallis Murcia oder wo sonst Wettfahrten abgehalten wurden, z. B. auf den Vatican und auf das Marsfeld oder meinetwegen nach Bovillae projiciren können.

Wenn wir gegenwärtig von Circussen reden, so verstehen wir darunter Häuser, in welchen sich Kunstreiter produciren, und zwar sind diese Häuser gewöhnlich kreisförmig angelegt. Die Bestimmung ist keine ganz moderne, die Form auch keine neue, im Gegentheil gerade die allerälteste. Das Wort Circus, von dem die Praeposition circum der Accusativ und unser Zirkel das Diminutiv ist, bedeutet einen Kreis, und als Tarquinius Priscus zum ersten Male die Eroberung der kleinen Stadt Apiolae in dem trockengelegten Thale durch Rennen und Boxen feierte, mögen wohl auch die Patrizier im Kreise darum herumgestanden haben. Den Namen beliess man, der Bahn aber und den um die Bahn gelegten hölzernen Tribünen gab man die länglich-runde, hufeisenartige Gestalt, die offenbar für Wettfahrten viel angemessener war, die auch unsere Circusse besitzen würden, wenn die römischen Bigen noch eine Rolle darin spielten, die sich aber bei uns vielmehr auf die Turfs und auf die Hippodrome vererbt hat — eben die Gestalt des langen und schmalen Thales, welches die Natur zwischen den parallel streichenden Abhängen des

12

Aventin und Palatin zu dem Ende eingeschnitten zu haben scheint. Allerdings wurden im Circus verschiedenartige Schauspiele geboten, namentlich militärische, Parademanöver, Carrousels, der von Virgil in der Aeneïs beschriebene Ludus Trojae; auch Fechterspiele und Thierhetzen, späterhin die Specialität der Amphitheater, mögen wohl zur Zeit der Republik, ja noch unter den Kaisern auf diesem Platze stattgefunden haben: die rührende Geschichte des Androclus — wonach dieser seinem Herrn, einem Proconsul in Afrika, entlief und in der libyschen Wüste einem Löwen einen Dorn aus der Tatze zog; wieder aufgegriffen, wurde er nach Jahren in Rom dem mittlerweile gleichfalls eingefangenen Löwen vorgeworfen, aber das dankbare Thier erkannte seinen Wohlthäter, legte sich ihm liebkosend zu Füssen nnd leckte ihm die Hand — diese rührende Scene, die sich unter Caligula ereignet haben soll, wird von Seneca und von Aulus Gellius in einen Circus verlegt; desgleichen verlautet, dass der vaticanische Circus, auf dessen Stelle jetzt die Peterskirche steht, der Schauplatz der Christenschlächterei unter Nero (64) gewesen sei: hier liess der Tyrann, zu dessen noblen Passionen das Fahren gehörte, wie später das Fechten zu denen des Commodus, als Jockey auf einem Wagen stehend, nach dem Zeugnisse des Tacitus, die Märtyrer bald in Thierfellen von Jagdhunden zerfleischen, bald nächtlicher Weile in Form von Pechfackeln anbrennen, ja, hier nach einer Legende eben den Apostel Petrus kreuzigen (67). Indessen das Haugtgaudium des Circus war von jeher, mit Rennen und Kunstreiterei verbunden, das regelrechte Wettfahren selbst gewesen; wenn der römische Pöbel

duas tantum res anxius optat,
Panem et Circenses,

so hat' er die „cursus" und die „agitatores equorum" und die berühmten Sattelpferde, den Andraemon und den Tigris und den Passerinus im Kopf. Wäre das nicht gewesen, so hätte die langgestreckte Form des Circus gar keinen Sinn gehabt: denn so passend, ja so nothwendig eine solche Bahn für die Evolutionen der Kutscher und der Bereiter war, so unpassend würde sie für stabile Schauspiele gewesen sein, die nicht gleichsam vor jedem einzelnen Zuschauer vorüberflogen, sondern sich um eine einzige Stelle drehten, indem dann der eine unverhältnissmässig gut, der andere unverhältnissmässig schlecht gesehen hätte.

Uebrigens war ja Bühne und Alles, was darum und daran hing, nur für Wettfahrten eingerichtet, so dass man kaum begreift, wie hier für andere Aufführungen Platz gewesen sein soll. Die Vorderseite des Circus, das heisst, die beide Schenkel des Hufeisens verbindende Linie, hat in der Mitte das Portal für die grosse Procession, mit welcher die Spiele eröffnet wurden (Porta Pompae), zur Rechten und zur Linken desselben je sechs mit hölzernen Gatterthoren verschlossene Schuppen oder Ställe, einen für jeden Wagen (Carceres). Sie waren überwölbt und an beiden Ecken mit Thürmen flankirt, daher auch die Stadt (Oppidum) betitelt. Die Axe der wie im Amphitheater Arena genannten Bühne oder Bahn vertrat eine niedrige Mauer (Spina), welche ungefähr drei Viertel von ihrer Länge einnahm und sowohl ihrer Lage, als ihrer Gestalt nach treffend mit dem Rückgrat eines Wirbelthiers (spina) verglichen werden konnte. Sie bildete die Barrière, um welche die Wagen fahren mussten, und die Regel ihres Laufes; dicht an ihren beiden Enden, aber auf einer abgesonderten hohen Basis stand je eine Gruppe von drei geraden Kegeln (Metae), die untere „Meta prima", die obere „Meta secunda" genannt — die beiden Cardinalpunkte, um welche sich Alles drehte. Die Mitte der Spina schmückte ein Obelisk, ausserdem war ihr Grat mit Götterbildern, Säulen, Altären und zwei Gestellen (falae) besetzt, von denen das eine sieben Delphine, das andere sieben Eier trug: mit diesen Delphinen und mit diesen Eiern, welche man nacheinander aufsteckte, sowie sie vorüber waren, wurden die Umläufe gezählt, deren bei jedem Gange (missus) sieben stattfanden; jene beziehen sich auf den Neptun, der das Ross erschuf, diese auf die Dioscuren, welche die Rosse bändigten. Gegenüber dem

Processionsthor, am Scheitel des Hufeisens, bemerkt man ein zweites Thor, durch welches die Sieger aus dem Circus zogen (porta triumphalis), am rechten Schenkel ein drittes, durch welches man die verunglückten Kutscher hinaustrug (porta libitinensis); ein viertes und fünftes endlich an den Schuppen für die Wagen.

Am Tage des Rennens ist es schon, ehe der Morgen graut, lebendig auf den Strassen. Eine feierliche Procession, die schon erwähnte Pompa Circensis, eröffnet das Fest. Unter schallender Musik, unter Wolken von Weihrauch zieht sie vom Capitol über das Forum nach dem Circus und in diesem die Rennbahn entlang, geführt von dem die Spiele leitenden Beamten, der in Triumphatorsuniform auf einem Wagen steht. In derselben werden die Attribute und Bilder der Götter, die Portraits der kaiserlichen Familie theils auf Bahren und Thronen (ferculis) getragen, theils auf kostbaren Wagen (tensis) von Elefanten oder Maulthieren gezogen. Zahlreiche Priesterschaften und religiöse Corporationen geleiten sie. Voraus ziehen Scharen von Knaben zu Fuss und zu Pferd, die zum Wettfahren bestimmten Wagen und die tausend Virtuosen, Boxer, Ringer, Läufer, Tänzer, die sich nebenbei an den Spielen betheiligen. Dabei ist Alles aufs peinlichste und pedantisch vorgeschrieben; der geringste Verstoss macht die Feier ungiltig und eine Wiederholung nothwendig. Auf den Festzug folgt noch ein Opfer, dann beginnt das Rennen.

Wie gewöhnlich rennen vier vierspännige Wagen. Die Gatterflügel der Schuppen sind sprangeweit geöffnet: die Kutscher, grün, roth, blau und weiss, in einer Tracht, die an unsere Jockeys erinnert, in der Hand die Peitsche, in dem breiten Gürtel ein Messer, um im Falle der Noth die eben daran hängenden Zügel zu durchschneiden, tummeln ihre Pferde in der Vorbahn und fahren dann langsam in einer Front und in der durchs Loos bestimmten Ordnung vor dem kreideweissen Seile (alba linea) vor, welches in der Höhe der Spina, vom untern Ende derselben bis zu den Tribünen quer über die Bahn gespannt und an zwei kleinen Pfeilern (hermulae) befestigt ist. Bei diesem Seil wird abgelaufen; damit alle Parteien bis hieher gleich weit zu fahren haben, bilden wohl auch die zwölf Schuppen keine gerade, sondern eine krumme Linie. Ungeschickt lassen unsere Archäologen die Thore der Schuppen selbst durch ein Seil sperren und die Wagen direct aus dem Stalle auf die Rennbahn zum fröhlichen Wettlauf stürmen: sie müssen noch niemals ein Rennen, namentlich nicht das alte Wettrennen beim römischen Carneval gesehen haben, wo die Berberhengste natürlich auch nicht gleich aus dem Stalle hinausgejagt, sondern erst in die Schranken auf der Piazza del Popolo geführt, letztere aber noch immer mit einem ausgespannten Seile verschlossen wurden. Ohne dieses Seil würden die unbändigen Thiere, die so schon beständig darüber hauen und sich ungeduldig bäumen, das Signal nicht einhalten, sondern versuchen eins vor dem andern abzurennen. Das Signal, wann kommt es? Denn erst wenn es ertheilt wird, fällt das rasch an einer Seite losgemachte Seil.

Es heisst, dass einst Nero in einem solchen Momente bei Tafel sass. Es war in seinem Goldnen Hause, in einem Saale, dessen Fenster auf den Circus gingen. Draussen tobte und brauste das aufgeregte Volk, weil das Rennen nicht begann: aus dem dumpfen Thale donnerte es herauf wie aus einem grollenden Vulcan. Da nahm der Kaiser eine Serviette vom Tische, warf sie zum Fenster hinaus und gab damit das Zeichen. Die Anecdote ist erfunden, um einen uralten Gebrauch zu erklären: denn in der That gab der Vorsitzende regelmässig das Zeichen zum Beginn der Wettfahrt, indem er von seinem Balcon aus eine weisse Serviette (mappa) in die Luft warf.

Ein ungeheures Geschrei: die Wagen sind in einer Wolke von Staub verloren. Eine Weile rollen sie noch nebeneinander und in einer Linie, aber sehr bald bleibt einer hinter dem anderen zurück und sie bilden eine Colonne: deshalb ist die Arena am Anfang breiter als am Ende, und nimmt die Spina eine beträchtlich schiefe Richtung. Der Umläufe von Linea zu Linea sind sieben: auf der rechten Seite der Spina wird hinauf, auf der linken hinunter gefahren: die

Metae lässt der Kutscher regelmässig links oder, wie die Römer sagten, innen (interiore rota): seine Kunst besteht darin, die Kegel geschickt zu umfahren und zwischen sich und ihnen nicht soviel Platz zu lassen, dass sich ein Anderer dazwischen drängen kann, ohne doch andererseits zu nahe daran zu streifen und eventuell durch einen Stoss an ihre Basis umzuwerfen, den Wagen zu zertrümmern und von den Pferden geschleift zu werden; deshalb wurde auch das beste Pferd, auf dessen Schnelligkeit und Dressur es am meisten ankam, in der Regel zum Sattelpferd gemacht. Die Werke der Alten sind voll von Anspielungen auf die Wechselfälle, auf die dramatischen Peripetien, welche durch die

meta fervidis evitata rotis

veranlasst wurden und die sich an ihrem Fuss abspielten; und da sie mit einer solchen Wettfahrt das menschliche Leben zu vergleichen lieben, so sind die Worte Meta und Linea stehende Bezeichnungen für Ziel und Ende aller Dinge und für den Tod, die „ultima linea rerum" geworden. Noch heute sind die römischen Kutscher Meister ihres Handwerks, das sie überhaupt mit Passion betreiben, und welches fast durchgängig in den Händen eingeborener Römer ist. Am Antoniusfeste (17. Jan.) pflegte sonst der Adel und der Papst selbst seine Pferde an die Kirche dieses Heiligen zu schicken; man liess sich dann gern mit einer glänzenden Equipage sehn, z. B. die Familie Boncompagni mit einer sechzehnspännigen. Es war nichts Leichtes, eine solche mit Grazie durch die engen Strassen der Stadt und um soviel natürliche Metae herumzubugsiren. Uebrigens werden ja gelegentlich in Rom und in Florenz, hier auf dem Platze von S. Maria Novella, dort auf dem Maccao oder in der Villa Borghese, ja im Circus des Maxentius selbst noch wirkliche Wettfahrten nach antikem Ritus abgehalten.

Bei solchen Gelegenheiten werden für das Publikum hölzerne Tribünen aufgeschlagen, wie es in der ältesten Zeit der Fall war: was Circusspiele anbetrifft, aber auch in vielen andern Dingen steht Rom seinen rohen Anfängen näher als dem Glanz der kaiserlichen Aera. Denn schon vor der Vertreibung der Könige scheint man an Stelle der provisorischen Tribünen ein stehendes und permanentes Gebäude aufgeführt zu haben, welches abgesehen davon, dass es mehr in die Länge gezogen war, dem immer wiederkehrenden Plane eines halben Amphitheaters, oder, was nach unseren früheren Erörterungen dasselbe ist, eines Theaters folgte. Zehn terrassenförmig aufsteigende Sitzreihen, durch ein dreifaches Stockwerk von Bogenwölbungen getragen — die unterste (Podium) durch ein Geländer und ausserdem durch einen Kanal, den Euripus, geschützt — links und rechts, einander schräg gegenüber zwei Logen (Pulvinaria), die eine für den Kaiser, die andere vermuthlich für den Festgeber (editor ludorum) bestimmt — äusserlich von Arcaden umgeben, wo die Kramläden und die Garküchen und die Obsthöken dicht aneinander stehen, in deren Hallen Wahrsager, Winkelastrologen und tausend Gaukler ihr Wesen treiben und dazwischen hindurch in bunter Tracht die spanischen Tänzerinnen und die syrischen Freudenmädchen schwirren — so ist es ungefähr, wie wir uns den Circus vorzustellen haben, dessen Ruinen wir vor uns sehen. Er wurde im Jahre 311 von Maxentius, wie wir bereits vermutheten, zu Ehren seines verstorbenen Sohnes Romulus (DIVO ROMULO. N[OBILIS]. M[EMORIAE]. V[IRO]. FILIO D[OMINI]. N[OSTRI]. MAXENTII) und zwar in einer Manier erbaut, welche die Gelehrten mit bewogen hat das Gebäude in diese späte Zeit zu setzen: Um die Last der Gewölbe und mithin ihren Schub zu vermindern, hat man dieselben aus Hohlziegeln oder Töpfen hergestellt, sogenannte Topfgewölbe angewandt. Für ein Heroon des Romulus gilt auch die Rotunde vor dem Circus, auf deren Unterbau sich ein modernes Haus erhebt.

IV.

Wir lassen uns heute an diesem Stück der Via Appia genügen und kehren in die Stadt zurück. Da wir nicht pressirt sind, wählen wir einen Umweg und schlagen unmittelbar hinter der Sebastianskirche links die Via delle Sette Chiese ein, welche nach zehn Minuten die Via Ardeatina schneidet und dann durch die Paulshügel hindurch, in einem angenehmen, an herrlichen Aussichten auf die Campagna reichen Thale zur Paulskirche und damit auf die Via Ostiensis führt; auf derselben gelangen wir, abermals unter der Maremmenbahn hindurch, in einer halben Stunde an die Porta S. Paolo, die alte Porta Ostiensis. Hier erblicken wir wieder, von Cypressen und Pinien beschattet, die aurelianische Stadtmauer und in dieselbe eingeschlossen eine Pyramide, das um das Jahr 13 v. Chr. errichtete Grabmal eines Mannes, dessen Namen und Qualität eine Inschrift folgendermassen angibt:

C. CESTIUS. L. F. POB. EPULO. PR. TR. PL.
VII. VIR. EPULONUM.

Das heisst, er war Praetor, Volkstribun und — Gourmand: Epulo heisst das in der That; doch bedeutet es hier in dieser Zusammenstellung einen Feinschmecker von Amt und Würden. Nämlich ein Mitglied der Septemviri Epulones, eines Priesterkollegiums, dessen Hauptfunction darin bestand, bei gewissen Festen den Göttern, deren Statuen man in aller Form zu Tische setzte, eine gute Mahlzeit, das Lectisternium, zuzubereiten und zu serviren, respective dann selbst zu sich zu nehmen. Immerhin muthet uns solches Epitaphium an wie die bekannte Grabschrift des Herzog Magnus zu Doberan: In dieser Welt hab ich mein Lüst Allein mit Kalter Schalen gebüsst u. s. w.

Die Pyramide des Cestius.

Dieses Grabmal lag ursprünglich frei an der Via Ostiensis und wurde erst durch Aurelian in den Ring der Stadtmauer verbaut; es lag an der Strasse nach Ostia, wie sonst eins an der Appischen, eine Viertelmeile vor ihm bemerkten wir die von einem Winzerhäuschen gekrönten Ruinen eines zweiten. Auf einer 84 cm hohen Unterlage von Travertin erhebt sich die vierseitige Pyramide in einer Höhe von 36,6 m (die grosse Pyramide von Gize in einer Höhe von ursprünglich 146,52 m); sie ist aus Backsteinen aufgeführt und mit starken Platten von altersschwarzem carrarischen Marmor bekleidet; fertig geworden sein soll sie in nicht ganz einem Jahre, während Herodot an der grossen Pyramide hunderttausend Menschen alles in allem dreissig Jahre arbeiten lässt. Die Spitze ward neuerdings restaurirt, nachdem sie der Blitz zerstört. Im Innern befindet sich die gewölbte Grabkammer, 6 m lang, 4 m breit, 5 m hoch: ein fester Stuck überzieht die Wände, an denen sich noch Spuren von Malereien zeigen: sie sind 1661 von Pietro Santi Bartoli, der so viele antike Monumente vervielfältigte, in Kupfer gestochen worden. Die königliche Form der Pyramiden, welche ja auch in Aegypten nie einen andern Zweck gehabt haben, wurde von den Etruskern und den Römern nicht selten für Grabdenkmäler gewählt: dem reichen Cestius, von dem man wissen will, dass er testamentarisch eine bedeutende Summe zu einem Denkmal auswarf, gefiel sie wie dem Fürsten Pückler-Muskau; Gräber sind die Bergspitzen einer fernen, unbekannten Welt. Es ist interessant zu beobachten, wie auch das Schicksal der Copien und der Originale ein analoges gewesen ist.

Während man sich im Innern nicht besonders streng an die aegyptischen Vorbilder gehalten hatte (die in der Regel massiv über unterirdischen Felskammern aufgehäuft, mit polirten Granitplatten ausgelegt, aber am Kerne sorgfältiger und besser gebaut sind als an der Schale), ahmte man sie äusserlich auf das Genaueste nach. Die Eingänge zu allen echten Pyramiden befinden sich an der Nordseite, bei der grossen Pyramide auf 15 m senkrechter Höhe; sie wurden durch kolossale Blöcke verrammelt und durch die Bekleidung unkenntlich gemacht. So befand sich auch der antike Eingang zur Cestiuspyramide an der Mitternachtsseite, er war mit einem Marmorquader vollkommen verschlossen und so hoch, dass man ihn nur mit Leitern erreichen konnte. Dank diesen Vorsichtsmassregeln standen die aegyptischen und römischen Pyramiden Jahrtausende lang, ohne dass jemand ins Innere derselben eingedrungen wäre; ihr Andenken verdunkelte sich und verschmolz mit mythischen Namen und Begriffen, mit den Kornspeichern des Joseph, mit der gefeierten Rhodopis, mit dem unglücklichen Remus. Aber die Hoffnung Schätze zu finden trieb endlich doch dort die Araber, hier die Römer hinein; ja, wie in Aegypten der Khalif Mamun mit Feuers Hülfe einen neuen Eingang in die grosse Pyramide brach, so der Papst Alexander VII. einen in die Pyramide des Cestius an der Abendseite. Damals wurde das merkwürdige, tief verschüttete Denkmal bis zu seiner Basis ausgegraben, und aus dem Schutte das davorstehende Säulenpaar, sowie ein kolossaler Fuss von Bronze, jedenfalls ein Fuss des Cestius selbst, gegenwärtig auf dem Capitol im Conservatorenpalast, hervorgezogen. Auf dem kleinen, von einem tiefen Graben umschlossenen Raum vor der Pyramide wurden seit Ende des vorigen Jahrhunderts die zu Rom heimgegangenen Nichtkatholiken begraben: hier ruhten und ruhen zum Theil noch der deutsche Maler Asmus Jakob Carstens, der englische Dichter John Keats und sein Landsmann und College Percy Bysshe Shelley († 1822). Die Asche des Letzteren wurde kurz darauf von seinem Freunde, dem kürzlich verstorbenen Kapitän Trelawny herausgenommen und auf einem anderen Platze seitwärts oben an der Mauer beigesetzt, worauf man, weil die starke Anpflanzung von Cypressen dem Anblick der Pyramide Eintrag that, auch andere Akatholiken hierher zu bringen anfing. Seit 1825 besteht demnach neben der Pyramide, aber von ihrem Schatten immer noch gekühlt, ein neuer „Cimitero degli Acattolici", auf welchem der Deutsche wenig grosse, dagegen recht viel unreife und unglückliche junge Männer beweint.

Zur Charakteristik dieser malerischen Gegend der Stadt gehört noch ein mit einem Kreuz bezeichneter, ebenso schöngeformter, wie räthselhafter Haufen, der poetischen Gemüthern von jeher die tiefsinnigsten Vergleiche und die geistreichsten Märchen eingegeben hat: der 35 m hohe, umfangreiche Hügel, welcher, in der südwestlichsten Ecke Rom's, in unmittelbarer Nähe des Tiberflusses und der Stadtmauern gelegen, ganz aus Scherben antiker Thongefässe besteht. Er heisst Mons Testaceus (Monte Testaccio), und dieser Name, der zum ersten Mal auf einer Inschrift des 8. Jahrhunderts erscheint, ist zweifelsohne von Testa, Topf oder Scherbe, abgeleitet: nach einer volksmässigen Anschauung hat dieses ‚Testa' später die Bedeutung von Hirnschale oder Kopf angenommen, genau so wie unser eignes ‚Kopf,' welches eigentlich soviel wie Kelch ist. Es gilt gegenwärtig für ausgemacht, dass dieser Scherbenberg bereits in der Mitte des 2. Jahrhunderts unserer Aera stand, und die Scherben von den vielen spanischen, afrikanischen, griechischen Transportgefässen stammen, welche in dem grossen Entrepôt am Tiber (Emporium) in nächster Nähe ausgeladen wurden. Die theils beim Ausladen selbst, theils in den Lagerhäusern des Emporiums massenhaft zerbrechenden Gefässe wurden zusammengeworfen und allmälig zu einem Berge aufgehäuft, in welchem nun der Archäologe wühlt und eine Pinselinschrift nach der anderen entdeckt. Dass in der Nähe grosser Städte aus den in den Wohnungen gesammelten und von Rathswegen abgeholten Abfällen aller Art unaufhörlich kleine Berge gebildet werden, ist bekannt: Paris stösst täglich Millionen Kubikmeter von sogenannten „Gadoues" oder „Boues de rues" aus, welche man am Ufer der Seine in langen Schichten von 2 m Höhe und 2 m Breite aufhäuft, um sie später zur Düngung zu benutzen. Doch waltet zwischen diesen Kehrichthaufen und dem Scherbenberge ein doppelter Unterschied ob: der letztere ist (wenigstens gegenwärtig) nur aus Scherben zusammengesetzt, und er soll nur eine Ablagerung des benachbarten Emporiums,

Die Ehrenpforte des Septimius Severus.

nicht der ganzen Stadt vorstellen. In der That sehe ich den Grund für diese Einschränkung nicht ein: der Monte Testaccio könnte wohl nachgerade die Abfälle des alten Rom überhaupt enthalten haben und ein Pendant der in der Nähe, am „pulchrum littus" mündenden grossen Kloake sein, in welche man vermuthlich Scherben ebensowenig werfen durfte als man es bei uns in die Aschengrube darf. Dass aber gerade Scherben die Hauptrolle darin spielen, darf uns, abgesehen von ihrer unvergleichlichen Dauerhaftigkeit (gebrannter Thon ist bekanntlich der unvergänglichste aller Stoffe) deshalb nicht Wunder nehmen, weil es bis zu Plinius' Zeiten weder in Griechenland noch in Rom hölzerne Fässer gab; erst nachher kamen, vielleicht unter deutschem Einfluss, hölzerne, aus Dauben hergestellte und durch eiserne Reifen zusammengehaltene Kufen (cupae) in Gebrauch, bis dahin hatte man ausschliesslich lederne oder irdene. In der Villa Albani befindet sich ein Relief, welches den Diogenes in seiner Tonne zeigt, und es erstaunt vielleicht Mancher, statt der Tonne ein grosses rundes Thongefäss zu sehn. In Wahrheit bewohnte aber auch der Cyniker keine Tonne, sondern eine Vase, nämlich ein Dolium, das ihm einst ein junger Laffe aus Muthwillen zerschlagen konnte. Dolien standen in dem antiken Weinkeller wie Fässer im modernen — wie eben in jenen Kellern, die gegenwärtig den ganzen Umfang des Hügels einnehmen und mit Weinschenken verbunden sind. Dieselben werden jetzt nicht mehr so stark besucht wie früher, namentlich am Sonntage des Carneval, wenn sich noch die Römer von den tributbringenden Völkern und von den Töpfen, die diesen Tribut enthielten, und von den hier herumliegenden Scherben dieser Töpfe viel erzählen mochten.

Merkwürdig, für den Monte Testaccio gibt es in Aegypten eine schlagende Analogie, wie für die Pyramide des Cestius. Erd-, Geröll- und namentlich Scherbenanhäufungen fehlen nirgends, wo eine alte aegyptische Stadt gestanden; z. B. finden sich sehr hohe bei Bubastis. Die Araber nennen sie schlechthin Haufen (Kôm).

V.

Der Monte Testaccio liegt am Austritt des Tiber aus der Stadt, mitten in der südlich vom Aventin beginnenden Ebene, welche durch den westlich ausbiegenden Fluss gebildet wird. Unser Weg führt uns aus besagter Ebene heraus, auf den Südfuss des Aventin zu und links darum herum an den westlichen Abhang des hart am Wasser hinstreichenden Hügels, den Ufersaum entlang, der hier gleichsam von der Natur gespart wird; die Strasse heisst, weil da seit alter Zeit der carrarische Marmor ausgeschifft wird, Via della Marmorata, weiter oben, wo der Rand breiter und links wieder mit Häusern besetzt zu werden anfängt, nach den grossen Salzmagazinen, unter denen sie hindurchgeht, Via della Salara. Letztere mündet in die weitläufige Piazza di Bocca della Verità, welche einen Theil des alten Rindermarktes einnimmt: das Forum Boarium, auf dem das regste gewerbliche Treiben herrschte, dehnte sich links bis an den Tiber aus und hing rechts mit der kleinen Fläche westlich vom Palatin zusammen, die Velabrum hiess; sie wird durch die alte Kirche S. Giorgio in Velabro ziemlich genau bestimmt. Neben dieser Kirche steht eine dem Septimius Severus von den Wechslern und Kaufleuten des Rindermarktes 204 n. Chr. errichtete Ehrenpforte (Arcus Argentariorum); ebenda, am Kreuzungspunkt zweier Strassen hat sich auch ein Durchgangsbogen mit Hallen, wegen der vierfachen Stirnseite Janus Quadrifrons genannt, erhalten. Wie eine Rumpelkammer ist dieser entlegene, unter dem Palatin versteckte Winkel mit heiligen und profanen, überflüssigen und nützlichen Dingen vollgepfropft: bei dem Janus Quadrifrons liegt eine Papiermühle, und an dieser Stelle steigt man unter Backsteinbogen zur Cloaca Maxima hinab. Hier arbeitet die alte etruskische, auf Strebemauern (anterides) gestützte Riesin still und verborgen zum Wohl des Volks und trotzt den Jahrtausenden. Ein paar hundert Meter weiter mündet sie in den Tiber, und wenn wir an der Piazza di Bocca della Verità ein Boot nehmen, können wir ihr vom Fluss aus in den Schlund hineinsehn. Es ist das jedenfalls empfehlenswerther als auf die benachbarte Brücke, den Ponte Rotto, zu treten und das Pulchrum Littus' nur aus der Ferne zu betrachten.

Vielleicht aber auch, dass wir den ganzen Weg zu Wasser zurückgelegt und bereits an der Paulskirche einen Kahn bestiegen haben: die Fahrt auf dem flavus Tiberis ist überaus belohnend. Magie der Erinnerung! Zauber des classischen Bodens! Er ergreift uns dort fast mächtiger, als wenn wir ihn selbst betreten.

Saxis suspensam hanc aspice rupem!

Erkennst du die steilabstürzenden Felswände des Aventin, voll altheiliger Stellen? Den Altar des Evander, die Höhle des Cacus? Wo mag der unglückliche Remus gestanden haben,

Die Mündung der Cloaca Maxima,
darüber der Vestatempel, im Hintergrunde der Palatin.

als er mit dem Bruder ausschaute nach den Geiern? Ob der Lorberwald noch über Titus Tatius' Grabe rauscht? —

Ich grüsse dich, Diana vom Aventin, in nächtiger Ferne schwebst du mondhell vor mir auf! — Dort oben, wo jetzt drei Klöster burgartig herabsehn, stand ihr mit den Hörnern der fatalen Kuh[1]) besteckter Tempel, das lateinische Bundesheiligthum; stand der Tempel der Dea Bona und der Juno Regina, den Camillus nach der Eroberung von Veji gründete. Juno war die Schutzgöttin der mächtigen etruskischen Stadt gewesen, und im dortigen Junotempel hatte Camillus Veji nach zehnjähriger Belagerung erobert, indem er durch einen unterirdischen Gang eingedrungen und den Vejentern mit der Darbringung des Opfers, an dem nach einer Weissagung des Haruspex der Sieg hing, zuvorgekommen war. Er hatte gleichsam die Juno selbst erobert, die freiwillig dem kühnen Entführer folgte; denn Rom fahndete nicht nur auf fremde Städte, Rom fahndete auch auf Götter. Ja, die Libertas, die Göttin der Freiheit, hatte einen Tempel auf dem Aventin, von einem Gracchus aufgebaut und von einem Gracchus mit Bildern ausgeschmückt, weil er im zweiten Punischen Kriege bei Benevent (214 v. Chr.) durch Freiwillige (volones) Sieg gewonnen; denn die Gracchen wohnten hier nebst vielen andern grossen plebejischen Geschlechtern; der Aventin war gleichsam die Burg der Freiheit und der Gracchen, die vom Senat mit Sturm genommen werden musste und die in ihrer tragischen Geschichte oft genannt wird. Kein Zweifel, dass diese Reminiscenz es war, die nachmals den Rienzi bestimmte, auch seinen Anhang auf diesem Berge zu versammeln.

Der sogenannte Vestatempel.

O, alter, gelber Tiber, in dessen kaltes Bette die erschlagenen Gracchen geworfen wurden, was hast du gesehn! Von was für kühnen Schwimmern könntest du erzählen! Ueber diese Flut, die jetzt unser Nachen theilt, schwamm dereinst der einäugige Horaz (Horatius Cocles), der Held der altrömischen Legende, als die hölzerne Brücke hinter ihm abgebrochen war; hier, wo ein armseliger Ziegelbogen steht, erreichte er das heimatliche Ufer, trotz aller etruskischen Pfeile und Geschosse — denselben Tiber durchschwamm, an der Spitze ihrer Jungfrauen, die muthige Cloelia, dem Porsenna auf dem Janiculum entspringend — und abermals über diese Flut schwammen Caesar und Cassius um die Wette, schlugen den brüllenden Strom

Mit wackren Sehnen, warfen ihn bei Seit
Und hemmten ihn mit einer Brust des Trotzes — —

doch da haben wir die Kloake.

[1]) Ein Sabiner hatte eine prachtvolle Kuh. Die Seher verkündeten, wer sie der Diana von Aventin opferte, dessen Raçe würde die herrschende werden. Gleich führt der Hirt sein Rind zum Tempel der Diana und schickt sich zum Opfer an, aber ein lateinischer Priester unterbricht ihn: „Unglücklicher, was willst du thun! Der Göttin opfern, ohne dich gereinigt zu haben? Da unten fliesst der Tiber: laufe und wasche dich!" Der Arme lässt sich verblüffen und steigt zum Fluss hinab; als er wieder kommt, hat der Priester das Opfer dargebracht. Dieser fromme Betrug, fügt Livius hinzu, fand allgemeinen Beifall: er verhalf Rom zur Hegemonie über Latium.

8*

Begonnen unter Tarquinius Priscus, um die stagnirenden Wasser des Velabrum und der benachbarten Niederungen aufzusaugen, respective Platz für Markt und Rennbahn zu gewinnen, nachmals durch Agrippa zur höchsten Vollkommenheit gebracht[1]), besteht dieses grossartige Werk, wenn auch zu zwei Dritteln seiner Höhe verschlämmt, seit mehr als 2400 Jahren. Ein Netz unterirdischer, im vollen Bogen überwölbter, geräumiger Kanäle, die sich, oben mit Oeffnungen versehn, in die Tiefen zwischen den Hügeln senken und, zu immer grösseren Adern zusammengefasst, endlich in einer Hauptröhre vereinigen: letztere ist es, die hier vor uns in die natürliche Kloake des Tiberflusses mündet. Sie zeigt die älteste bekannte Anwendung des für die gesammte römische Architectur so wichtigen Bogenschnittes: drei concentrische Bogen (arcus), aus enormen Steinen ohne Mörtel gewölbt, umschliessen das finstere, in die Substructionen des antiken Quais gestossene Mundloch; sothaner Quai hiess, wie schon bemerkt, die schöne Promenade (Pulcrum Littus). Die Sehne des innersten Bogens misst 4,014 m, seine Höhe ist unbekannt, doch variirt sie je nach dem Wasserstande zwischen 3,96 und 4,27 m, so dass man mit einem Heuwagen bequem durchfahren könnte; die Blöcke haben eine Länge von 1,672, eine Höhe von 1,003 m; sie sind jenem schwarzen vulcanischen Gestein entnommen, welches die Basis des capitolinischen Hügels bildet und das gewöhnliche Material für die Constructionen der Königszeit gewesen ist. In und bei den Kloaken nisteten im Alterthum die Verbrecher und die Bettler so gut wie heutzutage.

In Paris gehört es zum guten Tone, einmal während der Saison in die Égouts hinabzusteigen und die Eingeweide der Stadt zu Fuss, per Schiff und mittels Eisenbahnen zu durchreisen; und so verlässt auch Rom kein Fremder, ohne sich gelegentlich diese durchstochenen Berge, diese gewölbten Flussbetten anzusehn, die mit den Wasserleitungen und den Strassen laut von Rom's Grösse und dem starken Wollen des Alterthumes reden; die zwar nicht mehr, wie zu Theodorich's Zeiten, unvergleichlich dastehn, im Gegentheil von dem ebenso genial concipirten als solid ausgeführten Kloakensystem Londons übertroffen werden, die indessen eine unvergleichliche Probe bestanden und den modernen Grossstädten ein unvergleichliches Modell geliefert haben. Zugleich aber enthält die Piazza di Bocca della Verità noch einen andern Anziehungspunkt, namentlich für die Damen, die es gleichsam als ihr eignes Heiligthum betrachten — ich meine nicht die antike Brunnenmaske, von welcher der Platz den Namen hat, auch nicht die Tritonen, welche den Brunnen in der Mitte des Platzes stützen, sondern das anmuthige runde Tempelchen, welches als eine reizende Staffage hart am Ufer, gerade über der Kloakenmündung steht und gewöhnlich den Namen Vestatempel führt.

Ein seltsamer Zufall paart es mit einem zweiten antiken Tempel, dem Tempel des Glückes, welches die Frauen in der Liebe bei den Männern haben, der mit den Gelübden keiner Vestalin vereinbaren Fortuna Virilis. Die Pudicitia Patricia, die Andere darin sehen, würde es besser gewesen sein. Seit 880 verehrt man an dieser Stätte die Maria von Aegypten.

Aus der Kunstgeschichte ist der Ausdruck Pseudoperipteros bekannt: man versteht darunter ein Gebäude, das scheinbar von einer Colonnade (Pteron) umgeben ist, in Wirklichkeit aber nur an seiner Vorhalle (Pronaos) freistehende Säulen hat, während in die Mauern der Cella blosse Halbsäulen eingelassen sind: es sieht so aus, als ob jene Mauern zu weit, bis an die Säulenstellung, die sie gleichsam ausfüllen, vorgeschoben seien, und in der That war der Zweck dieser Anlage, mehr Platz für das Innere des Heiligthums zu gewinnen. Der Tempel der Fortuna Virilis ist ein jonischer, mit je fünf Halbsäulen geschmückter Pseudoperipteros gewesen; bei der Umwandlung desselben in eine Kirche hat man auch die vier, respective sechs Säulen der Vorhalle

[1]) Indem er mit einem Aufwand von drei Millionen Mark nicht allein neue Kanäle bauen und die alten reinigen liess, sondern auch sieben Bäche hindurchleitete, mit einem Gefälle, dass sie den Unrath gleich Bergströmen mit sich fortrissen. Vielleicht ist die krystallene Quelle welche sich bei der Papiermühle in die Kloake ergiesst, die antike Juturna, einer dieser Bäche; das Wasser, welches den Fremden zum Trinken angeboten wird, jetzt Acqua di San Giorgio genannt, gilt noch heute für eins der besten in Rom.

mit Ziegelmauern ausgefüllt, so dass nun das Gebäude, wenn ich mich so ausdrücken darf, ganz zu ist. Die runde Cella des Vestatempels, die sammt der Mauer nur 10 m Durchmesser hat, umgibt eine Colonnade von zwanzig korinthischen Säulen aus weissem Marmor; ehemals wölbte sich wahrscheinlich über der Hohlung eine Kuppel, jetzt steht ein dürftiges, kegelförmiges Holzdach drauf; es gereicht der Ruine nicht zur Zierde, wirkt im Gegentheil geradezu antipathisch.

Die Gelehrten halten den Vestatempel, welcher als Kirche S. Stefano delle Carrozze und beim Volke S. Maria del Sole heisst, für einen Tempel des Hercules: der Heros, welcher den Cacus in seiner Höhle am Aventin erschlug und sich nach erkämpftem Siege selbst einen Altar, die Ara Maxima, erbaute, besass allerdings in dieser Gegend mehrere Heiligthümer. Die populäre Bezeichnung ist zunächst durch die runde Gestalt des Gebäudes veranlasst worden, denn der Tempel, auf dessen Herd das ewige Feuer unterhalten ward, war ebenfalls ein Rundbau; und der Umstand, dass ihn Horaz in einer seiner Satiren als eine Station auf dem Wege vom Forum nach Trastevere erwähnt, schien diese Ansicht zu bestätigen. Der Dichter wird auf der Via Sacra von einem aufdringlichen Schwätzer angepackt; um ihn los zu werden, gibt er vor, Jemanden besuchen zu wollen, der weitweg, bei den Gärten Caesars über dem Tiber wohne; aber jener lässt sich nicht

Sogenannter Tempel der Fortuna Virilis.

abschrecken und sie gelangen selbander „ad Aedem Vestae". Ich gebe nun freilich zu, dass die beiden Spaziergänger in der Satire etwas lange dazu brauchen; nichtsdestoweniger steht fest, dass der Vestatempel am Hauptmarkte lag, der durchaus nicht bis hier hinabgereicht hat — an der nördlichen Ecke des Vierecks, welches der palatinische Hügel bildet, und an Stelle der Kirche S. Maria Liberatrice. Verhüte Gott, dass sich der arme Horaz mit dem lästigen Gesellen noch durch die „Tusci turba inpia vici" bis auf's Velabrum und das ganze Forum Boarium habe hinunterschleppen müssen. Wie? Vielleicht hätte er's doch gethan? So wollen wir einmal versuchen, ob wir ihm begegnen. Nein, es ist nichts von ihm zu sehen, auch beim richtigen Vestatempel nicht: er hat sich längst aus dem Staub gemacht. Aber dafür sind wir von Ungefähr wieder auf dem Forum und freuen uns nach unserer Irrfahrt in den südlichen Regionen das alte bekannte Pflaster zu betreten. Sic nos servavit Apollo.

Die nordöstliche Hochebene

mit ihren Ausläufern: Mons Esquilinus, Collis Viminalis und Collis Quirinalis.

I.

Man hat Messina mit einer Sichel, Amalfi mit einem Hammer verglichen: die sieben Hügel, auf denen Rom erbaut ist, lassen sich ungefähr nach dem Schema eines Ankers ordnen, den man von Nordwesten nach Südosten wagerecht über die Stadt gelegt denkt. Wenn das Ankerkreuz am capitolinischen Hügel befestigt wird, so füllt der eiserne Stiel die tiefe Rinne aus, welche, durch den Buckel der Velia unterbrochen, vom Capitol bis zum Colosseum läuft. Hier, vom unteren Ende des Ankerschafts, gehen in entgegengesetzter Richtung zwei gekrümmte Arme aus: der eine nach unten in südwestlicher, der andere nach oben in nordwestlicher Richtung, jener den Caelius, den Aventin und mit der äussersten eingebogenen Spitze der Ankerflüe den Palatin, dieser die übrigen drei Hügel, den Esquilin, den Viminal und den langgezogenen Quirinal berührend. Indessen zwischen beiden Armen besteht ein Unterschied: der südliche ist durch Thäler in drei Stücke zerschnitten, der nördliche massiv: er bildet einen einzigen, fortlaufenden Rücken, eine Hochebene, welche die genannten Berge wie Zungen nach Westen und Süden ausstreckt: alle diese Zungen convergiren in der Tiefe, welche, in alter Zeit einer der lebhaftesten Theile Roms, Subura, die Gegend unten am Berge (Ὑπωρέης) hiess. Man kann auch den Esquilin als die gemeinsame Basis ansehn und den Quirinal und den Viminal als Ausläufer des Esquilin betrachten. Der Weg, den wir vorhin zurückgelegt haben, entsprach dem südlichen Ankerarm: wir werden jetzt die entgegengesetzte Curve beschreiben, vom Thale des Colosseums aus den Esquilin erklimmen und dem nördlichen Arme folgen bis dahin, wo er in der Tiefe der Piazza Barberini, dem Pincius gegenüber abbricht.

Der eigentliche Esquilin, der gleichsam zwischen zwei Amphitheatern, dem Colosseum im Westen und dem Amphitheatrum Castrense im Osten liegt, hat, von kleineren Niveaudifferenzen abgesehen, zwei Hauptspitzen, die in der Gegenwart von zwei Hauptkirchen bezeichnet werden: die Carinae mit der Kirche San Pietro in Vincoli im Südwesten und die Höhe von Santa Maria Maggiore im Norden. Ausser ihnen sind uns noch verschiedene Gipfel des Esquilin, der Cispische, der Oppische, und der Septimische dem Namen nach bekannt, doch hat sie die alles nivellirende Zeit längst von seiner Bildfläche getilgt. Der Umfang des Plateaus beträgt 4 km, seine grösste Erhebung 75 m; an der Subura hat der Esquilin fast gleiches Niveau mit dem Viminal (54 m) und dem Quirinal (52 m). Seit 1870 beginnt er wieder bebaut zu werden, das ganze Terrain ist in der Umgestaltung begriffen, ein neues Esquilinisches Viertel im Entstehen.

Diese Gegend der Stadt betritt der Reisende zuerst, da der Bahnhof auf dem Viminal liegt: die stolze Basilica von Santa Maria Maggiore und die ungeheuren Thermen Diocletian's sind die ersten Eindrücke, die er von der ewigen Stadt empfängt. Ein seltsamer Zufall, oder vielmehr kein Zufall, sondern eine innere Nothwendigkeit hat das moderne Verkehrsinstitut an derselben Stelle entstehen lassen, wo der sechste römische König einen Wall aufführte, damit Niemand hinein könnte in Rom: der Wall wurde thatsächlich eingerissen, um den Bahnhof hineinzulegen, und seine Ruinen contrastiren sonderbar mit den hier mündenden Schienenwegen und den Ankunfts- und Abfahrtshallen, die ältesten Bauten mit den jüngsten. Wir haben bereits Gelegenheit gehabt, von der Mauer des Servius Tullius zu sprechen. Dieser König, der selbst auf dem Esquilin wohnte, umgab das ganze, durch Hinzufügung der nordöstlichen Hochebene vergrösserte, städtische Gebiet mit einer Befestigung. Eben der Nordosten war die schwächste, feindlichen Angriffen am meisten ausgesetzte Stelle: quer über das breite Plateau, welches der Esquilin, Viminal und Quirinal zusammen bildeten, wurde daher als Bollwerk der dahinter liegenden Stadt ein starker Erdwall, der Agger Servii Tullii, aufgeschüttet. Er war ungefähr 16,25 m breit und 19,5 m hoch, und mit Thürmen und einer Brustwehr zur Deckung der auf ihm stehenden Vertheidiger versehn; vor dem Walle ein 32 m breiter, 9,75 m tiefer Graben. An der Porta Esquilina endete der Wall im Süden; von hier lief die Befestigung als bethürmte Mauer (Murus) um den Caelius und den Aventin herum, auf den Hügelabhängen hin bis an den Tiber (Porta Trigemina). Von der Porta Trigemina ab bis zur Porta Flumentana unterhalb der Südwestspitze des Capitols gab es, wie es scheint, keine Mauer, weil der Strom hinlängliche Sicherheit gewährte. An der Porta Flumentana fing die Befestigungslinie wieder an und zog sich, die Fläche des Marsfeldes ausschliessend, an den Abhängen des Capitols und des Quirinals hin, bis sie das nördliche Ende des Walls bei der Porta Collina wieder erreichte. Beide, Wall und Mauer, pflegen unter dem Begriffe des Servischen Mauerkreises im weiteren Sinne (Murus Servii Tullii) zusammengefasst zu werden. Die Zahl der Thore, welche ihn durchbrachen, ist ungewiss und die Lage mehrerer zweifelhaft. Plinius giebt allerdings ihre Zahl auf siebenunddreissig an; gewiss aber hat er dabei viele jüngere, secundäre Pförtchen mitgezählt, die der Communication zwischen dem inneren Bezirk und den Vorstädten dienen sollten, da die Mauern Servius Tullius' von dem ausgewachsenen Rom längst gesprengt worden waren. Der Bogen des Gallienus, den wir gleich näher betrachten werden, bezeichnet die Stelle der Porta Esquilina am Südende des Walls, wo die Via Praenestina und die Via Labicana ihren Anfang nahmen; er ersetzte sie wahrscheinlich. Bis zu ihm liess sich noch vor kurzem die durch eine starke Erdböschung gestützte Mauer des Walls und der breite Graben davor verfolgen; jetzt steht nur noch auf Piazza Manfredo Fanti, mitten in dem neuen, von italienischen Namen widerhallenden Quartier ein Rest des Walles, ein anderer beim sogenannten Auditorium

Wall des Servius Tullius.

14

des Maecenas an der Via Merulana. Das bedeutendste und besterhaltene Stück des Servius-walles aber ist durch Abtragung des „Monte della Giustizia" an der Nordostseite der Bahnhofsgebäude blossgelegt worden: das Hauptzollamt (Dogana Centrale) liegt gerade mitten drin. Rom hatte damals die Grösse Athens: zehn Kilometer im Umkreis.

Die Servische Mauer war gleich einem künstlichen Kamme quer über den Esquilin gelaufen: die Aurelianische umschloss ihn gleich einer Schnur, die in seine Flanken einschnitt. Die Stadt, die wie ein Hühnchen aus dem Ei geschlüpft war und nur die alte Schale noch mit sich herumtrug, wurde von Augustus in vierzehn Quartiere, sogenannte Regionen eingetheilt, die wieder vermöge einer Unterabtheilung, analog den Sacellen des Servius Tullius, in einzelne Gründe (vici) zerfielen; von denen kamen ganz oder theilweise vier auf die drei nordöstlichen Hügel, nämlich Nummer 3° (Isis et Serapis, die Carinae), 5° (Esquiliae), 6° (Alta Semita, d. i. Hoher Weg, Quirinal, Viminal und ein Stück des Pincius) und 7° (Via Lata, d. i. Breite Strasse, der westliche Abhang des Quirinal mit dem anstossenden Theil des Marsfeldes). Das Glacis verwandelte Maecenas genau so, wie es bei uns zu geschehen pflegt, in eine Promenade. Als nun in den Zeiten des Verfalls, wo die Stadt aufhörte Residenz zu sein und die Invasion der Barbaren drohte, Kaiser Aurelian darandachte, Rom abermals mit einer Mauer zu versehen, die Probus 276 vollendete und Honorius zu Anfang des 5. Jahrhunderts wiederherstellte: so musste diese Mauer, um die neuen Stadttheile mit zu umspannen, wie ein Gummiband ausgedehnt und in die Länge gezogen werden. Dabei führte man ihre Linie auf dieser Seite durch mehrere hervorragende Punkte, an denen man sich ihren Lauf am besten merken kann. Das grosse verschanzte Lager an der Nordostecke der Stadt, wo die kaiserlichen Gardetruppen (milites praetoriani) kasernirt waren, von Tiberius in der kunstvollen Form der römischen Castra aufgeführt, wurde der Aurelianischen Mauer, aus der es viereckig vorspringt, einverleibt: es ist der in neuerer Zeit vielgenannte Campo di Maccao, auf dem der König am Verfassungsfest die grosse Parade abhält. Der Name erinnert an eine chinesische Insel und rührt wirklich von derselben her; das Lager der Praetorianer befindet sich nämlich in einer grossen Vigna, die zu dem Noviziate der Jesuiten gehörte und der Mission in China zu Ehren „il Maccao" getauft ward. Die Schüler der Propaganda kamen wöchentlich einmal zur Erholung in den „Villino de' Gesuiti". Ein grosses Amphitheater weiter im Süden, das backsteinerne, 52 m in der grossen Axe haltende Amphitheatrum Castrense ging ebenfalls als ein einfaches Glied in die mächtige Kette ein. Endlich wurde zwischen diesen zwei ausschlaggebenden Punkten

Mauer des Servius Tullius.

ein ehrwürdiges Monument, welches Claudius für seine beiden Wasserleitungen, die Claudia und den Anio Novus errichtet hatte, von Aurelian zu einem Thore der neuen Stadtmauer benutzt, und dieses Thor, Porta Praenestina genannt, nur wenig unterhalb der Porta Tiburtina, ist die gegenwärtige Porta Maggiore, will sagen das Grosse Thor, zu dem man hinausgeht, wenn man von Rom nach Palestrina will.

Die Aqua Claudia und der Anio Novus, beide von Caligula 36 n. Chr. begonnen und von Claudius im Jahr 50 vollendet, sind, was Schönheit des Baues und stilvolle Ausführung anbelangt, die vornehmsten Aquaeducte der wasserreichen Stadt. Jedermann kennt die Hochquellenwasserleitung Wiens, die auch nach ihrem Schöpfer Kaiser-Franz-Josephs-Hochquellleitung heisst; sie führt der Capitale in einem neunzig Kilometer langen gemauerten Kanal reines und

Porta Maggiore.

frisches Quellwasser aus dem Gebiete des Wiener Schneebergs, des Ostcaps der Alpen zu, bald durch Stollen, bald über mächtige, oberirdische Brücken laufend. Was dieses grossartige Werk für die österreichische, das war die zwiefache Wasserleitung des Claudius für die alte Kaiserstadt. Die Aqua Claudia, nach der Marcia die vorzüglichste, begann bei dem 45. Meilenstein der nach Subiaco führenden Via Sublacensis: sie durchlief im Ganzen achtzig Kilometer, auf Bogen sechzehn Kilometer. Der Anio Novus begann beim 62. Meilenstein an derselben Strasse; seine Länge betrug hundert Kilometer, die Höhe seiner Bogen bis zu dreissig Metern. Beide Leitungen wurden also von den Quellen des Anio gespeist, der in den Simbriviner Bergen, am Rande der marsischen Hochebene entspringt — die Alten rühmten die Klarheit, Lieblichkeit und Frische seines Wassers; beide stellten gewissermassen einen eingefangenen und gezähmten Anio dar, ja gaben ihm, der bis zu seiner Mündung in den Tiber hundertundzwanzig Kilometer braucht, an Länge wenig nach. Warum ihn wohl die Römer an seinem Quell aufsuchten? Warum sie so tief in's Gebirge und so weit hinaus über Tivoli gingen, wo der Fluss bedeutende Fälle bildet? Ah, offenbar, weil sie reines und köstliches Bergwasser trinken wollten, das noch nicht durch die Erden und den Schwefel der Ebene getrübt war — von Tivoli ging in der That eine alte Wasserleitung, der von Marcus Curius Dentatus gestiftete Anio Vetus, aus; damals, im Jahre 273 v. Chr., konnte man sich so gutes Wasser noch nicht bezähmen, es wäre zu kostspielig gewesen; den Luxus gestattete sich erst der Kaiser Claudius. Genau so liessen sich die Wiener, ehe ihnen der Kaiser Franz Joseph und der Graf Hoyos-Sprinzenstein die drei Schneeberger Quellen schenkten, an der Kaiser-Ferdinands-Wasserleitung genügen. Auf der Fahrt nach Tivoli und nach Subiaco, in das so classische, wie romantische Thal des Anio, hat man die riesenhaften Reste der Kaiser-Claudius-Hochquellleitung beständig wie Wegweiser zur Seite.

Nun beide Leitungen, die Aqua Claudia und der Anio Novus, vereinigten sich, in zwei Kanälen übereinander auf denselben Bogen fliessend; und die Porta Maggiore war ursprünglich nichts weiter als ein 14 m hohes Bogenpaar, eingerahmt von drei niedrigeren, gegiebelten Bogen in Travertin und deshalb besonders hervorgehoben, weil es zwei grosse Strassen, die Via Labicana und die Via Praenestina, überbrückte; Labici und Praeneste, das heutige Palestrina, waren zwei alte, am Abfalle des Gebirges gelegene Städte Latiums. Drei Inschriften am Gesims, welche Claudius als Stifter, Vespasian und Titus als Wiederhersteller des Aquaeductes nennen, beweisen das; die oberste lautet wörtlich:

TI·CLAVDIVS·DRVSI·F·CAISAR·AVGVSTVS·GERMANICVS·PONTIF·MAXIM·
TRIBVNICIA·POTESTATE·XII·COS·V·IMPERATOR·XXVII·PATER·PATRIAE·
AQVAS·CLAVDIAM·EX·FONTIBVS QVI·VOCABANTVR·CAERVLEVS·ET·CVRTIVS·A·MILLIARIO·XXXXV·
ITEM ANIENEM·NOVVM·A·MILLIARIO·LXII·SVA·IMPENSA·IN·VRBEM·PERDVCENDAS·CVRAVIT.

Von hier wurde die Aqua Claudia nachmals durch Nero beim Tempel der Spes Vetus abgeleitet und über die bereits erwähnten herrlichen Bogen auf den Caelius in den Tempel des Claudius geführt, allwo sie sich in die Reservoirs (Castella) der Marcia und Julia ergoss. Ein ganz ähnliches, der Vereinigung dreier Aquaeducte, der Aqua Julia, Tepula und Marcia, gewidmetes Monument steht vor der benachbarten Porta Tiburtina; doch ist das unsrige das imposantere. Als Aurelian seine Mauern zog und das feste Gebäude zu einem Thore benutzen wollte, eignete es sich um so besser, als es durchweg Bäuerisches Werk (Opus Rusticum), und nicht nur die Mauern, sondern auch die Säulen, welche das Gebälk der kleineren Bogen trugen, quadersteinartig und rauh bekleidet waren; eben diese Mauerbekleidung aber, welche einen gewissen schwerfälligen, massiven Charakter hat, wird ja auch bei uns für die Unterstocke von Stadtthoren gern gewählt. Honorius setzte später auf der Aussenseite, die unterbrochene Stadtmauer ergänzend, zwei neue Thore an, deren Zinnen klein und schmarotzerhaft durch die Wölbungen des riesenhaften Baues hereinschauen. Im Mittelalter ward er von den Colonna zum Kern einer Burg gemacht, und zu diesem Zwecke wieder hinter dem Honorius'schen Thore ein babylonischer Thurmbau aufgeführt: den Colonna, deren wichtigste Besitzung die Stadt Palestrina war, musste das Palestrineser Thor am besten passen. Von allen Monumenten Roms hat dieses eine kriegerische Bestimmung am längsten beibehalten. Erst 1838, unter Gregor XVI (der den nördlichen Durchgang der Accise wegen wieder vermauern liess), wurde das edle Gebäude des Claudius wenigstens von jenen barbarischen Vorwerken entlastet, und bei dieser Gelegenheit im Kerne eines Thurmes das Grabmal des Bäckers Breitschild (Eurysaces) aus der letzten Zeit der Republik entdeckt: es besitzt die Gestalt eines Backofens, auf dem Getreidesäcke liegen; am Friese hat der unsterbliche Philister, zugleich Bäcker und Müller, den ganzen Apparat seines ehrsamen Doppelhandwerks, das bereits damals einen goldnen Boden gehabt zu haben scheint, in Relief abbilden lassen — Backöfen und Mühlen, Teigrollen und Mehlsiebe, Brodwagen und Eichscheffel. Von Plinius wissen wir, dass es erst seit dem Jahre 185 v. Chr. professionsmässige Bäcker (Pistores) in Rom gab; bis dahin war das Kornmahlen und das Brotbacken als eine häusliche Operation betrachtet worden, die jeder selbst verrichtete, genau so wie sich jede Familie selbst ihre Suppe kocht. Nach dem macedonischen Kriege bildete sich zwar eine selbständige Bäckerinnung, doch schloss sie wiederum embryonisch ein anderes Handwerk in sich, das sich seinerseits erst viel später emancipiren sollte: die Müllerei. Jeder Bäcker mahlte sich das Getreide, das er brauchte, selbst, genauer, stampfte es sich selbst, denn das Korn in einem Mörser zu stampfen war die älteste Methode der Mehlbereitung; Mahlmühlen und Mühlsteine, durch Sclaven, Vieh, Wasser, Wind getrieben, sind abermals von jüngerem Datum: das Wort Pistor, so viel wie Bäcker, bedeutet eigentlich einen Stampfer und erst im Anschluss daran einen Müller und, weil damit verbunden, einen Bäcker. Unser Eurysaces, ein Grieche, buk vielleicht den Marius und den Cicero das berühmte Athener Weissbrod, wie Ade oder Meyer den heutigen Römern Wiener Brod bäckt: in Gedanken sehen wir aus seinen Oefen, mit seiner Schutzmarke versehen, tausend runde in Sectoren eingetheilte Fladen, die Oberkruste mit Mohn, die Unterkruste mit gehackter Petersilie bestreut, hervorgehen.

II.

Nachdem wir unser Gebiet im Vorigen mit Hülfe der zwei Mauerlinien umrissen haben, wenden wir uns gegenwärtig zur Betrachtung der innerhalb desselben versteckten Reste des Alterthums. Wir beginnen dabei mit den Titusthermen, deren mächtige Trümmer auf den Carinen, einige hundert Schritt vom Colosseum, im linken Schultergelenk des Ankers belegen sind.

Ebensoviel wie Nero's Goldenes Haus verschlungen, gab es wieder von sich: es glich einer Riesenamme, die, unfähig, sich selber geschlechtlich fortzupflanzen, zwischen zwei ähnliche Generationen trat. Denn der Stadt Rom ging es wie einem Kinde, das vom tyrannischen Vater zu hart geschlagen worden ist und nun von einer zärtlichen Mutter zur Entschädigung mit Liebkosungen überhäuft und mit Süssigkeiten gestopft wird; statt des Spielzeugs, das man ihm weggenommen hat, bekommt es ein anderes und es steht sich schliesslich in Folge seines Verlustes besser als zuvor. An Stelle des grossen Teichs erhob sich das Colosseum, an Stelle des Pavillons (den Titus ursprünglich selbst bewohnte) erhob sich ein glänzendes, alle damals vorhandenen an Geräumigkeit und Comfort übertreffendes Badehaus. Das sind die Thermae Titianae, hinter die später, ebenfalls auf dem Esquilin, die kleineren des Trajan zu liegen kamen; eine Pest hatte vielleicht Titus' Aufmerksamkeit auf die öffentliche Gesundheitspflege gelenkt und ihn veranlasst, die Schuld Nero's nicht blos durch ein luxuriöses Amphitheater, sondern auch durch eine gemeinnützige Anlage zu sühnen.

Wahrscheinlich wollte er, dessen Menschenfreundlichkeit durch so viele grosse nationale Unglücksfälle auf die Probe gestellt ward, zugleich den Schaden wieder einigermaassen gut machen, den ein elementarer Nero in der Stadt angerichtet hatte, nämlich eine schreckliche, drei Tage und drei Nächte wüthende Feuersbrunst.

Die Titusthermen samt den dazu gehörigen sieben Reservoirs (Sette Sale) sind weniger an sich als vielmehr durch die Kunstwerke, die sie enthielten, berühmt geworden: sie waren eine reiche Schatzkammer des Alterthums. Als man sie zu Rafaels Zeit auf der Suche nach Statuen entdeckte, waren es vornehmlich die an den Gewölben befindlichen Arabesken und Stuccaturen, welche mit ihrer reizenden Phantastik, ihrer anmuthigen Bizarrerie die allgemeine Bewunderung erregten, nachdem sie ihrerzeit von Vitruv und Plinius hart getadelt worden: diese Decorationen, aus wunderlich verschlungenem Laub- und Thierwerk zusammengesetzt, machten damals mehr Aufsehen, als sie heutzutage machen würden, weil man Herculanum und Pompeji noch nicht kannte, und sollen neben denen des Colosseums Giovanni da Udine und dem grossen Maler selbst die Vorbilder für die Loggien im Vatican geliefert haben. Bekanntlich war die ganze antike Malerei wesentlich eine solche Ornamentalmalerei, nämlich einerseits Wandmalerei al Fresco oder in enkaustischer Manier, andererseits Vasenmalerei. Unter den grösseren, auf gelbem und rothem Grunde ausgeführten Scenen glaubte man eine heute noch beliebte zu erkennen: den Coriolan, den seine Mutter zum Rückzuge bewegt. Man nannte diese unterirdischen Zimmer und Gänge Keller oder Grotten (grotte = cryptae) und danach elegante und phantastische Verzierungen im Stil der Titus. thermen überhaupt Grotesken (it. grottesche, fr. grotesques), woraus unser Ausdruck «Grotesk» für eine Gattung des Närrisch-Seltsamen, des Niedrig-Komischen hervorgegangen ist.

Die Reservoirs der Titusthermen, genannt „Le Sette Sale".

In dem langen, durch sechzehn Fenster mit Oberlicht versehenen Corridor, welcher den nördlichen Abschluss der Anlage gegen die Gärten hin bildete, bemerkt man nicht weit vom Eingang rechts unten an der Wand zwei aufgerichtete Schlangen (duos angues) mit einem Altar in der Mitte. Dies ist keine Groteské, sondern eine zarte Erinnerung an den ‚Genius loci,' der diese Räume überwacht, dem Kreuz zu vergleichen, welches man im modernen Italien oft an die Mauer malt. Es deutet symbolisch an, dass hier in den Thermen des Titus „Verunreinigung verboten" ist. Wem diese Symbolik zu fein sein sollte, für den steht explicite, mit göttlicher Grobheit die antike Verwünschung da:

DVODECIM·DEOS·ET·DEANAM·ET·JOVEM·OPTVMVM·
MAXVMVM·IRATOS·HABEAT·QVISQVIS·HIC·
MINXERIT·AVT·CACARIT·

Bei den sieben Reservoirs, wohl nur zufällig nicht in den Bädern selbst (in dem Saale des „Coriolan“) wurde im Januar 1506, von einem gewissen Felice de Freddi, im Beisein zweier grosser lebenden Künstler das Wunder der Kunst (il Portento dell'.arte) an's Licht hervorgezogen — die Laokoongruppe.

Versetzen wir uns einen Augenblick in jene empfängliche, für Alterthum und Kunst glühende Zeit, wo die Morgenröthe eines herrlichen Jahrhunderts aufging. Kaum war der genannte Schatzgräber in seiner Vigna auf das bewunderungswürdige Denkmal der griechischen Kunst gestossen, so hatte er auch die Ahnung, dass es ihm geglückt sei, einen wirklichen Schatz zu heben. Er schickte Boten in den Vatican, es dem Papst zu melden. Der ehrgeizige Julius sah auf von der Politik; er liebte die schönen Künste und Wissenschaften: sie sind, pflegte er zu sagen, Silber für das Volk, Gold für den Adel und für einen Fürsten Demantstein. Der Baumeister Giuliano da San Gallo, gerade wieder in Rom, ward abgeordnet; dieser nahm Michel Angelo mit, und beide Künstler begaben sich an Ort und Stelle. Sie stiegen zu den Ausgrabungen hinab — „das ist Laocoon, von dem Plinius redet!“ rief der gelehrte Architect; in der That preist Plinius die Gruppe als die bedeutendste Leistung aller Zeiten; derselbe Plinius erwähnt, dass sie den Palast des Titus schmückte. — „Ein Wunderwerk, ein ewiges Wunderwerk!“ wiederholte Michel Angelo begeistert, „aber Plinius schreibt, die Gruppe sei aus einem einzigen Marmorblock verfertigt, und hier bemerke ich eine Fuge“. — „Und der rechte Arm des Vaters fehlt,“ erwiderte Giuliano, „er muss sich ausstrecken, um die Schlange abzuhalten: Simul manibus tendit divellere nodos, heisst es bei Virgil.“ — „Wer darf es jemals wagen, dergleichen zu ergänzen?“ bemerkte der grosse Künstler, der sich vielleicht in diesem Momente, beim Anblick des schmerzerfüllten Vaters, daran erinnern mochte, wie er selbst in einer Jugendarbeit den erhabenen Schmerz einer Mutter darzustellen versucht hatte.

Bogen des Gallienus.

Also feierte die Laokoongruppe ihre „Renaissance". Freddi trat sie dem Heiligen Vater ab und erhielt dafür zum Lohne die Hälfte der Accisen an der Porta San Giovanni (introitum et portionem gabellae portae Sancti Joannis Lateranensis): er wurde also Thorschreiber; Leo X übertrug ihm statt dessen durch ein Breve vom November 1517 das Officium scriptoriae apostolicae. Wie ein grosser Entdecker wurde er in der Basilica von S. Maria in Araceli auf dem Capitol neben dem Reisenden Pietro della Valle und dem Beschreiber Roms Flavio Biondo di Forli beigesetzt.

III.

Die sich an den Vignen des Esquilin hinwindende Via delle Sette Sale mündet in die öde Via di S. Pietro in Vincoli, und durch sie gelangen wir in die Gegend der Stadt, welche im Mittelalter von einem Palaste der Cornelius Merula (Domus Merulana) den Namen La Merulana führte. Via Merulana heisst die grosse, einen Kilometer lange Strasse von S. Maria Maggiore bis zum Lateran. An derselben halbwegs ist 1874 ein antiker Hörsaal (Auditorium) ausgegraben worden, wo die Celebritäten der Zeit Vorträge gehalten haben, ungefähr von der Form eines anatomischen Theaters. Da das Gebäude zu den fast den ganzen Esquilin bedeckenden Gärten des Maecenas gehört haben soll, so könnte es auch ein theatralischer Abschluss einer grossen Mittelperspective gewesen sein. In diesen Gärten wurde im Jahre 1606 beim Bogen des Gallienus die Aldobrandinische Hochzeit aufgefunden; in denselben hat man die schönen Odysseelandschaften entdeckt, welche mit jenem grossen Gemälde in dem Gabinetto delle Pitture antiche der Vaticanischen Bibliothek untergebracht sind. Unter ihnen befindet sich eine, deren Sujet dem eilften Buche entnommen ist — man sieht in den Eingang der Unterwelt, ein natürliches Felsenthor, am westlichen Ende des Weltstromes hinein: hier, vor den kraftlosen Schatten steht Odysseus (*ΟΔΥCΕΥC*), den Tiresias (*ΤΕΙΡΕCΙΑC*) über den Modus seiner Heimkehr zu befragen; Perimedes und Eurylochos haben ein schwarzes Schaf geopfert; oben am Felsenhang sitzt trauernd der eben verschiedene, schneller als Odysseus mit seinem Schiff angelangte Elpenor (*ΕΛΠΗΝΩΡ*). Die Kimmerier lagern, begraben in Finsterniss, umher, weisser Asphodelus schiesst auf, es riecht nach dem moderigen Hades, feucht und dumpf. Wie sonderbar! Ehe Maecenas unsern Hügel in den prachtvollen Park verwandelte, dessen Pavillons diese Gemälde schmücken mochten, war der Esquilin ein solcher Hades — das felsige Plateau durchsetzten Massengruben, die sogenannten Puticuli, in welche, wie dies noch heutzutage in Neapel geschieht, die Sclaven, die Armen und die kleinen Leute, die kein eigenes Grab erschwingen konnten, zu Haufen geworfen wurden:

Hoc miserae plebi stabat commune sepulcrum (Hor. Sat. I, 8).

Horaz, der oft hier eingesprochen haben mag, hatte auf dem Esquilin noch einen andern Freund, L. Aelius Lamia, in dessen Gärten ebenfalls 1874 die Venus vom Esquilin gefunden ward.

Von der Via Merulana zweigt links die Via di S. Vito ab und diese führt unter dem bereits erwähnten Gallienusbogen durch, welcher, neben der gleichnamigen Kirche eingeklemmt, im Volksmunde Arco di San Vito heisst. Zwischen ihm und der Kirche S. Maria Maggiore lag die Markthalle der Livia (Macellum Livianum).

Der Kaiser Gallienus war alles — Redner, Dichter, Gartenkünstler, Gastrosoph, ein Liebhaber des Neuplatonismus — als Plotinos vorschlug, in Campanien einen platonischen Musterstaat, eine Platonopolis zu gründen, ging er mit Begeisterung darauf ein — er hatte eine bedeutende Frau, Cornelia Salonina, zur Gemahlin, die im Jahre 268 Augenzeugin seines Falls in Mailand wurde — nur war er kein Fürst: seine ästhetischen Neigungen stimmten wenig für jene wilde Zeit. Wenn daher ein einfacher Privatmann, M. Aurelius Victor, vielleicht ein Vorfahr des Historikers, auf die Idee kam

Ἦλθε δ' ἐπὶ ψυχὴ Θηβαίου Τειρεσίαο,
χρύσεον σκῆπτρον ἔχων, ἐμὲ δ' ἔγνω καὶ προσέειπεν·
„Διογενὲς Λαερτιάδη, πολυμήχαν' Ὀδυσσεῦ,
τίπτ' αὖτ', ὦ δύστηνε, λιπὼν φάος ἠελίοιο
ἤλυθες, ὄφρα ἴδῃ νέκυας καὶ ἀτερπέα χῶρον;
ἀλλ' ἀποχάζεο βόθρου, ἄπισχε δὲ φάσγανον ὀξύ,
αἵματος ὄφρα πίω καί τοι νημερτέα εἴπω."

Siehe, da kam der Schatten Tiresias' des Thebaners,
In der Hand ein Scepter, und wie er mich kannte, so rief er:
„Edler Sohn des Laertes, erfindungsreicher Odysseus,
Mann des Jammers, was trieb dich, das Licht der Sonne zu lassen
Und hinab zu der Todten trübseligem Hause zu steigen?
Aber weiche zurück und stecke das blitzende Schwert ein,
Dass ich vom Blute koste und dir die Wahrheit verkunde."

Odyssee XI, 90 ff.

Odysseus in der Unterwelt, Wandgemälde vom Esquilin.

GALLIENO·CLEMENTISSIMO·PRINCIPI·
CVIVS·INVICTA·VIRTVS·
SOLA·PIETATE·SVPERATA·EST·

nebst der schönen und heldenmüthigen Salonina einen Triumphbogen in Travertinquadern zu errichten, von welchem noch der mittlere Durchgang erhalten ist, so mag derselbe als ein Ausdruck persönlicher Verehrung für das Kaiserpaar aufzufassen sein, das menschlich gewiss recht liebenswürdig war, aber auf dem Throne getadelt wird. Menschen zu sein, verbietet man den Kaisern.

Als die Römer am 6. Januar 1200 Viterbo besiegt hatten, hingen sie die Schlüssel dieser Stadt als Trophäen am Bogen des Gallienus auf. Vielleicht dass sie gerade auf ihn verfallen waren, weil in unmittelbarer Nähe, in den Nischen einer grossartigen Fontaine, des monumentalen

Sogenannter Tempel der Minerva Medica.

Reservoirs der Aqua Julia, zwei antike Trophäen standen, die Trophäen des Marius, auch kurzweg Cimbern (Cimbri) genannt. Dem Besieger der Cimbern waren seinerzeit dergleichen gestiftet worden, die Sulla umstürzen und Caesar als curulischer Aedil gegen das Gesetz von Neuem aufrichten liess; mit Thränen im Auge konnten die Veteranen eines Morgens den geliebten Feldherrn nebst den Zeugen seines Ruhms auf dem Capitol im alten Glanze wieder erstehen sehen. Für besagte Trophäen wurden nun im Mittelalter die obigen gehalten, um so mehr gehalten, als an dieser Stelle einmal ein Siegesdenkmal des Marius gestanden haben soll; ja, in diesem Glauben wurden sie 1585, unter dem Pontificate Sixtus' V. wirklich dem Capitol zurückgegeben und vorn auf der Balustrade zu beiden Seiten der Dioskuren aufgestellt. Hier stechen sie dem Sohn der jütischen Halbinsel heute noch in die Augen, und es ist sinnreich, dass er die vortrefflichen Werke samt dem gefangenen Knaben wirklich nicht ohne alle Wahrscheinlichkeit auf sich und sein Volk beziehen darf — dass er vielleicht in der That die Trophäen des Marius vor sich hat. Das heisst, in Marmor und in effigie, denn ein Tropaeum war eigentlich ein Baumstamm, der auf dem Schlachtfelde selber vom Sieger aufgepflanzt und mit diversen Beutestücken behangen ward. Die Ruine der Fontaine heisst beim Volke nach wie vor Trofei di Mario; jüngst restaurirt, füllt sie eine Ecke der weitläufigen, wüsten Piazza Vittorio Emanuele, ein tausendjähriges Monument auf einem Platz von gestern. Die Anlagen und „Gründungen" der „Società Fondiaria" waschen das Terrain aus, überschwemmen Kohlgärten und Artischokenbeete wie eine Sturmflut; bereits haben sie noch eine andere Ruine erreicht — den interessanten, täglich vom Eisenbahnzug gestreiften Tempel der Minerva Medica.

Inneres des Tempels der Minerva Medica.

Vor uns liegt ein Zehneck von 50 m Umfang, mit einer grossen Nische und einem Fenster an jeder Seite, die Eingangsseite ausgenommen, und mit einer Kuppel überwölbt, die an Mächtigkeit nur vom Pantheon übertroffen wird. Fast ganz eingestürzt, von Epheu und Buschwerk umwuchert, gewährt es in seinem Verfalle ein noch malerischeres Bild. Man erklärte es für den Tempel der Minerva Medica, der angeblich auf dem Esquilinischen Felde stand, weil der Sage nach in ihm die schöne Pallas Giustiniani gefunden ward, eine Minerva, zu deren Füssen sich eine Schlange ringelt: diese Schlange, eigentlich die athenische Burgschlange, wurde hier wie das Attribut Aesculaps, nämlich als Symbol der Heilkraft aufgefasst und die Statue deshalb Minerva Medica getauft. Alles das ruhte auf schwachen Gründen, und ausserdem stand damit der volksthümliche Name der Ruine: Le Terme di Galluccio, abgekürzt Le Galluzze, in Widerspruch, welcher auf voraussetzliche Thermen des Gaius und Lucius, obscurer Enkel des Augustus (Thermae Gaii et Lucii) zu leiten schien; stellte doch auch das Pantheon den Rest einer Thermenanlage dar. Wir schweigen von andern Vermuthungen. Galluccio und Galluzzo kommen als Ortsnamen auch anderwärts, z. B. bei Florenz und bei Caserta vor, beide Formen sind unverkennbare, auf gewöhnlichem Wege abgeleitete Diminutiva des gemeinen Namens Gallo und haben mit Gaius und Lucius schwerlich etwas zu thun; man begreift kaum, wie ein der italienischen Sprache auch nur einigermassen Kundiger, ja ein Italiener selbst auf eine so abgeschmackte Etymologie gerathen kann, die durch kein historisches Zeugniss bestätigt wird, denn Niemand weiss etwas von Thermen eines Gaius und Lucius. Wahrscheinlich verdankt der Zusatz ‚di Galluccio' seine Entstehung lediglich dem Umstand, dass das Gebäude von einem Gallo, nämlich dem Architecten Antonio da San Gallo, dem Aelteren, vulgo Galluccio, um 1500 gezeichnet worden ist; diese Zeichnung, auf der unsere ganze Kenntniss des ursprünglichen Plans beruht, wird noch in der Barberinischen Sammlung aufbewahrt. «Le Terme di Galluccio» ist dasselbe wie «Le Logge di Raffaello.»

IV.

Der Viminal, dessen Name an die diesen Hügel einst bedeckenden Weidichte (Vimina) erinnert, in der Mitte zwischen Esquilin und Quirinal gelegen und individuell am schwächsten ausgeprägt, wurde, im Gegensatz zu dem vornehmen esquilinischen Quartier, gleich den Abhängen des Quirinal, von der ärmeren Classe, unter Andern der Legende nach von den ältesten Christen bewohnt, wofür nicht nur die hier gefundenen kleinen Häuser, sondern auch die zahlreichen Thermen dieser Gegend sprechen — Thermen waren nicht nur die Bäder, sondern auch die Paläste und die Casinos des Volks. So kam denn auf den Viminal, genauer auf die Scheide zwischen Viminal, Quirinal und Servius-Wall um 303 n. Chr. auch jener Riesenbau zu stehn, dem fast alle hier befindlichen Trümmer angehören: die Thermen Diocletians, welche dieser Kaiser in Gemeinschaft mit seinem Mitregenten Maximianus anlegte und die zu vollenden den jüngeren Caesaren, Constantius und Galerius, seinem Adoptiv- und Schwiegersohn vorbehalten war. Die grössten Thermen unter allen, fast doppelt so umfangreich als die des Caracalla, mit dreitausend Badezellen und zweitausend vierhundert Marmorsesseln, verbunden mit einer Bibliothek, einer Gemäldegallerie, (Pinacotheca), einem Concerthaus (Odeum) und einem Conversationssaal (Exedra); letzterer, an der südwestlichen Grundlinie des grossen Parallelogramms gelegen, welches die Umfassungsmauer bildete, schloss wie gewöhnlich mit einer runden Apsis ab, in welcher die Stühle standen, und diese Apsis (derselbe mächtige Halbkreis, den die hier anhebende Via Nazionale in zwei Quadranten zerschneidet) sprang wie der Halbring eines Transporteurs mitten aus der Grundlinie heraus, deren Endpunkte zwei andere Rundgebäude, die Kirche S. Bernardo und das Gefängniss vis-a-vis bezeichnen. Von den Thermen heisst der römische Bahnhofsplatz Piazza di Termini (neuerdings pedantisch Piazza delle Terme).

Beim Bau des Colosseums mussten Juden, beim Bau der diocletianischen Thermen Christen frohnen, angeblich vierzigtausend; unter ihnen befanden sich der Bischof Sisinnius und der Diacon Cyriacus, die beide während der nachherigen Verfolgungen den Märtyrertod erlitten. Deshalb wurde dieses Bad schon zu Honorius' Zeiten, als es noch allgemein in Gebrauch stand, von den römischen Christen mit frommer Scheu betrachtet, dem heiligen Cyriacus sogar eine Kirche darin erbaut. Die letztere verschwand, aber das Gebäude blieb nach wie vor geheiligt. Im vierzehnten Jahrhundert wurde es zu einer Kartause bestimmt und im sechzehnten eine solche wirklich darin auf Kosten der Kartäuser angelegt, während Pius IV. die Erbauung der Kirche auf sich nahm. Die berühmtesten Architecten reichten Pläne ein: der Papst wählte den Michel Angelo's, des Baumeisters von Sanct Peter. Er gab auch dieser der Königin des Himmels (S. Maria degli Angeli) geweihten Kirche die Form eines griechischen Kreuzes, dessen Pfahl der 170 m lange, 100 m breite, 29 m hohe, von acht Granitsäulen getragene Prachtsaal der Gemäldegallerie bildete, während er die hundertsäulige Palästra in den Kreuzgang umschuf; Vanvitelli veränderte 1749 diesen Plan, indem er den Pfahl zum Querbalken machte. Die Kartäuserkirche, am 5. August 1561 eingeweiht, war das Letzte, was der sechsundachtzigjährige Künstler in Rom vollendete; die vier Cypressen, welche er um den Brunnen des Kreuzgangs pflanzte und von denen heute noch, wo er als Militärdepot dient, drei wie grüne Pyramiden zum Himmel ragen, pflanzte er sich selbst. Er starb wenige Jahre darauf. Bald werden auch sie verdorrt sein: durch die schweigende Kartause, um den heiligen Bruno, der so sprechend dargestellt ist, aber der noch im Steine Thore und Schlösser vor seine Lippen legt, lärmt die italienische Soldatesca; vor Michel Angelo's Kirche hält ein piemontesischer Posten Wache; und auf dem Platz der diocletianischen Thermen stehen Schaubuden und Menagerien.

V.

Auch die Kolosse von Monte Cavallo, die einzigen lebenden Zeugen des Alterthums auf dem Quirinal, der sich als das äusserste Glied der Gruppe sanft einwärts gekrümmt von Nordosten nach Südwesten gegen das Thal hin erstreckt und zu dem wir auf den schönen neuen Strassen, der Via Nazionale, delle Quattro Fontane und del Quirinale gelangen, gehörten zu Thermen und zwar zu den letzten, die Reihe dieser Anlagen beschliessenden, ja zu dem letzten öffentlichen Gebäude, welches das heidnische Rom aufführen sah — den Thermen Constantins. Sie verschwanden spurlos, ihre Stelle nimmt der Palazzo Rospigliosi ein. Nur die beiden nackten Riesen stehen noch wie Memnonssäulen mit erhobenen Armen und geballten Fäusten auf dem Gipfel des sabinischen Bergs, denn sie zählen das Kommende — sie sind Symbole der Wahrheit, die sonst in einem geblümten Rocke nach Hofe kommt, aber diesmal unverhüllt vor den römischen Kaiser trat — weder Auge noch Geist sind hinreichend sie zu fassen.

Die Dioskuren auf Monte Cavallo.

Als Christine von Schweden in Rom war, gab ihr der Papst ein paar Cardinäle zu ihren Ciceroni. Einst entzückte sie sich an einer Statue Bernini's, die Wahrheit darstellend. Ein Cardinal, der sich vermuthlich etwas auf seinen Witz zu Gute that (der Italiener liebt das Wortspiel) meinte, er bewundere mehr noch eine Fürstin, die, was bei gekrönten Häuptern selten, die Wahrheit liebe. «Ja,» erwiederte die Königin, «nicht alle Wahrheiten sind von Marmor.»

Warum trat Christine nicht auf den Monte Cavallo, auf jenen eigenen, individuellen Platz, so unregelmässig als erhaben und wundersam? Denn hier hatte Tiberius selbst marmorne Wahrheiten errichtet. «Warum geht ihr nackt?» fragte er zwei junge Gymnosophisten, die zu seiner Zeit nach Rom gekommen waren, Phidias und Praxiteles mit Namen. — «Weil alle Dinge, ja, deine eignen Gedanken vor uns nackt und offenbar sind, und wir die Welt für nichts achten,» war die Antwort.

Monte Cavallo oder Piazza del Quirinale.

Er prüfte ihre Weisheit: wahrlich, es war vor ihnen Alles nackt und offenbar, und was er in stiller Kammer in's Ohr geredet hatte, das predigten sie auf den Dächern. Da beschloss er ihr Andenken zu verewigen und sie nackt auf dem Quirinal aufstellen zu lassen und zwei bäumende Rosse, Sinnbilder der mächtigen Herrscher der Welt dazu.

Denn das Pferd stampft die Erde gleich einem Könige — Terram ungula fodit, exultat audacter; in occursum pergit armatis, contemnit pavorem, nec cedit gladio. Super ipsum sonabit pharetra; vibrabit hasta et clypeus, fervens et fremens sorbet terram, nec reputat tubae sonare clangorem (Hiob Cap. 39). Es ist dies vielleicht die schönste, anschaulichste und treffendste Schilderung dieses edlen Thieres in der gesamten Weltliteratur, wohl auf einem Platze zu citiren, der nach ihm benannt und gleichsam ihm geweiht ist.

Wir sind besser unterrichtet als die Pilger des zwölften Jahrhunderts, welche die gewaltigen Rossebändiger für Philosophen und „Phidias und Praxiteles" für die Namen sothaner Philosophen hielten. Diese beiden herrlichen, 5,6 m hohen Heldenjünglinge, die zwei verhältnissmässig kleinen Pferden in die Zügel fallen, nicht völlig nackt, sondern mit einer leichten Chlamys bekleidet, die vom linken Arm herabfällt, und mit dem rechten Fuss an einen Panzer gelehnt, ohne Hut, aber wohl ursprünglich mit Kranz und Stern bezeichnet — sind die Dioskuren, die Zwillinge, die der bedrängte Schiffer auf stürmischem Meere anruft, und die Götter des Sports, die als Pferdeliebhaber auf weissen Rossen reiten oder sich mit ihrer Dressur beschäftigen. Wenn sie jetzt erschienen, würde man sie zu Präsidenten eines Jockey-Clubs erwählen; im Alterthum standen ihre Bildsäulen am Eingange der Rennbahnen, gelegentlich auch am Eingange der Thermen, wie hier vor denen Constantins, der die colossalen Werke Gott weiss woher genommen hat. Die Inschriften: OPVS PHIDIAE und OPVS PRAXITELIS sind apokryph, beide Gruppen jedoch sowohl durch die Grossheit in den Verhältnissen des Gliederbaus, als durch den bewunderungswürdigen Ausdruck heroischer, übermenschlicher Kraft ausgezeichnet, namentlich besitzt die dem Phidias zugeschriebene Figur, die freilich auch am besten beleuchtet ist, einen hohen Kunstwerth; sie scheinen unter Augustus nach griechischen Bronzen aus der besten Zeit gearbeitet und Originalen aus der Schule des Lysippos nachgebildet zu sein. Auf ihre Vortrefflichkeit machte die Deutschen zuerst Carstens aufmerksam. Diese «Caballi Marmorei» wurden nie verschüttet: bis zur Zeit Sixtus' V. standen sie bei den Constantinischen Thermen, 1589 wurden sie härter am westlichen Rande des quirinalischen Hügels, vor dem apostolischen Palaste, und zwar parallel nebeneinander aufgestellt (respective die Pferde nach Einigen verstellt); den Transport leitete derselbe Domenico Fontana, der unter demselben Sixtus den grossen Obelisken vom vaticanischen Circus auf den Petersplatz gebracht hat. Im vorigen Jahrhundert endlich, unter Pius VI., wurden sie mit einem Obelisken vom Mausoleum des Augustus zu einer ziemlich geschmacklosen Gruppe vereinigt, in welcher die «Fratres Helenae, lucida sidera» einander den Rücken kehren. Das Becken des Springbrunnens vor dem Obelisken bildet eine antike Schale von orientalischem Granit, deren Umfang 25 m beträgt. Einst, als die Kolosse noch bei den Thermen standen, sass bei ihnen, von Büchern umgeben, eine weise Frau, die eine Schale in der Hand hielt und eine Schlange tränkte, vermuthlich eine Hygiea, schön für ein Bad und für den gesündesten Hügel der Stadt geeignet: den Pilgern erschien sie als die Kirche, welche die Bücher der Offenbarung verschliesst, aber Niemand mag sie lesen, der nicht gleich der klugen Schlange begierig aus dem Becher des Heiles schlürft.

Das Marsfeld

und

die kaiserlichen Fora.

I.

Gleichwie gegen Südwesten zwischen Capitol und Palatin zum Velabrum, öffnet sich das Thal des Forums gegen Norden zwischen Capitol und Quirinal zum Marsfeld: beide Flächen, durch zwei ausspringende Bogen des Stroms gebildet, hängen ihrerseits am südwestlichen Abhange des Capitols durch eine schmale Niederung, wie durch eine Landenge zusammen, sodass Forum, Marsfeld und Velabrum eine ununterbrochene Ebene darstellen, aus welcher der Capitolinische Hügel inselartig aufragt. Indessen ist das Marsfeld das Hauptstück dieser Ebene und gleichsam das grosse aufgelegte Tuch, von dem die übrigen Plätze wie Fetzen abgeschnitten sind; es ist die Ebene Roms schlechthin. Weit und glatt, in behaglicher Breite dehnt sie sich von den Abhängen des Pincius, Quirinal und Capitolinus ausserhalb des städtischen Friedensbezirks bis zum Ufer des Flusses aus, in dessen Arm sie wie in einer Schlinge hängt: der grösste Theil der heutigen Stadt liegt auf ihr. Sie soll ursprünglich im Besitze der Tarquinier gewesen und nach ihrer Vertreibung dem Vater Mars, dem längst hier waltenden und längst hier verehrten Kriegsgott gewidmet worden sein; daher ihr Name Campus Martius, der gleich Forum, Palatium und Capitol typisch und auf so viele fremde März- und Marsfelder übertragen wurde. Es war der Turn- und Exercierplatz des alten Roms, der Berliner Hasenheide zu vergleichen; die südöstliche Seite, zunächst der Stadt, diente neben dem Forum zu Volksversammlungen; und zwar anfangs nur für die Versammlungen der Bürgerschaft nach ihrer militärischen Gliederung (Comitia centuriata), später auch für die Versammlungen, in welchen das Volk nach Nachbarschaften zusammentrat (Comitia tributa). Die dabei beschäftigten Auguren, Consuln und andere Magistrate, sowie die fremden Gesandten hatten ein zweistöckiges Casino (Villa publica) auf der Dingstatt; die Versammlungen selbst wurden im Freien abgehalten: Rotten und Gemeinden standen vor der Stimmabgabe in Gehegen (Septis), die wie Schafställe eingepfercht und mit Hürden umgeben waren, deshalb auch den Namen Schafstall (Ovile) wirklich führten; erst Caesar verwandelte diese hölzernen Zäune in Marmorschranken und umgab die patriarchalischen Ställe mit reich ausgestatteten Colonnaden, die Agrippa beendete; sie hiessen noch immer Septa, aber nach ihrem Stifter Septa Julia. Auf einer Münze Nerva's sieht man, wie die Wähler einzeln in der Toga aus ihren Schranken treten, über eine Brücke (pons suffragiorum) schreiten und die Stimmzettel (tabellae) in eine Urne (cista) werfen. So lange der Antheil an öffentlichen Dingen noch allgemein und lebendig war, versammelte sich das römische Volk wie eine Herde in rohen und unbedeckten Ställen. Als die Freiheit untergegangen war, versammelte es sich in Palästen und in schimmernden Säulenhallen.

Ein Herold rief die Centurier und die Tribus zum Stimmen auf (in Campo Martio centuriatim populum c i t a b a t Liv. 6, 20, 10); von sothaner Citation erhielt der Platz, wo die Septa standen, respective die späterhin entstandene Anhöhe den Namen Mons Citatorius (Monte Citorio). Diese Erinnerung bewog die Italiener im Jahre 1871 das Parlament auf dem Monte Citorio tagen zu lassen.

Aber allmählich begann die Ebene auch mit andern herrlichen Gebäuden geschmückt und das Feld des Mars von seinen dankbaren Söhnen eifrig bestellt zu werden. Man will wissen, dass die weitere Entwickelung der meisten grösseren Städte nach Westen gehe, indessen ist dieser Gang wohl nur eine Folge des zufälligen Umstands, dass bei vielen unter ihnen gerade im Westen Platz war. Wie Berlin über den nicht zum Weichbild gehörenden Thiergarten hinaus vorgedrungen ist, also schritt Rom über den ausserhalb des Pomeriums liegenden Campus Martius hinaus. Derselbe Agrippa, der die Wahllokale vollendete, legte 25 v. Chr. auf dem Marsfelde die ersten öffentlichen Thermen an; schon vorher (220 v. Chr.) hatte Cajus Flaminius im Süden, auf den Flaminischen Wiesen einen Circus, Pompejus nordwestlich davon ein steinernes Theater (55 v. Chr.) und Statilius Taurus ein Amphitheater erbaut (29 v. Chr.). Zu den Thermen des Agrippa gehörte das Pantheon, welches nachmals in einen Tempel umgewandelt wurde; es war ebenfalls nicht einzig in seiner Art: vor ihm stand schon der Tempel der Bellona, von Appius Claudius dem Blinden im Jahr 296 v. Chr. während heisser Schlacht gelobt und mit der Kriegssäule (Columna bellica) verbunden, dem fürchterlichen Grenzpfeiler des Reichs, an den der Fetial trat, wenn er mit der Formel: Bellum justum indico facioque einem Staat den Krieg erklärte und den in Blut getauchten Speer in Feindesland schleuderte; in dem Tempel der Bellona gab der Senat den Gesandten fremder Völker, welche die Stadt nicht betreten durften und den Feldherren, die einen Triumph forderten, Audienz — Hercules als Vorsteher der Musen (Hercules Musarum) hatte einen Tempel beim Circus Flaminius, den M. Fulvius Nobilior 189 v. Chr. erbaute und mit einer Gruppe der neun Musen aus Ambrakia in Epirus schmückte — ja, dem hier vorwaltenden Gotte selbst, dem Mars, dem alljährlich im October auf dem Campus das Streitross geopfert ward, dem erhabenen Stammvater, dessen Andenken man jährlich zweimal, am 27. Februar und am 17. März auf derselben Stätte durch Pferderennen (equiria) und martialische Spiele (ludi martiales) feierte, erhob sich seit dem Jahre 138 v. Chr. statt des alten Altars ein Tempel, gestiftet von dem Consul D. Brutus Gallaecus, erbaut von dem Architecten Hermodorus und berühmt durch eine Bildsäule des sitzenden Mars, das Meisterwerk des Skopas. Uebermächtig und kolossal, konnte sie für ein Symbol des grossgewordenen Volkes, der aus kleinen Anfängen erwachsenen Stadt, ja eben des Feldes gelten, auf dem Romulus verschwand.

Der Genius des Marsfelds mit dem Gnomon.

Es heisst, Mars war seiner ursprünglichen Bedeutung nach ein Sonnengott, als solcher brachte er über Herde und Flur bald Fluch, bald Segen; mit seinem Monat, dem März, begann der Frühling und das alte römische Jahr. Nun auch der Sonnengott und der Jahrgott beschien die römische Ebene, mit seinem himmlischen Lichte still die Tageszeiten ordnend. Er zählte die Stunden seiner Stadt, und das unterworfene Aegypten hatte einen versteinerten Sonnenstrahl als Weiser dazu geliefert — einen Obelisken aus der Sonnenstadt Heliopolis. Es war Augustus, der Rom mit einem Gnomon, d. i. einer Sonnenuhr beschenkte und das Marsfeld um einen sinnigen Schmuck bereicherte; er that es mit Hülfe des gelehrten Manilius, der ein Gedicht über Astronomie und Astrologie verfasste. Ein Gnomon ist ein Instrument zur Bestimmung der Höhe der Sonne und der Zeit des Mittags und nichts Anderes als eine Säule, welche senkrecht über einer horizontalen Mittagslinie steht: ihre Länge, durch die Länge ihres Schattens dividirt, ergiebt die Tangente des Höhenwinkels der Sonne. Dazu sollte also hier der grosse, 76 m hohe Obelisk genommen werden, den Augustus nach Besiegung des Antonius heim gebracht, und den Plinius mit Unrecht dem Sesostris zuschreibt:

IMP·CAESAR·AVGVSTVS·PONTIFEX·MAXIMVS.
AEGVPTO·IN·POTESTATEM·POPVLI·ROMANI·REDVCTA·SOLI·DONVM·DEDIT.

wie die antike Inschrift meldet; sie ist gleichlautend mit der des gleichzeitig entführten Obelisken auf Piazza del Popolo, der im Circus Maximus aufgerichtet ward. Aber wegen der Bildung des Halbschattens waren die Bestimmungen ungenau, die Spitze des der Erdaxe parallelen Obelisken zeichnete sich im Schatten nicht scharf genug auf der steinernen Fläche ab, die der Ebene des Aequators parallel daran gelegt war: deshalb brachte Manilius auf dem Obelisken eine vergoldete Kugel an, deren Mittelpunkt mit der Spitze des Obelisken zusammentraf: in dem Mittelpunkt des elliptischen Schattens, welchen die Kugel warf, hatte man nun den Schatten der Spitze exact vor sich. Gegenwärtig pflegt man noch glücklicher mit der Spitze des Gnomons eine durchlöcherte Metallplatte zu verbinden, wo dann das mitten im Schatten sichtbare, unbeschattete Loch die wahre Höhe anzeigt. Die meisten römischen Obelisken trugen diese Kugel, wie sie jetzt das Bild der Erlösung tragen, zum Beweis, dass man sie alle in Gnomons verwandelt hatte; auch den Gipfel des grossen Obelisken auf dem Petersplatze, in dessen Schatten Goethe am 22. November 1786 mit Tischbein auf und ab ging, und vor welchem im Jahre 1817 wieder eine Mittagslinie in Porphyr gezogen worden ist, schmückte ursprünglich anstatt des Kreuzes eine hohle Kugel von vergoldeter Bronze: das Volk glaubte, dass in ihr die Asche Julius Caesars enthalten sei, und ein Dichter machte die Choriamben darauf:

Caesar, tantus eras, quantus et orbis,
Sed nunc in modico clauderis antro[1].

Der augusteische Gnomon steht jetzt auf Monte Citorio vor dem Parlamentsgebäude und erfüllt seinen Zweck noch immer, wie es besser oder schlechter jeder Obelisk, jeder Baum, jede Bergspitze, ja, jeder in die Höhe gehaltene Finger thut; wirklich pflegen sich die italienischen Landleute mit dem eigenen Mittelfinger eine Sonnenuhr zu improvisiren, indem sie sich gegen Norden stellen; Gnomons sind die ersten astronomischen Instrumente gewesen, weil sie gleichsam von der Natur geliefert werden. Er ist die Veranlassung, dass das Marsfeld auf Bildwerken (z. B. auf dem Piedestal der dem Antoninus Pius unweit des Monte Citorio errichteten Säule) durch einen liegenden Genius, der den linken Arm um einen Obelisken schlingt, bezeichnet wird.

Geschah es einer aegyptischen Vorstellung, etwa einer Osirisirung des Mars zu Liebe, dass man auf dem Marsfelde auch begraben sein wollte? Jedenfalls ruhten viele bedeutende Männer, z. B. Sulla, Agrippa, Hirtius und Pansa auf dem Marsfeld, vielleicht in einer am Fluss hingehenden Totenstrasse, und Augustus selbst legte sich mitten in derselben sein berühmtes Mausoleum, die Augusta (Lagusta) des Mittelalters an, von welcher die umliegende Gegend den Namen ‚in Augusta' bekam. Sie hätte auch ‚in Caesarea' heissen können denn in dem Mausoleum des Augustus wurden auch fast alle seine Nachfolger bis auf Nerva beigesetzt; es enthielt die Grüfte nicht nur der Julischen, sondern auch der Flavischen und der Ulpischen Familie, ja der Gründer

[1]) Caesar, warest so gross als wie der Erdkreis,
Ach, dass ein Kruglein klein jetzo dich einschliesst!

selbst hatte darin seine Verwandten und Freunde, so den Agrippa aufgenommen: es war Roms Escurial, bis Hadrian ein neues am andern Ufer erbauen liess. Mit Strabo's Hülfe können wir uns ein Bild von dem prächtigen Monumente machen. Er beschreibt es als einen kegelförmigen, mit immergrünen Bäumen bepflanzten Hügel, auf dessen Spitze das eherne Bild des Kaisers Augustus stand: er war auf der Höhe eines geraden, viermal verjüngten Cylinders aufgehäuft, dessen Grundfläche einen Durchmesser von 97 m hatte und im Centrum die Gruft Octavians, an der Peripherie die gewölbten Grabkammern der Uebrigen enthielt. Die Sage, welche die Erinnerung an das alte Imperium nimmer los wird, erzählt, der Kaiser habe von allen Provinzen einen Korb voll Erde kommen und auf sein Grab werfen lassen, um so gleichsam in einem kurzgefassten Auszuge seines Reichs zu ruhen. Ich weiss nicht, ob man an diese Sage gedacht hat, als man 1872 auf dem Turnplatz in der Hasenheide bei Berlin dem Turnvater Jahn ein Erzstandbild auf einem Hügel errichtete, zu dem Deutsche aus allen Gauen und selbst aus überseeischen Erdtheilen Steinblöcke gesendet hatten. Ausgedehnte Parkanlagen, durch Marmorbilder belebt, umgaben dies letzte Palatium, in welchem die müden Götter nach so vielen Herbergen eine ewige Wohnung fanden; vor seinem Eingang standen, wie vor einem aegyptischen Tempel, zwei kleinere Obelisken, während ebendaselbst das ruhmvolle Leben Augustus' auf ehernen Tafeln beschrieben war. „Dies sind", so will ein Pilgrim an einer Grabkammer gelesen haben, „die Gebeine und die Asche des Kaisers Nerva und der Sieg, welchen er gewonnen hat." „Dies sind", so konnte Titius zu seinen Freunden sagen, „die Thaten und die Siege Octavians. Hat er seine Rolle gut gespielt? So klatscht."

Auch dieses Mausoleum ward im Mittelalter zu einem Bergfried umgeschaffen: es bildete den Kern der Festungen der Colonna, zu denen auch der nahe Monte Citorio gehörte, und theilte die Schicksale derselben; auf Befehl zweier Colonna verbrannten am 11. October 1354 in seinen Trümmern auf einem Haufen Disteln Juden Rienzi's Leichnam. Nur die dicken, in Netzwerk (Opus reticulatum) aufgeführten Mauern des gewaltigen Cylinders standen noch; gegen Ende des vorigen Jahrhunderts richtete man darin einen Circus für Kunstreiter, Stierhetzen und ähnliche Lustbarkeiten her; vielleicht erhielt es davon den Namen Tanzsaal (Anfiteatro Corea [chorea]), der dann auch auf den davorliegenden Palast Vivaldi (Palazzo Corea) überging. Gegenwärtig befindet sich ebendaselbst ein Tagestheater mit oft vortrefflicher Truppe. Abermals heisst es: Haben wir gut gespielt? So klatscht.

Bekanntlich that Augustus diese Frage auf seinem Todtenbette. Als der fast Sechsundsiebzigjährige sein Ende nahen fühlte, forderte er einen Spiegel, ordnete sein Haar und sagte zu den Umstehenden: Habe ich meine Rolle gut gespielt? So klatscht! Nunc, spectatores, clare plaudite! — Hat er geahnt, dass man dieses Bonmot dereinst auf seinem Grabe in eigentlichem Sinne wiederholen werde? —

II.

Wenn sich im alten Rom Cajus über Sempronius zu beklagen hatte, so citirte er ihn vor den Praetor, und stellte er sich nicht, so forderte er Titius auf, für ihn Zeugniss abzulegen. Zehnmal für einmal wollte Titius nicht, bald aus dem, bald aus jenem Grunde: in dem Falle hatte Cajus das Recht, Titius beim Ohrläppchen zu nehmen und „per aurem" mit Gewalt vors Gericht zu führen. Daher die in Frankreich und Italien landläufige Redensart, wenn sich Einer nöthigen lässt: se faire tirer l'oreille.

Es scheint mir, dass eben in diesem Augenblicke ein solcher Kläger kommt und uns beim Ohrläppchen von der Promenade weg auf's Forum schleppt. Nämlich auf die besonders für

Gerichtsverhandlungen bestimmten Kaiserfora, die in der Ebene nordöstlich vom alten republikanischen Forum liegen, die dasselbe gleichsam topographisch mit dem Marsfelde vermitteln und die zunächst zu besuchen in Ordnung gewesen wäre. Erst sollt ihr Zeugen unserer Herrlichkeit und unseres Glanzes werden, ehe ihr aufs Feld geht, rufen Nerva und Trajan: ja, Augustus macht uns gleichsam zu Augenzeugen eines wirklichen Strafgerichtes. Vor dem rächenden Mars sollen wir uns beugen, ehe wir uns in Speculationen über den Sonnengott verlieren. Die an Caesars Mördern vollzogene Rache will der Tempel des Mars Ultor verewigen: der Gott war bei Philippi mit ihnen ins Gericht gegangen; der Todte mit der dreiundzwanzigfachen Wunde selbst hatte gegen sie Zeugniss abgelegt; ja, noch heute hört man ihn auf dieser Stätte, bei diesen drei korinthischen Säulen wimmern —

— von wannen deine Reise?
Dauert noch die Siebenhügelstadt?

Oft geweinet hab' ich um die Waise,
Dass sie nimmer einen Caesar hat.

Tempel des Mars Ultor auf dem Forum des Augustus.

Mit Julius Caesar beginnt die Reihe dieser kaiserlichen Fora, die alle mit Mauern umgeben waren, deren Mittelpunkt stets ein grosser Tempel bildete, und bei denen es gar nicht auf einen wirklichen Marktplatz ankam, sondern auf einen möglichst prächtigen Gebäudecomplex; hauptsächlich Gerichtsstätten, bestanden sie fast nur aus Basiliken und Hallen, bevölkert von den damaligen Herren der Robe und vom Gezänk der Parteien widerhallend wie das „Palais de Justice“ in Paris; auch die öffentlichen Schreiber (notarii), jene Stenographen des Alterthums, die ihre Protocolle mit Chiffern (per notas) und so geschwind aufzeichneten, dass sie den Gedanken der Richter und der Advokaten zuvorzukommen schienen, werden ihre Bureaus hier aufgeschlagen haben:

Currant verba licet, manus est velocior illis;
Nondum lingua, suum dextra peregit opus (Martial).

Man wird sich die Lage dieser Fora am deutlichsten machen, wenn man sie nach dem Schema eines Kreuzes ordnet, dessen kurzer Pfahl vom nordöstlichen Gipfel des Capitols gegen den Quirinal gestemmt ist, während der Querbalken von der Velia bis ans eigentliche Marsfeld reicht. Caesars Forum Julium und das Forum Augusti bilden den Längsstamm, das von Domitian begonnene Forum Nervae (auch, weil die Strasse vom Markt zur Subura darüber ging, Forum Transitorium genannt) und das Vespasianische Forum Pacis den rechten Arm, das Forum Trajani den linken Arm des Kreuzes; die beiden Arme entsprachen mithin der Richtung der Rinne, welche vom republikanischen Forum nach dem Marsfeld und der hier aufblühenden Neustadt lief, deren Benutzung anfangs ein quervorliegender, Capitol und Quirinal verbindender Rükken noch erschwerte, die aber seit Trajan durch einen grossartigen Durchstich vollkommen ausgeteuft und practicabel gemacht worden war. Wenn man sich den Längsstrich von unten nach oben und den Querstrich von rechts nach links gezogen denkt, so hat man zugleich ein Schema für die historische Aufeinanderfolge dieser Bauten, die unten anfangen und links glänzend endigen.

Das Forum des Nerva — Le Colonnacce.

Auf dem Forum Julium stand der bei Pharsalus gelobte Tempel der Venus Genitrix, davor Caesars Reiterstatue (Equus Caesaris); auf dem Forum Augusti das schon obenerwähnte Templum Martis Ultoris; auf dem Forum Pacis der gleichnamige Tempel; auf dem Forum Nervae ein Tempel der Minerva; auf dem Forum Trajani die Basilica Ulpia, davor Trajans Reiterstatue (Equus Trajani), dahinter die Trajanssäule (Columna Trajani) und hinter dieser wieder, gleichsam der Knopf des linken Kreuzesarms, ein von Hadrian seinem Vorgänger geweihter Tempel (Templum Divi Trajani). Das Trajansforum mass über 200 m im Quadrat.

Von dem Forum Julium und dem Forum Pacis sieht man so gut wie gar nichts mehr. Von dem Forum Augusti steht noch ein Stück der aus Peperinquadern ausgeführten Umfassungsmauer, in ihr, sie durchbrechend und bis auf eine Höhe von 5 m in der Erde begraben, früher geradezu versumpft, daher auch Arco de' Pantani genannt, der Bogen, durch den die Via Bonella nach den anliegenden Stadthöhen führt, endlich in Form dreier Säulen ein imposanter Rest des daran lehnenden Tempels. Das Forum Nervae ist durch zwei korinthische, gleichfalls tief verschüttete Säulen vertreten, die das Volk seit dem Mittelalter, ein pejoratives oder verschlimmerndes Suffix anfügend, „le Colonnacce", etwa die Schandsäulen betitelt, und welche zu dem abermals an einer Peperinmauer lehnenden Tempel der Minerva gehören mochten; oben an der Attica zwischen den Säulen bemerkt man noch in verstümmeltem Relief die Figur einer Minerva und am Friese des Gebälks andere auf diese Göttin bezügliche, aber bis zur Unkenntlichkeit entstellte, wenig Genuss gewährende Bildwerke; den prächtigen Tempel liess Paul V. abbrechen und die Säulen zersägen, um den grossen Springbrunnen auf dem Janiculum, den Fontanone dell' Acqua Paola damit zu schmücken. Endlich das Trajansforum,* jenen überwältigenden, einzigen Prachtbau, dem selbst die Götter ihre Bewunderung nicht versagten, bezeichnet noch wie ein Zeigefinger des Allmächtigen die Säule, die sich an der Nordseite der fünfschiffigen, theilweise aufgegrabenen und mit Granitsäulenstümpfen besetzten Basilica Ulpia erhebt.

Im Jahre 357 kam Constantius II. in Begleitung des persischen Prinzen Hormisdas zum ersten Mal nach Rom, wo er vom Senat feierlich und pomphaft empfangen ward. Staunend durchwanderte er die Stadt, die unter Hadrian und den Antoninen eine märchenhafte Pracht erreicht hatte; ein Monument stellte immer das andere in Schatten, eins war immer bewunderungswürdiger als das andere; als er aber an Trajans Forum kam und diesen ungeheuren, himmelerhabenen Bau erblickte, da, sagt Ammian, stand Constantius wie vom Donner gerührt — im ganzen Sonnenreiche hatte er etwas Aehnliches nie gesehn.

Nur schade, pflegte er zu sagen, dass auch in Rom die Menschen sterben müssen.

Dass sogar der Urheber dieser Pracht, der gute und gerechte Trajan selber gestorben ist! Und dass er als Heide in den Flammen der Hölle leidet! — Ueber diesen zweiten Umstand äusserte ein paar Jahrhunderte später ein Kirchenfürst sein Bedauern, der gleichfalls in Erinnerung versunken über das herrliche Forum ging, der Papst Gregor der Grosse. Sein Blick war auf ein Relief gefallen, welches den Trajan darstellte, wie er einer armen Witwe Gerechtigkeit widerfahren liess — eben jene Scene, die Dante auf die erste Gallerie des Fegefeuerberges überträgt und die wir auf Seite 16 beschrieben haben. Unendliches Mitleid erfasste den Hirten der Christenheit, und mit Thränen im Auge kehrte er nach Sanct Peter zurück. Aus der Tiefe seines Herzens betete er zu Gott: er rang im Geiste mit dem ewigen Weltenrichter und drang in ihn, Trajans Seele zu erlösen — und der Vater der Barmherzigkeit erhörte sein hohenpriesterliches Gebet. Trajans unsterbliches Theil trat vor den siegreichen Papst und empfing von seiner Hand das Sacrament der Taufe. Seine Seele war gerettet.

Vielleicht dass wir dieser Legende und der dadurch gesteigerten Verehrung Trajans die gute Erhaltung der Marmorsäule zu danken haben, unter der er begraben ward und deren Spitze das Bild des Kaisers zierte; erst Sixtus V setzte 1587 an seine Stelle eine Statue des heiligen Petrus von vergoldeter Bronze, nach einem Modell von Tommaso della Porta. Es war eine Ehrensäule, kein Werk Trajans, sondern dem Trajan unter seinem Nachfolger von Senat und Volk zur Erinnerung an die Eroberung Daciens errichtet, und als solche zugleich das Maass der Höhe, bis zu welcher sich die bei der Anlage des Forums abgetragene Quirinalschicht ursprünglich erhob, nämlich bis zu 29,6 m:

SENATVS·POPVLVSQVE·ROMANVS·IMP·CAESARI·DIVI·NERVAE·F·
NERVAE·TRAIANO·AVG·GERM·DACICO·PONTIF·MAX·TRIB·POT·
XVII·IMP·VI·COS·VI·PP·AD·DECLARANDVM·QVANTAE·ALTI –
TVDINIS·MONS·ET·LOCVS·TANTIS·OPERIBVS·SIT·EGESTVS·

Forum und Säule des Trajan.

besagt die 114 gesetzte Inschrift auf dem Piedestal; 29,6 m = 100 altrömische Fuss(C pedes) ist die absolute Höhe der Säule bei unten 3,6, oben 3,3 m Durchmesser; mit Postament und Statue misst sie 45,7 m, der schneckenförmige, aus 23 Stücken zusammengesetzte Schaft allein 27 m, das Postament 5 m, die Statue 7,47 m. Man zählt sie der dorischen Ordnung zu; die im Innern des Schaftes ausgesparte Wendeltreppe, die zu der aussichtsreichen Plattform emporführt, erwirbt ihr den Titel einer Columna Cochlis. Sie hat 185 Stufen und empfängt Licht durch 45 schiessschartenartige Fensterchen. Um die Säule windet sich in 22 Spiralen ein 200 m langes, meterbreites Band von Reliefs, die Begebenheiten des dacischen Kriegs darstellend: sie enthalten, von Thieren, Maschinen und andern Gegenständen abgesehen, nicht weniger als 2547 Menschenfiguren; diese sind unten 6 cm gross und wachsen in demselben Verhältniss wie sie steigen; trotzdem entziehen sie sich durch die weite Entfernung dem Auge zu sehr, und können daher nur in Gipsabgüssen genau betrachtet werden. Rafael, Giulio Romano, Caravaggio, Piranesi machten sie nebst den Trophäen an den vier Seiten des Piedestals zum Gegenstand sorgfältigen Studiums. Unter den Bildwerken will man sogar Pfahlbauten wahrgenommen haben. Ein dacisches Dorf wird von den Römern geplündert und in Brand gesteckt. Vorn zur Linken zwei Hütten, die eine auf Pfählen, die andere auf ebenem Grunde stehend und mit einer Thür ins Freie. Die erste ist überdies von einer Reihe Schanzpfähle umgeben. In der Schweiz hatte Caesar keine Pfahlbauten mehr vorgefunden.

Die Trajanssäule ist, wie das ganze Forum, eine Schöpfung des Apollodorus von Damascus, des berühmten Baumeisters, den wir bereits bei Hadrians Tempel der Venus und Roma kennen gelernt haben. Je länger wir dieses erhabene Monument betrachten, um so mehr imponirt es uns durch seine Grösse, durch seinen sorgfältigen Bau und durch die vorzügliche Ausführung der Sculpturen, die, wie bei den Büchern der Alten, gleich steinernen Blättern um den riesenhaften Schaft gerollt sind. Obgleich dieselben von Niemandem recht gesehen und genossen werden können, und die spiralförmige Anordnung keine sehr vortheilhafte ist, so darf man doch dem genialen Gedanken, der Nachwelt auf so knappem Raume eine solche Fülle historischer Thatsachen zu überliefern, seine Bewunderung nicht versagen; die Trajanssäule ist die Säule aller monumentalen Säulen und das typische Beispiel ihrer Art. Und dabei scheint sie eine fast ewige Dauer zu versprechen — unser Romantiker Uhland besingt ein Schloss, von dem nur noch eine hohe Säule steht, auch sie über Nacht zu stürzen drohend — die letzte Säule von Trajans Schlosse droht nach siebzehn Jahrhunderten noch keineswegs zu stürzen. Daher sie auch das berühmteste Adelsgeschlecht Roms, das Geschlecht der Colonna, in seinem Wappen führt, obgleich sich der Name der Colonna nicht von der Trajanssäule, sondern von einer andern antiken Säule und einem finstern Castelle herschreibt, welches sich am Abhange des Gebirgs über der Palestrineser Landstrasse erhebt.

III.

Die Trajanssäule wurde häufig nachgeahmt, und eine ihrer besten Copien ist die Säule des Marc Aurel, von den Italienern Colonna Antonina genannt, aber nicht zu verwechseln mit einer Ehrensäule, welche Marc Aurel und L. Verus ihrem Vater, dem Antoninus Pius in derselben Gegend errichteten, und von welcher nur noch die Basis in der Mitte des vaticanischen Giardino della Pigna erhalten ist; die Säule selbst wurde zersägt und von Pius VI. zur Ausschmückung der vaticanischen Bibliothek verwandt. Die Säule Marc Aurels erhebt sich — und damit treten wir eben wieder auf das Marsfeld, vielleicht durch die Militärmusik angelockt, die an Sommerabenden hier spielt — in der Mitte des schönen Platzes, der nach ihr Piazza Colonna heisst; sie wurde diesem Kaiser vom Senat zur Erinnerung an den glücklich beendeten Markomannenkrieg gestiftet (180). Sie hat im Wesentlichen die Form der Trajanssäule, ist aus 28 Stücken von weissem Marmor zusammengesetzt, mit Capitäl und Basis 29,6 m hoch und ebenfalls mit einer Wendeltreppe versehen, die 206 Stufen und 56 Fenster hat; der Schaft endlich wie dort in schneckenförmigen Abtheilungen mit erhobenen Arbeiten bedeckt, welche Begebenheiten aus dem erwähnten Krieg darstellen. Es sind unsere Brüder, die hier von den Legionen bewältigt werden, und der Kampf entbrennt an der schönen blauen Donau. Unter diesen Legionen gewahrt man auch die christliche Donnerlegion, die Legio fulminata.

Es war 174 in Ungarn, in der Gegend des heutigen Gran, dass die Markomannen und die Quaden den Kaiser eingeschlossen hatten, während sein Heer zugleich vor Hitze verschmachtete. Da beteten die Christen, aus welchen die zwölfte Legion bestand, um Rettung zu ihrem Gott, ja, ihrem Beispiele folgend, sank der Kaiser selber auf die Knie. Und siehe, plötzlich fiel ein erquickender Regen auf das römische Heer herab, während die Feinde ein Hagel- und Donnerwetter traf. Dieser Augenblick ist auf unserer Säule wirklich dargestellt: man sieht einen Soldaten beten, während andere den Regen auffangen. Die heidnischen wie die christlichen Schriftsteller erzählen diese Begebenheit den Hauptumständen nach übereinstimmend, doch schreiben sie die ersteren vielmehr auf Rechnung eines ägyptischen Zauberers. Etwas Zauberei muss freilich dabei sein, wenn es einmal an einem schwülen Tage wittert. Das gewöhnlich der ersten „Apologie" des Märtyrers Justinus beigedruckte Schreiben des Kaisers Marc Aurel ist unecht, und den Beinamen fulminata, die vom Blitze getroffene (man las früher fälschlich fulminatrix, die Blitze schleudernde) hat die zwölfte Legion schon vor ihm geführt. Gran ist die Wiege des Christenthums in Ungarn, man nennt es das ungarische Rom.

Säule des Marc Aurel.

In die Marc-Aurel-Säule selbst hat der Blitz einmal eingeschlagen, überhaupt litt sie sehr durch Feuer. Jahrhunderte lang war sie im Besitz der Mönche von S. Silvestro in Capite, die sie verpachteten, denn sie ward von den Pilgern und Fremden oft bestiegen, und die erlegten Eintrittsgelder bildeten eine einträgliche Rente. Uebrigens geschah dies bereits im Alterthum, und man kennt einen Custoden der „Columna Divi Marci" aus dem Jahr 193, Namens Adrastus. Sixtus V. liess sie im Jahre 1589 unter der Aufsicht Domenico Fontana's ausbessern und weihte sie dem andern Apostelfürsten, der hier den Marc Aurel von ihrem Gipfel herunterdrängelte, dem heiligen Paulus; die vergoldete Bronzestatue ist 4 m hoch. Sanct Peter und Sanct Paul, zwei Päpste an der ausgezeichneten Stelle zweier Kaiser und zwei Säulenheilige an Stelle zweier Säulenphilosophen, sind sprechende Repräsentanten einer Kirche, welche die Erbschaft des römischen Reiches antrat und sich aus dem Thron der Welt vergnüglich den Stuhl Petri gezimmert hat.

Die Piazza Colonna bildete das Centrum der Antonin-Bauten, und von den vielen darüber zerstreuten Steinen derselben soll der südlich gelegene, nur durch ein Gässchen getrennte Platz den Namen Piazza di Pietra erhalten haben. An diesem Platz steht das alte Zollamt, die Dogana di Terra, wo ehemals alle zu Lande ankommenden Fremden ihre Koffer öffnen lassen mussten, wie sie es jetzt auf dem Bahnhof thun — Jean Paul, der den Einzug seines Titan in Rom künstlich beschreibt, hätte sich dieses Stadium nicht entgehen lassen sollen; und in die Vorderseite des Zollamts zwischen den Fenstern sind elf korinthische Säulen nebst dem Gebälke eingeschlossen, Ueberbleibsel einer Säulenhalle, welche einen Peripteros umgab, und zwar einer der langen Seiten dieser Halle (15 × 8). Die Höhe der Säulen beträgt 12,9 m. Der Tempel trägt, wie der am Forum, den Namen des Antoninus Pius. In seinen Ruinen standen ehemals Hütten; Alexander VII. liess diese 1664 wegräumen, setzte aber, um das baufällige Gebäude vor dem Zusammensturz zu bewahren, ein Zollhaus an ihre Stelle, in dessen Mauern die kolossalen Säulen gebettet wurden. Von hier führt die Via de' Pastini auf die Piazza della Rotonda zum Pantheon, welches im Volksmunde la Rotonda heisst.

Sogenannter Tempel des Antoninus Pius.

IV.

Es ist bekannt, dass man in der Architectur unzähligemal gespielt und sich darin gefallen hat, Gegenstände der Natur oder der menschlichen Industrie ausdrücklich nachzubilden; dass man dem Escurial die Form eines Rostes, der römischen Universitätskirche die Form einer Biene und den meisten andern Kirchen die Form eines Kreuzes gegeben hat — ausdrücklich und mit Absicht gegeben hat, während andere Gebäude nur zufällig mit hausbackenen Dingen zusammentreffen und vom Volke spottweise, z. B. die Berliner Bibliothek mit einer Kommode, der Palast Borghese mit einem Klavier verglichen werden. Man tadelt solche Nachahmungen als bizarr, und doch ist es vielleicht blos die unpassende Wahl eines heterogenen Vorbilds, die unserem Auge misfällt; denn ein tieferblickender Geist erkennt wohl in der ganzen Baukunst nur eine Nachahmung der Natur, und die architectonischen Formen scheinen ihm fast immer auf Copien und eine unbewusste Wiederholung gegebener Muster hinauszulaufen. Wer möchte leugnen, dass die erste Anregung zum Bau eines Hauses die bis dahin bewohnte Höhle gegeben hat? Dass allen Bauwerken der Araber der Gedanke des Zeltes zu Grunde liegt? Dass der Aegypter auf die Construction der ersten Säule durch den Anblick des Lotosstengels, der Mohammedaner auf sein Minaret durch die Cypresse gekommen ist? Dass die Burgen in den Gebirgen, die Hallen in den Wäldern, die Wasserleitungen in den Flüssen, die Kloaken in den Schluchten gleichsam vorgebildet sind? Ja, das Firmament und das Himmelsgewölbe selbst hat man aus Steinen aufgeführt; entzückt von seiner Festigkeit und Symmetrie, machte man es in luftigen Kuppeln nach, schuf Welten in der Welt.

Das Pantheon des Agrippa ist einer der ältesten unter diesen Himmeln, und an ihm werden wir gleich gewahr, dass es nur darauf ankommt, das Rechte nachzuahmen: als Tempel aller Götter könnte es nicht sinnreicher gestaltet sein, es gefällt uns ausgezeichnet. Zwar soll es ursprünglich nur ein integrirender Bestandtheil der grossartigen Bäder gewesen sein, die Marcus Vipsanius Agrippa, der Freund, Feldherr und Schwiegersohn des Augustus während seines dritten Consulates 25 v. Chr. dem römischen Volke schenkte: fast alle antiken Thermen enthielten Rundgebäude mit Decken, die nach der Form einer Rotationsfläche gebildet waren; doch hat es Agrippa jedenfalls nachträglich in einen Tempel verwandelt und den Göttern des Julischen Geschlechtes, namentlich dem Mars und der Venus geweiht. Der Name „Pantheon" kommt schon zu Nero's Zeiten vor. Auf die Vollendung des Tempels bezieht sich die ehrwürdige Inschrift am Friese der Vorhalle:

M·AGRIPPA·L·F·COS·TERTIUM·FECIT·

Oefters vom Blitz getroffen und durch Feuersbrünste beschädigt, bereits unter Domitian und Hadrian restaurirt, wurde das verfallende Gebäude durch Septimius Severus und seine Söhne wieder hergestellt; von dieser Herstellung spricht eine andere Inschrift. 21 v. Chr. hatte es in die Bildsäule des Augustus eingeschlagen, deren Hand dadurch die Lanze entfallen war. Im Jahre 607 schenkte der Kaiser Phokas, jener Phokas vom Forum das Allgötterhaus dem Papste Bonifacius IV., und dieser widmete es, unter deutlicher Bezugnahme auf die „Göttermutter", deren Statue angeblich auf dem Scheitel der Kuppel stand, und auf die „πάντες θεοί", der „Mutter Gottes" und „allen Märtyrern", mit Bewilligung des Phokas das Pantheon in ein Panagion (Santa Maria ad Martyres) verwandelnd. Achtundzwanzig Wagen voll heiliger Gebeine liess der Papst von verschiedenen altchristlichen Begräbnissplätzen in die neue Kirche bringen und (Reliquien werden in die Altäre immer eingeschlossen) unter dem Hochaltar niederlegen, während die falschen Götter und ihre Abzeichen, die „Unreinigkeiten der Abgötterei", wie Paulus Diaconus sagt, hinausgeworfen wurden. Am 13. März 610 wurde sie eingeweiht und bei dieser Gelegenheit das Fest eingeführt, welches die griechische Kirche am Sonntag nach Pfingsten zu feiern pflegte, das Fest Allerheiligen (Ognissanti); letzteres indessen im Jahre 835 durch eine Bestimmung Gregors IV. auf den 1. November verlegt. Zu Allerheiligen pflegte daher der heilige Vater das Hochamt im Pantheon zu halten. Es ist anziehend, sich in der Phantasie den Augenblick auszumalen, wo diese typische Metamorphose vorgenommen und der christliche Olymp gleichsam en bloc an Stelle des heidnischen gesetzt ward — sich vorzustellen, wie das christliche Kreuz an den Allgöttertempel pocht, zu den weit geöffneten Thüren der römische Clerus unter den Klängen des Gloria in excelsis einzieht, der Papst das

Das Pantheon.

frohe Himmelsgewölbe beweihwassert und beweihraucht, und Mars und Venus und die Rhea Cybele mit allen ihren Kindern durch die runde Lichtöffnung entweicht.

Und der alten Götter bunt Gewimmel
Hat sogleich das stille Haus geleert,
Unsichtbar wird Einer nur im Himmel,
Und ein Heiland wird am Kreuz verehrt;
Opfer fallen hier,
Weder Lamm noch Stier,
Aber Menschenopfer unerhört.

Die unsagbare Wehmuth des Untergangs einer schönen Welt ergreift uns; in dem träumerisch erhellten Rund bricht es ein wie eine Götter-Dämmerung. Und doch möge der Freund des

Das Innere des Pantheon (Ursprüngliche Anlage).

classischen Alterthums nicht ungerecht gegen diese eifernden Priester sein. Nicht allein das wolle er bedenken, dass hier nur eine Form gewechselt hat, und keineswegs blos Einer im Himmel unsichtbar wird, sondern im Gegentheil durch das ferne Fluggewölk eine tausendfältige Glorie neuer Götterdynastien hindurchscheint; dass auch jene Märtyrer, gegenwärtig noch armselig und roh, der künstlerischen Auferstehung harren, und dass dereinstmals ihre Königin, die Mutter Gottes, in den wunderbaren Farben des Mannes, der hier ruht, einen rührenden und himmlischen Glanz verbreiten wird — der Mann, der hier ruht, heisst Rafael mit Namen — — auch das wolle er erwägen, dass der alte Tempel durch die christliche Exauguration vom Untergange gerettet wird, und dass diese antiken Mauern und diese erhabenen Gewölbe nicht stehen geblieben, sondern durch eine kriegerische Verwendung und deren Folgen unfehlbar, gleich dem Mausoleum des Augustus, zu Grunde gegangen wären, wenn sie der Papst Bonifacius nicht für die Maria und alle Märtyrer in Anspruch genommen hätte. Die Kirche hat viel zerstört; sie hat auch viel erhalten.

Wirklich war es nur das Gebäude, welches stehen blieb, während alle seine sonstigen

22

Zierden entstellt und weggenommen wurden. Im Jahre 663 wurde das Dach des Pantheons abgedeckt; Kaiser Constans wollte die vergoldeten Bronzeziegel nach Constantinopel haben; es erhielt eine bleierne Bedeckung. Unter Urban VIII. kam der mittelalterliche Glockenthurm weg, der bisher davor gestanden hatte, aber dafür setzte Bernini, der Leibarchitect dieses Papstes aus dem Hause Barberini, zwei andere Glockenthürme, die sogenannten Eselsohren (orecchi di ciuco) auf den Kopf des Tempels selbst; derselbe Bernini schmolz unter demselben Urban die Nägel und die ehernen Balken ein, die den Dachstuhl der gewölbten Vorhalle unterstützten, um daraus eine Himmelsdecke für den Papst und Kanonen für die Engelsburg zu giessen. Der barbarische Raub, der noch dazu durch eine Inschrift in der Vorhalle verewigt wird, veranlasste den Pasquino zu einem seiner besten Witze, in dem er mit Anspielung auf die Herkunft Urbans sagte:

Quod non fecerunt Barbari,
Fecerunt Barberini.

Was man nach allen diesen und andern Barberineien — denn es fehlen ausserdem die Erzreliefs, welche das Giebelfeld schmückten und vielleicht den auf dem Donnerwagen stehenden, die Giganten niederschmetternden Jupiter darstellten, die Bildsäulen auf der Spitze und an den beiden Ecken des Giebels, sowie die Colossalstatuen des Augustus und Agrippa in den beiden Nischen der Vorhalle, es fehlt das edle Metall, welches die Cassetten der Kuppel vergoldete, es fehlt der Marmor und der Stucküberzug der äussern Mauern, es fehlt Tausenderlei — ich sage, was man vom alten Pantheon noch sieht, ist dies.

1) Der Porticus, 33,5 m breit und 13 m tief, getragen von sechzehn Säulen aus orientalischem Granit, deren marmorne Capitäle zu den schönsten Beispielen dieser Gattung in der römischen Kunst gehören; der Umfang der Schäfte beträgt 4,5, die Höhe 12,5 m. Acht Säulen stehen in der Front, die übrigen acht bilden, zu je zwei mit der ersten, dritten, sechsten und achten Frontsäule verbunden und an der Vorderseite des Pronaos durch vier vortretende Pfeiler oder Anten completirt, vier auf die Zelle zugehende Reihen, so dass drei Schiffe entstehen; das mittlere führt zum Eingang, während die beiden Seitenschiffe ihren Abschluss in zwei grossen Nischen zwischen den Anten finden. Ursprünglich führten fünf Stufen zur Vorhalle empor, später erhöhte sich der Boden ringsum so, dass man auf ebenso vielen Stufen dazu hinabging; auch jetzt liegt der Tempel immer noch niedriger als der Platz und wird daher von dem austretenden Tiber am ersten überschwemmt.

2) Der Pronaos oder der den Zugang zur Cella vermittelnde geschlossene Raum an der Vorderseite des Tempels, mit Pilastern geschmückt, rechts und links zwei Treppen zum Oberbau und in der Mitte das Portal enthaltend. Die Schwelle der Thür ist von africanischem, Sturz und Pfosten sind von weissem Marmor; die beiden Thürflügel von Holz, aber mit starkem Bronzeblech beschlagen. Den oberen Theil derselben bildet, sei es der Ventilation, sei es der Entlastung wegen, ein metallenes Gitter.

3) Die Cella oder das Innere. Ein hohler Cylinder, aus Ziegeln von vortrefflicher Qualität in einer Dicke von 6,7 m aufgeführt, erhebt sich auf einer Basis von Travertin, mit einer Grundfläche von 42 m Durchmesser und in gleicher Höhe; auf dem Cylinder steht eine reine Halbkugel, deren Durchmesser 43,4 m beträgt, und deren Pol ein offener Kreis von 8,5 m Durchmesser, das sogenannte Auge (occhio) bildet; es erleuchtet den ganzen, wunderbar einfachen sphärischen Raum. In dieser erhabenen, kühnen Einfachheit wird alles Detail gewissermassen absorbirt: man bemerkt nichts weiter als das heilige, grosse, freie Weltgebäude, durch dessen Wölbung die Sonne wie das Auge der durch den alten Himmel ziehenden Venus mild und fromm hereinschaut. In der Mauer des Cylinders befinden sich sieben Nischen, in welchen die Götterbilder

Das Pantheon des Agrippa.

standen, gegenwärtig Capellen; die vor denselben herumlaufende Säulenstellung gehört erst der unter Hadrian erfolgten Restauration an. Ueber ihr erheben sich eine Attica und eine Pilasterstellung, worauf das mächtige, aus Gussmasse bestehende und mit colossalen Cassetten geschmückte Rundgewölbe beginnt. Der Fussboden ist mit Porphyr und edlen Marmorarten belegt; er neigt sich etwas nach der Mitte zu, um den hereinfallenden Regen zu sammeln; derselbe fliesst durch einige Löcher in eine kleine, unter dem Fussboden verborgene Schleuse ab.

Als christliche Kirche ist das Pantheon unbedeutend, aber berühmt als Mausoleum: in der Mittagsstunde geht Rafaels Geist aus seinem Grabe und streift es mit seinem göttlichen Widerschein.

Ille hic est Raphael, timuit quo sospite vinci
Rerum magna parens et moriente mori —
Rafael ist es: solang er lebte, befürchtete ihre
Niederlage Natur, mit seinem Tode den Tod —

dieses Distichon, dessen Anfang der elegante Latinist, Cardinal Bembo, wohl noch etwas eleganter hätte machen können, bezeichnet nebst einer Madonna die Grabstätte des grossen und glücklichen Rivalen der Natur; er hatte sich den dritten Altar links in seinem letzten Willen selber für seine irdischen Reste ausgebeten; daneben ist die Gruft seiner Braut Maria, der Nichte des Cardinals Dovizio di Bibiena. Rafael starb am Charfreitag 6. April 1520 im 37. Lebensjahre; sein Skelett ward 1833 b·' einer Oeffnung des Grabes noch ziemlich wohlerhalten gefunden. Der Epitaphist, Cardinal Bembo las angeblich die Bibel nicht und betete sein Brevier nicht, um sich sein gutes Latein nicht zu verderben; er sagte, er vertauschte es nicht mit der Markgrafschaft Mantua. Ausser Rafael ruhen noch viele namhafte Künstler im Pantheon, so seine Schüler Baldassarre Peruzzi († 1537), Perino del Vaga († 1547), Giovanni da Udine († 1564) und Taddeo Zuccaro († 1566); auf ausdrücklichen Wunsch wurde noch 1609 Annibale Caracci an seiner Seite gebettet. Rafael zu Ehren ist wohl auch die Brüderschaft der Künstler (Compagnia de' Virtuosi) mit dem Pantheon verbunden. In der Capelle links neben dem Hochaltar steht ein Kenotaph des Cardinals Ercole Consalvi († 1824), der unter Pius VII. den Kirchenstaat neugestaltete, ausgeführt von Thorwaldsen, einem seiner vornehmsten Günstlinge; endlich rechts neben dem Hochaltar befindet sich die provisorische Gruft Victor Emanuels II., des ersten Königs von Italien († 9. Januar 1878).

Er hat versprochen, in Rom zu bleiben, und er verlässt Rom auch im Tode nicht, der König-Ehrenmann: er bleibt in seiner Hauptstadt, ein heiliges Vermächtniss. Im Pantheon, dem eifersüchtig gehüteten Eigenthum der Päpste, schlägt er seine ewige Wohnung auf; in dem offenen Tempel, unter dem Bilde des Himmels, den er so sehr geliebt, will er schlafen und von einem langen, glorreichen Lebenswerke ausruhen, gleich der königlichen Dido.

Urbem praeclaram statui, mea moenia vidi,
Et nunc magna mei sub terras ibit imago.

Er zieht noch einmal durch die Stadt, die er gleichsam neugegründet: die Eiserne Krone setzt er auf: dann besteigt er sein Bett und legt sich bei Lampenscheine inmitten des mächtigen Rundes nieder. Der ausgespannte Himmel ist umflort: dicht und schwer hangen undurchdringliche Wolken auf den Sarkophag herab: an seinen Stufen liegen die Löwen des savoyischen Hauses gramvoll ausgestreckt. Todesstille und Todesnacht in dem Allgöttertempel — das Vaterland neigt sich trauernd über den grossen Toten. Es ist nicht Victor Emanuel, es ist Italien, das sich hier Rom im Pantheon verpfändet — sein Stern steht verschleiert im Zenith darüber — der Vater hatte ihn entdeckt, der Sohn hatte ihn vom Himmel herabgeholt.

V.

Südöstlich vom Pantheon lag Domitians Tempel der Minerva Chalcidica, auf dessen Trümmern jetzt (sopra Minerva) die grosse Marienkirche, die Hauptkirche der Dominicaner steht: die Madonna, welcher ein beredter Prediger dieses Ordens, Pelbart von Temesvár, unter dem Pontificat Alexanders VI. eine weltumfassende Weisheit zuschrieb — die Grammatik, denn sie machte niemals im Sprechen einen Fehler — die Rhetorik, denn sie beherrschte die heilige Schrift, die nach Sanct Augustinus alle Redeblumen der Erde enthält, vollständig — die Logik, denn sie bekämpfte die Ketzerei erfolgreich — die Musik, denn ihre Stimme musste harmonisch sein, da sie dem vollkommensten Ohre, dem Jesu Christi wohlgefiel — die Arithmetik, denn sie berechnete die Jahre, die von Abraham bis zum Messias verlaufen waren — die Geometrie, denn sie löste das Problem des Ezechiel, die Maasse des Tempels und der Stiftshütte betreffend — die Jurisprudenz, denn man erkennt einen geschickten Advokaten daran, dass er vor einem gerechten Richter gegen einen listigen Widersacher einen verzweifelten Process gewinnt: nun, die Sache des Menschengeschlechtes war eine verzweifelte, die heilige Jungfrau hat sie vor Gott, dem gerechtesten und aufgeklärtesten aller Richter, vertheidigt und hat sie gewonnen gegen den Teufel, einen verteufelten Widerpart — — diese Madonna konnte die Nachfolgerin auch der Göttin der Weisheit und die Patronin der hier aufgestapelten Bücherschätze werden. Vor der Kirche stellte Bernini 1667 auf dem Rücken eines Elefanten einen kleinen Obelisken auf — die von dem stärksten aller Thiere getragene Weisheit der Aegypter sollte abermals ein Symbol der Kraft wahrer Weisheit sein — man will, dass dieser Obelisk zugleich mit dem auf der Piazza della Rotonda von dem berühmten und berüchtigten Isistempel stamme, dem Iseum-et-Serapeum, dessen heiliger Bezirk sich bis zur Minerva ausgedehnt hat. Hier, „in Isidis casto" wäre der Schauplatz der sechsten Satire des Juvenal zu suchen, hier hätte die Erzählung von Paulina und Decius Mundus gespielt, die aus Josephus in die italienischen Novellen übergegangen ist:

Meide das Heiligthum dort, wo die Nilotische Kuh thront,
Buhlerin war sie dem Zeus, Buhlinnen wirbt sie zum Dienst —

man darf wohl annehmen, dass böse Zungen über diesen geheimnissvollen Dienst mehr verbreitet haben, als wirklich dahinter steckte. Auch die Gründung des Iseum-et-Serapeum, will sagen eine Neugründung des mehrmals eingerissenen, wird von Einigen dem Domitian zugeschrieben; gewiss ist, dass der ägyptische Gottesdienst, dessen Mittelpunkt der Isistempel war, seit den Zeiten Domitian's (Vespasian und Titus brachten hier die Nacht vor ihrem Triumphe zu) einer immer steigenden Beliebtheit genoss, und dass ihn erst das aufkommende Christenthum langsam verdrängen konnte. Endlich richtete Domitian auf dem Marsfelde für Wettläufe, Wettfahrten und Wettrennen ein Stadium ein, dessen Form und Umfang in der heutigen Piazza Navona, nach dem Petersplatze dem grössten in Rom (250,25 m lang, 54,6 m breit) erhalten ist; der Name Navona, durch Umschreibung mit der Präposition in gebildet und aus Nagona = In agone hervorgegangen, erinnert an die einst hier abgehaltenen classischen Agonen, die noch heute nicht völlig ausser Gebrauch gekommen sind. Den Eingang des Stadiums schmückte vielleicht die ausgezeichnete Marmorgruppe, welche, obgleich sie sich durch keinen homerischen Vers belegen lässt, nach Viscontis Vermuthung den Menelaus darstellt, wie er den Leichnam des Patroclus von der Erde aufhebt (die Schultern des letzteren zeigen angeblich die Wunde, die er dem Homer zufolge im Rücken von Euphorbos erhielt, bevor der Stoss in den Unterleib von Hector's Lanze sein Leben endigte) — und, nachdem sie Jahrhunderte lang zu Boden und auf dem Bauche gelegen hatte, wo dann der breite Rücken des Menelaus bei schmutzigem Wetter als Trittstein diente, 1501 in verstümmeltem Zustande von der Strasse aufgelesen und an der stumpfen Ecke des Palastes

Orsini, gegenwärtig Braschi aufgestellt ward. Durch alle diese und andere öffentliche Gebäude, deren Zahl sich unter den späteren Kaisern noch vermehrte, wurde der freie Raum immer mehr eingeschränkt und das Marsfeld nach und nach bis unmittelbar ans Ufer zurückgedrängt. Als Augustus die Stadt in Quartiere theilte, machte er die grosse Hälfte desselben zur neunten Region, während er den östlichen, an den Hügeln anliegenden Strich zur siebenten Region schlug; jene ward nach dem Circus Flaminius, diese nach der Via Lata, ihrer westlichen Grenzlinie genannt. Das war das Lager des Kriegsgottes, wo einst die blutige, weltdurchsausende Lanze flog, und auf dem sich allmählich das bunte, ironisch gefärbte, mit tausend Reminiscenzen verquickte, halb antike, halb mittelalterliche, aber immer grossstädtische Leben des modernen Roms entfaltete.

Es überstrahlte Alles; es war so gross, dass Rom selbst nur wie ein Anhängsel dazu erschien — bis im Lauf der Jahrhunderte, was Jahrhunderte gebaut hatten, langsam wieder einsank, und diese mit Tempeln und Säulen bepflanzte Ebene, diese schimmernde Marmorstadt sich wieder in ein Feld und in einen Sumpf verwandelte, nicht unähnlich jener Palus Caprae, wo Romulus mit den Rossen seines Vaters Mars unter Blitz und Donner gen Himmel gefahren war. Ruinenstadt ohne Gleichen! Erhabene Wüstenei! Aus deren Schutte die alten Götter wie schlummernde Kinder aus ihrem Bett hervorsehn — die nur noch das heilige Gras des Mars oder Dornen und Disteln trägt, um einen Ketzer zu verbrennen. Und doch, das Marsfeld verödete nicht wie Palatium und Forum: zu ihm zog sich die übriggebliebene Bevölkerung hinab. Als suchten sie den Schutz des Gottes, der darüber waltet, nisteten die modernen Römer eng zusammengedrängt in der verschütteten Wunderwelt, in den Resten der Säulenhallen, in den alternden Palästen: Gassen bildeten sich, zwischen Trümmern zu Trümmern führend, deren ursprüngliche Bestimmung ganz abhanden kam: Tempel waren zu Kirchen, Mausoleen zu Burgen, Circusse zu Reperbahnen[*]), Theater zu Schmieden geworden, und an der Stelle, wo die Gruppe des Menelaus mit dem Leichnam des Patroclus unbeachtet lag, auf der Via in Parione legte sich gegen Ende des 15. Jahrhunderts ein Schneiderlein ein Kleidergewölbe an, wo sich die Professionisten und die kleinen Leute zu versorgen pflegten. Der Meister hiess Pasquino; er war ein fideles Haus und mitsamt seinen vielen Gesellen ein grosser Spötter, sein Laden in jener journallosen Zeit eine Art Redactionsbureau für die guten Witze und die pikanten Anecdoten und die Klatschereien der Stadt. Andere sagen, er sei ein Schuhflicker gewesen, wir würden ihn eher für einen Barbier nach Art des spanischen Figaro gehalten haben. Mit seiner scharfen Zunge schonte er keinen Papst und keinen Cardinal. Trotzdem erschien ein Handwerker der Regierung zu unbedeutend, um sich ernsthaft mit ihm und

Menelaos mit der Leiche des Patroklus.
Die Gruppe des Pasquino, restaurirt.

[*]) So der Circus Flaminius, den sich die Seiler zu ihrer Werkstätte ausersahen, und in dessen Trümmern eine nach dieser Zunft benannte Kirche, S. Caterina de' Funari steht.

seinen Einfällen zu beschäftigen, und deshalb schoben gelegentlich auch andere Leute ihre Anecdoten dem Meister Pasquino in die Schuhe, wenn sie eine ungestraft in Umlauf bringen wollten: Pasquino war der allgemeine Zungensündenbock. Er starb, aber das sarkastische Feuer, das in der Hölle des römischen Schneiders gelodert hatte, brannte lustig weiter, und da gerade um diese Zeit, ihm gleichsam vor der Nase, der Sturz auferstand, dessen originelle Missgestalt eine unleugbare Wahlverwandtschaft mit dem wackeren Meister zu haben schien, glaubte das Volk, Pasquino's Seele sei in diesen Sturz gefahren, nannte ihn Pasquino und schrieb fortan auf Rechnung des steinernen Pasquino, was es aus dem Munde des lebendigen zu vernehmen gewohnt gewesen war: es fand die „Pasquinoli" an seine Brust geheftet, sie schienen ihm wie den Heiligen die Papierstreifen auf alten Gemälden zu entströmen. So entstand die lachende Pasquinata, ein Ableger der antiken Satira, und der volksthümliche Pasquillo, ein specifisch römischer, römisch-classisch-biblisch-historisch-kosmopolitischer Kladderadatsch, respective der Schulze des Kladderadatsch, indem die Rolle Müllers zuweilen ein anderer Geist, Marforio, übernahm, dessen Bekanntschaft wir auf dem Capitole machen werden, ab und zu sogar noch der Abate Luigi und die Madama Lucrezia, ebenfalls alte marmorne Stammgäste des Marsfelds aufzutreten pflegten. Die Franzosen machen sich Luft mit Chansons, die Italiener mit Pasquinaden.

Merkwürdiges Fragment! Es bewegt sich nicht, es lebt; es hat keine Augen noch Ohren, es sieht und hört Alles; seine Nase ist bis auf den letzten Rest verschwunden, aber es spürt und wittert wie ein Polizeispion. In ihm wohnt nicht die Seele des armen Schneiders, die Seele des römischen Volks durchdringt es und belebt es, und durch seinen Mund haben Sannazaro und Poliziano und Ariost geredet; es kennt die heilige Schrift besser als Padre Tosti, es hat mehr darin gelesen als der Papst, der das zehnte Mal unwissend ist, wie Paulus schreibt, und es schleudert seine Blitze mit überraschender Präcision in Sprüchen aus dem alten und aus dem neuen Testament. Hütet euch vor ihm! Der alte Pasquino ist ein mächtiger Kritiker: tausend stolze und wichtige Gesichter hat er einst erbleichen, tausend erröthen[1]) machen. Wer wagte es ihn zu stürzen? Im Jahre 1592, unter dem Pontificat Clemens' VIII, sollte er zerstückelt und in den Tiber geworfen werden. Die Prälatur hatte ihn verurtheilt, die Cardinäle Pietro und Cinzio Aldobrandini, Nepoten des Papstes, schworen ihm den Tod — wer erhob seine Stimme für ihn? Torquato Tasso! der grosse und unglückliche Tasso! Er sagte zum Cardinal Pietro: „Tastet ihn nicht an! Dem Staube Pasquino's würden Frösche ohne Zahl entkriechen und am Ufer des Flusses quaken Tag und Nacht." Tasso's Worte wurden dem Papste hinterbracht, er zog ihn zur Rechenschaft. „Ja, ja, seligster Vater", antwortete der Dichter, „wenn die Statuen nicht übel reden sollen, so müssen die angestellten Beamten auch nicht übel thuen (Se la vostra Beatitudine vuol che le statue non favellino male, faccia che gli uomini ch'ella pone ne' governi operino bene). Wenige Tage darauf verkündete es Pasquino: Die Poesie hatte die Satire gerettet.

Besonders stark war Pasquino im Auffinden und im Anbringen von Bibelstellen. Ein Papst hatte in seinem Wappen einen Weinstock. Desselben Papstes Glück hatte ein Fürst gegründet, gegen den er sich sehr undankbar benahm. Pasquino sagte:

Plantavi vineam, et fecit labruscum.

Das heisst: ich habe einen Weinberg gebauet und wartete, dass er Trauben brächte, aber er brachte Heerlinge. Der Papst war empfindlich getroffen; er versprach demjenigen eine

1) Er hat aber auch einmal vorausgesagt, dass sie nicht erröten werden. In dem französischen Nationalconcil von 1682 war der Pariser Erzbischof François de Harlai mit besonderem Eifer für die Unabhängigkeit der Gallicanischen Kirche vom Heiligen Stuhle eingetreten. Da erschien in Rom eine Medaille, den Prälaten darstellend, wie er vor dem Heiligen Vater auf den Knieen lag. Pasquino stand dabei und sagte Seiner Heiligkeit ins Ohr:

Poenitebit, sed non erubescet,

Er wird bereuen, aber nicht roth werden. Diese Prophezeiung erfüllte sich, denn der Erzbischof starb im August des Jahres 1695, ohne mit dem heissersehnten Purpur eines Cardinals bekleidet worden zu sein.

ansehnliche Belohnung, der ihm den Urheber der Satire nennen wollte. Den nächsten Morgen fand man ebendaselbst folgende Affiche:

Jsaias, Cap. 5, 2.

Diese Taktik wurde, weil den Päpsten nicht zu trauen war, gemeiniglich befolgt. Ein ander Mal hatte der heilige Vater den Tabak besteuert oder die Steuer darauf erhöht. Eines schönen Morgens konnte alle Welt, ich weiss nicht ob am Fussgestell Pasquino's oder an den Mauern des apostolischen Palastes selbst, den 25. Vers vom 13. Capitel des Buches Hiob lesen:

Contra folium, quod vento rapitur, obstendis potentiam tuam,
et stipulam siccam persequeris?

Zu deutsch: Willst du wider ein fliegendes Blatt so ernstlich sein und einen dürren Halm verfolgen? — Der Papst, dem man es hinterbrachte, befahl, dass man die Worte stehen lasse, und sagte, es würde ihm Vergnügen machen, den Autor kennen zu lernen, der ein geistreicher Mann sein müsse. Des Wunsches ward er gewährt, denn bald darauf hatte sich der Autor unterschrieben, nämlich:

Job.

Nun liess der Papst aussprengen, er würde dem Satyriker ein glänzendes Honorar zahlen, wenn er sich entdecken wollte; der aber, durch gewisse Präcedenzien gewitzigt, machte sich nächtlicherweile auf und schrieb neben den Namen Hiobs:

gratis.

Und so mochte der gute heilige Vater bersten vor Aerger, er bekam ihn nicht heraus.

Man sagt in Italien, ein Papst bekomme nimmer die Wahrheit zu Gesicht, ausgenommen wenn er das Evangelium lese. Wahrlich, das Evangelium hat ihnen Pasquino des Oeftern vorgehalten, er verfolgt sie noch im Tode mit seinen Bibelstellen. Clemens VII. hatte sich durch den Genuss von Melonen und Pilzen, die er übermässig liebte, ruinirt; er nahm einen neuen Arzt an, einen gewissen Agnolo, der ihm eine neue Diät vorschrieb; das beschleunigte seinen Tod. Die Römer, die darüber wenig trauerten, hingen das Porträt des Arztes an die Statue des Pasquino und schrieben den 29. Vers des 1. Capitels vom Evangelium Johannis darunter:

Ecce Agnus Dei,
ecce qui tollit peccatum mundi.

Siehe das ist Gottes Lamm, welches die Sünde der Welt hinwegnimmt — was an die Grabschrift für die Mutter des Herzogs von Orleans erinnert: Hic jacet otium, hier liegt der Müssiggang. L'oisiveté, heisst es, est la m è r e de tous les vices.

Aber Pasquino machte auch seine eigenen Witze: Welches ist der Superlativ, fragte er einmal, zu dem es keinen Positiv gibt? — Der Papst, antwortete er, den man den heiligsten Vater (santissimo padre) nennt und der doch oft genug nichts weniger ist als heilig. Er sprach auch nicht immer Latein, er sprach nicht immer gelehrt, er sprach die „Volgar Lingua.“ Namentlich, wenn er sich mit Marforio unterhielt; aber gelegentlich redete er auch seinen Liebling, den heiligen Vater, italienisch an. Als Pius VII. nach dem Sturze Napoleons wieder in Rom eingezogen war, erliess er eine Verordnung, wonach alle, die unter der kaiserlichen Regierung gedient hatten, entlassen und jeder Anwartschaft auf eine neue Stelle verlustig erklärt wurden. Den nächsten Morgen stand auf dem Piedestal Pasquinos:

Padre santo, padre santo, voi l'avete unto
e noi l'abbiamo leccato,

das heisst: Heiliger Vater, heiliger Vater, du hast es geschmiert und wir haben es geleckt, oder mit einem uns gewöhnlicheren Bilde, du hast die Suppe eingebrockt und wir haben sie gegessen.

Ganz aus derselben Zeit (1814) stammt folgender Dialog, den Pius VII. mit Ludwig XVIII. zu Pasquinos Füssen führte:

Ludwig. Heiliger Vater, wie hast du doch einen Usurpator krönen können?

Pius. Was willst du, mein lieber Sohn? Du fehltest.

Ludwig. Aber mit meiner Legitimität, heiliger Vater, herrsche ich auch, wo ich fehle.

Pius. Aber mit meiner Infallibilität, lieber Sohn, habe ich Recht, selbst wenn ich fehle.

Wie hinter dem alten Schneider, so verbargen sich auch hinter seinem Torso oft genug die eminentesten Personen, ja Glieder des heiligen Collegs, die seine Hülfe namentlich bei Gelegenheit von Conclaves in Anspruch nahmen. Unter den zahllosen Pasquinaden, mit denen Alexander VI. überschüttet ward, befanden sich genug, die ohne Zweifel auf seinen unversöhnlichen Gegner, den Cardinal Giuliano della Rovere, den späteren Julius II. zurückzuführen sind; nahm er sich doch ein andermal gar nicht erst eine Pasquinade vor den Mund, sondern nannte ihn offen „papa marrano e simoniaco e traditore." Ein Jahrhundert später, im Jahre 1669, sprach man in Rom davon, den Cardinal Giovanni Bona zum Papst zu machen. Pasquino erklärte augenblicklich:

Papa Bona est oratio incongrua,

d. h. Papa Bona ist (weil Papa männlich) ein Genusfehler; der schlagfertige Cardinal antwortete sofort mit folgendem Distichon:

Vana soloecismi non te conturbet imago;
Esset papa bonus, si Bona papa foret.

Abgesehen von der sonderbaren Metempsychose, durch welche sie zum Erben des Witzes eines Schneiders geworden war, lebte die antike Marmorgruppe auch als solche fort; das heisst nicht als die Gruppe des Menelaus mit dem Leichnam des Patroclus, denn dafür erklärte sie erst Visconti, sondern als die des schwarzen Klitos mit dem schwerverwundeten Alexander oder des Spiculus mit einem sterbenden Fechter oder des Hercules mit dem nemeischen Löwen oder mit der Hydra, oder wofür man sie sonst hielt; ja, in dieser ursprünglichen Eigenschaft pflegte sie bei Processionen, die hier vorüberkamen, z. B. bei den päpstlichen Krönungszügen, namentlich auch am 25. April zu Marci wie eine Puppe angezogen, mit Farben bemalt und allegorisch ausstaffirt zu werden. Ihr Schicksal ist wohl das seltsamste, welches jemals eine Marmorfigur gehabt hat. Ein unvergängliches Meisterwerk, die höchste Stufe hellenischer Kunst bezeichnend, dem Torso des Hercules im Belvedere zu vergleichen und noch in seiner Verstümmelung von einem Bernini einem überalpischen Fremden als das vollkommenste Kunstwerk Roms genannt — zu des Fremden Befremden so genannt, er wollte Bernini fordern, weil er glaubte, dass sich der Künstler lustig mache über ihn — dieses Meisterwerk als Trittstein auf der Strasse, um trocken von Trottoir zu Trottoir zu schreiten, mit Füssen getreten im eigentlichen Sinne — ein homerischer Held, von dessen rechter Schulter das Wehrgehänge mit dem Schwerte herabfällt, während das heroische Gewand über die linke geschlagen ist, bewohnt von einer Schneiderseele, Witze im Ton des gemeinen Volkes reissend und Bibelstellen citirend — ein Phidias, beflickt mit Epigrammen, in eine Narrenkappe gesteckt, travestirt in hundert Manieren — mit einem Wort ein Pasquino — welch ein beissendes Pasquill!

Das Capitol.

I.

Pasquino mit seinen etwas nach der Schule schmeckenden, aber originellen Scherzen hat uns interessirt; wir sind neugierig, auch die Bekanntschaft Gevatter Marforios zu machen. Wo wohnt Marforio? Auf ‚Martis Forum'? — Wir theilen für einen Augenblick diese seltsame Phantasie der Römer, die in ihren Etymologien oft so unglücklich sind wie die Alten selbst; bis wir einsehen, dass es ein Forum Martis nirgends gab, und dass Marforio oder Marfolio, wie Pasquino, ein Personenname ist. Existirt er doch noch heute: Carlos Marfori hiess ein bekannter Günstling einer bekannten Königin, der sich rühmte, der Sohn eines italienischen Kochs zu sein. Koch und Schneider sind treffliche Kumpane. Wir müssen uns also aufmachen und den Signor Marforio erfragen; leider scheint er dem Volke nicht mehr recht vorgestellt zu sein, und wenn uns einmal ein Koch genannt wird, so ist's ein französischer. Eine ganze Weile irren wir in dem verwetterten Gassenlabyrinth umher, endlich bringt uns unser Stern an den Palast Vidoni. Da ist er ja, rufen wir entzückt, indem wir an der Ecke desselben eine verstümmelte Togastatue gewahren, Pasquinos Widerspiel! Ein Römer in der majestätischen Tracht des Römers! Marforio athmet römischen Geist, martialischen Witz! — Aber der Mann mit der Toga grinst uns an: er sei der Abate Luigi. — Entschuldigen Sie, Signor Abate, es war ein Missverständniss; übrigens haben wir auch von Ihnen gehört. Herrn Abate Luigi unsern ergebensten Gruss! Und unsern Hut hoch lüftend gehen wir weiter. Wir gehen bis zu Bibulus' Grab, des ehrenfesten Republicaners — es lag einst dicht an der Grenze der antiken Stadt, es liegt jetzt umgekehrt an der Grenze der modernen — und gerathen auf den römischen Marcusplatz. Hier vor San Marco stösst uns abermals etwas von Pasquinos Sippschaft auf, eine verstümmelte Marmorbüste; aber es ist nicht einmal eines Mannes Büste. Madama Lucrezia unsern ergebensten Gruss! Wir haben auch von Ihnen gehört, aber wir suchten Marforio. Den ganzen Campo Marzo ... „Marcello? Den Marcello suchen Sie? Werde Sie führen", unterbricht uns ex improviso ein junger Cicerone, der eine mächtige Meeräsche in einer Reuse trägt, und ohne eine Antwort abzuwarten, läuft er mit seinem Fische voraus und ruft uns zu und winkt uns, und wir müssen ihm folgen, wir mögen wollen oder nicht. Er kommt uns vor wie der junge Tobias, der in seiner Freude, einen guten Fang im Tigris gemacht zu haben, zum Engel der Menschen wird. Hui! Da sind wir auf einem Platz, wo die Landleute, die Frauen, die Kinder, die Esel dicht beieinander stehn — sie verdingen sich an die Oeconomen, sie probieren Schuhe, sie kaufen sich Nägel, sie zählen ihre Soldi — sie lassen sich rasiren, sie beschlagen sich ihre Sohlen, sie dictiren Briefe, sie essen Kuchen, sie trinken Limonade — die Männer tragen blaue Mäntel und spitze Hüte, die Frauen knappe weisse Mieder und rothe Schürzen — es sind Gruppen wie aus der Bibel, lauter heilige Familien, zum Malen. „Da sind wir, da sind wir", ruft unser Tobias, nach dem Porticus der Octavia enteilend, und überlässt uns unserm Schicksal. Wo sind wir denn? Auf der Piazza Montanara; nun, was soll's? Wir schauen uns um: an den Platz stösst, bis zur Hälfte verschüttet, eine Schmiede, eine riesige, halbkreisförmige, rauchgeschwärzte Schmiede: das bläst und hämmert und dengelt und schlägt Funken wie beim leibhaftigen Vulkan. Und, sonderbare Schmiedewerkstätten das! Jeder Schmied hat ein

84

Gewölbe von Travertin und einen Bogen, dessen Schenkel Säulen dorischer Ordnung schmücken; darüber erhebt sich in jonischem Stil ein zweites Stockwerk, aber mit zugemauerten Arcaden; ja, es folgte wol am Ende noch ein drittes und viertes Stockwerk. Eine Ruine! Kann man auch hineingehn? Nein, aber hinauf; in Schutt und Moder ist sie zu einem Berge angewachsen, und auf dem Berge abermals in vier Stockwerken ein Palast aufgeführt. Er muss an die Orsini gekommen sein, da zwei steinerne Petzchen (orsini) an der Auffahrt Männchen machen. Dass dies der Monte Savelli und die Ruine das Marcellustheater ist? Das Theater, welches Augustus dem Andenken seines zärtlich geliebten, auf dem Marsfelde begrabenen Neffen weihte, in dessen unmittelbarer Nähe nachmals die Thürme der Pierleoni standen, das endlich die Savelli zu ihrem Horste wählten? Kein Zweifel, er ist's! Wir wissen, dass die Orsini den Savelli'schen Palast im vorigen Jahrhundert kauften, im gegenwärtigen bewohnte ihn Niebuhr als preussischer Gesandter, und in der Nähe muss die Goethekneipe sein. Marcellus! Götterbegünstigter, frühentraffter, im Gesang unsterblicher Dichter unsterblich lebender Marcellus! Als der fromme Aeneas in der Unterwelt vorahnend die Geschicke Roms erschaute, da war deine ideale, jugendschöne Erscheinung das Letzte, was ihm auffiel; mit deinem rührenden Bilde schloss die unabsehbare Reihe der sich vor ihm entringenden Heldensöhne wie mit einem Seufzer ab. So klingt dein Name auch hier, wo wir nicht vorwärts, sondern rückwärts geschaut haben, den silbernen Gestalten der Vorwelt nach gleich einem leisen Seufzer — wehmüthig, mit einem Lächeln entsagst du dem süssen Leben, entweichst du zum Vater Mars und mahnst uns, dass für die Blumen der Menschheit kein Bleibens hinieden ist, dass der Genius die Erde nur im Fluge mit seiner Helligkeit berührt und wie ein Meteor verschwindet:

Die Vorderseite des Capitolsplatzes mit den Dioskuren.

ostendent terris hunc tantum fata neque ultra
esse sinent.

Es scheint, wir haben kein Glück mit dem Marforio: er entwindet sich uns gleich einem Proteus. Aber ein Königreich, ein Rom für Marforio! Auf dergleichen flüchtige Schönheiten capricirt man sich erst recht, und das Capitol mit allen seinen Schätzen kann uns gestohlen werden, so lange wir ihn nicht haben. Links von der Piazza Montanara geht es nach Piazza Araceli und hier in drei Wegen zur alten Burg hinauf: links führt eine Treppe von 124 Stufen zur Nordspitze, respective zur Kirche S. Maria in Araceli (50 m), rechts eine Rampe zur Südwestspitze, respective zum Palazzo Caffarelli und zur deutschen Botschaft (47,5 m), in der Mitte eine asphaltirte Cordonata, das heisst nicht etwa eine Treppe, auch keine flache Treppe, sondern eine statt von Stufen von steinernen Cordons durchschnittene schiefe Ebene zur mittleren Einsenkung, dem ‚inter montes' gelegenen Intermontium, respective der Piazza del Campidoglio (30 m) empor. Diese Piazza del Campidoglio ist ein Viereck von über 260 m Umfang, das drei grosse Paläste zu Seiten hat, den Palast des Senators, wir würden sagen, die Polizeipraefectur mit dem Glockenthurme im Hintergrund, links den Palast des Museums, rechts den Palast der Conservatoren; die offene Vorderseite oder Grundlinie des Vierecks stellen zwei Säulengeländer dar, welche sich schenkelförmig an die Balustraden des Aufgangs schliessen und, rechtwinkelig, aber wagerecht von ihnen abspringend, in entgegengesetzter Richtung nach den Ecken des Vierecks laufen; sie sind gleich, denn die perpendiculär auf die Grundlinie gefällte Cordonata trifft dieselbe in ihrem Mittelpunkte und halbirt sie. Am Halbirungspunkte, auf den Scheiteln der Winkel, stehen zwei antike Statuen der Dioskuren kolossaler Grösse, in halbeiförmigen Hüten, jeder mit seinem Pferde, vom Theater des Pompejus stammend; die Füsse der schräg ansteigenden Balustraden bezeichnen zwei wasserspeiende Löwen von Basalt, altägyptische Werke und unübertroffene Muster dieses Stils (merkwürdig ist Bulwers Irrthum, der sie mit Rienzis lebendigem verwechselt); die horizontalen Schenkel sind in demselben Verhältniss, wie sie sich beiderseits und in verschiedener Richtung vom Mittelpunkt entfernen und den Ecken nähern, mit Bildwerken besetzt, die wie die Meilensteine symmetrisch an divergirenden Strassen stehn; auf die Dioskuren folgen die Trophäen des Marius, die Seite 109 erwähnten Cimbern, auf diese zwei Statuen aus den Constantinsthermen, Kaiser Constantin den Grossen (CONSTANTINUM AUG.) und seinen Sohn, Constantin II. (CONSTANTINUM CAES.) darstellend, auf diese endlich an den Enden des Geländers zwei wirkliche antike Meilensteine in Säulenform (Milliaria), von denen indessen nur der auf der rechten Seite echt ist: er bezeichnete mit der Ziffer I das Ende der ersten Meile oder, was dasselbe ist, die ersten tausend Schritt (Millia passuum) auf der appischen Strasse, von der Porta Capena an gerechnet. Nach Plutarch war es Caius Gracchus, der die italienischen Strassen nach Meilen eintheilte und die ersten Meilensteine (κίονας λιθίνους σημεῖα τοῦ μέτρου) errichtete; Inschriften auf dem unsrigen sprechen von einer zweimaligen Erneuerung desselben durch Vespasian und Nerva. Den Gipfel

Die Trophäen des Marius.

der Säule schmückt eine antike Metallkugel, die nicht darauf gehört — diese beiden Meilensteine als „Milliaria aurea“ auf das Capitol zu setzen hat selbst keine rechte Pointe, ja, bis auf die Trophäen des Marius, entbehrt dieser Pointe der gesammte plastische Schmuck des Platzes, der nur durch äussere Rücksichten, namentlich auf Pendants gerechtfertigt werden kann; im Mittelpunkte desselben steht, das heraufkommende Volk erwartend und den rechten Arm zu einem Salamalek erhoben, übrigens selbst zu Pferde mehr Philosoph als Cavalier, die eherne Reiterstatue des Kaisers Marc Aurel, während eine geringfügige, noch dazu falsche Roma, die an der Freitreppe des Senatorpalastes in einer Nische sitzt und als Brunnenfigur über den kolossalen Bildsäulen des ägyptischen Nils und des römischen Tiber thront, einen fast erbärmlichen Abschluss bildet. Michelangelo, dem die Gestaltung des modernen Campidoglio zugeschrieben wird, wollte, um ihm wenigstens einen Abglanz der alten Herrlichkeit zu geben, eine Kolossalstatue Jupiters an ihre Stelle setzen, die besser gepasst hätte. Den Glockenthurm krönt, wie früher erwähnt, gleichfalls eine Roma. Dieses Ensemble von Bildwerken, die meist gar keine nähere Beziehung zum Capitole haben, auch sich nur zum Theil über die Mittelmässigkeit erheben, sieht echt antiquarisch-gelehrt und pedantisch-zusammengetragen aus; bereits auf Seite 33 haben wir erzählt, dass man auch eine lebendige Wölfin dazu gesperrt hat. Die Grösse des Platzes ist die historische; wie er (im Gegensatz zur Peterskirche) dem leiblichen Auge grösser erscheint als er ist, weil der freie Raum nach der Tiefe breiter wird, so täuscht der Name Capitol und die mächtige Erinnerung an den religiös-politischen Mittelpunkt des ganzen Römischen Reichs auch unser geistiges. Oder will es uns etwa nur in diesem Augenblicke so bedünken, wo wir den Marforio im Kopfe haben? Vielleicht! Thatsache bleibt, dass wir, wie wir an der Nordseite heraufgekommen sind, an der Südseite wieder hinunter gehen und theilnahmlos an Marc Aurel vorüber den Abhang hinab zum marmertinischen Gefängniss eilen, dahin, wo wir am Anfang unserer Wanderung durch das antike Rom gestanden haben. Marforio, wo bist du? Dass wir mit diesem Seufzer auf den Lippen wiederkehren würden, hätten wir damals nicht geahnt.

Der Capitolsplatz links vom Senatorenpalast gesehen.

Es ist dir, lieber Leser, wohl schon in Berlin oder sonst einer grossen Stadt des öfteren begegnet, dass du einen guten Freund gesucht hast, und dass dir, nachdem du seine Wohnung endlich mit vieler Mühe aufgefunden, der Bescheid ward, er sei unlängst ausgezogen; ja, dass du nun eben wieder zu einem Hause zurücklaufen musstest, bei dem du vorhin vorbeigegangen warst, weil du seine Anwesenheit nicht ahntest. Genau so geht es uns jetzt hier, bei San Giuseppe de' Falegnami mit dem Marforio; in Berlin verändern die Menschen ihre Adressen, in Rom die Statuen. Denn denke dir, dass wir in dieser Entfernung von Pasquino gleich hinter dem Capitol wirklich eine „Salita di Marforio“ erblicken! Und denke dir weiter, dass wir, während schon alle

Das Capitol.

unsere Pulse schlagen, an einem Häuschen gegenüber dem Carcer Mamertinus über der Thür eine Anzeige lesen, Marforio habe hier gewohnt, aber er sei aufs Capitol verzogen!

HIC ALIQUANDO INSIGNE
MARMOREUM SIMULACRUM FUIT,
QUOD VULGUS OB MARTIS FORUM
MARFORIUM
NUNCUPAVIT;
IN CAPITOLIUM UBI NUNC EST
TRANSLATUM.

Das heisst Unglück im Glücke haben! Jetzt können wir wieder umkehren und abermals auf den Burgberg, wo recht viele alte Leute versorgt zu werden scheinen, steigen — und jetzt werden wir uns das Capitol genauer ansehen.

II.

In der That, wie in alter Zeit auf dem Sattel des Capitolinischen Gebirgs die Unglücklichen und die Verfolgten ein Asyl gefunden haben, so fanden im Mittelalter auf demselben Joche die verfolgten Antiken, Götter und vergötterte Kaiser eine Zuflucht, indem man sie wie schwache, unvermögliche Leute nicht nur unter freiem Himmel auf dem Platze selbst, sondern auch in den anstossenden Hospizen unterbrachte; und welches Areal hätte sich wohl besser zu solchen Stiftungen geeignet als das capitolinische, das vom Andenken der alten Götter noch umschwebt war und wo ihre vornehmsten, heiligsten Tempel gestanden hatten. Wir müssen nur erst in die Paläste, wo auch der Marforio sein Altentheil hat, hineinsehn, so werden wir auch die paar Statuen vor ihnen in einem andern Licht betrachten — das ganze Capitol bildet gleichsam ein einziges Museum, von dem die Dioskuren und die Trophäen des Marius nur einzelne, im Schaufenster ausgestellte Splitter und Proben sind; und dieses Museum hat ein historisches Recht, es ist tief in der Vergangenheit des Bergs begründet, die capitolinischen Sammlungen sind voll Sinn. In Rom hängt Alles wie im Weltganzen zusammen, es giebt keinen Zufall drin; durch alle Theile dieser merkwürdigen Stadt geht eine gewisse gebieterische Logik.

So auch durch's Capitol. Eine alte ungeschickte Legende lässt auf ihm, im Baugrund des Jupitertempels, unter der Herrschaft des Tarquinius Superbus den Kopf eines Menschen mit frischem und unverwestem Antlitz, den Kopf eines gewissen Tolus oder Aulus Vulcentanus gefunden werden; und dieses Caput Toli, in welchem man ein Symbol des Caput Mundi und der Hauptstadt der Welt erkannte, soll die Veranlassung gewesen sein, dass man Tempel und Tempelberg Capitolium benannte, während der letztere bis dahin Mons Saturnius oder Tarpejus geheissen hatte. Die Legende beruht auf einer erbärmlichen Volksetymologie, wie eben eine solche in unserer Zeit zur Anlehnung an Campus und der Umgestaltung des Wortes Capidolio in Campidoglio geführt hat. Aber soviel ist richtig, dass der Name Capitolium wirklich mit Caput und Kopf zusammenhängt, indem er etwa soviel wie Koppenfels bedeutet; ja, in einem figürlichen Sinne kann man sagen — Menschenkopf steckt in dem kleinen Capitol wie im römischen Boden überhaupt, Kopf für alle sieben Hügel, Kopf, viel Kopf.

Dass ein Berg mit einem Kopfe verglichen wird, ist etwas Alltägliches: der Vergleich lag hier besonders nahe, weil das Capitol nach allen Seiten steil, am steilsten gegen Westen und Südwesten in die umgebenden Sümpfe abfiel; hier wo gegenwärtig das deutsche archäologische Institut und das protestantische Hospital, die Casa Tarpea steht, hat man den Tarpejischen Felsen (Rupes Tarpeja) zu suchen, von welchem die Staatsverbrecher herabgestürzt zu werden pflegten; obgleich die Abschüssigkeit des Terrains im Ganzen durch Anhäufung von Schutt und

Trümmern, Häuseranbau und Abbröckelung des Gesteines selbst erheblich vermindert worden ist, gibt es doch im Garten des Hospitals noch eine Stelle, wo die Felswand in einer Höhe von ungefähr 20 m senkrecht abstürzt, und welche man den Fremden als Rupe Tarpea zeigt. Im Alterthum mochte der Hügel in seinem gesamten Umfang (925 m) solche schroffe, unersteigliche Mauern zeigen; denn eine auffallende Bergkuppe bleibt er immerhin. Einsam und trotzig ragt er in die Höhe: auch vom Quirinal, der ihm im Nordosten gegenüber steht und mit dem er ursprünglich mittels eines breiten Rückens zusammenhing, ist er gegenwärtig durch ein enges Thal und das darin liegende Trajansforum geschieden, im Osten trennt ihn das Forum des Augustus und die heilige Strasse vom Esquilin, im Südosten die Tiefe des Forum's vom Palatin, im Süden das Forum Boarium vom Aventin; seinen südwestlichen Fuss, genauer den schmalen Uferstreifen, der das Marcellustheater und den Kohlmarkt (Forum Olitorium) trug, bespült der gelbe Tiber. Aber dieser dominirende, eiförmige Kopf ist wiederum nicht einfach, sondern, nach Art einer gekrümmten Hantel, in zwei Köpfe und einen Hals, sozusagen in ein Geköpf gegliedert — vielleicht dass der Begriff Capit-oli-um etwas dergleichen bedeutete: ein Kopf und zwar der höhere sitzt an dem nordöstlichen Ende der länglichen Masse auf, ihn krönt die Kirche und das Franciskanerkloster von S. Maria in Araceli; ein anderer Kopf sitzt am südwestlichen, ihn bezeichnet der Palazzo Caffarelli; der Hals oder Busen ist die Piazza del Campidoglio. Die Südosthöhe, welche an den südwestlichen Gipfel anstösst und die deutschen Institute trägt, führt den Namen Monte Caprino oder Geissberg, derselbe ist ein Pendant zu dem Namen Kühweide (Campo Vaccino), welchen das Forum führte, und ein Beleg, dass auch das Capitol wiedergeworden ist, was es in vorgeschichtlichen Zeiten war — ein wildes, struppiges Gebirg, einst golden; Virgil hatte diese Worte gerade umgekehrt.

Aurea nunc, olim silvestribus horrida dumis. Aen. 8,348.

Fragen wir nach dieser topographischen Uebersicht, wie sich die glänzenden Gebäude vertheilten, welche den Berg im Alterthum bedeckten, so erhalten wir folgende merkwürdige Gleichungen:

Franciscanerkloster = Burg (Arx)
S. Maria in Ara Celi = Münze (Moneta) und Tempel der Münzgöttin (Juno Moneta)
Piazza del Campidoglio = Freistätte (Asylum)
Senatorpalast = Staatsarchiv (Tabularium)
Protestantisches Hospital = Richtstätte (Rupes Tarpeja)
Palast Caffarelli = Jupitertempel (Capitolium).

Die Burg, deren Name Arx, italienisch Arce zu der näheren Bestimmung ‚in Ara Celi' wahrscheinlich die erste Veranlassung gegeben hat, war das älteste unter diesen Gebäuden. Schon vor der Erbauung der Stadt mochte der Hügel eine Cultstätte und von den an seinem Fusse wohnenden Hirten befestigt gewesen sein; als Romulus gegenüber, auf dem leicht zugänglichen Palatin das viereckige Rom gegründet hatte, befestigte er ihn systematisch: diese jähen Felsen waren an sich schon stark; durch künstliche Festungswerke wurden sie in eine wahre Citadelle umgeschaffen. Sie ist eng in die älteste Geschichte Roms verwebt. Um Ueberläufer und Flüchtlinge anzuziehn und dadurch die Bevölkerung der neuen Stadt zu mehren, eröffnete Romulus unter den Eichen, die den Rücken zwischen den beiden Gipfeln sperrig bestanden, eine Freistatt (Asylum); worauf er die benachbarten Stämme aufforderte, sich mit seinen Römern durch die Bande der Ehe zu verknüpfen. Man wies ihn verächtlich ab: gründe, so hiess es, auch für die Frauen eine Freistatt. Romulus erwiderte nichts, aber als bald darauf die Feste des Gottes Consus, die sogenannten Consualia, abgehalten wurden und die Nachbarn sich mit ihren Frauen und Töchtern dazu eingefunden hatten, liess er die letzteren während der Spiele greifen und ‚die

Sabinerinnen rauben'. Die schwer beleidigten Gäste erklärten ihm den Krieg: der Sohn des Mars schlug sie nach einander auf's Haupt und brachte die Waffen Acrons, des Königs der Cäninenser, als Ehrenbeute (spolia opima) dem Jupiter Feretrius dar, welchem er auf demselben Capitol einen Tempel aufgerichtet hatte. Nur mit den Sabinern von Cures hatte er einen schweren Stand. Unter ihrem König Titus Tatius belagerten sie die Capitolinische Burg, deren Commando dem römischen General Tarpejus anvertraut war. Dieser Tarpejus hatte eine Tochter Tarpeja, die ihr Vaterland verrieth und dem Feinde ein Thor der Festung öffnete: als Preis hatte sie gefordert, was die Sabiner am linken Arme trügen — goldene Spangen. Aber an demselben Arme trugen sie noch etwas Anderes: eingelassen warfen sie ihre Schilde auf die Verrätherin, sie unter ihrer Last erdrückend; und zum Andenken an Tarpeja wurde der südöstliche Abhang

Das Capitol; Freitreppe des Senatorenpalastes mit dem Nil — Aufgang zum Monte Caprino.

des Burgfelsens, wo auch ihr Grab war, fortan der tarpejische genannt und zur Richtstätte für alle Verräther, die Cassius und Manlius ausersehn; dieselbe Execution hatte man in Delphi, wo die Verbrecher von den Phaedriaden, und in Athen, wo sie in das Barathron gestürzt zu werden pflegten. Der Umstand, dass ihr an demselben alljährlich Todtenopfer gebracht wurden, legt die von Schwegler gegebene Erklärung nahe, dass Tarpeja ursprünglich eine alte, an dieser Stätte verehrte Localgottheit gewesen und die Sage entstanden sei, weil sich neben jenem Grabe ein allzeit offenes Thor befand. Noch heute glaubt das Volk, dass im Innern des capitolinischen Bergs, umgeben von unermesslichen Schätzen, die schöne Tarpeja schlafe, aber dass, wer zu ihr gelangen wolle, unrettbar verloren sei; es ist die einzige antike Legende, die sich bis auf unsere Tage erhalten hat. Hinrichtungen fanden bis in's Mittelalter auf dem Tarpejischen Felsen, zu Rienzi's Zeiten auf dem Capitolsplatze selber statt; an der Treppe des Capitols stand ein Löwenkäfig und ein Madonnenbild, vor welchem die Missethäter das Urtheil vernahmen, und die Glocke, mit welcher der Tod des Papstes verkündigt und während des Carnevals das Zeichen zum Anfang der Maskerade im Corso gegeben wird, läutete auch für die armen Sünder. Arnold von Brescia wurde schwerlich auf dem Capitol verbrannt, wohl aber am 29. August 1354 Fra Monreale hier mit dem Schwert gerichtet, ja Rienzi selbst am 8. October desselben Jahres von Checco del Vecchio erstochen. Im Jahre 1488 übertrug man die Richtstätte auf die Piazza di Ponte Sant' Angelo, in unserm Jahrhundert wieder auf die Piazza de' Cerchi. Auf demselben Capitol empfing man die Triumphatoren und krönte man, promovirte man die Dichter, zum Beispiel den Petrarca. Il n'y a qu'un pas du Capitole à la Roche Tarpéienne.

Es ist wahrscheinlich, dass diese älteste Burg auf dem südwestlichen Gipfel, mithin auf eben der Seite stand, wo man den Tarpejischen Felsen sucht, und dass sie erst später auf den nordöstlichen verlegt ward. Doch thut man wohl, sich durch solche Wahrscheinlichkeiten nicht verwirren zu lassen, sondern unverbrüchlich an der Thatsache festzuhalten, dass sie die grosse Zeit hindurch auf dem nordöstlichen Gipfel stand, und dass Arx und Ara Celi identisch sind. Hier hörte Manlius, des Capitols Ruhm und Opfer, die Gänse der Juno schnattern. Auf dem südwestlichen Gipfel ward späterhin der Tempel des Jupiter, das römische Nationalheiligthum, gleichsam das Capitol auf dem Capitol, errichtet.

Der alte Tarquinius begann den etruskischen Bau, der, vom stolzen Tarquinius vollendet, und 507 v. Chr. eingeweiht, dreimal durch Feuersbrunst zerstört und dreimal nach dem alten Grundplan, aber in immer grösserer Höhe und in immer grösserer Pracht, zuerst durch Sulla und Quintus Lutatius Catulus (69 v. Chr.), das zweite Mal durch Vespasian (70 n. Chr.), das dritte Mal durch Domitian (83 n. Chr.), wiederhergestellt ward. Sein Areal war fast quadratisch, 60 m lang, 56 m breit. Es enthielt drei parallele und unter einem Giebel vereinigte Zellen: die des Jupiter (Cella Jovis) in der Mitte —

media qui sedet aede deus (Ovid. ex Ponto IV, 9, 32),

links die der Juno —

Jupiter Optimus Maximus, Juno Regina et Minerva (Livius III, 17),

rechts die der Minerva —

proximos illi tamen occupavit
Pallas honores (Horaz, Od. I, 12, 19);

zu seinem Bezirke (Area Capitolina) gehörten überdies die uralten Tempel der Venus Erycina, des Jupiter Feretrius und der Fides, der Göttin der Treue, nebst vielen anderen Capellen und Heiligthümern. Eine dreifache Reihe von Säulen trug den Giebel, eine doppelte bildete auf beiden Seiten eine Colonnade; die der Stadt abgewendete Rückseite hatte keine Colonnade. Die Statue Jupiters bestand lange Zeit aus Thon und ward von Zeit zu Zeit mit Mennige angestrichen; der Gott sass auf einem goldenen Throne, daher ihm die Triumphatoren, wenn unten im Kerker die gefesselten Könige, oben die schneeweissen Stiere abgeschlachtet wurden, den Lorberzweig in den Schoos legen konnten. In diesem merkwürdigen Gebäude concentrirte sich der ganze römische Gottesdienst: mit Opfern auf dem Capitol begann und endete jede wichtige Staatshandlung; in den capitolinischen Kellergewölben wurden, bis sie im Jahre 83 v. Chr. mit dem Tempel verbrannten, die Sibyllinischen Bücher aufbewahrt; dorthin blickte „pro rostris" jeder Redner, dorthin richtete jeder Altgläubige seine Gebete. Die Peterskirche der altrömischen Welt erhielt sich bis zur Plünderung durch die Vandalen, welche die vergoldeten Erzziegel raubten (455); seitdem entschwindet sie unserer Kunde. Gegenwärtig sind nur noch einige alte Quaderfundamente im Garten des Palazzo Caffarelli erhalten, welche dem Tempel des Capitolinischen Jupiter um so zuversichtlicher zugesprochen werden können, als im November 1875 bei Erdarbeiten im

Gartenhofe des benachbarten Conservatorenpalastes nebst anderen Resten derselben Substruction ein Säulenfragment zu Tage kam, welches auf eine korinthische Säule von 2,05 m Durchmesser schliessen lässt: eine so kolossale Säule kann nicht wohl einem andern Gebäude angehört haben als dem Jupitertempel. Die Einführung der korinthischen Säulenordnung anstatt der tuscischen war die einzige Neuerung, die man sich beim erstmaligen Wiederaufbau zu Sulla's Zeit gestattete; die Säulen wurden damals, wo gerade Athen erobert worden war, den unvollendeten Tempel des Olympischen Zeus entnommen. Diese paar Steine sind minder geeignet, uns eine Anschauung von dem berühmten Capitolium zu verschaffen, als ein antikes Relief, welches auf der Treppe des Conservatorenpalastes an der Wand des kleinen Hofes eingemauert ist. Es stammt von einem Triumphbogen Marc Aurels. Der Kaiser opfert dem Jupiter Capitolinus, dessen Tempel im Hintergrunde erscheint; in der Mitte des Giebelfeldes ist Jupiter zwischen Juno und Minerva zu bemerken. Obgleich die Perspective nicht sehr treu beobachtet ist, so erkennt man doch alle wesentlichen Züge des Gebäudes, nach seiner vierten, domitianischen Gestalt: die korinthischen Säulen und die drei Zellen unter einem Giebel, respective drei, sofort auffallende, Thüren. Wer mit den Alten lebt, weiss sehr wohl, dass es eine constante Praxis der griechischen so gut wie der römischen Künstler war, den Ort der Handlung und alles Accessorische in einer gewissen herkömmlichen Manier vielmehr anzudeuten als auszuführen; und dass sie sich durch diese Praxis von den neueren Schulen, wo die Scenerie bis ins Detail ausgemalt zu werden pflegt, wesentlich unterscheiden.

Das Capitol war eine Schöpfung des berühmten Volkes, welches Italien in alter und neuer Zeit die höheren Elemente der Civilisation vermittelte: die Tarquinier, wahrscheinlich selbst Etrusker, hatten es ihren Landsleuten in Accord gegeben. Die gesammte römische Cultur wurde bisher nur als ein Ableger der etruskischen betrachtet; jedenfalls lernten die Römer von Etrurien viel, unter anderem auch die Zeitrechnung, die genauen Gesetzen folgte. Auf die Etrusker ist mithin auch eine alterthümliche Gewohnheit zurückzuführen, die auf eine sehr frühe, mit der Schrift noch unvertraute Periode hinweist, und welche man aus Hochachtung für dieses Alter auch später beibehielt. Nämlich jedes Jahr an den Iden des September (13. September) in die Seitenwand des Jupitertempels einen bronzenen Nagel (Clavus annalis) einzuschlagen, um so die Zahl der vergangenen Jahre zu bezeichnen. Sie muss ausgesehen haben wie der Stock am Eisen, das Wahrzeichen von Wien.

Jupiter, Juno und Minerva bildeten sozusagen die antike Dreieinigkeit; auch diese Zusammenfassung war etwas Etruskisches, die etruskischen Tempel scheinen in der Regel drei Zellen für drei verschiedene Gottheiten enthalten zu haben. Ein einfaches Tempelchen derselben Trinität, dessen Erbauung dem Numa zugeschrieben ward, stand auf dem Quirinal: man nannte es der Analogie wegen, aber n a c h dem capitolinischen Tempel, gleichfalls Capitolium, und zum Unterschiede das alte (Capitolium vetus). Diese beiden Capitole meint Martial, wenn er zu einem esquilinischen und aventinischen Hausbesitzer sagt, er habe Aussicht auf den neuen und auf den alten Jupiter:

> Esquiliis domus est, domus est tibi colle Dianae;
> Inde novum, veterem prospicis inde Jovem (Martial, Ep. VII. 73).

Gegenwärtig möchte man abermals den capitolinischen Jupiter den alten und den neuen Jupiter den Herrn von Keudell nennen: Ascanio Caffarelli, ein Page Karls V., erbaute im sechszehnten Jahrhundert den Palazzo Caffarelli, und dieser Palast, auf Jovis heiligem Grund gelegen, ist Sitz der deutschen Botschaft; durch das archäologische Institut und das protestantische Hospital wird diese ganze Seite des Capitolinischen Berges Deutschland vindicirt. Es ist wahrlich ein seltener, tiefbedeutsamer Zufall, dass auf der ehrwürdigsten und höchsten Stelle Rom's die deutsche

Fahne weht, dass unser Volk in gewissem Sinne heute noch die Siebenhügelstadt beherrscht. Bei jedem andern Schriftsteller klänge das wie Phrase: ein deutscher braucht vor so stolzem Ausdrucke nicht zurückzuschrecken, denn Rom war unser, es ist die Hauptstadt des deutschen Reichs gewesen nicht blos Jahre, nicht blos Jahrzehnte, nein Jahrhunderte lang; unsere Kaiser hiessen römische Kaiser so gut wie dieser Marc Aurel. Herrscht doch Deutschland noch in den Romanen über halb Europa. Die Loose, die im Schoos der Zukunft liegen, sind dunkel; doch wir wollen an diese dominirende Stellung und an den ‚Novissimus Jupiter' des Capitols keine Augurien, sondern nur Reminiscenzen knüpfen. Und da wir gerade den Marc Aurel genannt und von einer neuen Seite, als Vorgänger unserer Kaiser, kennen gelernt haben, so möchten wir auch diesen philosophischen Fürsten noch einmal betrachten.

III.

Wir haben schon einmal darauf aufmerksam gemacht, dass den Römern bei einer Reiterstatue das Pferd das Wichtigste zu sein scheint; sie nannten auch diese einfach nach letzterem, und zwar im Mittelalter irrthümlich (diesem Irrthum verdankt sie ihre Erhaltung) Caballus Constantini, in neuerer Zeit Cavallo del Campidoglio. Und doch ist dieses Pferd nichts weniger als schön, sondern ein kräftiger, breiter, etwas schwerer Gaul; aber es hat etwas Individuelles und der Ausdruck des Lebens ist bewundernswerth. Nach ihm modellirte Andrea del Verrocchio in Venedig das Pferd des Bartolomeo Coleone, Leonardo da Vinci das Pferd des Herzogs Francesco Sforza. Der Marc Aurel ist würdig und ein schönes Beispiel der Kaiserporträts in Feldherrntracht und im Augenblick der Anrede (Allocutio) an die Soldaten. Daher die gleichsam sprechende Bewegung des Arms; eine abgeschmackte Sage, die Gregorovius umständlich erzählt und nach der die Statue das Denkmal eines Vaterlandvertheidigenden Bauern war, lässt die Hand zur Erinnerung daran ausgestreckt sein, dass er den feindlichen König damit gefangen genommen hatte. Die Statue ist ehern, mit Spuren von Vergoldung, das aus einem antiken Fragment verfertigte Postament von weissem Marmor: es hat einen grossen Vorzug vor unsern thurmartigen Gerüsten — die angemessene Höhe.

Statue des Marc Aurel.

Sie gestattet auch den Kopf des Reiters zu betrachten: ist derselbe doch schon als solcher ziemlich hoch. Im Jahre 966 liess der Papst Johann XIII den Stadtpräfecten Petrus bei den Haaren nackt am Marc Aurel aufhängen, worauf er wieder abgenommen und rücklings auf einen Esel gesetzt ward.

Das Pferd des Capitols war ursprünglich ein Pferd des Forums, dann ein Pferd des Laterans; im zehnten Jahrhundert wurde die Statue als Abbild Konstantin's auf dem lateranischen Felde aufgestellt, wo der „Apostelgleiche" bei Lebzeiten gewohnt, wo er die Mutter und das Haupt aller Kirchen gegründet hatte. Als sich Rienzi am 1. August 1347 im Lateran zum Ritter schlagen und in der Taufkapelle Konstantin's des Grossen von allen Flecken der Sünde reinigen liess, floss bei dem verschwenderischen Festmahl, welches die Feier des Tages beschloss, aus den ehernen Nüstern des Rosses vermittels zweier hindurch gelegter Leitungen Wein und Wasser: zwischen den Hinterbacken bemerkt man noch das Loch, durch welches die bleiernen Röhren hineingesteckt wurden. Dergleichen Improvisationen aus dem Schlaraffenland waren im Mittelalter nichts Ungewöhnliches: auch bei der Krönung des deutschen Kaisers gaben die öffentlichen Brunnen Wein statt Wassers, und als Herzog Ulrich von Würtemberg im Jahre 1511 mit der Prinzessin Sabine von Baiern Hochzeit machte und nicht weniger als siebentausend Gäste in Stuttgart waren, sprang ebenfalls aus zwei Brunnenröhren Tag und Nacht rother und weisser Wein. Die Aufstellung auf dem Capitol erfolgte im Jahr 1538 unter der Leitung des Michel Angelo. Bereits oben erzählten wir, dass der Tribun hierselbst ein paar Jahrhunderte früher seinem Wahnsinn zum Opfer gefallen war. Das Ross, das an seinem Ehrentage funkelnden Wein in Strömen ergossen hatte, trabte mitleidlos und mit eisernem Huf auch über die Blutspur des grausam Ermordeten.

Der Satyr des Praxiteles im Capitolinischen Museum. (S. 145.)

Statuen, die so alt, so gut erhalten und ohne jemals unter dem Schutt vergraben zu werden, beständig unter freiem Himmel aufgepflanzt gewesen, ja, von einem Platz zum andern gewandert sind, scheinen mehr als Statuen zu sein: sie werden gleichsam zu lebendigen, aber übermenschlichen Mitbürgern der Stadt, zu unbeweglichen Zuschauern ihres Geschicks, zu vielerfahrenen Zeugen ihrer Vergangenheit. Es ist gleichsam schwer, sich diesen „bronzenen Gast" als ein blosses todtes Bildwerk vorzustellen — als ob er den Untergang des Reichs, die neue Ordnung der Dinge, die Greuel der Völkerwanderung, die ganze grosse, tragische, erschütternde Geschichte dieser Stadt bis zu dem Jahre, wo man ihm die italienische Tricolore in die Hand gab (1847), nicht gesehen habe. Vor seinen Augen sind alle Päpste, die kleinen wie die grossen, die guten wie die bösen vorübergegangen und gestorben; er zählte die deutschen Kaiser, die nacheinander und in langer Reihe über die Alpen stiegen und sich, wie fascinirt durch den Zauber Italiens, die römische Krone holten; er hörte die Kanonen des 20. Septembers donnern und Bixio's Bomben vor dem Vaticane platzen. Marc Aurel war ein stoischer Philosoph, er hat bei Lebzeiten vortreffliche Selbstbetrachtungen angestellt. Wahrlich, in der Philosophie wird er seitdem Fortschritte gemacht haben, und die Selbstbetrachtungen, die er auf dem ‚Caballus Constantini' angestellt hat, müssten interessant zu lesen sein. Sie sind leider noch inedirt.

IV.

Doch es ist Zeit, dass wir in den linken Seitenpalast eintreten und dem Capitolinischen Museum einen Besuch abstatten, wo die Kaiser und die Philosophen gesammelt und, wie wir uns oben ausdrückten, gleich armen, kranken und verkrüppelten Leuten untergebracht sind. Wie traurig! Aber das ist der Sinn aller römischen Museen, welche, was Statuen, Reliefs und Sculpturen aller Art betrifft, die ersten Europa's bilden, und unter denen die im Vatican, im Lateran und auf dem Capitol die berühmtesten sind. Die Marmorbilder stehen da wie Menschen, die sich nicht mehr nützlich machen können auf der Welt, von ihrem ursprünglichen Standort losgerissen, gleichsam ihrem Wirkungskreis entfremdet, ohne Bedeutung und ohne Beziehung zu dem Platz — nur gesammelt, um sie vor dem gänzlichen Untergang zu retten. Sie gehören nicht zur Gegenwart, sie leben nicht mehr mit uns, sie verkörpern nicht mehr einem entzückten Volke in grandioser Bildlichkeit seine Erinnerungen und seinen religiösen Glauben. Nur der Gelehrte richtet sinnend und forschend ein kaltes Auge auf sie und prüft ihre Attribute und diagnosticirt sie und setzt ihnen Arme und Füsse an und operirt sie und stützt sie und heilt sie wie ein Arzt; während sich der Kunstfreund theilnahmsvoll über die hinwelkende Schönheit beugt und mit nassem Blick ihre Auflösung erwartet. Giebt es auch Krankenwärter in dem Spital? Genug; sie heissen Custoden.

Der ältere Brutus. (S. 145.)

Der greise Marforio ist der erste Kranke, den wir im Hospitale treffen: er liegt gleich im Hofe an dem Brunnen, dem Eingange gegenüber, eine Muschel in der Hand. Das ist der Koloss, welcher dereinst als Gott des deutschen Rheins auf dem Forum unter dem Pferde Domitian's und nachmals am Fusse des Capitolinischen Hügels dem Carcer Mamertinus gegenüber gestanden hat. Die Aerzte haben ihm den rechten Arm, die linke Hand und den rechten Fuss ergänzt. Alter Freund, dahin ist es mit dir gekommen? Wo sind nun deine Schwänke? Deine Lieder, deine Blitze von Lustigkeit? Ist jetzt keiner da, der sich über dein eignes Grinsen aufhielte? Hat dich Sixtus V., unter dessen Pontificat du hierher gebracht wurdest, endlich lahm gelegt? — Mitunter musste Pasquino erst gefragt werden, wenn er etwas Gescheites sagen sollte; und der Frager, der seinen schlummernden Witz weckte, hiess eben Marforio. Sixtus V. war der Sohn eines Bauern; er musste Schweine hüten; seine Schwester wusch. Als Papst erhob der Schweinehirt die Wäscherin zur Herzogin. Eines Tages frug Marforio seinen Gevatter, warum er kein reines Hemd anhabe. Was soll ich machen? antwortete Pasquino, meine Waschfrau ist eine Prinzessin geworden!

Come ho da fare! La mia lavandaia
è diventata principessa!

Der Papst war wüthend, aber, ein Meister in der Kunst der Verstellung, machte er bekannt, er würde dem Autor das Leben und obendrein eine Prämie von zehntausend Scudi schenken, wenn er sich nennen wolle. Der Thor ging in die Falle und Sixtus hielt sein Versprechen, liess ihm aber, „damit er nie wieder so scandalöse Sachen schriebe“, die rechte Hand abhauen. Mit der Wäsche wurde Herr Sixtus oft gehänselt. Er hatte das Volk wiederholt durch seine Strenge und durch den Druck seiner Auflagen erbittert. Ein andermal hing also Pasquino ein nasses Hemd zum Trocknen auf: es war ein Sonntag; Marforio fragte, warum er nicht warte, bis der Sonntag vorüber sei. Ich habe keine Zeit zu verlieren, antwortete Pasquino, morgen muss man am Ende das liebe Sonnenlicht bezahlen!

Und doch hat Marforio die geistreiche Conversation gelegentlich noch in unserm Jahrhundert fortgesetzt. Als Bonaparte Italien, ein undankbarer Sohn, die werthvollsten Codices und Kunstwerke, die einzige übergebliebene Glorie weggenommen hatte, fragte Marforio schläfrig: Pasquino, was ist für Wetter? Hu, antwortete er, ein Hundewetter (wörtlich ein spitzbübisches, un tempo da ladri)! — Und ein paar Tage darauf fragte er abermals: Pasquino! Ist's wahr, dass alle Franzosen Spitzbuben sind? — Nicht alle, aber ein guter Theil:

Tutti, no; ma bona-parte.

Nun lebe wohl, Marforio, vielleicht dass du noch auf dem Capitol der Bruder Lustig bist und mit deinen artigen Einfällen in einsamen Stunden das Krankenhaus erheiterst.[1]

Du hast ein zahlreiches Auditorium — fast das ganze römische Volk, den Brutus und Marius, die Kaiser vom ersten bis zum letzten, ja sogar schöne Frauen.

Agrippina, Gemahlin des Germanicus.

Der Brutus gehört zur Neuen capitolinischen Sammlung im Conservatorenpalast, wo er nebst der Wölfin im Zimmer der Bronzen steht: wir nehmen ihn mit in unsere Gallerie herüber. Gemeint ist Lucius Junius Brutus, der grosse Republikaner, der die Tarquinier vertrieb und mit dem Schwert in der Hand die Ehre der römischen Frauen rächte: schon damals wurde ihm auf dem Capitol in der Mitte der sieben Könige eine Statue errichtet, von welcher dieser schöne und charaktervolle Kopf mit der ehernen Stirne und dem tiefen Feuerblick, den überhangenden Augenbraun, den felsenfesten Kinnladen, der gebogenen Nase allenfalls ein Fragment sein könnte. Das Gesicht ist mit einem bürstenförmig abgestutzten Bart bedeckt und gehört jedenfalls einem Römer aus der Zeit vor den punischen Kriegen an. Die Augen sind von Elfenbein eingefügt. Der starke Hals ist auf eine metallene, mit der Toga bekleidete Brust neueren Ursprungs aufgesetzt; sie ruht auf einer Säule von Porta santa. Der Kopf des Mannes, der seine eignen Söhne standhaft hinrichten sah, trägt den Charakter des Schrecklichen; in der Schreckenszeit der französischen Revolution wurde diese Büste von der Section Marat den Departements zugeschickt.

Das Wort „barbatus", bei den Rumänen soviel wie Mann schlechtweg, war bei den lateinischen Schriftstellern synonym mit patriarchalischer Einfachheit; denn seit dem Jahre 300 v. Chr., wo der erste Barbier nach Rom kam, trug man keinen Bart mehr, die Bildnisse aus dem letzten

[1] Obgleich der Marforio in grossartigem Stile gebildet ist und unter die guten plastischen Werke des Alterthums in Rom gehört, so haben wir doch vorgezogen, als von noch höherem Kunstwerth, den Satyr des Praxiteles abzubilden, die beste der erhaltenen Repliken (über dreissig) und wahrscheinlich ebenfalls an einem Brunnen aufgestellt.

Jahrhundert der Republik erscheinen fast durchgängig bartlos; erst Hadrian liess sich den Bart wieder wachsen, um die Muttermale in seinem Gesichte zu verbergen. Um dieselbe Zeit begann die Toga ausschliesslich Mode und im Gegensatz zum griechischen Mantel das eigentliche Nationalgewand zu werden — der Mensch hat nie ein majestätischeres Kleid getragen: weit und harmonisch, in eleganten Falten über die kalten Bilder ausgegossen, welche dieses Volk uns von sich gelassen hat, die blendende Weisse durch den breiten Purpurstreif der Tunica gehoben, trägt die Toga mehr als etwas dazu bei, unsere Vorstellungen von dem römischen Ernste, von der römischen Würde, von der ‚gravitas Romana' zu befestigen. Daher denn auch Marius, jener grimmige Feldherr, den sich wohl Niemand mit glatten Wangen und glattem Kinne denkt, barbiert und im Friedensgewand erscheint. Es existirt im grossen Saal des Capitolinischen Museums eine männliche Togafigur, die man für den Marius erklärt; wir geben ihn in einer Büste, die sich im Museo Chiaramonti (Riquadro XXI) wiederfindet, sie steht dort auf einer Löwentatze. Der Kopf ist ausdrucksvoll und lebenswahr, die Nase dagegen nichts weniger als römisch. Das wäre also der

Marius.

Die jüngere Agrippina, Mutter Nero's.

Messalina.

Besieger der Cimbern und Teutonen; das wäre der Gewaltige, der zu Minturnae hingerichtet werden sollte, aber dessen blitzende Augen und dessen Donnerstimme der Henker zu ertragen nicht vermochte. Du wagst es, Mensch, den Gajus Marius zu tödten! — „Ich habe mir immer gewünscht," sagt Kosinsky, „den Mann mit dem vernichtenden Blicke zu sehen, wie er sass auf den Ruinen von Karthago — itzt wünsch ich es nicht mehr."

Nichts interessanter und nichts lehrreicher, als solche Personen, von denen man viel gehört und gelesen hat, endlich einmal mit Augen zu erblicken und das Studium der Geschichte durch reale Anschauungen zu beleben. Das Capitolinische Museum bietet eine vortreffliche Gelegenheit dazu; man glaubt sich in Castan's Panopticum; die Sammlungen von Büsten berühmter Männer des Alterthums, die sich in dem sogenannten Philosophenzimmer (Stanza de' Filosofi) und in dem Kaiserzimmer (Stanza degli Imperatori) befinden, sind die vollständigsten der Welt, die Benennungen zwar im Einzelnen manchem Zweifel unterworfen, aber doch im Grossen und Ganzen durch Münzen sichergestellt. In chronologischer Ordnung hat man die Büsten der Kaiser, ihrer Gemahlinnen und Anverwandten vor sich, eine Herrscherreihe von drei Jahrhunderten und Typen jeder Art — der hohen Regentenweisheit und der wahnsinnigen Selbstvergötterung, der Milde und der frevelnden

Tyrannei, der Majestät und der niedrigen Gemeinheit. Wer erinnert sich nicht an die schönen Männer und Frauen aus der Julischen Dynastie, an die genialen Züge des ersten Caesars, an das unergründlich tiefe Gesicht August's, an die makellose Schönheit des stolzen Weibes, welches ihn beherrschte, an den herrlichen Germanicus und an seine hochherzige Gemahlin, die kühne und mit Mannestugenden geschmückte Agrippina, die mitten im Kaiserzimmer auf einem Sessel ruht und, das Muster einer römischen Matrone, in faltenreichem Gewand, voll Sitte und voll Anstand einen so auffallenden Contrast zu ihrer entsetzlichen Tochter und Namensschwester, der Mutter des Nero, bildet? Wer hätte nicht mit Neugierde die reizende und üppige Poppaea Sabina betrachtet, welche den Nero zur Ermordung seiner Mutter verleitete und selbst von ihm während ihrer zweiten Schwangerschaft durch einen Fusstritt getödtet ward? Sie ist unbedingt eine der schönsten Frauen in der ganzen Sammlung, man weiss, dass sie auf ihren Reisen beständig eine Heerde von Eselinnen mit sich zu führen pflegte, um sich in ihrer Milch zu baden. Ihre Büste, aus einem einzigen, aber verschiedenfarbigen Marmorblock gefertigt, ist am Kopfe weiss, die

Der sterbende Fechter.

bekleidete Brust hat violette Flecke und Adern. Nicht weit von ihr steht, kenntlich an ihrem gekräuselten Haarputz, die berüchtigte Messalina.

Augustus liebte bekanntlich den Virgil und den Horaz; bei Tafel pflegte er in ihrer Mitte zu sitzen. Nun, Virgil hatte kurzen Athem und Horaz eine Thränenfistel; Augustus sagte daher im Scherz, er befinde sich zwischen den Seufzern und den Thränen: Ego sum inter suspiria et lacrymas. Er sitzt zwischen den Seufzern uud den Thränen noch im Steine, obgleich die angebliche Büste des Virgil nach Visconti eine mythologische Person vorstellt, da die Fülle langherabwallender Locken dem römischen Costüme gänzlich widerspricht.

Viele dieser Büsten sind Muster einer geistreichen Portraitbildnerei, namentlich die des Galba und der überaus fein charakterisirte Basaltkopf des Caligula. Ich habe niemals eine Physiognomie gefunden, welche das Wesen einer historischen, praktischen, prosaischen, ironischen, menschenbeherrschenden und menschenverachtenden Persönlichkeit besser ausgedrückt hätte, als die Vespasians, dem die Regierungsgewalt mittels der Urkunde in der Stanza del Fauno, der nachmals von Rienzi gefundenen und erklärten Lex Regia übertragen ward; sie verleugnet auch den Geiz des alten Mannes nicht, der sich nicht scheute auszusprechen, was heutzutage kein Staatsmann wagen würde, Geld sei immer gut, möge es kommen, woher es wolle: make money, my son; if you can, honestly, if not — make money, my son; niemals die Gefrässigkeit und den Charakter der rohen Materialität deutlicher ausgeprägt gesehen als auf dem Gesicht des Vitellius; dieser römische Kaiser hat ein so langfleischig herabhängendes Unterkinn, wie es nur der Gärtner Kahle besessen haben kann. Goethe sagt, Geschichte lese sich von Rom aus ganz anders als an jedem Ort der Welt; anderwärts lese man von aussen hinein, hier glaube man von innen hinaus zu lesen. Er hätte dazu setzen können, anderwärts habe man den blossen Text, in Rom eine illustrirte Ausgabe desselben. Das Capitolinische Museum ist ein historisches Prachtwerk ohne Gleichen.

In der Mitte des Philosophenzimmers sitzt der Consul Marcus Claudius Marcellus, der sich durch seine Thaten im zweiten punischen Kriege den Namen des Schwertes der Römer erwarb, auf seinem curulischen Stuhle; in eben demselben Zimmer befindet sich eine Büste des Asinius Pollio. Man gedenkt dabei einer historischen Anecdote. Man sagt in Frankreich von einem Ignoranten, der auf einem Katheder sitzt, er stelle das Wappen der Stadt Bourges dar (qu'il représente les armes de Bourges); dieses Sprichwort hat gegen die Söhne der alten Stadt ein ärgerliches Vorurtheil erweckt. Und doch ist es durch Weglassung eines einzigen Jota entstanden. Caesar hatte Bourges 52 v. Chr. erobert und den Asinius Pollio zum Statthalter ernannt. Die Stadt wurde von den Galliern belagert, während der Statthalter krank darnieder lag. Schon drohte sie der Feind im Sturm zu nehmen, da liess sich Asinius auf die Wälle tragen, um den Muth der Soldaten durch seine Gegenwart anzufeuern. Er sass da auf seinem Sessel wie hier Marcellus; und ‚Asinius in cathedra' blieb Sieger. Man malte ihn in dieser Stellung und betrachtete das Bild als das würdigste Stadtwappen. Aber später vergass man den Namen Asinius, das i war auf dem Bild nicht deutlich mehr zu lesen: man las nur Asinus. Das Andenken an den wahren Sinn erlosch mit dem Andenken an das geschichtliche Ereigniss, und der hochgebildete Feldherr verwandelte sich im Sprichwort in einen Esel, der auf einem Lehrstuhl sitzt.

Amazone.

Stammte vielleicht der Gallier aus Bourges, der schwer verwundet, mit niedergesenktem Haupte, im Ausdrucke des Schmerzes auf seinem Schilde sitzt und der, unter dem Namen des sterbenden Fechters (Gladiatore moribondo) bekannt, eine der vorzüglichsten Antiken Roms repräsentirt? Den Gallier kennzeichnet die lange, mächtige Statur, die schwielige Haut, das gedrungene Gesicht, der Knebelbart, das struppige Haar und das schnurartig aus Goldfäden gedrehte Halsband (torquis), welches auch römischen Soldaten (milites torquati) als Auszeichnung gegeben, aber ursprünglich von fremden Nationen, namentlich Persern und Galliern, getragen ward. Er ist dem Tode nahe: die Wunde, aus welcher sein Leben dahinströmt, erscheint unter der rechten Brust; die Muskeln erschlaffen, um seine Lippen spielt ein letztes Zucken; das linke Bein ist ausgestreckt, das rechte, auf welches sich die linke Hand stützt, krampfhaft eingezogen, der rechte Arm hält den Oberkörper nur mit Mühe aufrecht — noch ein Augenblick, und dieser kräftige, gemeine, aber durch sein Schicksal und bitteres Leiden geadelte Körper sinkt entseelt auf seine selbstgewählte Bahre und ist eine Leiche. Ein mächtiger Vermittler ist der Tod, er heiligt auch den Geringsten; und sein Eintritt hat auch bei unbekannten Personen etwas tief Ergreifendes. Wer ist dieser Mann, den uns eine realistische Kunst mit erschütternder Wahrheit im Momente der Agonie vor Augen führt? Ist er, wie der Name besagt, als Gladiator im Duell oder auf dem Felde der Ehre als Soldat gefallen? Hat er die tödliche Wunde von fremder Hand empfangen oder endet er abseits vom Schlachtfeld durch Selbstmord, den Tod der Gefangenschaft vorziehend und sein treues Horn zerbrechend? Sehr ansprechend ist Nibby's Vermuthung, dass diese Statue, die gewöhnlich der Pergamenischen Schule zugeschrieben wird, zu den auf Seite 43 erwähnten Sculpturen gehörte, welche den Giebel des augusteischen Apollotempels schmückten, und in denen, nach Properz, der Sieg der Griechen über die Gallier auf dem Parnass vorgestellt war. Von denselben stammt auch die sogenannte Gruppe der Arria und des Paetus in der Villa Ludovisi. Der Titel Fechter oder Gladiator sollte geändert werden; er gibt zu einer ganz falschen Vorstellung Anlass.

Der Schild (clipeus), auf welchem man ausser dem zerbrochenen Horne auch noch das Schwert bemerkt, ist gross und oval, auf dem Rande eine mäanderförmige Verzierung. Die schöne, unter der rechten Brust verwundete Amazone, die wir als Gegenstück zu dem sterbenden Fechter bringen, eine Nachahmung der Amazone des Polyklet, hat auch einen Schild, aber einen sichelförmigen, an einen Baumstamm angelehnt, während sie mit dem linken Fusse einen Helm berührt; ihre Waffen sind die Streitaxt und der Bogen; der Köcher hängt an der linken Hüfte. Sie ist in Amazonentracht: einer kurzen Tunica und der Chlamys. Die Griechen erzählten bekanntlich, den Amazonen sei die rechte Brust ausgebrannt worden, damit sie ihnen nicht hinderlich beim Spannen des Bogens sei, eben von der weggebrannten Brust hätten sie den Namen Amazonen, d. i. Einbrüstige bekommen. Die Bildhauer haben den Amazonen demgemäss auch wirklich meist die rechte Brust abgeflacht, sei es dass sie dieselbe bekleidet oder entblösst darstellen. Und doch beruht jene Fabel wahrscheinlich nur auf der willkürlichen Ausdeutung eines kaukasischen Fremdworts, soviel wie Mond; sicher gehörten die Amazonen zu dem Cultus der grossen asiatischen Mondgöttin, welche die Griechen mit ihrer Artemis identificirten, und ihr halbmondförmiger Schild, welcher Pelta heisst, bezog sich eben auf das lunare Wesen der streitbaren Jungfrauen.

Tauben auf einer Wasserschale (Mosaik).

Doch genug von Helden und Heldinnen und lautem Waffengeklirr! Ich erinnere mich, dass Shakespeare irgendwo von einer weissen Taube inmitten eines Schwarmes schwarzer Raben spricht. Ein paar weisse Tauben flattern auch durch die Rabenschwärme des Capitolinischen Museums, und mit ihrem friedlichen, idyllischen Bilde wollen wir diese historische Gallerie beschliessen. Zwar wäre es leicht auch sie derselben organisch einzufügen und den vier wilden Tauben zu vergleichen, welche bei den aegyptischen Krönungen, als Sinnbilder weitreichender Herrschaft, nach den vier Weltgegenden ausfliegen; aber wir ziehen es vor, sie in ihrer naiven, gedankenlosen Freiheit zu belassen. Ein antikes Mosaik stellt vier auf einem Wassergefässe sitzende Tauben vor; es ist überaus fleissig ausgeführt und aus lauter natürlichen Steinen verfertigt, die so klein sind, dass hundert und sechzig auf einen Quadratzoll kommen. Das anmuthige Werk, die Nachbildung eines Originals von Sosos, wurde, auf einer weissen Marmorplatte in den Fussboden eines Zimmers eingesetzt und von gröberen Mosaiken umgeben, in der Villa Hadrians bei Tivoli gefunden — wo hätte es anders gefunden werden können? Es ist die liebliche ländliche Ruhe nach dem Drang der Staatsgeschäfte und den aufregenden Scenen einer mächtig bewegten Welt.

V.

Das Capitol ist ein grosser Typus: als Centrum der Staatsreligion und als feste Burg hat es den Städten des Ostens und des Westens zum Vorbild gedient, sein Name klingt heute noch am Rhein und an der Rhone, in den entfernten Pyrenäen, ja, jenseit des Weltmeers wieder. Vielleicht dass es nur ein zufälliges Zusammentreffen ist, wenn in jenen Gegenden, z. B. in Toulouse, der Municipalrath, ja der einzelne Schöffe Capitoul genannt wird, da dieser Titel mit Capitulum zusammenhängen kann; aber unzähligemal haben die Städte das hohe Rathscollegium wirklich und unmissverständlich als ihr Capitol betrachtet, und keinen andern Namen führt das schöne Gebäude der Vereinigten Staaten zu Washington, in welchem die Kongresssitzungen stattfinden — in moderner Form die bewussteste und grossartigste Wiederherstellung des berühmten Heiligthumes. Wer möchte sich nicht vor diesem Weltwort, vor diesem capitolinischen Ansehn beugen? Es wird dauern, so lange es eine europäische Cultur und eine römische Tradition im Leben der Menschheit gibt.

Das Capitol ist ein Typus — ganz Rom ist einer; seine Kaiser und Kaiserhäuser, seine classischen Institutionen sind mustergiltig für eine Welt gewesen; kein Ort, wo man nicht einen Palast, ein Forum, ein Pantheon, ein Colosseum, ein Amphitheater, ein Tivoli fände — wie man sagt, dass jede französische Stadt ein kleines Paris, so kann man sagen, dass jede europäische Stadt ein kleines Rom repräsentire: Die alte Capitale hat ihnen allen mit elementarer Gewalt ihren Stempel aufgeprägt.

Darauf beruht der unverwelkliche Reiz und der bildende Einfluss dieser Stadt. Der sterbende Sokrates malt im Phaedon seinen Schülern die Seligkeit eines höheren Lebens aus — jenes Lebens, wenn die unsterblichen Seelen wie Fische, die über die Oberfläche des Wassers schnellen, auftauchen aus dem Dust der Atmosphäre und die herrliche Erde reiner und heller betrachten werden. Sie erscheint gleich einem Prachtball: sie ist nicht mehr wie hinieden zerfressen und verdorben, sondern eitel Glanz und Schimmer, wie Edelsteine und lautere Malerfarben glühn — dort oben, sagt der scheidende Weise, ist der wahre Himmel, das wahre Licht und die wahre Erde.

So in Rom, wo gleichfalls ein helleres Licht leuchtet und eine goldenere Sonne aufgeht als im düstern Norden. Wie unser Tag nur als ein Abglanz des römischen und das Farbenspiel unserer Natur nur als ein Widerschein der italienischen aufgefasst werden kann, so sind unsere Schöpfungen und unsere Einrichtungen zum grossen Theile nur Spiegelbilder und abgeblasste Copien der glorreichen Originale, die in diesem Boden wie platonische Ideen geschlummert haben. Einmal geschlummert haben; das alte Rom ist nur einmal dagewesen; das deutsche, das christliche selbst nur eine schwache Reminiscenz desselben. Wir haben die ewige Stadt durchwandert: inskünftige werden wir nur ihren eignen Schatten und die schwankende Erscheinung der grossen Gedanken sehn, die einst in ihr zu vollem, unvergesslichem Ausdruck gekommen sind.

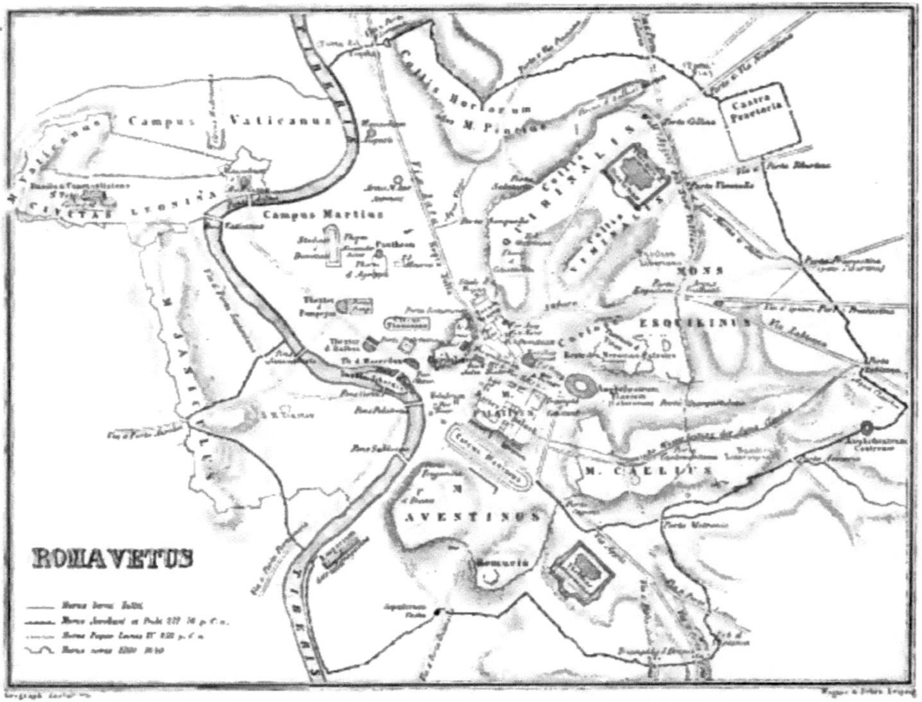

Urbs Septicollis — Die sieben Hügel.

I. Mons Palatinus. IV. Mons Caelius.
II. Mons Capitolinus. V. Mons Esquilinus.
III. Mons Aventinus. VI. Collis Viminalis.
VII. Collis Quirinalis.

Regiones Augusti — Quartiere der Stadt Rom zur Zeit des Augustus.

I. Porta Capena. IV. Sacra Via (Templum Pacis). VIII. Forum Romanum. XI. Circus Maximus.
II. Caelimontana. V. Esquilina. IX. Circus Flaminius. XII. Piscina Publica.
III. Isis et Serapis. VI. Alta Semita. X. Palatium. XIII. Aventinus.
VII. Via Lata. XIV. Transtiberina.

Querschiff und Ambonen der Basilica von S. Maria in Ara-Celi.

ZWEITER HAUPTTHEIL.

Wanderung durch das altchristliche Rom.

Santa Maria in Ara-Celi.

I.

Es ist Weihnachten in Rom und das Fest des berühmten, unvergleichlichen Christkindes auf dem Capitol. In einer Krippe, zwischen Ochs und Eselein liegt es, und vor ihm kniet inbrünstig betend die Madonna, während der heilige Joseph, auf seinen Lilienstab gestützt, in andächtiger Haltung zur Rechten steht. Die Engel und die himmlischen Heerschaaren fehlen nicht, die lobsingen und sprechen: Ehre sei Gott in der Höhe und Friede auf Erden und den Menschen ein Wohlgefallen; die Hirten kommen eilend, denen der Heiland geboren ist; und ein glänzender Komet leuchtet, ein unverkennbarer Leitstern, den drei Weisen. Es ist Weihnachten, aber es ist kein blosses Fest wie anderwärts; es ist nicht die späte Feier eines welthistorischen Geburtstags, nicht das Jubiläum eines Ereignisses, das vor zweitausend Jahren stattgefunden hat. Das Wunder ereignet sich von Neuem, es ist heute noch Weihnachten in Rom. Siehe, jene himmlischen Heerschaaren kommen leibhaftig und wirklich angezogen: in Jacken von Schaffell, mit Dudelsack und Schalmei steigen die Hirten von ihren Bergen paarweise nach Bethlehem hinab und blasen dem ‚Santo Bambino‘ das Wiegenlied; der ewige Vater streckt in Wolken ruhend die gelassene Hand auf's Capitol hernieder; und tausend kleine Engel schweben leichtbeschwingt und holdselig auf und ab, und treten vor die Krippe, und loben Gott deutlich und vernehmlich, und fangen an von ihrem göttlichen Brüderchen zu predigen und zu weissagen und draussen auf den Strassen mit gläsernen Trompeten das Evangelium zu verkünden — lieblich und hell tönt es durch die heilige Nacht —

Was liegt doch in dem Krippelin?
Wer ist das schöne Kindelin?
Es ist das liebe Jesulin — · ·

doch, was will jene hochbetagte Greisin, die tief unten am Horizont in grauer Ferne auftaucht und mit ausgestrecktem Finger gebieterisch auf die heilige Krippe deutet? —

Majestätisch und hehr und geisterhaft erscheint sie — um ihre Locken wallt ein durchsichtiger Schleier — ihre Augen blitzen, in schönem Wahnsinn rollend, hinauf zum Himmel und hinab zur Erde — und neben ihr steht ein Schatten in kriegerischer Rüstung und blickt unverwandt auf das neugeborene Kind und staunt.

Das ist der Kaiser Augustus und das ist die tiburtinische Sibylle — sie weist dem Allmächtigen den künftigen Weltbeherrscher — sie führt den Unsterblichen zum wahren Gott und zum wahren Gottessohn — dem gottbegeisterten Dichter gleich, offenbart sie seinem zweifelnden Gemüth die grossen Rathschlüsse des Schicksals und die geheime Saat der Dinge — zeigt ihm, wie in diesem Augenblick eine Gestalt des Lebens altgeworden ist, und mit Christi, des Himmelskindes, Zukunft eine neue, seligere Ordnung anhebt.

Ultima Cymaei venit jam carminis aetas;
Magnus ab integro saeclorum nascitur ordo:
Jam nova progenies caelo demittitur alto.

Bekanntlich haben christliche Schriftsteller diese Verse, mit denen Virgils vierte Ekloge beginnt, als eine messianische Weissagung gedeutet; die fromme Auslegung setzte sich so fest, dass der grosse Zauberer mitsamt der Sibylle den alttestamentlichen Propheten gleichgestellt und als ein Vorläufer der neuen Aera in die katholische Liturgie aufgenommen ward.

Die Sibylle träumt nimmer von einem Imperium, sie ist von einem abstracteren Gott ergriffen — ihre alten Bücher, die auf dem Capitol verschlossen wurden, sind verbrannt, sie bringt eine neue Märe — — und Augustus wirft sich anbetend zur Erde nieder; er steigt auf den Capitolinischen Berg und richtet dem himmlischen Sprössling auf dem uralten Göttersitz einen himmlischen Altar auf, einen heiligen Opferherd, den eine Stimme von oben als den des Gottessohnes bezeichnet:

HAEC ARA FILII DEI EST,

daher er eigenhändig aufschreibt, dass es der Altar von Gottes Erstgeborenem sei:

ARA PRIMOGENITI DEI;

der Altar hiess fortan Himmelsaltar oder Ara Coeli, und er steht noch in der Cappella Santa, unter dem Altare der heiligen Helena, im Querschiffe der schönen, Unserer lieben Frauen geweihten Kirche des Capitols, die von ihm den Namen Santa Maria in Ara-Celi führt.

Sculpturen auf der Vorderseite des beregten Denkmals stellen den Kaiser Augustus, welcher der heiligen Jungfrau eine Krone darbringt, und ein Agnus Dei vor; auf einem Sockelbilde unter der ‚Disputa‘ in der Stanza della Segnatura sieht man die Sibylle selbst, wie sie dem Augustus ihre prophetische Gabe mittheilt und die Mutter Gottes zeigt. Nach einer andern Version der schönen Legende tritt statt der tiburtinischen Sibylle die delphische Pythia ein, die, das letzte aller Orakel, dem Kaiser gebeut, dem hebräischen Knaben Platz zu machen. Nur Historiker, die

Treppe zu S. Maria in Araceli.

von der Bedeutung der Volksetymologie und dem unberechenbaren Einfluss sprachlicher Annäherungen auf die Sagenbildung keine Ahnung haben, finden diese Legende in Widerspruch mit der Annahme Niebuhrs, wonach ‚in Ara-Celi‘ aus ‚in Arce‘ hervorgegangen ist. Die Legende widerspricht nicht nur nicht der niebuhrschen Etymologie, sie setzt sie vielmehr voraus — würde sie voraussetzen, denn mit apodiktischer Gewissheit lässt sich diese Art der Entstehung freilich nicht behaupten. Sie ist aber schon deshalb wahrscheinlich, weil der Ausdruck ‚Ara Coeli‘ statt ‚Ara Christi‘ oder ‚Ara Filii Dei‘ an sich etwas Auffallendes, ja Unpassendes hat und füglich nur durch Anlehnung an einen andern vorausgehenden erklärt werden kann; als ein solcher bietet sich Arce, vielleicht Arcella weit ungesuchter dar als etwa der von Gregorovius vorgeschlagene „Aureo Coelo.“ Das Wort Arce beruht keineswegs auf einer willkürlichen Voraussetzung, es kommt vielmehr neben dem gebräuchlicheren Rocca heute noch hin und wieder im Sinne von Burg und Burgberg vor; zum Beispiel heisst Arce eine bekannte Stadt in der Provinz Caserta, welche von einem alten unersteiglichen Castelle malerisch überragt wird.[1])

II.

Der Legende nach würde die Basilica von Santa Maria in Ara-Celi, wo man die Figuren einer Sibylle und des knieenden Augustus zu Weihnachten auch wirklich vor der Krippe aufzustellen pflegt (letztere kraft eines sonderbaren Anachronismus in halb-orientalischem Costüm unter dem scharlachrothen Mantel) — die älteste Kirche von ganz Rom und der Himmelsaltar der erste christliche, ja, so zu sagen ein vorchristlicher Altar sein; der Sohn Gottes schnell wie Caesar siegen und noch bei Jovis Lebzeiten das Capitol ersteigen, die Weltherrschaft mit ihm theilend. Obgleich wir wissen, dass er sich langsamer Bahn gebrochen hat, und dass die Kirche der christlichen Himmelskönigin durchaus nicht in das augusteische Zeitalter zurückreicht, so haben wir sie doch zum Ausgangspunkt unserer Betrachtung wählen und den Wanderstab da einsetzen wollen, wo wir ihn am Ende des ersten Hauptheils niederlegten, weil uns dieser legendarische Altar mit seiner heidnisch-christlichen Geschichte gerade zu Passe kommt: wie ein mythischer Grenzstein liegt er in der Mitte zwischen zwei grossen Aeren und bildet, an der Uebergangsstelle aufgerichtet, wenn ich mich so ausdrücken darf, die Schwelle des Christenthums. Zudem ist die Kirche, von der ein Cardinal den Titel entlehnt, aber deren Patronat wie billig dem römischen Senate zusteht, wirklich früher Gründung: schon um 882 wird das Kloster S. Maria in Capitolio erwähnt, und man darf annehmen, dass es bereits Jahrhunderte zählte; das Kloster setzt die Klosterkirche natürlich voraus. Das ergibt also immerhin eine recht alte Kirche; und dem widerspricht auch die Bauart derselben nicht: alterthümlich, gothisch angehaucht, erinnert sie an die ernste, würdige Form einer christlichen Basilica, wie sie sich allmählich aus der antiken Basilica

Haupteingang der Kirche S. Maria in Ara-Celi

[1]) Unser Altar ist aus Alta Ara ähnlich zusammengezogen wie Adler aus Edel-aar; es bedeutet die Hohe Ara oder den Hoch-Altar, eine Tautologi, wie wenn man sagt, „Heiliger St. Florian“ oder „Lieber cher Monsieur“. Der Gothe verdeutschte das Fremdwort durch Opferstätte, der Angelsachse durch Tempelbett.

herausgebildet hat, und ist nur hier und da durch Zuthaten und Zierrathen im neueren Geschmack entstellt. Als Konstantin der Grosse das Christenthum zur Staatsreligion erhob, verwandelte er mehrere alte Basiliken in gottesdienstliche Gebäude: die Rathhäuser, die Börsen, die lauten Geschäftslokale hallten jetzt von frommen Gebeten wieder: *Basilica*, sagt Ausonius zum Kaiser Gratianus, *olim negotiis plena, nunc votis pro tua salute susceptis.* Ihr Plan, den wir auf Seite 4 angegeben haben, der oblonge, durch zwei Säulenstellungen in drei Schiffe getheilte und durch eine halbkreisförmige Apsis abgeschlossene Raum war diesem Zwecke vollkommen angemessen, indem sich die Gemeinde in dem breiten Mittelschiff versammelte, die Priesterschaft in den reservirten und erhöhten Sitzungssaal zurückzog, in dessen Centrum unter einem Tabernakel der Altar zu stehen kam; er wurde daher im Ganzen und Grossen auch in der Folge bei neuen Kirchenbauten beibehalten und nur insofern modificirt, als man das Mittelschiff zu einer unverhältnissmässigen Höhe emporführte, mitunter auch vor der Altartribüne ein Querschiff von der Höhe und Breite des Mittelschiffs anbrachte, wodurch einerseits im Grundrisse die heilige Gestalt des Kreuzes, andererseits der ganze Innenraum vor seinem Abschluss noch einmal in grossartiger Ausbreitung erschien. Daher kommt es, dass auch das Wort Basilica bei den Kirchenschriftstellern jener Zeit gleichbedeutend mit Kirche ward, und in Rom die alten, nach diesem Plan gebauten Kirchen bis auf den heutigen Tag Basiliken heissen. Es gibt ihrer dreizehn, die in zwei Klassen zerfallen, nämlich in:

I) die fünf alten oder Hauptbasiliken (Basiliche Patriarcali)

1. San Giovanni in Laterano, die älteste, von Constantin gegründet (Basilica Constantiniana).
2. San Pietro in Vaticano, aus Konstantinischer Zeit.
3. San Paolo sulla via Ostiense, ebenfalls aus Constantinischer Zeit.
4. Santa Maria Maggiore (Basilica Liberiana).
5. San Lorenzo fuor delle mura;

man merkt sich diese Patriarchalbasiliken, die an ihre ursprüngliche Bestimmung unter anderm dadurch noch erinnern, dass sie wie Gerichtshöfe den ganzen Tag offen gehalten und nie geschlossen werden, wie die Zeichen des Thierkreises oder wie die Parzen, mit Hülfe eines lateinischen Distichons:

Paulus, Virgo, Petrus, Laurentius atque Joannes,
Hi patriarchatus nomen in urbe tenent.

II) die acht kleinen Basiliken (Basiliche Minori)

1. Santa Croce in Gerusalemme (Basilica Sessoriana).
2. San Sebastiano.

Die beiden vorgenannten pflegen nebst den fünf alten von den Pilgern vorzugsweise aufgesucht und daher mit ihnen unter dem Namen der Sieben Kirchen (Sette Chiese) zusammengefasst zu werden.

3. Santa Maria in Trastevere.
4. San Lorenzo in Damaso.
5. Santa Maria in Cosmedin.
6. SS. Apostoli, angeblich ebenfalls von Costantin erbaut, daher Costantiniana dei SS. XII Apostoli genannt.
7. San Pietro in Vincoli (Basilica Eudoxiana).
8. San Clemente, das verhältnissmässig treueste Bild der baulichen Beschaffenheit und inneren Einrichtung einer altchristlichen Basilica gewährend.

Bereits bei diesen alten Namen wird dem Leser auffallen, was sich bei allen römischen Kirchennamen wiederholt: dass die nähere Bestimmung, mag sie nun vom Orte oder vom Erbauer oder von einer Reliquie oder sonst einem Heilthum hergenommen sein, regelmässig mit Hülfe der Praeposition *in* hinzu gefügt wird. Dem Volke erschien das Merkmal gewissermassen als die Basis, auf welcher das ganze Gebäude ruhte. Santa Maria in Trastevere bedeutet eine Marienkirche in Trastevere; San Lorenzo in Damaso bedeutet eine von dem heiligen Papst Damasus zu Ehren des heiligen Laurentius gestiftete Kirche; San Pietro in Vincoli, lateinisch in Vinculis, bedeutet eine Peterskirche, welche die Ketten (vincula) des Apostels in einem Reliquienschrein verschliesst. Genau so ist der Titel der Kirche gebildet, von der wir ausgegangen sind: Santa Maria in Ara-Celi.

Eben dieselbe vertritt eine dritte Klasse von Basiliken, zu welcher man ausser ihr etwa noch San Martino ai Monti, San Vincenzo ed Anastasio bei den Tre Fontane, Santa Sabina, San Crisogono, Sant' Agnese fuori le mura und andere rechnen könnte, das heisst, von alterthümlichen, den ursprünglichen Charakter sehr treu bewahrenden, stil- und stimmungsvollen Kirchen. Schon die Vorderseite imponirt uns durch eine gewisse patriarchalische Würde und Einfachheit. Während man die Basiliken innen mit prachtvollen Mosaiken zu schmücken pflegte, entbehrte ihr Aeusseres jeder Dekoration, nur die in grossen Dimensionen ausgeführten Fenster brachten einige Abwechselung hinein. Indessen begann man später den oberen Theil der Façade mit Musivgemälden zu belegen, die untere Hälfte, respective den Haupteingang durch einen Porticus auszuzeichnen. Die Backsteinfaçade von Santa Maria in Ara-Celi ist völlig kahl und nur in der Mitte durch ein grosses Fenster unterbrochen (an seiner Stelle befand sich vermuthlich früher das runde von durchbrochener Marmorarbeit, welches man in der Wand links eingemauert sieht); man hat sie, die der von S. Maria in Trastevere ähnlich werden sollte, nie vollendet, und die Mosaiken, die an der Hohlkehle wirklich angebracht worden waren, sind wieder abgefallen. Philipp Veit, der Maler der Himmelskönigin in S. Trinità de' Monti, entwarf einen Plan zu einer ihrem Charakter entsprechenden Ausschmückung der Façade, insbesondere einer Wiederherstellung der Mosaiken; derselbe kam nicht zur Ausführung, obgleich der Cardinal Consalvi testamentarisch eine Summe zu diesem Zwecke hinterlassen hatte; eine dem Charakter nicht entsprechende Vollendung wurde durch Overbeck verhütet. Die drei Eingänge hat die Familie der Mattei, deren Wappen (ein geschachter, balkenweise getheilter Schild, auf dem ein gekrönter Adler sitzt) am mittleren erscheint, kunstvoll mit Marmor verkleiden lassen. Ueber dem Hauptportal wölbt sich ein Zirkelbogen, in dem Reste eines Marienbildes zu bemerken sind; die Seitenportale haben Spitzbogen, und im Rahmen derselben Reliefs der Evangelisten Matthaeus und Johannes. Von Piazza Araceli hinauf führt eine hohe, 15 m breite Freitreppe, deren 124 Marmorstufen dem Tempel des Gottes Quirinus auf dem Quirinal entnommen sind; die Kosten zu derselben wurden von dem Almosen bestritten, welches die Kirche erhielt, als das in ihr verehrte Marienbild bei der Pest von 1348 in Procession herumgetragen wurde. Es ist dies eine der grossen Treppen (Scaloni) in Rom und ein Pendant der Spanischen, welche vom Spanischen Platz nach S. Trinità de' Monti geht und 125 Stufen hat, aber, obgleich vor der Ara Coeli, nicht mit der Scala Coeli, der Himmelsleiter zu verwechseln, nach welcher eine Marienkirche bei den Tre Fontane benannt ist.

Seiteneingang zur Kirche S. Maria in Ara-Celi.

Eine andere Treppe führt vom Capitolsplatze zu einem Seiteneingange empor, über welchem die heilige Jungfrau zwischen zwei leuchtertragenden Engeln in Mosaik erscheint.

Das Innere ist wie bei jeder Basilica dreischiffig, das Mittelschiff tragen zweiundzwanzig antike Säulen, meistens von Granit, aber von verschiedener Ordnung, Höhe und Dicke; die dritte links stammt urkundlich A CUBICULO AUGUSTORUM, aus den Kaiserpalästen auf dem Palatin. Den drei Schiffen liegt ein Querschiff vor. Da wo das mittlere Langschiff in letzteres mündet, ist nach herkömmlicher Weise eine grosse Bogenwölbung von der einen Wand zur andern geführt, welche auf vortretenden kolossalen Säulen ruht und an den Pfeilern, mit denen die Säulenreihen schliessen, sowie an den Seitenwänden des Querschiffs ihr Widerlager findet; dieser Bogen heisst, indem man einen heidnischen Namen auf Christi Sieg über den Tod anwandte, der Triumphbogen (Arco trionfale): durch ihn zieht gleichsam der triumphirende Erlöser in das Allerheiligste ein, wo sein Sieg im Sacrament des Altars gefeiert wird. Vor diesem Sanctuarium, in dem länglichen Viereck, welches sich, von Schranken umgeben und für die niedere Geistlichkeit bestimmt, in das Schiff der Kirche hineinerstreckt, gleichsam einen Chor vor dem Chore bildend, müssen eigentlich die beiden Pulte stehn, die man Ambonen nennt: hohe, durch Treppen zugänglich gemachte Bühnen für Vorleser und Redner, eine an der Nordseite für das Verlesen und Erklären der Evangelien und eine an der Südseite für die Episteln. Diese Ambonen, die allmählich in die Kanzel zusammengezogen worden sind, spielten bei der Ausschmückung der Kirchen eine wichtige Rolle und wurden prächtig, anfänglich mit Mosaik, später mit Schnitzwerk bekleidet. Sie fehlen auch in unserer Basilica nicht, aber im Jahre 1560 unter Pius IV. wurde alles umgeworfen, die halbzirkelige Tribüne zerstört und ein neuer, länglich-viereckiger Chor erbaut, worauf man im Jahre 1580 unter Gregor XIII. den alten Chor im Hauptschiffe vernichtete und den Fussboden ausbesserte; und nun wurden die beiden Ambonen, Werke der bekannten Künstlerfamilie der Cosmaten, hinter die beiden Pfeiler des Triumpfbogens verschlagen, ausserdem die Stücke falsch zusammengesetzt, sodass sie weder den richtigen Platz, noch die richtige Gestalt behalten haben. Auf dem Ambon des Evangeliums, vom Haupteingange links, ist wie auf vielen Denkmälern des italienischen Mittelalters, ein Adler gebildet, der eine Eidechse in den Klauen hält; am Pfeiler über ihm erscheint der Grabstein der Königin Katharina von Bosnien, die 1461 in Rom starb und sterbend ihr an den grossen Mohammed verlorenes Reich dem Papst vermachte. Ueberhaupt ist die Basilica ein wichtiges Mausoleum: sie enthält die Grabdenkmäler vieler ausgezeichneter Männer, von denen wir einige bereits Seite 108 namhaft gemacht haben, und, kenntlich an dem singenden Rosenstocke zwischen rothen Löwen und den rothen und goldenen Balken darunter, die Grüfte der edlen, an Cardinälen und Päpsten reichen Familie der Savelli. Ja, sogar manche Deutsche ruhen auf Ara-Celi, an grauen Leichensteinen stehen bairische und elsässer Rittersnamen, und neben den Hüten der Cardinäle lehnen auch die Helme und Schilde eines Ekbert Krech und eines Eberhard von Erlach an ihren Sarkophagen. Sie sind vor mehr als einem halben Jahrtausend in dem Strassenkampf vom 26. Mai des Jahres 1312 gefallen, als Heinrich VII. von Luxemburg über Barrikaden und Leichen in den Lateran zur Kaiserkrönung schritt, und die Kaiserlichen sich des Capitols bemächtigten. Es scheint, seitdem die Lebenden nicht mehr triumphirend zu Capitole steigen, tanzen sie hier den wirbelnden Todtentanz, der auch eine Siegesfeier, auch ein Triumphzug ist.

Und doch, es fehlt auf Ara-Celi nicht an wirklichen, eigentlichen, antiken Triumphatoren. Hast du, lieber Leser, die alterthümliche Decke der Münchener Bonifaciuskirche, die vergoldeten Balken-, Hänge- und Sprengwerke gesehn? Das Gespärre bleibt meist sichtbar bei einer alten Basilica. Das Dach von Santa Maria in Ara-Celi sieht weniger stilvoll aus. Die Seitenschiffe sind gewölbt, das Mittelschiff trägt eine Holzdecke, die kassettirt und mit Trophäen und kriegerischen Emblemen reich geschmückt ist. Sie wurde vom ‚Senatus Populusque Romanus' der heiligen Jungfrau nach der berühmten Seeschlacht von Lepanto (7. Oct. 1571) gestiftet, als die von Spanien, dem Papst und der Republik Venedig ausgerüstete Flotte die weit stärkere Seemacht der Türken geschlagen hatte. Befehlshaber der zwölf päpstlichen Galeeren war Marcantonio Colonna gewesen, und zum Lohne durfte der mittelalterliche Ritter förmlich und rite triumphiren. Bei seiner Rückkehr ging ihm der Senat entgegen und begleitete ihn unter dem Beifallsrufen und dem Jauchzen des Volks auf's Capitol zur Audienz des Papstes und in die Basilica von Ara-Celi, allwo er seine Trophäen niederlegte und der Mutter Gottes eine silberne Schnäbel-Säule (Columna Rostrata) mit einem Heiland auf der Spitze weihte. So hatten seine Väter dem Jupiter ihren Lorbeerkranz gespendet, so hatten sie im Tempel des Jupiter Feretrius die ‚Spolia opima' aufgehangen. Die Colonna sind ein altes Geschlecht; sie rühmen sich ihrer Abkunft von den gefeierten Helden der römischen Republik, denen die Columnae Rostratae weiland selbst errichtet worden waren. Als Napoleon in Rom war, speiste er mit einem Colonnesen. Er fragte: Ist es wahr, mein Fürst, dass Sie von den Duilius abstammen? — Sire, antwortete der geistreiche Edelmann, es sind an zweitausend Jahre her, dass man's bei mir zu Hause erzählt (on le prétend dans ma famille depuis deux mille ans). Dieselbe Anekdote gilt von den Fürsten Massimi alle colonne, den Nachkommen des Fabius Maximus Cunctator.

In früheren Zeiten hatte Rienzi nach seinem Siege über die Colonna den silbernen Kranz, mit dem er sich ob dieses Sieges schmückte, und seinen stählernen Commandostab der heiligen Jungfrau in derselben Kirche und in demselben Sinne dargebracht.

Das Christkind — Gesù Bambino.

III.

Zu Jerusalem, im Garten Gethsemane stehen sieben alte Oelbäume, die aus Jesu Zeit stammen und Zeugen seiner Passion gewesen sind: der Erlöser hat sie einst in tiefer Herzensangst umklammert und gesegnet, daher sie, obwohl vor Alter geborsten und umfangreichen Ruinen gleichend, grünen und blühen und köstliche Früchte tragen; ein freundlicher Franciscaner, selbst ein Greis, wartet und pflegt der Greise; er friedigt sie ein, damit sie keine unberufene Hand beschädigt, er umdämmt sie mit Steinen, damit sie nicht auseinanderfallen. Ihre Oliven werden eingelegt und um hohen Preis besonders nach Spanien verkauft, das aus ihnen gewonnene Oel ist beinahe unbezahlbar, die Kerne verarbeitet man zu kostbaren Rosenkränzen. Es sind die Patriarchen der Pflanzenwelt und des heiligen Landes heiligste Bewohner; obwohl man der malerischen Oelbäume im Oriente, namentlich in Griechenland, für welches sie charakteristisch sind, viele sieht, so machen sie doch nirgends einen so ehrwürdigen, feierlichen Eindruck wie in Gethsemane.

Ursprünglich waren es acht Oelbäume, einer ging im Laufe des sechzehnten Jahrhunderts ein. Aus seinem Holze schnitzten die Lateiner, die Gethsemane ihrerzeit käuflich erworben hatten, in einer Länge von 60 cm ein Christkind und überliessen es an das grosse Kloster von Santa Maria in Ara-Celi auf dem römischen Capitol. Die Statuette wurde, in seidene Windeln gehüllt und mit Perlen und Edelsteinen geschmückt, als höchster Schatz, als heiliges Kind (Santo Bambino) in der Sacristei der Kirche aufbewahrt, zur Weihnachtszeit in der Krippe ausgestellt und fast täglich wie das Sanctissimum zu Kranken und Sterbenden getragen, die durch seine Berührung ihrer Leiden und des Lebens selbst genasen. Im Jahre 1848 kam es sogar zu Pferd und Wagen. Die längst gefürchtete Revolution war ausgebrochen: eine Provisorische Regierung erklärte die Herrschaft des Papstes für abgeschafft und das Volk verbrannte die päpstlichen Karossen. Eine darunter war besonders schön und künstlich: dem Triumvir Armellini that sie leid: er schenkte sie dem Christkind. Als dann Pio Nono zurückkehrte und anspannen lassen wollte, hatte er keinen Wagen: er fragte, wo seine Equipagen hin wären: die einzige, die noch übrig ist, hiess es, hat gegenwärtig der Herr Christus im Gebrauch. Nun, sie seinem Herrn und Meister wieder zu nehmen, daraus machte sich der Nachfolger Petri ein Gewissen; er sagte: Lasset dem Papste, was des Papstes, und Gotte, was Gottes ist — und er fuhr diesen Tag nicht aus — und dafür konnte das Christkind nach wie vor ausfahren und, von einem Franciscaner begleitet, seine Krankenbesuche oder auf dem Corso eine ‚Trottata' machen: wenn man einen Galawagen kommen und einen weissseidenen Zipfel zum Schlag heraushängen sah, wich man ehrerbietig zur Seite und stieg aus, wenn man selbst in einer Droschke sass, und betete knieend an, genau so, als ob man dem heiligen Vater selbst begegnete, der in Rom immerhin mehr gilt als das heilige Kind.

Päpstlicher Galawagen, gegenwärtig im Besitze des heiligen Kindes.

Ausser ihm bewahrt die Basilica in dem Tabernakel des Hochaltars das obenerwähnte wunderthätige Marienbild, welches dem Evangelisten Lucas, dem trefflichen Madonnenmaler, zugeschrieben wird. Diese beiden Kunstwerke sind der charakteristische Schmuck von Ara-Celi. Das heilige Kind ist nicht unschön: mit seinen grossen Augen, mit dem Ernst, der sich in seinen bedeutenden Zügen spiegelt, mit dem Schrecken, der sein Herz bei dem Gedanken an seinen heiligen Beruf zu ergreifen scheint, erinnert es, in der schönen Krippe auf den Armen seiner holdseligen Mutter ruhend, an den Knaben der Sixtinischen Madonna, und unwillkürlich wiederholt man die tiefsinnigen Verse Schopenhauer's:

Sie trägt zur Welt ihn — und er schaut entsetzt
In ihrer Greuel unselige Verwirrung —
In ihres Tobens wilde Raserei —
In ihrer Krankheit nie geheilten Schmerz —
In ihrer Liebe nie gestillte Sehnsucht — —
Entsetzt — — doch strahlet Muth und Zuversicht sein Aug, verkündigend
Schon der Erlösung selige Gewissheit — —

man müsste denn vorziehen, mit einem seiner Landsleute solche witzige und gewählte „Legenden" nachzuerzählen wie die, dass sich einmal eine Engländerin in den Bambino verliebt, dass sie ihn aus der Kirche entführt und an seine Stelle einen „Wechselbalg" gelegt, das heilige Kind aber selbst den Rückweg gefunden und den nächsten Tag mit gebogenem Knie an der Thüre von Ara-Celi gestanden habe.

IV.

Am hohen Neujahr, wenn die Krippe um den Stern und die fremdartigen Gestalten der drei Könige bereichert wird, Nachmittags gegen 4 Uhr, ist in Ara-Celi grosse Procession. Das Christkindchen wird von einem Prälaten in der Kirche herumgetragen, dann draussen auf der Plattform hoch emporgehoben und der glaubensvollen Menge, welche über die breiten Stufen der Treppe ausgegossen ist, gezeigt. Hierauf wendet sich der Bischof nach links und präsentirt den Santo Bambino abermals dem Volke, das auf dem Capitolsplatze den verwundert dreinschauenden Marc Aurel umdrängt. Die Ceremonie hat für den Nordländer wenig Erbauliches, aber die Frömmigkeit und die glühende Begeisterung der andächtigen Gemeinde verleiht ihr ein eigenes Interesse. Je l'ai touché! rief mir ein französischer Priester mit strahlenden Augen zu. Was den Eindruck noch steigert, ist die merkwürdige Façade, zu deren Füssen die heilige Handlung vor sich geht, gleichsam die Folie der Erscheinung Christi auf der Höhe des Capitols. Diese hohe, alterthümliche backsteinerne Wand mit den drei kleinen Thüren oberhalb der unermesslichen, aus antiken Marmorstufen aufgebauten Treppe, die wie eine Himmelsleiter bis zu den Wolken reicht — schroff und schmucklos von einer reichen Architectur, von grünen Baumgruppen und üppigen Lianen abgehoben — dieses Emblem von Strenge, von Armuth und von Grösse frappirt die Phantasie wie das schlichte, aber in seiner Schlichtheit erhabene Gewand des Mönches, der hinter der Thüre steht. Die christliche Himmelskönigin trägt eine andere Krone als die lebensfrohe Juno: sie trägt die Krone der Demuth, die Majestät der Bettelorden: sie kleidet sich in ihre Farbe und Livree — in tiefes Braun.'

Obere Gallerie des Kreuzgangs von S. Maria in Ara-Celi.

Die Kirche gehörte ursprünglich den Benedictinern; im Jahre 1250 ertheilte sie Innocenz IV. den Franciscanern, deren Orden vor einigen Jahrzehnten aufgekommen war: in die römische Burg zogen mindere Brüder ein, und auf der antiken Münzstätte liess sich eine Schaar barfüssiger Bettler nieder, geführt von einem Abte, dessen Gebot, wie das eines Generalissimus,

> vom letzten fernen Posten,
> Der an die Dünen branden hört den Belt,

Der in der Etsch fruchtbare Thäler sieht,
Bis zu der Wache, die ihr Schilderhaus
Hat aufgerichtet an der Kaiserburg.

in allen Kapiteln und Kustodeien seines gewaltigen Heeres herrschte. An Heiligkeit dem Mutterhaus von Assisi nachstehend, ist das Kloster von Ara-Celi dem Range nach das erste der zahllosen Gebäude, die das kreuzweis übereinander gelegte Armepaar bezeichnet (ein Kreuz zwischen dem nackten Arme des Erlösers auf der einen und dem bekleideten Arme des heiligen Franciscus auf der andern Seite, beide Hände mit den heiligen fünf Wundenmalen bedeckt, wie man es nennt, stigmatisirt, ist das Wappen der Franciscaner); denn in ihm residirt der General der Franciscaner, das alleinige Oberhaupt der europäischen, aller bischöflichen Gerichtsbarkeit entzogenen Gesellschaft — residirt er jetzt noch, wo das Kloster aufgehoben und in eine Kaserne verwandelt, die reiche Bibliothek von Portugal versiegelt und den armen Kuttenträgern nicht viel mehr als eine Jammerecke gelassen worden ist. Antonius von Padua, der herzerschütternde Fastenprediger, Bonaventura, der hochbegabte Biograph des heiligen Franciscus, wegen seiner schwungvollen Schreibart der Doctor Seraphicus genannt, und viele andere, dem grossen Stifter verwandte Kirchenlehrer und Heilige sind Generäle in Ara-Celi auf dem Capitol gewesen und haben als solche, häufigen Neuerungsversuchen entgegen, für Aufrechterhaltung der alten Zucht und Strenge gewirkt. Zu den Neuerern gehörte unter anderen der von Dante (Paradiso XII, 124) erwähnte und in Ara-Celi begrabene General Matteo d'Acquasparta: Unola fugge(1287). Und viele Generäle des Franciscanerordens sind wieder Cardinäle, ja Päpste geworden und von Ara-Celi auf den heiligen Stuhl gestiegen, zum Beispiel Hieronymus von Ascoli als Nikolaus IV., Franciscus von Albissola bei Savona als Sixtus IV., Felix von Montalto als Sixtus V.; ausser ihnen noch zwei Päpste, Alexander V. und Clemens XIV., aus dem Franciscaner-Orden hervorgegangen. War es ein Wunder, wenn sie im Vatican eine gewisse Anhänglichkeit an das Capitol bewahrten? Trotz der zahlreichen und heftigen Kämpfe in seinem Innern behauptete sich der junge Orden Jahrhunderte lang in der Gunst des Volks wie des römischen Hofes; jenes drängte sich zu seinen Predigten und Beichtstühlen und seinen an Ablässen und Reliquien reichen Kirchen, dieser überschüttete ihn förmlich mit Vorrechten aller Art.

Gothische Corridore im Kloster von S. Maria in Ara-Celi.

Bei der Procession hat man Gelegenheit, den Convent zu sehen, der noch zu Anfang des vorigen Jahrhunderts über 7000 Manns- und 900 Frauenklöster mit etwa 125000 Mönchen und 20300 Nonnen zählte: in ihren dunkelbraunen Kutten, in ihren runden Kapuzen, Sandalen an den Füssen und um den Leib einen Gürtelstrick, der in eine Geissel endet — in langen Bärten, bald steinalt und gekrümmt unter der Last der Jahre, bald noch hochaufgerichtet und zum Kampf mit einer Welt gerüstet — Gesichter, auf denen die Leidenschaft und die verhaltene Begierde und die glühende Askese tiefe Furchen gezogen hat, und andere, die voll Resignation, voll Frieden, geläutert in das aufgelöste Spiel des krummgewundenen Lebens hinabblicken — alle von einem fremden, fanatischen, finstern, drohenden Geist beseelt — so defiliren sie zu zwei und zwei an uns vorüber, an uns, mit denen sie nichts mehr gemein, von denen sie längst Abschied genommen haben, unter denen sie wie Todte, *perinde ac cadavera*, wandeln. Wer ist, dem nicht die entsagende, charaktervolle Gestalt eines Mönches Respect einflösste? Ein Mensch, der das Glück des Lebens seinen Zwecken zum Opfer bringt, wird immer Bewunderung verdienen, selbst wenn diese Zwecke nicht nach unserem Geschmack sein sollten. Die Franciscaner bauen die Krippe in S. Maria in Ara-Celi, in der zweiten Capelle des linken Seitenschiffes, wie sie das zu Weihnachten in allen ihren Kirchen, z. B. auch in San Francesco a Ripa thun: der heilige Franciscus brachte diese Sitte auf, er war der erste, der im Jahre 1223 zur Feier des Christfestes eine sogenannte Hütte (Capannuccia) oder Krippe (Presepio) errichtete und die Geburt Christi mit Figuren aus Holz oder Pappe plastisch darstellte; wer weiss, ob diese Liebhaberei nicht der Grund gewesen ist, dass das gerade zu Weihnachten vielbesuchte Kloster den Franciscanern übergeben ward. Die kleinen Reden (Sermoncini), welche von Kindern, Knaben und Mädchen mit offenbarer Anspielung auf die lobsingenden Engel des Evangeliums, in Rom wie anderwärts, vor den Krippen gehalten werden, meist sehr monoton gehalten werden, daher es von einem schlechten Declamator sprichwörtlich heisst: „*par che reciti il sermoncino*" — sind selbst in protestantischen Ländern nicht ganz ausser Gebrauch gekommen; auch bei unsern Bescheerungen ist es ja Sitte, dass die Kinder ein Lied oder etwas Aehnliches aufsagen. Lächerlich, was Leute, die nicht mit eignen Augen sehn, mit katholischen Gebräuchen nicht vertraut sind und, trotz eines langen Aufenthaltes in Italien, ihre Vorurtheile über den Charakter der italienischen Nation nicht ablegen, von diesen simpeln Kinderpredigten alles zu erzählen wissen.

Ziehbrunnen im Kloster von S. Maria in Ara-Celi.

An das Kloster stösst ein Landhaus, welches durch einen oberirdischen Gang mit dem Venezianischen Palaste verbunden ist, so dass man von einem zum andern gelangen kann, ohne die Strasse zu berühren; dieses Landhaus, Eigenthum der Päpste und Appartamento del Papa genannt, wurde unsern Mönchen gleichfalls zuertheilt; von den Corridoren und namentlich von der Loggia hinter dem zweiten Hofe rechts hatten sie eine schöne Aussicht auf das alte Rom und den gegenüberliegenden Quirinal, zumal auf den hochragenden mittelalterlichen Thurm, in welchem die Phantasie der Pilger den Palast Octavians erblickte, auf dessen Zinnen Nero zum Brande Roms Zither gespielt haben soll, und der sich eben von hier aus besonders prachtvoll ausnimmt. Paul IV. machte und Sixtus V., einer ihrer alten Herren, bestätigte die Schenkung. Was für Träume mögen auf dieser Loggia geträumt, was für weitaussehende Pläne geschmiedet worden sein! Denn es ist kein Zweifel, in der Geringsten Einem, der diese Loggia ahnungsvoll betritt, steckt das Zeug zu einem dreifachgekröntem Haupte, einem Vater der Fürsten und Könige: die Hauptstadt der Welt, die er zu seinen Füssen liegen sieht, kann er wohl einmal in seinen Bettelsack einstecken — si fanno di questa pasta.

Jener Sixtus V., der Sohn eines armen Bauern und durch Vermittelung eines Oheims in ein Franciscanerkloster aufgenommen, aber den ehrgeizigen Sinn frühe auf die höchsten kirchlichen Würden gerichtet, ertrug Entbehrungen aller Art. Er lebte von Wasser und Brot, er meinte bescheidentlich, Wasser und Brod genügten zum Glück des Menschen:

Panis et aqua,
Vita beata.

Und bei Wasser und bei Brot erreichte er die Tiara, und, wie er noch in der Wahlcapelle den Stab, der ihm zur Stütze diente, wegwarf, so warf er gleichsam seinen Bettlermantel und seine Bettlermaximen weg, er sagte mit jenem Innocenz, dem die Regel der Franciscaner mehr für Schweine als für Menschen geschrieben schien, Wasser und Brot sei ja nur ein Hundeleben:

Aqua et panis,
Vita canis.

Man erzählt sich in Italien von den Kapuzinern, dass sie mit ihren Novizen den Klosterthurm besteigen und ihnen dort das Feld zeigen, das sie hinführo bestellen, das Land, das sie am Bettelstab durchwandern, als fromme Bettler machen sollen. Sie sagen zu ihnen: Unverschämtheit! Sfacciataggine! Und Alles ist Euer.

Ob sie in Ara-Celi mit ihren Novizen auf die Loggia treten? —

V.

Die tiburtinische Sibylle zeigt dem Kaiser Augustus den künftigen Weltbeherrscher: der Weltbeherrscher ist das Jesuskind, das zu Bethlehem in einer Krippe liegt, aber eine flimmernde Krone trägt: man hat diese Legende als eine der tiefsinnigsten des Christenthums gepriesen, und die Sibylle mit ihrer Vision vor unsern eignen Augen den Vorhang weggezogen. Und doch giebt diese Legende dem unbefangenen und philosophischen Betrachter der Weltgeschichte viel zu denken: es ist viel dabei zu erinnern, viel einzuschränken, manches ‚Granum salis' darauf zu streun: ja, die tiburtinische Prophetin hat kaum Recht.

Nicht Christus ist der Herr der Welt geworden, sondern der Apostel Petrus; ein neues Weltreich nicht aus Nazareth, sondern aus Rom hervorgegangen; die mächtige Kirche, welche dieses Weltreich darstellt, heisst nicht die christliche, sondern die römisch-katholische.

Nur im Orient führt der Christ den Namen Nazarener.

Wir erzählten oben, wie das heilige Kind zu einem päpstlichen Galawagen kam. Die kleine Geschichte besitzt einen eminent symbolischen Charakter. Wer in Rom bisher mit Vieren fuhr war der Papst. Christus, der mit seinen Aposteln barfuss durch's heilige Land gezogen ist, kann froh sein, wenn er sich eben mit aufsetzen darf; eigentlich geht er betteln mit einem Bettelmönche.

Freilich pflegen sich die Päpste nur Christi Statthalter zu nennen: der wahre Herrgott wohnt im Himmel, sie vertreten ihn auf Erden. Aber liegt die Sache etwa so, wie sie recht häufig liegt — dass der Minister mehr als der Souverain bedeutet, der Haushofmeister grössern Aufwand macht als der gnädige Herr? Nicht ganz: der angebliche Herr hat eine Herrschaft nie gehabt: er hat als armer Zimmermannssohn gelebt, er ist als Zimmermannssohn gestorben: Herrschaft und Königreich haben sich die klugen, beharrlichen, kühnen Gouverneure ganz allein erworben und befestigt. Ein seltener Stern führte sie wie die drei Könige nach Rom, nur mit dem Unterschied, dass Kaspar, Melchior und Balthasar schon Könige waren, Petrus und Paulus erst welche werden wollten: heimlich und leise schlichen sie auf den wackeligen Weltenthron und machten einen bequemen Bischofsstuhl daraus; sie sagten: das alte Möbel ist ja niemand etwas nütze, es knackt an allen Ecken und Enden, lasst es uns! Wir wollen's ja nur, um fein fromm drauf zu beten! — Und ich wiederhole: ohne dieses geschickte, bewunderungswürdige Manöver wäre die Secte der Christen in den Wüsten des Morgenlands verschollen; ohne die römische Fusion würde heutzutage kein heiliges Kind in Gold und Silber strahlen, wie es geschieht, weil man ihm Titel und Ehren aus Politik beliess.

Freilich ist auch Petrus nicht gleich von Anfang gross, vielmehr gleich Christus ein armer Märtyrer gewesen. Allerdings, aber er galt für den unmittelbaren, greifbaren, eigentlichen Gründer dieses Stuhls; er hatte von Christus die Schlüssel des Himmelreichs erhalten und dann einen Riesenschritt damit gethan, indem er mit seinem Schlüsselbunde auf den sieben Hügeln klingelte und klirrte: als erster römischer Bischof trug er die Weltherrschaft in sich als wie in einer Nuss, während Christus noch gar keine Anwartschaft darauf besass.

Wir haben oben den Himmelsaltar einen Markstein genannt, der die Grenzscheide zwischen Heidenthum und Christenthum bezeichnet. Wir werden jetzt noch etwas Anderes in ihm finden: den Grund- und Eckstein, auf dem Christus seine Gemeinde bauen will. Man weiss, dass er damit den Apostel Petrus meint, und dass dessen hebräischer Name Kephas zu dem göttlichen Wortspiel Veranlassung gegeben hat; der Felser, der sich nachmals sein Capitol auf dem Vatican und sein Palatium im Lateran gemacht hat, passt vortrefflich auf den römischen Koppenfels. Die Weltkirche, welche auf diesem Steine steht, wird jetzt noch nicht in ihrer vollen Pracht erscheinen; nichts destoweniger aber hebt mit ihm ein Gebäude an, welches, himmelweit von Nazareth entfernt, in Rom eine neue selbständige Reichsidee verkörpert und, allmählich ausgebaut, langsam zu einer stolzen, der alten Welthauptstadt nicht unwürdigen Höhe anwächst.

Santa Pudenziana und Santa Prassede.

I.

So ist es denn nicht mehr wie billig, dass wir, nachdem uns im Vorigen der Heiland geboren worden ist, gegenwärtig zusehen, wie sein grosser und glücklicher Nachfolger, der heilige Petrus, ankommt; und dass wir Sanct Peters Bethlehem und die petrinische Krippe in der ewigen Stadt aufsuchen. Auch ist dieselbe eine ungleich realere, denn während das Jesuskind nur im Bilde, sozusagen im Altweibermärchen auf dem Jupitersberg erscheint, lässt die altkatholische Sage den Petrus, wie den Paulus, in Person den Boden Roms betreten, eine Gemeinde stiften und fünfundzwanzig Jahre lang (42—67 n. Chr.) des Hirtenamtes walten. Freilich ist auch dies geschichtlich nicht unanfechtbar, der erste der unter Petrus Namen im neutestamentlichen Kanon enthaltenen Briefe weist vielmehr auf Babylon als seinen späteren Aufenthalt hin, und der römische Klerus selbst kann sich den entgegenstehenden chronologischen und historischen Bedenken nicht verschliessen: unter dem Druck der neueren Wissenschaft und Zeit musste der Papst im Februar des Jahres 1872 eine öffentliche Discussion katholischer Priester mit waldensischen Geistlichen über die Frage gestatten, ob Petrus jemals in Rom gewesen sei. Dafür lebt die Tradition vom ersten römischen Bischof, der, in Nachbildung des Todes Jesu am Kreuze, auf der Höhe des Janiculums mit den Füssen nach oben gekreuzigt worden ist, ungeschwächt und unerschütterlich im Bewusstsein der Gläubigen fort, und sie ist dem Philosophen oft mehr werth als die versiegelte und verbriefte Wahrheit der Geschichte, weil er in ihr den mythischen und sinnbildlichen Ausdruck einer höheren, wahreren Wahrheit unterscheidet. Ob Petrus jemals in Rom war? Müssige Discussion! Deren Resultat für die grossen Thatsachen der Kirchengeschichte genau so gleichgültig ist, wie für die römische des Romulus Existenz. Dem Geiste und der wirkenden und schaffenden Kraft nach ist Petrus wahrlich dagewesen, des steht die Peterskirche ein augenfällig Zeugniss. Auch hier gilt es, wie der Prophet der romantischen Schule sagt, in Märchen und Gedichten zu sehn die ewigen Weltgeschichten, und die, welche den Urfelsen wie Epheuranken umspinnen und umwinden, wollen wir hier an alten heiligen Bildern in alten heiligen Kirchen andächtig ablesen.

Es sind in der That die ältesten und alterthümlichsten unter den dreihundertvierundsechzig Kirchen des heiligen Roms. Im neutestamentlichen Kanon befinden sich bekanntlich zwei Briefe des Apostels Paulus an seinen früheren Reisebegleiter Timotheus, in welchen er ihm, dem dermaligen Bischof der Gemeinde zu Ephesus, Anweisungen zur rechten Führung seines Amts ertheilt. Im zweiten dieser apokryphen, angeblich von Rom abgelassenen Briefe (Kap. 4, 21) wird ein gewisser Pudens (Πούδης), der den Timotheus grüssen lässt, erwähnt. Der war ein römischer Senator und Hausbesitzer, und in seiner Wohnung, die in dem Thal zwischen Viminal und Esquilin, im Vicus Patricius lag, der heilige Petrus abgestiegen. In ihr stiftete der Fürst der Apostel nachmals selbst das erste Gotteshaus zur Versammlung der Gläubigen: das heisst, irgend ein grösserer Raum in Pudens' Palaste wurde zu einem Betsaal hergerichtet, wie ihn kleine Gemeinden, die noch keine eignen Kirchen haben, z. B. die Mucker, die Baptisten, die Deutschkatholiken gelegentlich auch bei uns benutzen. Dieser pudentianische Betsaal wäre also die Wiege des apostolischen Amts gewesen: hier hätte Petrus gepredigt, hier das heilige Opfer dargebracht; hier, in der noch heute erhaltenen, besonders verehrten und zu den Seelenmessen privilegirten Kapelle, ein echter, unumstösslicher, hölzerner Himmelsaltar gestanden

Der Senator Pudens war (wie Aquila, der Gefährte und Gehülfe des Apostels Paulus) verheirathet mit einer gewissen Priscilla, die ihren Glauben mit dem Tod bekannte und nach welcher die Katakomben an der Via Salara benannt sind; sie stellten das Erbbegräbniss der angesehenen Familie des christlichen Rathsherrn dar. Pudens und Priscilla hatten vier Kinder, zwei Töchter und zwei Söhne, jene Pudentiana und Praxedis, diese Novatus und (nicht mit dem ersten Bischof von Ephesus zu verwechseln) Timotheus mit Namen. Sie vergrösserten das väterliche Haus und bauten ein Bad, die Thermen des Novatus an; und wie ihre Eltern den Apostel Petrus, so nahmen sie Justinus den Märtyrer gastfreundlich darin auf. Damals, es war im Jahre 142, sass der heilige Pius auf dem Stuhle Petri; von ihm wurde das Bad in eine förmliche Kirche verwandelt, und diese auf Bitten der Praxedis dem Andenken ihrer verstorbenen Schwester Pudentiana gewidmet. So entstand in vorconstantinischer Zeit die erste Pfarrkirche und der Titulus Pudentianae, welcher, was nicht befremden kann, ursprünglich auch einen Titulus Pudentis in sich schloss; der letztere war wiederum, des Verdienstes wegen, welches sich der heilige Pastor der Bruder des Papstes Pius und ihr erster Pfarrer, um die Stiftung der Kirche erworben hatte, zugleich ein Titulus Pastoris. Der Ausdruck Titulus verlangt zunächst eine Erklärung; die Definition, welche Gregorovius gibt, trifft nicht das Wesentliche. Einige römische Kirchen hiessen Tituli, andere nicht. Nämlich nur die Parochialkirchen, in welche eine bestimmte Gemeinde eingepfarrt und mit denen eine Pfarrstelle verbunden war, die mithin dem angestellten Geistlichen den Titel eines Pfarrers (Parochus) einbrachten. Als Hauptkirchen der Stadt, um die sich Alles wie um Thürangeln (cardines) drehte, hiessen sie zugleich Ecclesiae Cardinales und die an ihnen angestellten Pfarrer, im Gegensatz zu den gewöhnlichen Presbytern oder Priestern,

Presbyteri Cardinales, woraus das Wort ‚Cardinal‘ entstanden ist: die römischen Cardinäle sind ursprünglich nichts Anderes als römische Pfarrer. Ihrer waren an ein Viertelhundert: von Papst Marcellus (308—310) wird erzählt, dass er in Rom fünfundzwanzig «Tituli, quasi Dioeceses» stiftete; die Päpste Sylvester, Damasus, Innocenz creirten je einen neuen Titel, so dass zur Zeit Alexanders III. (1159—1181) von achtundzwanzig die Rede ist. Der römische Kirchenhistoriker Caesar Baronius, der im sechzehnten Jahrhundert lebte, denkt an eine andere Etymologie. Er sagt, man habe die Gotteshäuser als Christi Eigenthum mit einem Kreuz bezeichnet, und dieses Kreuz sei der ursprüngliche Kirchen-Titulus gewesen, analog dem Titulus fiscalis, durch den man Staatseigenthum kenntlich zu machen pflegte. Doch ist diese Bedeutung des Wortes Titulus zum mindesten eine ungewöhnliche: im Alterthum verstand man darunter ein Täfelchen, auf welchem geschrieben stand, dass das Haus zu verkaufen oder zu vermiethen sei, und das man an das Haus hing, genau so wie man dies in Italien noch heutzutage thut; wenn das Haus vermiethet werden soll, so bedient man sich in Rom sogar noch der antiken Formel: EST LOCANDA, deren ich hin und wieder an einem dergleichen Titulus ansichtig geworden bin, und von der die moderne „Appigionasi“ nur die Uebersetzung ist. Unnöthig zu bemerken, dass daher das italienische Wort Locanda für Herberge oder Gasthaus kommt. Man nannte das „*mittere Lares sub titulum.*“ An solche Täfelchen denkt man zuerst, wenn es sich um Titel handelt, die gleichsam die Häuser selber tragen, und deshalb scheint es natürlicher, letztere den Menschen und den Cardinälen zu belassen, welche sie bis auf den heutigen Tag von den alten Pfarrkirchen entlehnen. Die Kirchen, welche keine Tituli waren, hiessen Diaconien oder Bethäuser (Oratoria).

Altes Portal von Santa Pudenziana.

Derselbe Unterschied besteht in der mohammedanischen Welt zwischen den grossen und eigentlichen Versammlungshäusern, welche Dschamien, und den kleinen Bethäusern, welche Moscheen genannt werden. Die meisten gottesdienstlichen Gebäude, die der Abendländer im Orient zu Gesicht bekommt, sind eigentlich keine Moscheen, sondern Dschamien.

Die Kirche der heiligen Pudentiana wäre also unter den achtundzwanzig Pfarrkirchen die älteste gewesen. Pudentiana ist ein Patronymikon, und es sieht fast so aus, als ob ursprünglich die Kirche selber so geheissen habe: man nannte sie Ecclesia Pudentiana, das heisst, Kirche des Pudens, personificirte aber dann das Beiwort und bildete aus Pudentiana eine Sancta Pudentiana, eine Tochter des Pudens und eine Schwester der Praxedis heraus. Auch der heilige Pastor, ihr erster Pastor, könnte nur auf einer mythologischen Verpersönlichung beruhen; das Wort Pastor, soviel wie Hirt, findet sich als Uebersetzung des griechischen *Ποιμήν* (Epheser 4, 11) bereits im kirchlichen Alterthume, allerdings vorzugsweise für Bischof (*Ἐπίσκοπος*). Jedenfalls muss es befremden, dass alle Glieder der Familie Pudens ihre eigenen, selbständigen Namen führen, und nur die eine Tochter mit dem des Vaters gerufen wird.

40

II.

Diese ehrwürdige, durch das Andenken des ersten Bischofs und des ersten Kirchenvaters, des fast apostolischen Justinus geheiligte Kirche, deren Langhaus in der That auf den Gewölben eines antiken Palastes ruht, wurde bereits Ende des vierten Jahrhunderts unter dem Pontificat Siricius' von den Presbytern Ilicius und Leopardus erneuert, und bei dieser Gelegenheit die Tribuna, welche dem Hause des Pudens unmittelbar entnommen scheint, mit ausgezeichneten Mosaikgemälden geschmückt, wohl den schönsten und ältesten von ganz Rom, die uns als Illustration zum Hause des Pudens dienen und über die wir, da sie unsere erste Probe jener feierlichen Reste des christlichen Alterthums sind, zunächst etwas im Allgemeinen sagen müssen.

Die Kunst, nicht mit flüssigen Farben, sondern mit festen Körpern zu malen, die man aneinander reiht, Jedermann doch mindestens durch einen Manschettenknopf bekannt, stammt wahrscheinlich aus dem Orient; die ersten deutlichen Spuren finden sich indessen bei den Griechen, welche die Fussböden und Wände musivisch auszulegen pflegten. Diese Anwendung liegt offenbar am nächsten: jedes Strassenpflaster, ja jedes Parquet und jede Mauer ist ja gewissermassen ein natürliches Mosaik. Nach damaliger Sitte warf man beim Essen die ungeniessbaren Bestandtheile, die Knochen, Gräten, Schalen, Steine und Hülsen einfach auf die Erde, wie der Schah von Persien; der Fussboden eines Speisesaals sah nach beendigter Mahlzeit und ehe ausgekehrt ward, aus wie ein Schlachtfeld; gemäss der genreartigen, auf Augentäuschung berechneten Richtung der antiken Malerei, wählte also der Pergamenische Künstler Sosos diese Ueberbleibsel zur Nachahmung auf dem Mosaikfussboden im Speisesaal des Königs von Pergamon und schuf das sogenannte ungefegte Zimmer (οἶκος ἀσάρωτος), welches auch bei den Römern beliebt gewesen zu sein scheint; 1833 wurde ein solches „Asaroton" auf dem Aventin gefunden, welches man in der Gemäldesammlung des Lateran an der Eingangswand des ersten Zimmers mit Interesse analysiren wird. Die Römer scheinen überhaupt an der Kunst der Mosaikmalerei besonderes Wohlgefallen gefunden zu haben: sie brachten sie zur höchsten Vollendung und unterschieden nach der Technik eine Menge Arten „Pavimenta", zum Beispiel, das „Pavimentum sectile", welches aus verschiedenfarbigen, regelmässigen Marmorstückchen zusammengesetzt war, so dass das Ganze ein System geometrischer Figuren darstellte, man denke an den Fussboden von Santa Croce in Gerusalemme, der aus Dreiecken von Serpentin, aus Sechsecken von Pavonazzetto und aus Würfeln von Porphyr besteht; das „Pavimentum tessellatum", welches man in den Thermen des Caracalla sieht, ebenfalls mit verschiedenfarbigen, aber ausschliesslich viereckigen Marmorstückchen ausgeführt; das „Pavimentum vermiculatum", die höchste, der Malerei am nächsten kommende Gattung, in welcher belebte und unbelebte Gegenstände nach Form und Farbe nachgeahmt wurden; zu ihr nahm man kleine verschiedenfarbige, aber nicht vollkommen viereckige Marmorstückchen, deren Fuss man in eine Schicht starken Kittes bettete. Und zwar bildeten die Täfelchen nicht wie vorhin parallele Reihen, sondern sie folgten den Umrissen und Farben des dargestellten Gegenstandes, was, in der Entfernung gesehen, den Eindruck eines Knäuels um einander geschlungener Würmer (vermiculi) machte. Zu dieser Gattung gehört das capitolinische Taubenmosaik, doch gewinnt man hier, wo die Steine nur die Grösse eines Stecknadelkopfes haben, jenen Eindruck minder deutlich.

Eine besondere Ausbildung erfuhr die Mosaik durch das Christenthum, ja mit ihm trat sie gleichsam in eine neue Phase ihrer Entwickelung, welche etwa vom vierten bis zum zwölften Jahrhundert reicht, da sie später, durch die Frescomalerei verdrängt, nur noch in einzelnen Fällen zur Anwendung kam. Den ersten Anstoss dazu, die Wände der christlichen Kirchen innen und aussen mit Mosaiken zu belegen, gab das byzantinische Kaiserthum. In Byzanz setzte man an die Stelle der griechisch-römischen Marmormosaik die Glasmosaik, zu welcher kleine, in der Masse gefärbte, somit farbehaltende Glaswürfel genommen wurden; mit solchen bunten Glasstiften führte man reiche, erhabene Gruppen, riesige, würdevolle Gestalten mit bedeutsamen Geberden und ruhig niederfliessenden Gewändern, und zwar, wie das in der byzantinischen Malerei gäng und gäbe, auf goldenem Grunde aus; der Goldgrund wurde ebenfalls mit durchsichtigem Glasfluss überzogen, so dass eine ebenso glänzende wie dauerhafte Composition zu Stande kam. Diese byzantinische Glasmosaik mit grossen Figuren von Heiligen auf goldenem Grunde wurde dann von Byzanz aus wieder im weströmischen Reich verbreitet, indem Eleven der Pflanzschule nach den italienischen Städten reisten, die constantinopolitanischen Ateliers bestellte und unbestellte Arbeiten in die Provinzen sandten, wohl auch abendländische Künstler nach dem Oriente reisten,

Apsis und Mosaiken von Santa Pudenziana.

um in Byzanz oder in den Klöstern von Thessalonich und auf dem Berge Athos ihre Studien zu machen; in Venedig, in Ravenna, in Rom fand man in der byzantinischen Glasmosaik ein heiliges Mittel, die Wände, die Altarnischen, die Kuppeln, die Façaden der Kirchen zu verzieren; und sie ist es, die uns in dem Helldunkel der alten Basiliken so geheimnissvoll und so feierlich anmuthet — die untermischt mit einer tiefsinnigen Symbolik, von Andacht und Frömmigkeit getragen, der geängsteten Seele einen höheren Tag und eine bessere Welt erschliesst — die den unbefangenen Beschauer noch heute, hier in Santa Pudenziana wunderbar ergreift, wie damals, als sie einer entstehenden Gemeinde ihre Apostel und ihre Märtyrer, ihre Religion und ihren Glauben, ihren Trost in diesem und ihre Hoffnung in jenem Leben magisch verkörperte.

Es gibt wenig Werke der christlichen Kunst, über deren Alter die Kritik so uneinig gewesen wäre, wie über die herrlichen Mosaiken in der Apsis von Santa Pudenziana: sie hat zwischen dem Ende des vierten und dem Ende des neunten Jahrhunderts geschwankt. Das frühere Datum ist fast ohne Zweifel das correctere. Allerdings hat das Gemälde, wir wir es jetzt sehen, durch spätere Restaurationen zu sehr gelitten, als dass wir darüber aburtheilen könnten. Aber die bemerkenswerthe Würde der Composition, die Grossheit der Behandlung, die Richtigkeit der Perspective, die edle Zeichnung, der majestätische Faltenwurf — das alles sind Eigenschaften einer frischen, auflebenden Kunst, welche die classischen Traditionen des Heidenthums mit einem neuen Geiste durchdrungen hat. In späteren Mosaiken stehen die Gestalten isolirt und starren gedankenlos in's Leere, hier bilden sie eine durchdachte, wahrhaft malerische Gruppe voll Mannigfaltigkeit, voll Bewegung, voll individuellen Lebens. Selbst wenn die Kirche erst der Zeit nach dem Siricius (390) angehören sollte, so würden doch ihre Mosaiken nicht später zu setzen sein; man müsste sie dann für Copien eines Siricischen Werkes halten. Das Gemälde stellt Christus dar, der einen Halbkreis schliesst; den Halbkreis bilden die Apostel in römischen Costümen; zwei sind durch moderne Reparaturen zu Grunde gegangen. Jeder einzelne Apostel sitzt vor einem offenen Portale, gleichsam innerhalb eines halbmondförmigen Kreuzganges mit einem Ziegeldache, über welchem sich die Zinnen und Dome des himmlischen Jerusalems erheben (Gsell-Fels erklärt die letzteren etwas naiv für „Häuser des damals noch prächtigen Vicus Patricius"). Sanct Peter und Sanct Paul sitzen zu beiden Seiten Christi. Hinter ihnen und Märtyrerkronen über ihre Häupter haltend, stehen zwei weibliche Figuren von ungemeiner Würde und Schönheit, vermuthlich Praxedis und Pudentiana, nach Garrucci Personificationen des Juden- und Heidenchristenthums. Keiner hat einen Heiligenschein ausser Christus, und zwar ist dessen Nimbus zirkelrund, ohne das sonst eingezeichnete Kreuz. Der Heiland sitzt auf einem reichgeschmückten Throne, seine rechte Hand ist segnend ausgestreckt, in der linken hält er ein aufgeschlagenes Buch, auf welchem die Worte zu lesen sind;

DOMINUS CONSERVATOR ECCLESIAE PUDENTIANAE.

Hinter seinem Throne ist auf dem Gipfel eines Berges ein grosses, mit Edelsteinen besetztes Kreuz aufgerichtet, und in den Wolken, welche den Hintergrund bilden, sieht man die Symbole der vier Evangelisten in grossen Dimensionen: den Menschen, den Löwen, den Ochsen und den Adler. Es sind dies die vier fabelhaften Thiere, welche nach der Vision des Ezechiel (Kap. 1, 10) und der Offenbarung Johannis (Kap. 4, 6) den Stuhl der göttlichen Majestät umschweben: Matthäus hat den Menschen, weil er sein Evangelium mit Christi Geschlechtsregister beginnt und seine menschliche Abstammung erzählt; Markus den Löwen, weil er Jesu königliche Würde betont, oder auch weil sein Evangelium mit einer schrecklichen Verfluchung aller Ungläubigen schliesst (Kap. 16, 16); Lucas den Ochsen, weil er bei Christi Priesteramt und Opfertod verweilt; Johannes den Adler, weil er sich mit Vorliebe in Christi göttliche Natur versenkt.

Ueber den Nimbus, den wir vorhin um das Haupt des Erlösers fliessen sahen, müssen wir noch einige Worte verlieren. Ursprünglich verstand man darunter den Nebeldunst, in welchen die Dichter ihre Götter, wenn sie auf der Erde erscheinen, einzuhüllen pflegen, gleichsam einen dünnen Schleier, vom Glanze der Himmlischen durchschienen und ihre Person umgebend, ohne sie zu verhüllen. Da indessen die Darstellung einer so umfangreichen Hülle auf einem Gemälde Schwierigkeiten gemacht haben würde, so nahmen sich die alten Künstler frühzeitig die Freiheit, den Nimbus auf conventionelle Weise anzudeuten, indem sie ihren Gottheiten einen Lichtkreis um die Häupter zeichneten. So entstand die Glorie der heidnischen und der christlichen Götter, die man mitunter von einer um den ganzen Körper fliessenden Aureole, dem alten Nimbus, unterscheidet. Viele Culturhistoriker leiten den Heiligenschein von etwas Anderem, nämlich dem sogenannten Mondchen (μηνίσκος) der Griechen her; so hiess eine runde Metallscheibe, die über dem Haupte einer im Freien stehenden Bildsäule angebracht war, um sie vor den Unbilden der Witterung und dem Unrath der Vögel zu schützen; doch ist wohl dieses Mondchen ein zu profanes Attribut, als dass es stehend und auch ohne Noth aus Gewohnheit belassen worden wäre.

III.

Um durch Läuten von Glocken den Beginn der kirchlichen Functionen anzuzeigen und die Gemeinde zur Theilnahme an denselben einzuladen, legten die ersten Christen bei ihren Basiliken, und zwar von deren Masse getrennt, Glockenthürme (Campanili) an, wie die Muselmänner Minarete bauten, auf denen der Mueddin mit langgedehntem Gesange die Gläubigen zum Gebete ruft. Es sind thurmförmige Gebäude mit quadratischer, runder oder vieleckiger Grundfläche, mehreren allmählich abnehmenden Stockwerken, der Glockenstube, wo die Glocken hängen, (cella campanaria) im obersten.

Neben dieser nächsten erfüllten die Glockenthürme auch noch die weitere Bestimmung, dem Wanderer in der Ferne auf den ersten Blick das Gotteshaus und die Wohnungen der Menschen anzuzeigen. Der neue Zweck, das Bedürfniss nach reicher Prachtentfaltung und noch häufiger die Nationaleitelkeit, trieb die Glockenthürme zu einer ungemessenen Höhe empor, einer Höhe, welche die Vernehmlichkeit des Geläutes keineswegs steigert, da man dieses vielmehr von niedrigen Thürmen besser hört, die aber, verbunden mit einer geschmackvollen Decoration, nicht wenig dazu beiträgt, diese schlanken und luftigen Monumente zu eigenthümlichen Zierden und zu charakteristischen Wahrzeichen des städtischen Häusermeers zu machen.

Kloster und Glockenthurm von Santa Pudenziana.

Die römischen Glockenthürme sind wie die venetianischen durchgängig viereckig; ihre Stockwerke äusserlich durch mannigfaltige Gesimse geschieden. Jede einzelne Abtheilung zeigt eine bestimmte Anzahl zusammenhängender Bogen, mit oder ohne Säulen; manchmal bemerkt man oben einen Baldachin oder eine Nische, worin eine Madonna steht; Medaillons von Porphyr, Serpentin und andern Gesteinen sind in die backsteinernen Wände eingelassen; ein flaches Dach auf der Spitze. Derart die Glockenthürme von San Lorenzo in Lucina, Santa Maria in Cosmedin, SS. Giovanni e Paolo, Sant' Eusebio, Santa Maria in Trastevere und Santa Croce in Gerusalemme; derart der von Santa Pudenziana, einer der ältesten (7. Jahrhundert).

Er ist auf unserem Holzschnitte hinter dem Kloster der Augustinerinnen sichtbar, denen Pius VII. die Pudentiana 1815 übergab, nachdem ihr altes Kloster unter der französischen Regierung bei der Ausgrabung des Trajansforums zu Grunde gegangen war; gebaut haben es die Bernhardiner, welche die Kirche vor ihnen besassen. Neben ihm bilden wir noch das alte Marmor-Portal der Kirche ab, dessen Gebälk sich auf zwei Säulen, mit spiralförmig gewundenen Kannelirungen erhebt. Sein Fries ist mit erhobenen Arbeiten, sowie mit den Brustbildern des Pudens und Pastor und denen der Pudentiana und Praxedis, in der Mitte dem des Heilands unter dem Bilde des Lamms geschmückt. Dies Portal bildet den einzigen Eingang der Kirche; um zu ihm zu gelangen, durchschreitet man einen kleinen Vorhof, das bei alten Basiliken gewöhnliche Atrium, und in dieses hat man wieder von der Via Urbana auf fünf Stufen hinabzusteigen, weil die Kirche gleich dem Pantheon unter dem Niveau des Strassenbodens liegt.

IV.

Die Kirche der heiligen Praxedis steht nicht weit von der ihrer Schwester, der heiligen Pudentiana. Sie ist ebenfalls am Esquilin und im Umkreis jener Thermen gelegen, die Bruder Novatus angelegt. Nicht minder zählt sie zu den ältesten römischen Basiliken; derselbe Pius, welcher die Pudentiana schuf, gründete hier ein Oratorium, welches bereits im vierten Jahrhundert erwähnt, im neunten unter Paschalis I. in eine Kirche umgestaltet ward. Innocenz III. überliess sie 1198 den grauen Mönchen des Ordens von Vallombrosa; sie ist immer noch interessant, ob sie gleich der heilige Carlo Graf Borromeo, weiland Cardinal von Santa Prassede, vielfach verschönert hat.

Gleich beim Eintritt in das Hauptschiff machen wir die Bekanntschaft der heiligen Praxedis. Wir treffen die Jungfrau in einer frommen Beschäftigung, nämlich wie sie das Blut der Märtyrer sorgfältig mit einem Schwamme aufsaugt und in einem Brunnen sammelt; auf diese Weise ist auch das Blut des heiligen Januarius von seiner alten Tante gesammelt worden. Die Kirche ist dreischiffig, vierundzwanzig antike Granitsäulen korinthischer Ordnung, von denen acht in Pfeiler eingeschlossen sind, begrenzen den Mittelraum; wir treten in das linke Seitenschiff ein: an der Vorderwând finden wir eine Granitplatte eingemauert, auf der die Jungfrau zur Kasteiung ihres Leibes zu schlafen pflegte. Auf der blossen Erde zu liegen und das sündige Fleisch auf harten Stein zu betten, war eine gewöhnliche Form der christlichen Ascese: das erzählt Hieronymus von sich selbst, das erzählt Paulinus von dem heiligen Martin von Tours; derselben Uebung befliss sich das weibliche Geschlecht. Gregor von Nazianz berichtet, wie seine Schwester Gorgonia ihre zarten Glieder auf den Boden streckte, und Hieronymus rühmt seine Freundin Paula, die selbst in schwerem Fieber die Bequemlichkeit eines Bettes verschmähte und es vorzog, auf der rauhen Erde zu schlafen, ohne andere Unterlage als eine Sackleinwand. Also Praxedis, die Tochter des Senators Pudens. Vielleicht dass sie sich auch, um an den Leiden Christi theilzunehmen und die Glieder zu tödten, die «auf der Erde» sind, der freiwilligen Geisselung unterzog. Um mit Christus gekreuzigt zu werden, brannte sich der Ascet das Kreuzesmal mit glühendem Eisen ein, schleppte er ein schweres Kreuz von Holz, stand er mit ausgebreiteten Armen gleich einem Gekreuzigten; um mit Christus und den Aposteln gegeisselt zu werden, peitschte er sich mit Ruthen, mit Riemen und mit Ketten. Im Weitergehen sehen wir das Instrument mit Augen, das dem Geiste der Jungfrau in Augenblicken der Ekstase vorgeschwebt haben mag. In der nach ihr genannten Cappella della Colonna, der dritten Capelle rechts, befindet sich die Säule, an der Christus gegeisselt worden ist; im Jahre 1223 hat sie der Cardinalpriester von Santa Prassede, Johannes Colonna, päpstlicher Legat in dem Kreuzzuge unter Honorius III., wie ein redendes Wappen, aus dem heiligen Lande nach Rom gebracht. Dieses Denkmal der Passion des Heilandes besteht aus Jaspis und hat eher die Form eines Candelabers als einer Säule. Die Capelle, von Paschalis erbaut und ursprünglich dem heiligen Zeno geweiht, dessen Reliquien hier aufbewahrt werden, führt, weil sie für besonders schön gilt, den Namen Paradiesgärtlein (Orto del Paradiso): ihr Portal bilden zwei Säulen von weiss und schwarz geflecktem Granit und ein antikes Marmorgesims, auf welchem eine antike Marmorvase steht; dahinter ist ein bogenförmiges, mit einem metallenen Gitter verschlossenes Fenster, welches Mosaik-Medaillons in zwei parallelen Reihen umgeben. Die äussere enthält die Brustbilder des Heilands und der zwölf Apostel, die innere die Brustbilder der Jungfrau Maria und rechts und links die Portraits der Familie des Pudens, zunächst der vier Geschwister. Es sind theilweise wahre Caricaturen.

Die Innenwände dieses Paradieses sind durchaus mit Mosaiken auf Goldgrund geschmückt, doch stehen sie, die etwa dem zehnten Jahrhundert angehören, trotz ihres barbarischen Glanzes, in Zeichnung und Ausführung weit hinter den Mosaiken der Tribüne und am sogenannten Triumphbogen zurück, die aus der Zeit Paschalis I. stammen und denen von SS. Cosma und Damiano fast sclavisch nachgebildet sind. Letztere, die wir bereits auf Seite 21 erwähnten, müssen wir, zur richtigen Würdigung der gegenwärtigen, nothwendiger Weise anziehen. Die Kirche der heiligen Cosmas und Damianus hatte Felix IV. im sechsten Jahrhundert erbaut und zu gleicher Zeit das Gewölbe der Tribuna an Stirn und Laibung mit Mosaiken ausgeschmückt, deren Gegenstände der Offenbarung entnommen waren. Es sind die folgenden:

a. an der Stirn des Gewölbes (fälschlich Triumphbogen genannt). Christus, unter dem

Inneres von Santa Prassede.

Sinnbilde des Lammes, ruht auf einem reichgeschmückten Stuhle, vor dem man das Buch mit sieben Siegeln liegen sieht. Ihm zu beiden Seiten stehen die sieben Leuchter, während vier schöne, lichte Engel aus einem röthlichen Gewölk aufschweben und die vier ezechielschen Thiere tiefsinnig und räthselhaft dareinschauen (zwei davon, Ochs und Löwe, sind gegenwärtig durch Seitencapellen verdeckt). Unten an den Gewölbschenkeln fallen die vierundzwanzig Aeltesten anbetend vor dem nieder, der auf dem Stuhle sitzt, und bringen dem Heilande ihre Kronen dar (von ihnen sieht man nur noch rechts und links einen Arm mit einer Krone). Das sind die alten, brillanten Illustrationen zu dem vierten und fünften Capitel der Offenbarung.

b. an der Laibung des Gewölbes. An der Innenfläche erscheint in der Mitte Christus im Typus der Abgarusbilder, aber colossal und in majestätischer Würde und mit einem goldgelben Gewand von einfach grossartigem Faltenwurf bekleidet. Ein runder Heiligenschein mit eingezeichnetem Kreuz umfliesst seine edlen Züge, sein langlockiges Haar, das in der Mitte gescheitelt ist, den kurzen, gespaltenen Bart. Die Rechte erhebt er segnend, in der Linken hält er eine Rolle; über ihm bemerkte man ehemals einen Lorbeerkranz mit einem Kreuze, den die Hand des ewigen Vaters herunterreichte; am Schlussstein das Monogramm A ☧ Ω (Offenbarung 1, 8.) Ein Sinnbild des Gekreuzigten und Wiederauferstandenen ist der Phönix, der strahlend und sternenhell von der verwandten gleichnamigen Palme auffliegt; zu der durchgängigen Verbindung des Phönix mit dem Palmbaum hat der griechische Name Φοίνιξ, der das eine wie das andere bedeutet, wohl die nächste Veranlassung gegeben. Rechts und links von Christus stehen, Kronen in den Händen, die beiden Heiligen Cosmas und Damianus, die ihm von den grossen, sie weit überragenden Apostelfürsten Petrus und Paulus zugeführt werden: schaudernd, aber zuversichtlich und gottselig nahen sie sich dem Heiland. Neben diesen Paaren und unter zwei schwanken Dattelpalmen sieht man am Rande des Bildes rechts den heiligen Theodorus (S. THEODORUS), links den Papst Felix IV. (S. FELIX PAPA), der seine Kirche getragen bringt; ihre Füsse werden vom Jordan (JORDANES) bespült.

Unterhalb dieser grossartigen Composition steht auf dem Berge, dem die vier Paradiesesströme entspringen, aufrecht und von einer Glorie umgeben das Lamm, dem von beiden Seiten, aus Jerusalem und aus Bethlehem, je sechs andere Lämmer, die Apostel, entgegenwallen. Unter dem Gewölbe liest man eine Inschrift in lateinischen Distichen, deren erstes wir auf Seite 20 citirten und welche die Dedication des Papstes Felix enthalten; er widmet die Kirche den Märtyrern-Aerzten als ein des Bischofs (Antistes) würdiges Geschenk, um sich selbst damit einen Platz im Himmel zu erwerben:

Aula Dei claris radiat speciosa metallis,
  In quae plus fidei lux pretiosa micat.
Martyribus Medicis populo spes certa salutis
  Venit et ex sacro crevit honore locus.
Obtulit hoc donum Felix Antistite dignum
  Munus ut aetherea sumat in arce poli.

Mit diesen Mosaiken von SS. Cosma e Damiano wollen wir nun die noch mannigfaltigeren von Santa Prassede zusammenhalten. Sie gliedern sich in die

1) Mosaiken des Triumphbogens. Hier sieht man am Scheitel das neue Jerusalem (Offenbarung, Cap. 21, 2), über dessen Zinnen zwischen zwei Engeln der Heiland thront. Er hält die Weltkugel, auf der sich das heilige Kreuz erhebt; einen solchen Globus haben schon die römischen Kaiser in den Händen, mit dem Kreuze combinirt, ist er zu einem Symbol der christlichen Weltherrschaft und als Reichsapfel zu einem Reichskleinod geworden. Von rechts und links kommen Männer auf den Heiland zu, die der Nimbus als Heilige kennzeichnet, und bringen ihm zum Zeichen des im rechten Kampfe erhaltenen Sieges ihre Märtyrerkronen dar. Vier Engel stehen wie Pförtner an den Thoren der heiligen Stadt, die Schaaren der Seligen einlassend, die in hellen Haufen herbeiströmen, das Lamm Gottes zu preisen. Unter ihnen, zu beiden Seiten des Bogens, sind die Gläubigen vorgestellt, die, in weissen Kleidern und Palmen in den Händen, dem Sohne Gottes Heil zurufen (Offenbarung Cap. 7, 9).

2) Mosaiken der Tribüne.

a. an der Stirn des Gewölbes. Ueber dem Schlussstein des Gewölbes erscheint auf dem mit Edelsteinen geschmückten Stuhle zwischen den sieben Leuchtern, vier Engeln und den symbolischen Bildern der Evangelisten das Lamm. An den Schenkeln sieht man die vierundzwanzig Aeltesten, die ihre Kronen vor dem Stuhle des Lammes niederlegen (Offenbarung Cap. 4, 10).

b. an der Laibung des Gewölbes. In der Mitte steht der Heiland mit einer Rolle; eine Hand, zur Andeutung des ewigen Vaters, hält einen Kranz über sein Haupt wie über das eines Triumphators. Ihm zu Seiten erblicken wir Petrus und Paulus, Praxedis und Pudentiana, den

Tribuna und Mosaik von SS. Cosma e Damiano.

Tribuna und Mosaik von Santa Prassede.

heiligen Zeno und (durch einen viereckigen Nimbus als eine lebende Person bezeichnet) den Papst Paschalis, welcher diese von ihm erbaute Kirche gleich einem Opfer darbringt. Rechts und links am Rande erheben sich zwei Palmbäume; auf dem links sitzt als Symbol der Auferstehung, einen Nimbus um den Kopf, ein Phönix. Den Vorgrund bildet der Jordan (JORDANES), der als Sinnbild der Taufe zu Füssen der Gruppe fliesst. Der darunter befindliche Streifen enthält zwei Züge von je sechs Lämmern, die aus je zwei Städten auf ein Lamm zulaufen: es sind die zwölf Apostel, die aus Jerusalem und aus Bethlehem zu Christus kommen; der allerunterste eine Inschrift in lateinischen, nicht ganz correcten Hexametern, besagend, dass Paschalis, in der Hoffnung, sich damit die ewige Seligkeit zu verdienen, hier der gottwohlgefälligen Praxedis eine strahlende Aula aufgebaut und eine Menge zerstreuter Reliquien — von 2300 Heiligen — unter ihren Mauern niedergelegt habe:

Die Cappella della Colonna in S. Prassede.

Emicat aula pie variis decorata metallis
Praxedis domino super aethra placentis honore,
Pontificis summi studio Paschalis alumni
Sedis Apostolicae, passim qui corpora condens
Plurima sanctorum subter haec moenia ponit,
Fretus ut his limen mereatur adire polorum.

Mehrere Male bemerkt man das Monogramm des Paschalis (— Ostertag).

Unter allen römischen Kirchen ist Santa Prassede an Mosaiken wohl die reichste. Nirgends, Venedig und Ravenna ausgenommen, finden wir von der musivischen Decoration in einem und demselben Gebäude so ausgiebig Gebrauch gemacht. Nicht nur die gewohnten Stellen, die Apsis und der Triumphbogen, sondern auch eine Seitenkapelle, ja sogar noch ein zweiter Bogen, der das Schiff durchkreuzt, ist mit diesem glänzenden Schmucke überzogen. Die Wirkung ist eine imposante, vom Kunstwerth und Charakter der dargestellten Gegenstände unabhängige. Werden die Augen nicht bezaubert, so werden sie wenigstens geblendet, und erst nach einer Weile gewahren wir die Schwäche und die geringe Feinheit des Werks, überrascht uns plötzlich der Verfall einer gesunkenen Kunst.

In Santa Prassede erfolgte im Jahre 1118, am Feste der Heiligen (21. Juli), der gewaltthätige

Angriff der Frangipani auf Gelasius II, als dieser Papst im Lesen der Messe begriffen war. Der unglückliche Greis entfloh, während des wüthenden Kampfes, unbemerkt zu Pferde und wurde des Abends gefunden, wie er kummervoll und einsam vor Sanct Paul auf dem Felde sass.

V.

Ich eile von der schönen Erde hinab in jenes feste Haus. Wo steht es? An der uralten Strasse, auf der die Sabiner ihr Salz vom Meere holten, der Via Salaria Nova, ausserhalb der Stadt, zwischen dem ersten und dritten Meilensteine. Hier, im Schooss der grünen Erde, ist die Schlafkammer der Familie des Pudens, das Coemeterium der Mutter, der heiligen Priscilla. O, freundliche Benennung! Trostreiche Religion! Seit Christus von den Todten auferstanden ist, gibt es keinen Tod und keine Stätten des Todes mehr: sein bitterer Name ist ausgelöscht, er heisst Schlaf. Die Verstorbenen schlummern, denn sie werden bald aufwachen; sie ruhen sanft und selig, sie liegen als in Betten, sie verträumen die lange Nacht, bis der Tag im Osten graut. Darum werden die christlichen Begräbnissplätze Schlummerstätten oder mit einem griechischen Worte Coemeterien genannt — *ἵνα μάθῃς ὅτι οἱ τελευτηκότες καὶ ἐνταῦθα κείμενοι οὐ τεθνήκασι ἀλλὰ κοιμῶνται καὶ καθεύδουσι* (Sanct Chrysostomus, Homilien LXXXI).

Die christlichen Friedhöfe, nach jüdischer Sitte in unterirdischen Räumen und nach Art eines Bergwerks angelegt, sind ursprünglich alle Privateigenthum gewesen. Die wohlhabenderen Gemeindeglieder wurden auf eigenem Grund und Boden, in der Familiengruft beigesetzt, die ärmeren, wie der Herr Jesus selbst, in den Villen oder auf den Feldern reicher Bürger, vermögender Matronen, die den christlichen Glauben angenommen und ihr Grundstück zur Bestattung ihrer christlichen Brüder hergegeben hatten. Diese Armenfriedhöfe trugen gewöhnlich die Namen der Donatoren, ohne dass sie gerade ihre Gebeine hätten enthalten müssen, da die reichen Leute eben zu ihren Vätern versammelt wurden; wenn von den Coemeterien des Praetextatus, des Pontianus, der Lucina, der Domitilla, der Cyriaca die Rede ist, so bedeutet das nur, dass das Areal ursprünglich zu den Gütern des Praetextatus, des Pontianus, der Lucina, der Domitilla und der Cyriaca gehört hatte. Doch konnte es auch vorkommen, dass jene Familiengräber selbst erweitert, der Gemeinde überlassen und in Todtenstädte umgewandelt wurden, deren erste Bürger und Stammgäste die Besitzer wirklich waren: dann bedeutet der angehängte Name eine eigentliche und persönliche Anwesenheit; derart sind zum Beispiel die Katakomben der heiligen Caecilia, die späteren Callistus-Katakomben, deren Schlüssel das edle Geschlecht der Caecilier bewahrte, und die Grüfte der Priscilla, wo zunächst die Särge der Senatorin, ihrer Kinder und Kindeskinder gestanden haben, in denen aber allmählich auch eine zahlreiche Clientela gebettet ward. Wenn sich endlich unter den Gräbern das eines berühmten Heiligen, eines ausgezeichneten Märtyrers befand, so wurde das Coemeterium wohl auch nach diesem betitelt, zum Beispiel das der Domitilla nach Petri Tochter Petronilla und den heiligen Nereus und Achilleus, das der Priscilla nach dem heiligen Silvester und Marcellus; so dass der Eigenname, welcher bei einem Coemeterium als nähere Bestimmung zu stehen pflegt, einen dreifachen Hinweis enthalten kann — entweder auf den einstigen Grundbesitzer, oder auf den ursprünglichen Insassen, oder auf den vornehmsten Blutzeugen, der darin aufgenommen worden ist. Bei den Callistus-Katakomben hat es eine besondere Bewandtniss: sie erinnern an ihren früheren Inspector.

Die Katakomben der heiligen Priscilla gehören zur zweiten Kategorie: ihr Kern war das Erbbegräbniss (Cubiculum) der Familie, in deren Hause wir mit dem heiligen Petrus eingekehrt sind. Ein quadratförmiger Raum, im Stil der Titusthermen mit Stuckarbeit bekleidet, mit Portraits und Inschriften bedeckt, die in Vermillon und in griechischen Lettern auf Täfelchen (Alba) aufgetragen sind (Cappella greca). Während wir anderwärts in zwei Soldaten die Märtyrer unter Numezian und vielleicht den Tribun Claudius vermuthen dürfen, erkennen wir hier gleich unsere Freunde und Freundinnen von oben wieder: das Coemeterium steht im innigsten Zusammenhange mit den beiden Kirchen, bildet sozusagen ihre unterirdische und ewige Succursale. Die anmuthigen, etwas in die Länge gezogenen Gestalten der beiden Schwestern, die heilige Praxedis (SCA PRAXEDE) und die heilige Pudentiana (SCA PVDAN . . .) begegnen uns abermals, jede von beiden trägt ihre Märtyrerkrone auf dem Arm; in der rechten Hand, zwischen Mittel- und Zeigefinger, hält die eine ein Kreuz, die andere eine Säule. Es liegt nahe, in dieser Säule das Urbild derjenigen zu sehen, an der Christus gegeisselt, und die nachmals als heilige Beute in die Praxediskirche übergeführt worden ist; man müsste dann, um einen Zusammenhang zu finden, gemäss unserer obigen Ausführung, annehmen, dass die Jungfrau bei Lebzeiten selbst dieser Reliquie einen besonderen Cultus, wenn auch nur im Geiste gewidmet habe. Erinnern wir uns indessen, dass ein italienischer Gelehrter nicht ohne Grund beide Figuren für Allegorien und für Personificationen der Kirche des Judenchristenthums (Ecclesia ex circoncisione) und der Kirche des Heidenthums (Ecclesia ex gentibus) gehalten hat, und combiniren wir damit die Thatsache, dass die eherne Schlange, welche Moses in der Wüste zur Abwehr gegen den Guineawurm aufrichten liess, ein offenbarer Fetisch, von den alten Christen als Symbol des Heilands, und die Säule, auf welcher der Fetisch thronte, als Symbol des Kreuzes aufgefasst ward. Im Schiff der Mailänder Kirche Sant' Ambrogio steht eine Granitsäule mit der ehernen Schlange auf der einen und eine Granitsäule mit dem Crucifix auf der andern Seite; der interessante, aber sicher falsche Götze wird noch heute von den lombardischen Müttern gegen Wurmkrankheiten angerufen. Es wäre also nicht undenkbar, dass die Säule, welche Praxedis in der Hand hält, das alttestamentliche Pendant zum christlichen Kreuze, sie selbst auch hier die Gemeinde der Beschneidung vorstellen sollte. Die Namen, an sich schon einigermassen mythisch, könnten später, als man die Allegorie nicht mehr verstand, hinzugeschrieben worden sein.

Alte Malerei. Katakomben der heiligen Priscilla.

Zwischen den beiden Schwestern steht ihr Hausfreund, der Apostel Petrus, in einer eigenthümlichen, dem gewöhnlichen Typus nicht entsprechenden Gestalt. Die frühesten Bilder, welche wir von diesem Apostel haben und welche sich auf Glas in den Katakomben finden, zeigen ihn als einen grossen kräftigen Mann mit kurzem und krausem Haupt- und Barthaar, rundem, nicht sehr edlem Gesicht, langer platter Nase und gewölbten Augenbrauen. Die Laune des Künstlers hat hier einen bartlosen, sanftmüthigen jungen Mann mit Kappe und Stola aus ihm gemacht, ihn aber durch das unzweideutige und alte Attribut der beiden Schlüssel als den Nachfolger Christi charakterisirt. Mit den Schlüsseln erscheint Petrus schon auf den frühesten Denkmälern der christlichen Kunst, oft wird auch die Uebergabe der Schlüssel selbst dargestellt. Eine Marmorgruppe von Giovanni Battista della Porta, welche diese wichtige Scene im sechzehnten Jahrhundert abermals wiederholt, schmückt die oben erwähnte Capelle, in welcher Petrus Messe gelesen haben soll, neben der Tribuna von Santa Pudenziana.

Die Katakomben, welche sich an dieses Cubiculum anschliessen, gehören nicht zu den typischen. Die pudentianische Familiengruft war in Puzzolanerde gebohrt und ein solcher Grund zur Anlage eines Friedhofs nicht geeignet, das Erbbegräbniss selbst nicht katakombengerecht, nämlich nicht in den Fels gehauen, sondern künstlich aufgemauert. Puzzolanerde ist ein bröckeliger vulkanischer Tuff, welcher bei Pozzuoli, unweit Neapel, gefunden wird, aber an der ganzen südwestlichen Seite der Apenninen in grossen Massen vorkommt; er besitzt die Eigenschaft, bei einfacher Vermischung mit gelöschtem Kalk einen hydraulischen Mörtel zu geben. Diese Erde war schon den alten Römern bekannt, welche sie Pulvis Puteolanus oder schlechthin Pulvis oder (wie sie denn zumeist aus reichhaltigem Eisensand besteht) Arena nannten: die Sand- oder Puzzolangruben hiessen Arenaria. Nun dieses Wort Arenarium spielt in den Acten der Märtyrer eine grosse Rolle; einmal über das andere liest man, dass ein Heiliger *in arenario* oder *juxta arenarium* oder *ad arenas* oder *in cryptis arenariis* begraben sei; weil denn Arenarium so viel wie Friedhof zu bedeuten, das System der Sandgruben auch eine gewisse Aehnlichkeit mit dem der Katakomben zu haben schien, so kam man auf den Gedanken, die christlichen Katakomben seien nur Erweiterungen verlassener Puzzolangruben gewesen. Aber das war eine falsche Ansicht: verlassene Puzzolangruben haben höchstens in Zeiten der Verfolgung als geheime Eingänge zu den Katakomben gedient, aber überdies in keinem Zusammenhang damit gestanden: Arenarium ist in den Märtyreracten wahrscheinlich nur ein allgemeiner Ausdruck für Grubengebäude und Hypogäen überhaupt, keineswegs für Puzzolangruben speciell. Die Bedeckung der römischen Ebene, speciell der linken, die meisten Katakomben enthaltenden, Tiberseite ist fast gänzlich vulcanischen Ursprungs, und diese vulcanischen Gesteine sind von verschiedener Zusammensetzung und ungleichem Alter. Wir wollen nur drei Gattungen namhaft machen, die vorzugsweise in Frage kommen: die ebenerwähnte sandige Puzzolanerde (pozzolana), den harten, als Baustein gebrauchten Tuff, zu dem z. B. der Travertin und der Peperin gehört (tufo litoide) und den körnigen Tuffstein (tufo granulare, auch capellaccio). Nun die Puzzolanerde war für den Grubenbau zu locker, der harte Tuff zu spröde: das richtige Element allein der körnige Tuffstein, der Weichheit, Solidität und Resorptionsfähigkeit vereinigte. Katakomben wurden daher gewöhnlich im Bereich des körnigen Tuffsteins angelegt; nur ausnahmsweise kommt es vor, dass sie die Lager des harten Tuffs und der Puzzolanerde berühren. Wo das letztere der Fall ist, da werden Pfeiler, Versätze, Strebemauern, Thürstöcke, Widerlager, kurz alle Arbeiten eines complicirten Grubenausbaues nöthig, durch welche das lose Gestein abgehalten wird, die hergestellten Räume zu verschütten. Eben diese Arbeiten bemerken wir an den Katakomben der Priscilla, die man voreilig in eine Puzzolangrube hinein und nachträglich mit Mauersteinen ausgebaut hat. Die heilige Priscilla liegt wirklich *in arenario*, aber eben damit weicht sie von der Regel ab.

Wir werden daher nicht die Priscillakatakomben wählen, um die innere Einrichtung dieser merkwürdigen Stätten zu studieren, sondern in ihnen nur die Gemahlin des Pudens und die Mutter der beiden Schwestern suchen, denen wir in diesem Capitel näher getreten sind. Und doch begegnet uns in ihren Gallerien noch eine andere Mutter, eine heilige Mutter, die wir noch unzählige Mal und in allen Glorien des Himmels wieder sehen werden, an der wir aber hier nicht ohne Verehrung vorübergehen dürfen, weil sie uns das erste Mal erscheint: das ist die Mutter Gottes. Dort oben am reich geschmückten Plafond erblicken wir die älteste Maria. Ein Fresco von vortrefflicher Zeichnung und besonderem Adel stellt die Verkündigung dar, ein zweites, gleich werthvolles eine heilige Familie. De' Rossi setzt das schöne Werk, dessen anmuthige Freiheit so lebhaft gegen die Armuth und die Steifheit der späteren Fresken absticht, in eine frühe Periode, etwa in die Zeiten Trajans oder Hadrians. Die heilige Jungfrau, eine jugendlich kräftige Gestalt, deren grosse Augen eine eigenthümlich seelische Tiefe haben, überhaupt gleich den anderen Figuren nicht ohne einen gewissen fremdartigen Ausdruck im Gesicht, aber ohne Nimbus, sitzt, mit Tunica und Pallium bekleidet, auf der rechten Seite und drückt mit halbentblössten Armen das nackte, ebenfalls nimbuslose Kind an ihre offene Brust; vor ihr steht ein junger Mann, der über die nackte Schulter ein Pallium geworfen hat, in der Linken eine Rolle haltend und mit dem Zeigefinger der ausgestreckten rechten Hand auf die Jungfrau und einen Stern am Himmel deutend. Man denkt zunächst an Joseph, und der Gedanke ist insofern nicht unpassend, als die conventionelle greisenhafte Darstellung des heiligen Pflegevaters, so sehr wir auch daran gewöhnt sind, einer späteren Periode angehört. Dagegen erkennt De' Rossi in dem jungen Mann einen Propheten des alten Testaments, etwa den Jesaias, der in einer göttlichen Vision den sehnlich erwarteten Messias und den Stern von Bethlehem erschaut.

Aelteste Darstellung der Mutter Gottes, neben ihr der Prophet Jesaias. Malerei in den Katakomben der heiligen Priscilla.

Gian Battista de' Rossi, der berühmte christliche Archäolog, ist es, der jenen Stern auf dem alten Bilde entdeckt und nachgewiesen hat; er gleicht selbst einem Jesaias; und wir sollten der ansprechenden Auslegung nicht beitreten, die uns in Katakombennacht die Scene von Ara-celi wiederholt? Denn der weissagende Jesaias stimmt ja dasselbe Lied an, wie dort die Tiburtinische Sibylle, und wie an der Decke der Sixtinischen Kapelle die hebräischen Propheten neben den heidnischen Sibyllen aufstehn, um die einen wie die anderen den Heiland und das tiefe Mysterium zu verkünden, so thun sie es schon im christlichen Grabgewölbe. Wer die Sonne und die Sterne lieb hat, muss jetzt hier hinabgehn: der Bergmann in der Grube heisst das Grubenlicht seinen Stern — ist der Christ kein Bergmann?

San Paolo fuori le Mura.

I.

Der heilige Paulus ist nächst dem heiligen Petrus der gewaltigste Apostel des Gekreuzigten, ja, er steht ihm fast ebenbürtig gegenüber. Er vertritt das Heidenchristenthum, wie jener das Judenchristenthum. Aus den Briefen des Paulus wissen wir, dass Petrus auch nach dem sogenannten Apostelconvent dabei blieb, das Evangelium nur den Juden zu predigen, und bei einem Besuche in Antiochien auf Andringen der älteren engherzigen Apostel jeden Verkehr mit den dortigen Heidenchristen abbrach, eine Wankelmüthigkeit, um derentwillen ihn Paulus mit scharfen Worten zur Rede stellte. Von jenem Streite zu Antiochien datirt die Trennung des Paulus von seinem Missionsgehülfen Barnabas, der auf Petri Seite getreten war, und seine bewusste, vorurtheilsfreie, aber durch ununterbrochene Kämpfe erschwerte Wirksamkeit. Ueberall verkündete Paulus Juden und Heiden das Wort vom Kreuz als den alleinigen Heilsweg — aber auf Schritt und Tritt folgten ihm seine Gegner nach, und mehr als einmal gelang es ihnen, seine Hoffnungen zu Schanden zu machen. Um den kleinasiatischen Gemeinden näher zu sein, wählte er Ephesus zu seinem Hauptquartiere, bis ihn das Herz drängte, zu den armen Christen in Jerusalem zu gehn und ihren tieferschütterten Frieden durch Thaten der Liebe wiederherzustellen. Er besuchte nur noch die macedonischen und griechischen Gemeinden und trat dann im Frühjahre 59 die beabsichtigte Reise an; bei seinen Heidenchristen hatte er Liebesgaben gesammelt und dachte sie persönlich zu überbringen. Aber als er den Tempel zu Jerusalem betrat, machte sich der Volkshass gegen den Abtrünnigen, gegen den Verächter des mosaischen Gesetzes in gewaltsamer Weise Luft. Von den Judenchristen verlassen, wo nicht verrathen, fand er um den Preis seiner persönlichen Freiheit Schutz bei der römischen Obrigkeit. Der Statthalter Felix, der ein Lösegeld haben wollte, hielt ihn zwei Jahre in Caesarea gefangen; er appellirte an den Kaiser: Porcius Festus, der Nachfolger des Felix, schickte ihn nach Rom. Im Frühjahr 62, nach einem Schiffbruche bei der Insel Malta, kam Paulus in der Welthauptstadt an, allwo er zwei Jahre hindurch, wenn auch als Gefangener, das Evangelium verkünden durfte. Dann trat, im Juli 64, die Neronische Christenverfolgung ein, welche Paulus schwerlich überlebt hat. In der judenchristlichen Ueberlieferung erscheint er unter der Maske des falschen Apostels Simon, des sogenannten Simon Magus, welchem der echte Apostel Simon, Petrus, von Land zu Land nachzieht, um ihn zu bekämpfen und schliesslich in Rom, wo der Magier gen Himmel zu fahren versucht, auf das Schmählichste zu entlarven. Die ganze Geschichte des Simon Magus, wie sie aus verschiedenen Quellen stückweise zusammengesetzt werden kann, ist nichts als eine Parodie der Lebensgeschichte des Paulus.

Gegenüber dieser antipaulinischen Sage kam in der altkatholischen Kirche die entgegengesetzte auf, dass beide Apostel friedlich vereint die Gemeinden zu Antiochia, Korinth und Rom gestiftet und zuletzt gemeinsam unter Nero, am Peter-Paulstag (Natalis Apostolorum Petri et Pauli, 29. Juni), den Märtyrertod erlitten hätten. Sanct Peter, der Apostel der Beschneidung und Sanct Paul, der Heidenapostel, sie galten fortan als die beiden Hauptapostel, als die beiden grossen Apostelfürsten (Principes Apostolorum), als die beiden Säulen der Christenheit. Die Zusammenstellung ihrer Porträts auf Gläsern, auf bronzenen Medaillen, auf Mosaiken und auf Sarkophagen erfolgte schon in den frühesten Perioden der christlichen Kunst, ja, sie findet sich noch heute auf dem Siegel des Papstes, welches den Breven in rothem Wachs, den Bullen in Blei, und zwar den letzteren in Rechts- und Ehesachen an einem hänfenen, in Gnadensachen an einem gelb- und rothseidenen Bande angehängt wird, dem sogenannten Fischerring (Annulus Piscatorius). Auf dem Avers befinden sich die Bildnisse der Apostel Petrus und Paulus, auf dem Revers steht der Name des regierenden Papstes. Dieses Siegel wird von dem Cardinalkämmerer (Magister Camerae Papalis) aufbewahrt, nur vom Papste oder in seiner Gegenwart gebraucht und nach dem Tode desselben vom Cardinalkämmerer zerbrochen. Fischerring heisst es, weil der Apostel Petrus vor seiner Berufung ein Fischer war.

Seinen Typus haben wir oben kennen gelernt: Paulus erscheint gewöhnlich kleiner von Wuchs und ein wenig gebückt. Er ist kahlköpfig, sein Bart lang und spitz, sein Gesicht oval, das Auge feurig, mit niedrigen Augenbrauen, die Nase gerade und lang, die ganze Physiognomie vornehmer und feiner als die des Petrus. Auf den frühesten Kunstwerken nimmt Petrus die rechte, Paulus die linke Seite ein, später wurde die Ordnung häufig umgekehrt, ja die umgekehrte Ordnung ward zur Regel, namentlich auf den päpstlichen Bullen. Auch vor der Peterskirche steht der Apostel Petrus links, Paulus rechts. Wie dem Petrus die Schlüssel, so giebt man dem Paulus das Schwert bei, weil er mit dem Schwerte hingerichtet worden ist; erst später sah man in diesem Attribute eine Hindeutung auf die einschneidende Kraft der paulinischen Dialektik. Das spanische Kloster La Lisla rühmt sich dieses Richtschwert zu besitzen.

II.

Etwa eine Viertelmeile vor der Porta Ostiensis, an der linken Seite der Strasse steht eine kleine Kapelle, die sogenannte Cappella della Separazione. Sie bezeichnet die Stelle, wo Petrus und Paulus von einander Abschied nahmen, als sie zu sterben gingen. Dieser Moment ist über dem Eingang der Kapelle auf einem kleinen Basrelief dargestellt, und in italienischer Sprache nach dem (bekanntlich untergeschobenen) Briefe des heiligen Dionysius Areopagita liest man, was die Apostel bei dieser Gelegenheit zu einander sagten. Paulus sagte zu Petrus: Friede sei mit dir, o starker Felsener, Hirte der Schafe Christi! — Petrus sagte zu Paulus: Zeuch hin in Frieden, du starker Prediger und Hort unseres Heiles! Darauf traten sie die letzte Reise an, Petrus nach dem Circus des Caligula am vaticanischen Hügel, wo er gekreuzigt ward, Paulus nach dem engen, wasserreichen Thale links von der Via Ostiensis, welches der Salvischen Familie (ad Aquas Salvias) gehörte; hier beugte der müde Sendbote, an eine weisse Marmorsäule gebunden, seinen Nacken dem Schwerte des Henkers. Wie gesagt, erfolgte die Kreuzigung Petri und die Enthauptung Pauli an einem und demselben Tage, dem 29. Juni des Jahres 67 unter Nero. Der abgeschlagene Kopf des Paulus that der Legende nach drei Sprünge, und wo er aufsprang, brach jedesmal eine Quelle köstlichen und gesegneten Trinkwassers hervor. Diese drei Quellen, le Tre Fontane wurden künstlich gefasst und mit einer Kirche, *San Paolo alle Tre Fontane* (1) überbaut: das Thal der Tre Fontane war den ältesten Christen heilig, hier wurden angeblich 10,204 Märtyrer, die den Bau der Thermen des Diocletian zu Ende geführt hatten, darunter der heilige Zeno, am 9. Juli des Jahres 296 ergriffen und getödtet; daher auch die Reliquien des heiligen Mönches Anastasius, der in Persien, und des heiligen Diaconus Vincentius, der an demselben Tage (22. Januar, 303), in Spanien den Märtyrertod erlitten hatte, hierher übergeführt und auf dem ehrwürdigen, durch das Blut so vieler Bekenner und des Apostels selbst gerötheten

Acker begraben wurden; drei Tage später fiel das Fest der Bekehrung Pauli (25. Januar). Den beiden im Tode vereinigten Heiligen Vincentius und Anastasius zu Ehren erbaute Papst Honorius I. im Jahre 630 an dieser Stelle eine Kirche, *SS. Vincenzo ed Anastasio* (2), die von aussen noch ein vorzüglich alterthümliches Ansehen hat; namentlich sind die Fenster, welche aus Marmorplatten mit kleinen runden Oeffnungen bestehen, ganz im Charakter des früheren Mittelalters; die Glasscheiben wurden vielleicht erst in späteren Zeiten eingesetzt. Das zu dieser Kirche gehörige Kloster, die Abbadia delle Tre Fontane, übergab Innocenz II. 1140 dem heiligen Bernhard mit einigen Mönchen des von ihm gestifteten Cistercienserordens; und weil dem heiligen Bernhard dereinst in der unterirdischen Kapelle nebenan, beim Seelenmesselesen, eine Leiter erschien, auf welcher die Engel die durch sein Gebet aus dem Fegefeuer befreiten Seelen zum Himmel führten, so wurde über jener Kapelle eine Rundkirche erbaut, welche den Namen der Maria zur Himmelsleiter, *Santa Maria in Scala Coeli* (3) erhielt.

Nach alledem stehen in dem malerischen Thale drei Kirchen und ein Kloster zusammen, doch waren sie bisher der ungesunden Lage wegen fast ganz verlassen. Die Malaria hauste hier und die drei Quellen waren reich an perniciösem Wechselfieber:

Macies et nova febrium
Terris incubuit cohors.

Daher wurde das gefährliche Kloster im Jahre 1868 dem Zweige der Cistercienser überlassen, dessen eigenthümlicher Beruf es von jeher gewesen ist, unfruchtbare Gegenden anzubauen und im harten Kampfe mit einer widerspenstigen Natur den Wüsten Brod und dem Tode Leben abzuringen — den französischen Trappisten. Diese Bauern-Mönche machten sich muthig daran, das versumpfte Land zu entwässern, die Baulichkeiten trocken zu legen und der interessanten Stätte ihre alte Bedeutung zurückzugeben; und führten dabei einen Baum ein, der vermöge seines wunderbaren Wachsthums, der Brauchbarkeit seines Holzes und der aromatischen Ausdünstung seines blaugrünen Laubes in Italien wie in Aegypten eine förmliche Mission zu vollziehen scheint: sie nahmen umfassende Anpflanzungen des sogenannten Fieberheilbaums (Eucalyptus globulus) vor. Die australische Myrte ist ein gigantisches Gewächs: sie kommt, wenn sie dieselbe nicht übertrifft, der californischen Ceder, dem Mammuthbaume, nahe. Mit dieser zweifelhaften Ausnahme übertrifft der Eucalyptus an Dimension jeden Baum der Welt, und da der Stamm bis zur Höhe von 30 m fast immer astfrei ist, so kann man sich einen Begriff von seinem Werth als Werkholz machen, zumal das letztere eine fast unverwüstliche Härte und Dauerhaftigkeit besitzt. Im Jahre 1855 wurde für die Pariser Ausstellung ein Bret von 50 m Länge, 52 cm Breite und 15 cm Dicke hergerichtet, aber nicht expedirt, weil es von keinem Schiffe aufgenommen werden konnte. Dabei ist der Wuchs dieses Baumes so rasch, dass er binnen sechs Jahren eine Höhe von 20 m und einen Umfang von 120 cm zu erreichen vermag. Schon das verleiht seiner Cultur für den holzarmen Süden eine hohe Wichtigkeit; eine noch höhere sein wohlthätiger Einfluss auf gewisse atmosphärische Miasmen. Seine Blätter sind reich an ätherischem Oel, und indem er durch dieselben viel Sauerstoff ausscheidet, trägt er in sumpfigen, fieberschwangeren Gegenden zur Reinigung der Luft bei. Und das hat er eben bei den Tre Fontane gethan; die gesundheitlichen Verhältnisse sind bereits jetzt wesentlich bessere. Die schlechte Luft (aria cattiva) ist verschwunden, seit 1873 kein bösartiger Fieberfall mehr vorgekommen. Zufolge dessen hat die italienische Regierung die Aufzucht des Eucalyptus im Grossen angeordnet und aus ihren Baumschulen schon viele tausend junge Stämmchen gratis zur Anpflanzung in der Campagna abgegeben. Auch anderwärts, in Spanien und in den österreichischen Küstenländern werden grosse Hoffnungen auf diesen Baum gesetzt; nur ist es noch zweifelhaft, ob er hier den Salzgehalt des Bodens vertragen wird.

Die alte Paulskirche: a) Triumphbogen und Apsis. — b) Inneres.

Im Jahre 1643 erhielt der Cardinal de Lugo aus Peru die erste Chinarinde, und damals lernte man in Rom das souveräne Fieberheilmittel kennen, welches nun als Polvo de los Jesuitos weitere Verbreitung fand. Vielleicht dass man auch noch einmal nach Jahrhunderten des Augenblicks gedenkt, wo die Trappisten bei den drei Quellen des Apostels Paulus den ersten Fieberheilbaum pflanzten.

III.

Der Leichnam des Apostels Paulus wurde von der frommen Matrone Lucina aufgehoben, auf dem unterirdischen Gange, der von den Tre Fontane zur Paulskirche führt und den die Mönche von St. Paul am Feste des heiligen Anastasius (22. Januar) in Procession durchziehen, in ihr an der Via Ostiensis gelegenes Landgut zurückgebracht und in den Gründen desselben, angeblich Puzzolangruben (in dieser Gegend grub man Puzzolanerde vorzüglicher Qualität) beigesetzt. Papst Sixtus II. liess am 29. Juli 258 die Reliquien des Paulus und die des Petrus in einem Cubiculum der Katakomben von San Sebastiano bergen, doch wurde der apostolische Leib später der ursprünglichen Gruft an der ostiensischen Strasse wieder zurückgegeben, wo er fortan ungestört verblieb. Das war das „Sepulcrum Pauli Apostoli in praedio Lucinae", schon in den ersten Jahrhunderten ein heiliger Wallfahrtsort und ein Gegenstand ewiger Verehrung für die Christen, die von allen Enden der Welt nach Rom strömten, um die Trophäen, das heisst die Gräber der Apostel, Sanct Peters im Vatican und Sanct Pauls an der Strasse nach Ostia zu besuchen. Der Legende nach erbaute Constantin der Grosse über dem letzeren eine Basilica, die dritte Hauptbasilica, so alt wie die Peterskirche und einst grösser und prächtiger als sie: San Paolo fuori le Mura, das heisst, ausserhalb der Stadtmauern, lateinisch *extra muros*. Im Jahre 386 trugen die Kaiser Valentinian II., Theodosius und Arcadius dem Stadtpräfecten Sallust vermöge eines (noch erhaltenen) Rescriptes auf, anstatt der alten Basilica eine neue, grössere und schönere aufzubauen, wie es die Heiligkeit des Ortes und die zunehmende Menge der Gläubigen erheische. Diese alte berühmte Theodosianische Paulskirche bestand als die sehenswürdigste aller alten Basiliken dank der Tüchtigkeit des ursprünglichen Baues und der Sorgsamkeit der Benedictiner, welche wahrscheinlich schon von den frühesten Zeiten hier wohnten, vierzehnhundertfünfundfünfzig Jahre, nämlich bis zur Nacht vom 15. zum 16. Juli des Jahres 1823, wo (durch Unvorsichtigkeit eines Bleideckers, der seine brennende Kohlenpfanne auf dem Dache stehen gelassen hatte) Feuer auskam und in fünf Stunden fast das ganze herrliche Denkmal des christlichen Alterthums zerstörte. Es war ein Unglück und ein Verlust, mit keinem Theater- oder Kirchenbrande der Neuzeit im Entferntesten zu vergleichen. Nur die Mosaiken der Tribüne und einige Monumente blieben erhalten. Pius VII., der einst in dem hiesigen Kloster Mönch gewesen war, lag krank darnieder, als die Post vom Brande der Paulskirche durch alle Lande ging: er war eine Woche vorher (6. Juli) auf dem Marmorboden seines Zimmers gefallen und hatte den Schenkel gebrochen; er starb einen Monat später (20. August), ohne die Trauerkunde zu vernehmen. Der einundachtzigjährige Greis, der sein Geschick mit unerschüttertem Gleichmuth getragen hatte, würde wahrlich bei diesem Schlag weinend zusammengebrochen sein.

Leo XII., der am 28. September den päpstlichen Stuhl bestieg, setzte sofort eine Commission von Künstlern und kirchlichen Autoritäten ein, die den Neubau begutachten sollte. Es wurde beschlossen, an Plan und Verhältnissen der alten Kirche nichts zu ändern. Nun lud eine Encyclica alle Bischöfe ein, in ihren Sprengeln Sammlungen zu veranstalten; mittels derselben und eines jährlichen Zuschusses von 50000 Scudi, den die päpstliche Regierung selber leistete, wurde die Kirche in dreissig Jahren wieder aufgebaut. Gregor XVI. konnte 1840 Querschiff und Hochaltar,

Pius IX. am 10. December 1854, im Beisein der hundertsiebenundsechzig zur Proclamation des Dogmas der unbefleckten Empfängniss erschienenen Prälaten, die ganze Kirche einweihen. Die dem Tiber zugewendete Façade mit dem Atrium war noch im Entstehen, aber das Innere erglänzte trotz Theodosius und würdig eines oekumenischen Konciles.

Bekanntlich trägt die grösste protestantische Kirche der Erde und das schönste Denkmal neuerer Baukunst in England, die Londoner Kathedrale, ebenfalls den Namen des Paulus; bekanntlich brannte die Londoner Paulskirche ebenfalls in der grossen Feuersbrunst vom September 1666, welche 460 Strassen mit 13 200 Häusern und 89 Kirchen in Asche legte, gänzlich nieder, worauf sie nach dem Muster der damals vollendeten römischen Peterskirche unter Wren's Leitung (si monumentum quaeris, circumspice) wieder aufgebaut ward. Bis zur Reformation stand auch die römische Paulskirche unter dem Schutze und der Fürsorge der Könige von England, daher man an der alten Kirche über dem Seiteneingang den Orden des blauen Hosenbandes sah.

IV.

Kennst Du der Tibermündungen Weg? Ihn krönt des Paulus Titel,
Wo links der Fluss das grüne Ufer gürtet;
Königlich ist die Pracht der Stätte: sie weihte ein guter Herscher,
Austreuend mit erhabener Verschwendung
Gold und Edelgestein über Dach und Gebälk, damit es leuchte
Feierlich wie Glut des Sonnenaufgangs.
Säulen von parischem Marmor die strahlende Decke stützen,
Gleich Himmelspfeilern, vierfach ist die Reihe.
Tausendfarbig, in mächtigem Schwung entsteigt des Bogens Wölbung:
So blinkt im Blumenflor die Frühlingsaue. [1])

Mit diesen begeisterten Versen malt der christliche Dichter Prudentius, welcher die Theodosianische Basilica in ihrem ersten jungfräulichen Glanze schauen durfte, nur zu anschaulich sein Entzücken: Sie finden sich unter seinen Gedichten auf die christlichen Märtyrer (Liber περὶ στεφάνων), im zwölften Hymnus, welcher im Maasse der vierten Ode des Horaz 66 Verse zum Lobe der Apostel Petrus und Paulus (Petri et Pauli apostolorum) enthielt. Prudentius könnte sie heute noch niederschreiben, denn die Paulskirche steht wieder, wie sie einst gestanden; ob sie gleich von ihrer stillen Grösse und ihrer einfältigen Pracht Manches verloren hat. Es bleibt ein Genuss, in die Paulskirche zu gehen, über diesen spiegelglatten Fussboden zu schlüpfen, sich in diesem lichten Säulenraume zu verlieren, ahnungsvoll in den Anblick dieser wunderbaren Mosaiken zu versenken, die den frommen Geist der ersten Jahrhunderte innig und unverfälscht ausstrahlen. Hier ist Alles, Religion und Luxus, tiefer Ernst und weltliche Schönheit, historische Weihe und moderner Glanz und Geschmack und Reichthum — wenn in der Welt etwas geeignet ist, dem Pilger einen Begriff von der Majestät der specifisch christlichen Kunst zu geben, so ist es die stille, abgelegene Basilica des Apostels Paulus, die man betritt wie einen Ballsaal, in der man verweilt wie in einer Gemäldegallerie und die man verlässt wie ein Heiligthum.

[1]) Im Original lauten die interessanten Strophen, welche aus dem grössern Archilochischen Verse und dem catalectischen jambischen Trimeter bestehen (Stropha Archilochia quarta) folgendermassen:

Parte alia titulum Pauli via servat Ostiensis
Qua cingit amnis cespitem sinistrum;
Regia pompa loci est: princeps bonus has sacravit arces,
Clausitque magnis ambitum talentis.
Bracteolas trabibus sublevit, ut omnis aurulenta
Lux esset intus, ceu jubar ab ortu.
Subdidit et parias fulvis laquearibus columnas,
Distinguit illic quas quaternus ordo.
Tum camurus hyalo insigni varie resurgit arcus:
Sic prata vernis floribus renident.

Basilica San Paolo fuori le mura.

Ein bedeckter Säulengang (Porticus) führte im frühen Mittelalter vom Thore nach der Kirche und ein Säulenvorhof, mit einem Springbrunnen (Cantharus) geschmückt, umgab die Vorderseite nach dem Tiber zu. Das gegenwärtige Atrium ist heute (23. Febr. 1882) noch nicht vollendet; es stehen, abgesehen von den Mosaiken, nur die zehn Säulen der Vorhalle und die vierkantigen Pfeiler zu beiden Seiten; noch ist Alles durch Gerüste verdeckt; die bronzenen Thüren, die im Jahre 1070 auf Kosten des Consuls Pantaleone Castelli in Constantinopel verfertigt und im Jahre 1873 wieder aufgefunden wurden, befinden sich noch im Kloster. Unvorbereitet, von der Seite, durch das „Atrium posticum" gelangen wir in den Tempel. O, Wunder! O, Freuden und Wonnen des himmlischen Paradieses, ahnten wir solch eine märchenhafte Pracht? Sind wir in eine Walhalla, in einen Feenpalast getreten? Hat jener Nero, der einst die Henker nach den Tre Fontane sandte, in seinem goldnen Hause ein Prunkgemach gehabt, wie es jetzt der Apostel Paulus hat? —

120 m lang, 60 m breit, 23 m hoch, von achtzig Säulen getragen, fünfschiffig entfaltet sich der imposante Raum. Die Säulen sind von Granit aus den Brüchen von Montorfano bei Baveno am Lago Maggiore, die Basen und die korinthischen Kapitäle von carrarischem Marmor; die Säulen der alten Kirche, gleichfalls achtzig, waren antiken Bauten entnommen und aus weissem und pfauenblauem Marmor. Zwei colossale Säulen, je 3200 Kilogramm wiegend und gleichfalls von Montorfano stammend, stützen den 14,7 m weiten Triumphbogen; am Eingang stehen zwei und am Tabernakel des Hochaltars vier durchscheinende Säulen von orientalischem Alabaster, die der Vicekönig von Aegypten, Mehemed Ali, für die Paulskirche gesteuert hat, mit Basen von Malachit, die ein Geschenk des Kaisers Nicolaus von Russland sind. Die Decke des Mittelschiffs ist cassettirt; auch die der alten Basilica war ursprünglich mit vergoldeten Platten, wahrscheinlich von Bronze, bekleidet, später zeigte sie den offenen Dachstuhl. Mittel- und Querschiff erhalten Licht durch 66, die Seitenschiffe durch 40 Bogenfenster. Den Fussboden bilden gegenwärtig schimmernde Marmorfliessen, der der alten war grösstentheils mit Bruchstücken von antiken Denkmälern und Inschriften gepflastert. Im Hintergrunde öffnet sich das Grab, wo der Leichnam des Apostels in seinem Sarge ruht, der Kern des ganzen Prachtbaues; es ist reich mit edlem Serpentin und dunkelrothem Marmor ausgelegt, und über ihm erhebt sich das schöne, beim Brande zerschmetterte, aber wieder genau zusammengefügte Sacramentshäuschen (Ciborium). Man nennt diese unterirdische Grabstätte, wie in allen alten Kirchen, weil sie einen heiligen Bekenner und Blutzeugen, einen Confessor Fidei enthält, Confession (Confessione).

Da steht er, der Apostel-Märtyrer, am Aufgang zum Querschiff in colossaler Grösse; ihm gegenüber steht sein College Petrus. Alles deutet darauf hin, dass Petrus und Paulus gleichsam nur zwei Seiten eines Wesens und ein Papst in zwei Personen sind; in den apokryphen Nachrichten, die unter dem Namen der Acten des heiligen Sylvester bekannt sind, wird sogar erzählt, dass dieser Papst die Gebeine der zwei Apostel getheilt und jede der beiden nach ihnen benannten Basiliken eine Hälfte erhalten habe; aus dem Felsen Petri wurden gleichsam zwei Säulen zum Triumphbogen der Kirche herausgehauen, davon heisst die eine Paulus. Daher sieht man gerade hier an dem Fries über den Säulen der drei mittelsten Schiffe und im Querschiff eine Folge von Porträtmedaillons der Päpste in Mosaik, von dem heiligen Petrus bis auf unsere Zeiten, mit dem Namen derselben und der Zeit ihrer Regierung. Sie sind in den Ateliers des Vaticans angefertigt worden, mit einem Durchmesser von 1,5 m; wenn wir einst die päpstliche Mosaikfabrik besuchen, wo auch die Meisterwerke der italienischen Maler für die Peterskirche nachgeahmt werden, werden wir sehen, was das für eine mühsame Arbeit ist, und dass ein Mosaikarbeiter zur Vollendung eines einzigen Gemäldes oft so viel Jahre braucht, als Petrus auf dem heiligen Stuhle gesessen hat — fünfundzwanzig. Dieser merkwürdige Fries würde offenbar besser für Sanct Peter passen, wenn eben nicht Sanct Paul gleich Sankt Peter wäre — wenn wir nicht schon am Triumphbogen der

Paulskirche die beiden Apostelfürsten, welche die Stadt Rom beide als ihre Schutzheiligen verehrt, als unzertrennliche Gefährten neben einander sähen.

Die Mosaiken desselben, theils noch die alten, theils gut ersetzt, stammen aus dem fünften Jahrhundert, wo sie im Auftrag der Galla Placidia, der Tochter Theodosius des Grossen, Schwester des Honorius und Arcadius, ausgeführt wurden, gehören demnach zu den ältesten. Sie illustriren abermals in sinnvoller Weise das vierte und fünfte Capitel der Offenbarung Johannis. Wir sehen das Brustbild des Heilands, welcher unter dem Bilde des guten Hirten einen Kreuzstab führt; unter ihm halten zwei Engel eine Inschrift, auf die Aula des Theodosius und Honorius bezüglich; ein Strahlenkranz spielt in Regenbogenfarben um ihn (Offenbarung Cap. 4, 3). Zu beiden Seiten des Erlösers erscheinen die vier symbolischen Bilder der Evangelisten auf Goldgrund und unter denselben die vierundzwanzig Aeltesten, welche ihre Kronen darbringen, um sie Jesu zu Füssen zu legen. Die zwölf dem Heiland zur Rechten erscheinen mit bedecktem, die anderen zwölf zur Linken mit unbedecktem Haupte: zwölf der vierundzwanzig sind Juden, das heisst Erzväter und Propheten, die zwölf anderen Christen, das heisst Apostel; nun, Jedermann weiss, dass man in der Synagoge (wie Moses sein Angesicht verhüllte, als er sich mit Jehovah unterhielt) den Hut aufbehält, in der christlichen Kirche (nach des Apostels Verordnung) abnimmt An den Schenkeln des Bogens aber stehen unsere beiden Päpste — rechts Petrus und links Paulus.

Die Inschrift darüber besagt, dass Theodosius die durch den Leib des Weltlehrers (doctoris mundi) geheiligte Aula angefangen, Honorius vollendet habe:

THEODOSIUS CEPIT, PERFECIT HONORIUS AULAM,
DOCTORIS MUNDI SACRATAM CORPORE PAULI.

An dem Tabernakel des Hochaltars wird der Apostel nach den Worten der Schrift (Apost. 9, 15) als das auserwählte Gefäss oder Rüstzeug bezeichnet:

TU ES VAS ELECTIONIS.

Ein Gefäss oder Blumentopf bildet daher auch in der christlichen Symbolik die Hieroglyphe des Apostels Paulus, zum Beispiel auf den bronzenen Thürflügeln der Peterskirche.

Die Tribüne, von noch grösserer Spannung, besteht aus kleinkörnigem Marmor mit edlem Serpentin; vier Säulen von violetter Breccie tragen ein Karnies von weissem Marmor. Die Mosaiken blieben vom Brand verschont; unter Honorius III. angefangen, unter Nicolaus III. vollendet, stammen sie aus dem dreizehnten Jahrhundert.

Man sieht in der Mitte der Laibung den Heiland mit dem Buche auf dem Throne und vor ihm knieend, in ganz kleiner Gestalt, den Papst Honorius III. Dem Erlöser zur Rechten stehen Paulus und Lucas, zur Linken Petrus und Andreas; zwei Palmen an den Enden. Im Streifen darunter erscheinen, eingerahmt von Palmen, die zwölf Apostel; in ihrer Mitte bemerkt man das Kreuz und einen Altar, auf dem die Passionswerkzeuge liegen und den zwei Engel umschweben. Unter dem Altar, ganz klein und Palmen haltend, die fünf unschuldigen Kindlein (Santi Innocenti), deren Reliquien diese Kirche ursprünglich bewahrte; rechts und links zwei Aebte, die vor einem erhöhten Kreuze knieen. Inschriften nennen den Honorius als Stifter, Benedict XIV. (1747) als Restaurator der Mosaiken. Unter ihnen steht der marmorne Bischofsstuhl.

Das war die Zeit der Erhebung der italienischen Malerei in der romanischen Kunstepoche und wenn man will, eine dritte Periode der Mosaik, in welcher zugleich die sogenannte Cosmatenarbeit aufkam. Eine Nebenart der Glasmosaik und eine ornamentale, stark orientalisirende Specialität. Man zerschnitt und zersägte antike Marmorfragmente in kleine regelmässige Stückchen, welche geometrische Figuren bildeten, stellte sie zu Mustern nach Art des ‚Pavimentum sectile' zusammen, hob ihren Glanz durch farbige Glaspasten und Goldplättchen und überzog mit dem bunten Schmucke Altäre und Tabernakel, Ambonen und Bischofsstühle, Thürpfosten und Grabdenkmäler; namentlich füllte man damit auch die Windungen der zierlich gedrehten Säulchen, welche die Osterkerzen trugen oder das Gebälk der Kreuzgänge in den Klöstern stützten. Eben der Kreuzgang des Benedictinerklosters, welches an die Paulskirche stösst, ist reich an solchen Decorationsmotiven: die kleinen, bald geraden, bald schön gewundenen Marmorsäulen, auf welchen die Bogenstellungen ruhen, sind so wie das Gebälke mit farbiger Mosaik- und Steinarbeit ausgelegt, welche viel zu dem heiteren, eleganten Aussehen dieser klösterlichen Hallen beiträgt. Es scheint, dass jene musivische Decorationsmalerei zünftig betrieben wurde und in einzelnen Familien erblich war; von einer derselben, der römischen Familie der Cosmaten (Famiglia dei Cosmati) ist die Benennung des ganzen Genres hergenommen.

In der zweiten Kapelle des linken Querschiffs, der sogenannten Cappella del Crocifisso, unter dem Krucifix, welches mit der schwedischen Heiligen Brigitta geredet haben soll, befindet sich auch ein Mosaik, ein musivisches Madonnenbild; und vor ihm legten am 22. April 1541 Ignaz von Loyola, Jakob Laynez und Pierre Lefèvre das vierfache Gelübde des Jesuitenordens ab, indem sie zu den drei gewöhnlichen Gelübden der Keuschheit, der Armuth und des blinden Gehorsams gegen die Oberen noch das vierte fügten — ihr Leben dem beständigen Dienste Christi und der Päpste zu widmen, nur dem Herrn und dem römischen Hohenpriester, als dessen irdischem Stellvertreter zu dienen, so dass, was ihnen immer der gegenwärtige Papst oder einer seiner Nachfolger in Sachen des Heils und der Verbreitung des Christenthums befehlen, in welche Länder er sie immer entsenden möge, sie ohne Verzug und Entschuldigung, soweit es in ihren Kräften liege, Folge zu leisten gehalten sein wollten. So entstand die Gesellschaft Jesu, gleichsam eine letzte paulinische Gemeinde. Ob Paulus den Schwur des heiligen Ignatius gehört? Ob sich Jesu strengster Nachfolger segnend über den neuen Missionär geneigt und zu seinem Werk bekannt hat? Prüfet, so schrieb er einst an die Thessalonicher, prüfet Alles und das Beste behaltet.

V.

Die Paulskirche ist eine der fünf Patriarchalkirchen und hat wie San Pietro in Vaticano, Santa Maria Maggiore und San Giovanni in Laterano die goldene Pforte oder heilige Thür (Porta Sancta), deren Pfosten aus einem röthlich-gelben Marmor bestehen müssen; dieser Marmor führt eben davon den Namen Porta Santa. Sie ist durch eine Mauer verschlossen, auf welcher sich ein metallenes Kreuz befindet, das man aus Andacht zu küssen pflegt, und wird nur bei Jubiläen, an dem vorausgehenden Weihnachtsabend von einem eigens dazu bevollmächtigten Cardinal (Cardinale legato a latere) geöffnet; dann bleibt sie offen stehn bis zum nächsten Weihnachten, wo sie wieder vermauert wird. So wurden im alten Rom die Thüren des Janustempels aufgethan und geschlossen. Pfarrkirche ist Sanct Paul erst seit dem Jahre 1708; bis dahin war die römische Paulskirche gleich der londoner, die bis heute keine Pfarrkirche und daher so wenig besucht ist, nur eine Filiale und zwar der Kirche Santa Maria in Cosmedin, welche, auf Piazza della Bocca di Verità gelegen, so zu sagen ihre städtische Wurzel bildet. Wenn man von der Stadt nach der Paulskirche hinausfährt, kommt man bei Santa Maria in Cosmedin vorbei; und wenn man von der Paulskircke direct in die Stadt zurückkehrt, läuft man unfehlbar in den stillen Hafen ein, den ein alterthümlicher, 36 m hoher Glockenthurm gleich einem Leuchtthurme bezeichnet. In diese alte Mutterkirche, an deren Pforten wir bereits einmal (auf Seite 96) nach einem ausserrömischen Ausflug gestanden haben, müssen wir jetzt hineinschauen, wenn wir das grosse Bild des Paulus in Rom, welches im gegenwärtigen Capitel vor uns aufgerollt worden ist, vervollständigen wollen.

Sie erhebt sich in den Ruinen eines antiken Tempels, dessen Zelle mit einer Säulenstellung umgeben war (8×15). Diese Säulen, gegenwärtig in die Wände des Gebäudes eingeschlossen, sind von römischer Ordnung, aus weissem Marmor und mit Zierraten überladen. Schon in den frühesten Zeiten der Oberherrschaft des Christenthums, der Sage nach unter dem Pontificat des Dionysius (259—268), war in dem zerfallenden Tempel eine kleine Marienkirche, die alterthümliche Krypta unter dem Presbyterium, errichtet worden, an deren Stelle unter Hadrian I. (772—795) die jetzige, grössere trat: 11,5 × 33 m. Sie gehörte ursprünglich der griechischen Colonie an, nächst der jüdischen der ältesten in Rom, (an sie erinnert noch der Vicolo della Greca in der Nachbarschaft), und führte als griechische Nationalkirche den Namen Santa Maria in Schola Graeca; bereits Anastasius bezeichnet sie als Santa Maria in Cosmedin. Cosmedin (Κοσμίδιον) hiess ein Kloster und darnach eine ganze Vorstadt in Constantinopel, dieselbe, welche heutzutage den Namen von Mohammeds Fahnenträger und Waffengefährten, den Namen Ejub = Hiob trägt, und nach diesem byzantinischen Kloster, dessen Mönche sie vermuthlich bedienten, wurde eine Kirche in Ravenna, eine zweite in Neapel und als dritte im Bunde unsere römische betitelt. Das Volk nennt unsere Kirche und den Platz davor Bocca della Verità.

Durch Mariens Mund wird allerwegs die Wahrheit kund: Bocca della Verità heisst wörtlich Mund der Wahrheit. Was ist das für ein Mund? Eine antike Brunnenmaske, die sich seit dem Jahre 1632 in der Vorhalle befindet: wenn wir das überdachte, durch vier vorspringende Säulen gebildete Vestibulum, rechts von dem Springbrunnen Carlo Bizzaccheri's, durchschreiten, so sehen wir an der Decke ex voto die Kinnbacken eines grossen Seethiers hangen und an der Seitenwand links die Kinnbacken eines steinernen Tritons lehnen: die letzteren sind es, durch welche die Wahrheit kund wird. Eine Maske. Brunnenleitungen und Dachtraufen ornamental mit marmornen oder thönernen Masken (personae) abzuschliessen, sodass das abfliessende Wasser von einem lebendigen Wesen ergossen zu werden schien, war eine naheliegende, durch die Sprache, welche die Oeffnungen von jeher mit Mündungen vergleicht, selbst gerechtfertigte Sitte: gewöhnlich wählte man zu solchen Wasserspendern nach dem Vorgange der alten Aegypter Löwen, weil die Sonne zur Zeit der Nilüberschwemmung im Zeichen des Löwen steht, doch liess man auch Rosse, Delphine, Drachen, Tritonen, Silene und Ganymede speien, ja die letzteren ihr Wasser gelegentlich nicht durch den Mund, sondern vermittels eines anderen Apparates von sich geben, welcher ziemlich genau den Hahn eines Fasses darstellt. Nun, das in unserer Halle lehnende Alterthum, eine runde Platte, aus welcher man das bärtige Gesicht eines Tritons herausgearbeitet hat, ist ein kolossales Specimen einer derartigen Mündung, sie besitzt einen Durchmesser von 1,65 m; durch die Löcher an den Seiten sind die Niete hindurchgesteckt worden, zu dem aufgesperrten Maule kam die Flüssigkeit heraus. Den Meergott kennzeichnen die Hummerscheren — es riecht hier alles nach Seeluft: Leviathan vor uns, Leviathan über uns, Leviathans draussen; ich weiss nicht, ob das zur Erinnerung daran sein soll, dass die verfallene und verschüttete Kirche das sechzehnte und siebzehnte Jahrhundert über inmitten eines undurchdringlichen Sumpfes und sozusagen im Meere gelegen war. Das kam daher, weil die alte Maske fortan nicht den Lauf des Wassers, sondern den Gang des Rechtes regulirte. Das groteske Steinbild regte die Phantasie der Menschen an: sie hielten es für ein Zauberwerk Virgils oder für einen Götzen, der auf dem Herculesaltar, der benachbarten Ara Maxima gestanden: und damit die antike Gewohnheit combinirend, zum Schwur den Altar zu berühren, auf den Altar, wir würden sagen, auf die Hostie oder auf's Evangelium zu schwören (tangere aram), fabelten sie, man habe dieser Maske bei gerichtlichen Eidesleistungen die Hand in den Rachen stecken müssen und sie im Meineidsfalle nicht wieder herausziehen können, das Gesicht sie dem Lügner abgebissen; daher nun das letztere als ein Prüfstein der Wahrheit betrachtet und Bocca della Verità genannt ward. So habe das Bild, fügte man hinzu, alle Meineide angezeigt, die im alten Rom geschworen wurden, endlich aber durch ein ungerechtes Urtheil seine Wunderkraft verloren. Mastro Grespino hatte seine Frau der Untreue angeklagt und die Ehebrecherin sollte ihre Unschuld beschwören. Sie vermass sich dessen auch und hätte die falsche Hand sicherlich im steinernen Mund gelassen, kam aber leichteren Kaufes davon. Als sie nämlich schwören wollte, kam der Geselle, mit dem sie sich vergangen hatte, auf sie zugelaufen und spielte wie Brutus den Wahnwitzigen. Er umarmte und küsste sie, als ob er den Verstand verloren hätte. Da seht den Narren! rief die Frau, auf seine List eingehend; mit Ausnahme meines Mannes hat mich Niemand berührt als er! — Und sie legte ihre Hand in das marmorne Gottesurtheil. Der Mund gab ihr die Hand zurück und galt seitdem, obgleich er im

S. Maria in Cosmedin.

Grunde nicht gelogen und die Frau nicht falsch geschworen hatte, für entzaubert: sein Praestigium war hin.

Wahrer Mund und reine Hand,
Wandern durch alle Städt' und Land.

Im Innern erinnert uns Vieles an den griechischen Ursprung dieser Kirche: gleich am Thürsturz gewahren wir Cosmedin. Hier sieht man symbolische Reliefs — Christus unter dem Sinnbild des Lammes, die vier ezechielschen Thiere, zwei Tauben, deren eine, wie die Menschenseele auf der Eitelkeit dieser Welt, auf einem Drachen sitzt, und die Hand Gottvaters, welche zwei Schafe, Christi Schafe, segnet. Sothaner Segen geschieht nach griechischem Ritus, so dass nicht die drei ersten Finger, sondern der Zeige-, Mittel- und Kleinfinger in die Höhe, Daumen und Goldfinger dagegen zusammengehalten werden: das soll die Dreieinigkeit zwischen Alpha und Omega bedeuten. Beim Eintreten bemerken wir den schönen Mosaikfussboden. Ein ‚Pavimentum Sectile', wie wir es auf Seite 166 beschrieben haben, aber die besondere Species, welche man alexandriner Arbeit (Opus Alexandrinum) nennt, dadurch unterschieden, dass

Linien und Figuren nur zwei Farben, zum Beispiel Roth und Schwarz auf weissem Grunde, haben; seit Alexander Severus nahm man gewöhnlich lacedämonischen Marmor und Porphyr dazu; unweit vom Haupteingange ist eine Porphyrplatte, welche mehrere Meter im Durchmesser hat. Nun diesen Mosaikfussboden, eins der schönsten Werke der Art in Rom, hat ein gewisser Kämmerer Alphanus der Maria und der Weisheit, der Sophia von Konstantinopel stiften wollen (1123):

ALFANUS TIBI FIERI FECIT VIRGO MARIA
ET GENETRIX REGIS SUMMI PATRIS ALMA SOPHYA.

Von demselben Alphanus, dessen griechischer Name mit dem lateinischen Albanus identisch scheint, rühren die zierlichen, in Marmor ausgelegten Ambonen her; er schenkte der Kirche, die er wie ein Kabinet mit lauter Pretiosen und Nippsachen ausstaffirte und in der er auch begraben ward, einen alabasternen Leuchter für die Osterkerze, dessen Postament ein Löwe mit seinen Pranken umfasst und gegenwärtig anstatt des Leuchters eine gewundene Cosmatensäule krönt; er schenkte ihr eine antike Wanne um die Altartischplatte darauf zu legen; er schenkte ihr den kunstvollen Bischofstuhl, der, mit zwei Löwenköpfen geschmückt, auf zwei halbrunden Stufen hinter dem Altar steht — fronte sub adversa gradibus sublime tribunal tollitur, sagt unser Prudentius: ein solcher Stuhl oder Thron (θρόνος ὑψηλός) heisst Cathedra und daher eine Kirche, an welcher ein Bischof seinen Sitz hat, eine Cathedrale (Ecclesia Cathedralis). Ueber ihm bewahrt man endlich in einem Schranke, der nur bei besonderen Feierlichkeiten geöffnet wird, ein letztes Andenken an Konstantinopel und an die ferne, ewig junge Heimath, die „ὡραία Ἑλλάς“: ein verehrtes Marienbild, einst von byzantinischen Griechen vor den Bilderstürmern nach Rom geflüchtet und im vorigen Jahrhundert als ein ausgezeichnetes Kunstwerk, ja als das vollkommenste Gemälde der heiligen Jungfrau angesehen.

Es fehlt also in der griechischen Kirche nicht an griechischen Reminiscenzen: aber die Panagia von Kosmidion ist eine Römerin, die Theotokos eine Deipara geworden, und die „Maria in Cosmedin“ vertritt an dem Apostel Paulus Mutterstelle. Dieses Verhältniss der beiden alten Basiliken gibt Anlass zu mancherlei Combinationen. Der Apostel Paulus ist der Hort und der bevorzugte Liebling der Protestanten: mit seiner logischen Consequenz, seiner spitzigen Dialektik, seinem Predigertalent, seiner Emancipation von Petrus, ja mit seiner eigenen Bekehrung sagt er ihrem Wesen ganz besonders zu, und in Rom selbst, an der Via Nazionale, haben sie ihm eine evangelische Paulskirche gegründet. Umgekehrt ist die Jungfrau Maria gleichsam der Ausdruck und die Verkörperung der schönen, innigen, frommen, heiligen katholischen Kirche, die auf den Felsen Petri gegründet ist. Es drängt sich einem daher unwillkürlich der Vergleich der paulinischen Filiale mit der protestantischen Kirche auf, die sich von der römischen Marien-Pfarrkirche abgezweigt und ausserhalb der Mauern, fuori le Mura, angesiedelt hat. Wie Petrus Jerusalem, so ist Paulus Rom abtrünnig geworden. Der Simon Magus besitzt einen starken Zauber — sogar im Tode mag man nicht von ihm lassen: auf dem Wege zur Paulskirche, am Paulsthore und an dem Berge, wo die „Vasa electionis“ liegen, gewahrten wir den Friedhof der Protestanten.

Die Parallele ist zu anziehend, um sie nicht noch etwas zu verlängern. Wir erzählten oben, dass Pius IX., nachdem er am 8. December 1854 das Dogma der unbefleckten Empfängniss verkündet hatte, am 10. December mit seinen Prälaten in die Paulskirche zog, um den neuen Prachtbau einzuweihen. Mit ihm war gleichsam die Jungfrau Maria, unter deren unmittelbarem Schutz er zu stehen glaubte; mit ihm der Geist der Jesuiten, unter deren Einfluss er so Grosses errungen, deren Stifter hier die vier Gelübde beschworen hatte. Nun eben diese Madonna wird mit Bezug auf ihre unbefleckte Empfängniss in der christlichen Symbolik als der feurige Busch bezeichnet, der mit Feuer brannte und doch nicht verzehret ward (2. Mose, Cap. 3, 2).

Die Paulskirche war allerdings kein solcher Busch gewesen.

San Clemente Romano.

I.

Quellen unserer Religion, freudehell und wie Sternenblicke entspringen sie dem Felsen! —Am 29. Juni des Jahres 67 waren die beiden grossen Apostel hingerichtet worden: am 30. Juni bestieg der heilige Linus, als Nachfolger Petri, den bischöflichen Stuhl. Er regierte die römische Kirche dreizehn Jahre und drei Monate lang, bis zum 23. September des Jahres 80, wo er auf Befehl eines gewissen Saturninus den Märtyrertod erlitt; auf den heiligen Linus folgte der heilige Cletus, welcher unter Domitian während der zweiten Christenverfolgung das Leben lassen musste (26. April, 90); nach dem heiligen Cletus endlich kam der heilige Clemens, um das Jahr 30 n. Chr. in Rom geboren und daher Romanus genannt, der vierte Bischof dieser Stadt und der dritte nach dem heiligen Petrus, Inhaber des heiligen Stuhls neun Jahre, eilf Monate und zwanzig Tage lang vom Jahre 90 bis zum Jahre 100, Märtyrer unter Trajan, am 23. November 102, im dritten Jahre der Regierung dieses Kaisers.

Die hervorragende Stellung, welche der erste Clemens, einer der Apostolischen Väter, in der Reihe der Päpste einnimmt, die Bedeutung seiner Schriften, welche fast gleichen Ansehns wie die heilige geniessen, ja von Einigen geradezu den kanonischen zugezählt worden sind, veranlasst uns, zunächst das Legendarium aufzuschlagen und die Acten und Passionen nachzulesen, wo sein Leben beschrieben ist und deren Sammlung von ihm den Ursprung genommen hat.

Als die verfolgte Kirche ihren Glauben mit dem Blute besiegelte, trugen die Christen alle Nachrichten über den Tod der Märtyrer aufs fleissigste zusammen. Jede einzelne Gemeinde schickte, wenn ein Bekenner seinen Qualen erlag, Briefe an andere Gemeinden; und zu diesen Briefen kamen noch verschiedene weitere Documente, namentlich die gerichtlichen Protokolle, die sogenannten Akten oder Acta, die Acta Apostolorum, die wir die Apostelgeschichte nennen, und die Acta Sanctorum überhaupt. Sie enthielten nicht nur alles, was die Märtyrer und ihre Richter während der Verhandlung ausgesagt hatten, sondern auch die Reden derjenigen, welche bei der Hinrichtung ihrer Brüder zugegen gewesen waren, um ihnen Trost einzusprechen und sich selbst auf den Tod vorzubereiten. Aus diesen Briefen und diesen Acten wurden dann die Leidensgeschichten der Märtyrer, die sogenannten Passiones, zusammengestellt, welche jede Kirche aufbewahrte, um sie am Jahrestag ihres Todes zur Erbauung vorzulesen. So entstanden die sogenannten Legenden, das heisst, die Leben und Tod der Märtyrer betreffenden L e s e s t ü c k e, und eben von Sanct Clemens wird erzählt, dass er während seines Pontificates sieben Notare, die Protonotarii Apostolici, eingesetzt habe, um die Acten der Märtyrer zu sammeln und zu registriren, wodurch jene Martyrologia entstanden, die nachmals zu so ungeheurem Umfange angeschwollen sind.

Clemens war Sohn des Patriciers Faustus und der Mattidia; der ausgezeichnete Kirchenhistoriker Tillemont will einen Juden aus ihm machen, doch ist das um so weniger wahrscheinlich, als er, wie wir oben bemerkten, constant den Beinamen eines Römers führt. Schon in früher Jugend nahm er den neuen Glauben an: seine Bekehrung beschreibt er selbst in vierundzwanzig Capiteln oder Homilien eines Buches, welches, unter dem Titel Ἀνάγνωσις in's Griechische übersetzt, ein Supplement der Apostelgeschichte bildet (Homiliae Clementinae). Der junge Clemens macht eine Reise in den Orient, er sieht dort verschiedene Jünger Christi und den heiligen Petrus, den wahren Apostel, der seine liebe Noth mit dem falschen Apostel, dem Magier Simon hat; durch ihn lernt er Christus als den richtigen, schon in den Erzvätern erschienen Propheten, das Christenthum als das echte Judenthum, die Heidenchristen nur als Proselyten des Thores kennen; mit Sanct Peter kehrt er endlich getauft nach Rom zurück und hilft ihm die katholische Kirche gründen. Ein Schüler des Apostelfürsten und ein Mittelsmann zwischen Juden- und Heidenchristenthum, wird er (Κλήμης) von Paulus in seinem Briefe an die Philipper als einer seiner Mitarbeiter, als einer von denen erwähnt, die mit ihm über dem Evangelio gekämpft haben und deren Namen im Buche des Lebens verzeichnet sind (Cap. 4, 3). Die Unterweisungen, die er von den beiden Aposteln aus ihrem eignen Munde empfangen, die leuchtenden Vorbilder, welche er mit eignen Augen gesehen hatte, prägten sich seinem Herzen so tief ein, dass sie ihn nach der Aussage des heiligen Irenäus sein Leben lang nicht verliessen. In ihre Fusstapfen tretend, regierte er die ihm anvertraute Kirche als ein treuer Hirte, liess er sich die Bekehrung der Ungläubigen und die Einigkeit seiner Gemeinde mit unermüdlichem Eifer angelegen sein. Unter den Seelen, die er dem Christenthum gewann, gedenkt die Legende namentlich der frommen Theodora, der wunderbaren Art wegen, wie der heilige Clemens den Nachstellungen ihres Gemahls, des dem Kaiser Domitian befreundeten Sisinius entging.

Vestibulum und Haupteingang von S. Clemente.

Ein Beweis seiner pastoralen Klugheit ist der berühmte Brief, welchen er in griechischer Sprache an die Korinther schrieb; er ist von jeher als ein Juwel der Kirche betrachtet und auf eine unmittelbare göttliche Inspiration zurückgeführt worden. Ein römisches Gemeindeschreiben, vom heiligen Pontifex im Namen der Römer abgelassen, um in der von Parteien zerrissenen korinthischen Gemeinde die kirchliche Ordnung herzustellen (A. D. 96). Einige Schismatiker hatten, von Neid und Eifersucht getrieben, wackere Priester verleumdet und verhetzt und sie schliesslich vom Amte weggebissen; daher hält ihnen Clemens in seinem Briefe die schlimmen Folgen der Zwietracht und den armen Verfolgten zum Trost das Beispiel der grossen Apostelfürsten vor, die ebenfalls von ihren Neidern unzählige Angriffe zu erdulden hatten, aber endlich die Krone des Martyriums erlangten; er erinnert sie an tausend Auserwählte, die sich durch die Bosheit der Zeit hindurchgerungen, und an zwei ausgezeichnete Frauen Danais und Dirce, die trotz schwerer Anfechtungen nicht vom Glauben liessen und, schwache Geschöpfe, glorreich triumphirten. Die Korinther aber ermahnt er zum Frieden, zum Gehorsam und zur Unterwerfung unter ihre gesetzlichen Oberhäupter. Dieser Brief, mit schöner, viereckiger Uncialschrift, ohne Spiritus, Accente und Wortabtheilung auf Pergament geschrieben, genoss von Anfang an einer so hohen Verehrung, dass er bei den christlichen Versammlungen öffentlich vorgelesen wurde, nicht blos in der korinthischen Gemeinde, an die er gerichtet war, sondern auch in vielen anderen. Man kann ihn heute noch im Britischen Museum zu London lesen; er findet sich in dem Alexandrinischen Codex, jener wichtigen Bibel-Handschrift, welche der Patriarch zu Constantinopel Cyrillus Lucaris 1628 dem Könige Karl I. von England zum Geschenke machte (A). Minder berühmt, minder authentisch und nur bruchstückweise erhalten ist ein zweiter Brief des Clemens an die korinthische Gemeinde in demselben Codex.

Clemens krönte sein Pontificat durch das Martyrium: Trajan verbannte ihn angeblich auf die Halbinsel der Dardanellen, den Thracischen Chersones, wo er um das Jahr 102 in's Meer gestürzt ward. Als Märtyrer ist er immer verehrt worden; unter den heiligen Blutzeugen, deren die Kirche seit den ältesten Zeiten beim Messcanon Erwähnung thut, ertönt auch der Name

Seiteneingang von S. Clemente an der Lateranstrasse.

Clemens. Er selbst hatte seinerzeit in seinem väterlichen Hause am Abhang des Caelius ein Oratorium gehabt, wo heimliche Conventikel abgehalten, geistliche Gespräche geführt und die Leviten beherbergt worden waren, und diese kleine, keimhafte Kirche beim Scheiden seinen christlichen Brüdern hinterlassen. An der Stelle des clementinischen Oratoriums, wenn man vom Colosseum zum Lateran geht, links und halbwegs auf der grossen, von Sixtus V. erbauten Via di San Giovanni in Laterano erhebt sich die ehrwürdige und alte Basilica, in welcher die Christenheit den Apostolischen Vater anruft, in deren Mauern der Patriciersohn unter Tiberius das Licht der Welt erblickte und der seine Gebeine acht Jahrhunderte später zurückgegeben wurden, seine Wiege und sein Grab. Im Jahre 867 brachten die beiden Slawenapostel, Cyrillus und Methodius, die wunderthätigen Reliquien des heiligen Clemens, die im Schwarzen Meere aufgefunden und in Südrussland bestattet worden waren, von den Ufern des Dnjepr auf einer langen Pilgerfahrt nach Rom, allwo sie der Papst Hadrian II. in der Confession der Clemenskirche bergen und den

Hausbesitzer wieder in sein Haus einsetzen liess (sedi suae restituit). Der Bibliothekar Anastasius wohnte der Feier der Ueberführung bei; er beschreibt sie in einem Briefe, der das Datum vom 1. April des Jahres 874 trägt; der Constantinus Philosophus, von dem er spricht, ist identisch mit Cyrillus, der 869 in Rom starb und selbst ein Grab in San Clemente fand. So ruhte der verbannte Römer endlich in der Vaterstadt und im römischen Vaterhause von den Stürmen des Lebens und den Stürmen des Todes aus: hac jacet, konnte eine alte Inschrift am Chore vermelden,

Hac jacet ecclesia Clemens sanctissimus, aequor
Quem diu celavit;

diese seine Kirche hatte bereits Jahrhunderte bestanden. Der heilige Hieronymus gedenkt ihrer schon im Jahre 392, fünfundzwanzig Jahre später hielt der heilige Papst Zosimus eine Synode in ihr ab, Gregor der Grosse stiftete das anliegende Kloster und predigte darin; seit jener Zeit gehörte sie zu den Titeln, das heisst den Haupt- und Pfarrkirchen Roms, die wir oben als Cardinalstitel namhaft gemacht haben. Factisch ist sie samt dem Kloster im Besitz der irischen Dominicaner, welche von San Sisto Vecchio der schlechten Luft wegen hierher zogen. Aber Sant Clemente erweist sich als ein vielfaches Gebäude.

II.

Ein Wunderkind hat einmal gesagt, wenn es in Rom den Ausgrabungen zusehe und der Spaten des Arbeiters den aufgehäuften Schutt durchsteche, erscheinen ihm die einzelnen Streifen verschieden gefärbter Erde wie die Jahresringe, an denen man das Alter eines Baumes erkenne, wenn die Säge ihn mitten durchgeschnitten habe, oder wie die Kohlenlager und die Formationen, aus denen die Erdkruste zusammengesetzt sei, und die wir in umgekehrtem Verhältniss zu ihrem Alter zu Gesicht bekommen. „Kaum einen Fuss tief unter der Erde zieht sich, wie im Bergwerke, ein Gang, eine breite Schicht von Asche und Kohlen hin; das sind die Spuren, die Robert Guiscard zurückliess, als er nach Rom kam, um Gregor VII. gegen Heinrich IV. zu schützen. Tiefer dringt der Spaten ein; er durchsticht sechs Jahrhunderte und eine dunkle Schicht giebt Zeugniss von der Plünderung des Vandalen Geiserich. Noch ein paar Spatenstiche, und nur schmale Streifen grauen Staubes wechseln mit neuen Kohlenlagern. Mit diesem schwarzen Griffel hat sich Alarich in das Gedenkbuch Roms eingeschrieben. Nun aber folgt die dichteste Lagerung von Asche und Kohlen. Das ist der Brand, den Nero angefacht hatte, um, das Flammenmeer vom hohen Thurme überschauend, sich das Lied von Troja's Zerstörung vorzusingen. Wir sind angelangt auf dem alten Pflaster; reissen wir es auf, durchstechen wir einige Zoll republicanischer Erde, welche die Zeiten Sullas und der Gracchen mit Blut getränkt haben, und wir treffen auf die letzte Kohlenschicht, das Zeugniss des gallischen Brandes."

Ich wüsste gar kein anschaulicheres Beispiel für diese historische Schichtung aufzutreiben, als San Clemente Romano, wo, wie in Rom die Städte, die Häuser und die Gotteshäuser, übereinander lagern, und wo wir mit unserem Spaten alle Perioden der römischen Geschichte eine nach der anderen durchstechen. Durch die Ausgrabungen, welche der Reverendus Dominus Joseph Mullooly, Prior der irischen Dominicaner, seit 1858 mit eben soviel Eifer als Erfolg und mit Unterstützung der gesamten christlichen Welt veranstaltet hat, ist unter San Clemente ein dreifaches Stockwerk zu Tage gekommen, zunächst ein altchristliches, dann ein kaiserliches, zu unterst ein republicanisches; wenn wir gleich einem Bergmann in den Schacht von San Clemente fahren, so treffen wir im Gesenke zwei Mauern, die im rechten Winkel aneinander stossen, mächtige Tuffsteinquadern, die am Caelius selbst gebrochen worden sind, sorgfältig behauen und gefugt, den servianischen zu vergleichen, republicanische Fundamente; daran schliessen sich Baufragmente aus

Chor von San Clemente.

der frühen Kaiserzeit, backsteinernen Materials: drei zusammenhängende Räume, feucht, gleich einem Tiefbau mit unterirdischen Wassern angefüllt; der erste, an dem noch die Reste schöner Stuccaturarbeit ja, in Relief Hippolytus und Phaedra sichtbar sind, mag das Oratorium des Clemens gewesen sein, die beiden anderen gehörten zu einem Mithras-Heiligthum: Mithras ist sozusagen der persische Christus, ein Gott der Sonne und des materiellen und geistigen Lichtes, dessen Dienst mit mancherlei auf die Reinigung der Seele bezüglichen Mysterien in der späteren Kaiserzeit (Heliogabalus war selbst ein Sonnenpriester) zu höchster Achtung und weitester Verbreitung gelangte: unbefangene Alterthumsforscher haben ihn nicht ohne einigen Grund für die Hauptquelle der christlichen Dogmen und Cerimonien gehalten. Ausserordentlich häufig werden wir in den Museen des Vatican und anderwärts einen schönen, orientalisch gekleideten Jüngling mit phrygischer Mütze und fliegendem Mantel auf der linken Schulter sehen, der auf einem niedergeworfenen, nebenher von allerlei Gethier gequälten Stiere kniet und ihm einen Dolch in den Nacken stösst; dieser, der stieropfernden Siegesgöttin nachgebildete Jüngling ist Mithras, der unbesiegbare Gott der Sonne, dem diese Denkmäler oft ausdrücklich (DEO SOLI INVICTO MITHRAE) gewidmet sind. Nun wie Mithras den Stier, so opferte Christus das Lamm, mit dem er sich selbst verglichen hat; und wie das christliche, so fand das persische, vermuthlich gleichfalls verpönte Opfer in unterirdischen Räumen, in Höhlen und Gräbern (Spelaeis) statt, Bildern der von Helle und Finsterniss beherrschten trüglichen Sinnenwelt: eben das clementinische Mithrasheiligthum, wo man neuerdings eine Statue des Gottes gefunden hat, ist eine künstliche, mit kleinen porösen Steinen bekleidete Felsengrotte, mit einem Altar im Hintergrund und zwei kleineren davor: im Hause des römischen Bischofs hat man eben auch den Mithras, sei es nun mit, neben oder im Gegensatz zu Christus angebetet und erst spät, nach dem constantinischen Friedensedicte fahren lassen. Damals, im im vierten Jahrhunderte war es wohl, dass man auf dem Quaderbaugrund der republicanischen Zeit in wechselnden Lagen von Tuff- und Backsteinen eine christliche Basilica aufführte, deren Tribüne über das Oratorium des heiligen Clemens zu stehen kam; und nachdem sie im eilften Jahrhundert bei der Plünderung Roms durch Robert Guiscard ein Raub der Flammen geworden war, legte am Anfange des zwölften Paschalis II. (1099—1118) auf ihren Trümmern und mit theilweiser Benutzung der verschont gebliebenen und heraufgeförderten Elemente, zum Beispiel

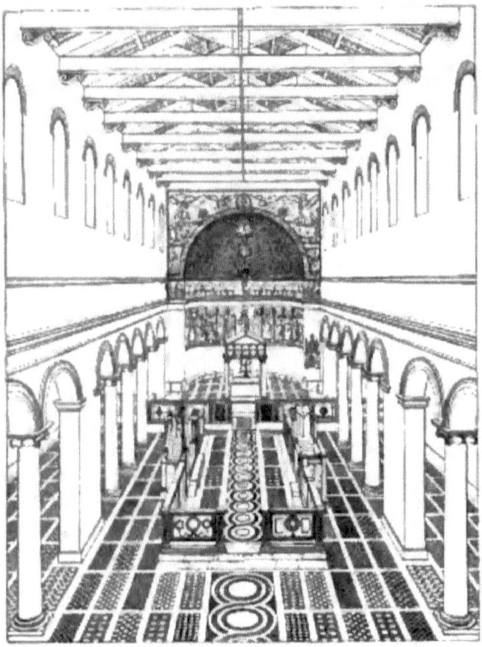

Inneres von S. Clemente.

des Chors und der Ambonen, einen Neubau an, welcher nun als Oberkirche der alten Unterkirche entgegengesetzt werden konnte. Diese zweite und obere Kirche San Clemente war im achtzehnten Jahrhundert abermals in tiefen Verfall gerathen, so das Clemens XI. (1700—1721) auf eine durchgreifende Wiederherstellung denken musste; aber er verfuhr dabei mit einer Mässigung und mit einer schonenden Pietät gegen das ehrwürdige Denkmal des christlichen Alterthums, die um so wohlthuender wirkt, je mehr andere alte Basiliken durch ungeschickte Restaurationen verballhornt worden sind, ja, der wir einen ungetrübten Einblick in die früheren Gotteshäuser überhaupt verdanken. Die Basilica des zwölften Jahrhunderts steht in ihrer alterthümlichen, keuschen Schönheit heute noch, und sie ist es, die wir zunächst in Augenschein nehmen wollen, indem wir links in der Via di San Clemente vor das Zechenhaus der Clementinischen Grube treten und unserer Methode gemäss von oben nach unten fahren.

III.

Man erinnert sich aus dem Religionsunterricht, dass der salomonische Tempel in drei Haupttheile, den Vorhof, das Heilige und das Allerheiligste gegliedert war; und man irrt wohl nicht, wenn man annimmt, dass diese Gliederung, die sich bei den aegyptischen Tempeln wiederholt und die auf eine stetige Steigerung und Rectification des eintretenden Volks hinausläuft, auch auf das System der christlichen Basiliken neben der heidnischen Urform von Einfluss gewesen ist: die hebräischen Synagogen sind keine Nachbildungen des jerusalemer Nationalheiligthumes, weil dasselbe nach dem Begriffe der Juden überhaupt nicht mehr als einmal existiren kann, wohl aber unsere Kirchen, in deren geringster die Gottheit und das Sanctissimum gegenwärtig ist. Sie haben alle, kleine Tempel, einen Vorhof, ein Heiliges und ein Allerheiligstes: der Vorhof, wie dort mit einem ehernen Meere, dem sogenannten Cantharus geschmückt, heisst Atrium, das Heilige entspricht dem Schiff der Kirche, wo die Gemeinde versammelt ist, das Allerheiligste dem hohen, für die Priester reservirten und zur Feier des Altar-Sacraments bestimmten Chore. Namentlich das Atrium, das in früheren Zeiten für ein wichtiges, unerlässliches Glied einer ordentlichen Kirche galt, aber in dem Plan der heidnischen Basiliken nicht enthalten war, scheint uns in dieser Hinsicht ausschlaggebend; allerdings läge es eben so nahe, an eine Entlehnung desselben vom römischen Privathause zu denken, dem ja ebenfalls und ursprünglich ein Atrium, und zwar mit einem Bassin in der Mitte, vorgelegen hat. Die Häuser der Götter müssen der Natur der Sache nach im Wesentlichen den Häusern der Menschen gleichen.

Das ist das Schöne an San Clemente, dass hier alle jene Stufen in ihrer Gesamtheit übersehen werden können. Wenn wir auf die Querstrasse treten, so haben wir zunächst das alte Portal der Kirche vor uns. Durch ein vorspringendes Quadrat von vier antiken Granitsäulen, die oben je zwei und zwei durch stumpfe Giebeldächer verbunden sind, wird ein Vestibulum gebildet. Durch dasselbe gelangen wir in ein zweites grösseres Quadrat, den Vorhof oder das Atrium, welches von einer vierseitigen Säulenhalle (Quadriporticus) umgeben und mit Marmorfliessen gepflastert ist. In der Mitte steht das Becken, an dem sich der Gläubige, ehe er in die Kirche geht, die Hände, die Füsse und das Angesicht waschen soll: ein heller Brunnen, singt Paulinus von Nola, plätschert in den heiligen Hallen, mit seinen Fluthen die Eintretenden zu reinigen:

> Sancta nitens famulis interluit atria lymphis
> Cantharus, intrantumque manus lavat amne ministro
> Ep. 32 ad Sulpicium Severum;

auch hier wurde das Wasser mitunter von grotesken Gestalten, von Bocche di Verità und von Löwen ausgespieen, man erinnere sich nur an das Bassin, welches Justinian vor der Sophienkirche in

Constantinopel errichtete und das daher Löwenquell (Λεοντάριον) genannt wird. Weil bei unseren Kirchen das Atrium fehlt, sind die Weihkessel in den Schiffen angebracht. Wer von der kirchlichen Gemeinschaft ausgeschlossen war, musste im Hofe bleiben, auch die Armen lagerten wohl in den Hallen des Atriums, der Liebesmahle (Agapae) harrend, wie sie noch heutzutage an den Thüren der Kirchen herumzulungern und dienstfertig den schweren Vorhang aufzuheben pflegen: die wirklichen und activen Gemeindeglieder traten in das Innere und zwar zunächst in den sogenannten Narthex (it. Nerbice), das heisst, einen für die Katechumenen und die noch nicht zur Messe zugelassenen Proselyten bestimmten Vorraum, endlich in die richtige Kirche ein. Dieselbe hat drei Schiffe, aber, als eine echte Basilica, kein Querschiff; ihre Länge beträgt 42 m. Das Mittelschiff, 11,5 m breit, wird durch sechzehn antike Säulen und zwei Pfeiler von den Seitenschiffen getrennt, unter denen das rechte, 3,5 m breit, den Männern, das linke, 5,85 m breit, den Frauen eingeräumt war. Der Dachstuhl wurde bei der Wiederherstellung unter Clemens XI. mit einer flachen vergoldeten Decke bezogen. Aber nur die eine Hälfte der Kirche stand der ganzen Gemeinde offen: die hintere gehörte dem Clerus, und zwar wiederum zuvörderst der niederen Geistlichkeit, die sich wie in einem chemischen Processe, gleich einem Sublimate von der flüchtigen Masse abschied.

Ambon der Epistel in S. Clemente.

In dem Parallelogramme, welches die Kirche bildet, wird durch massive Marmorschranken ein neues, concentrisches Parallelogramm ausgeschieden, der Chor, welcher, isolirt und unzugänglich, mit jenem nur unten an der Grundlinie, da, wo diese von der Mittel- oder Altarlinie in rechtem Winkel geschnitten wird, durch eine viereckige Pforte communicirt; mit dieser Pforte correspondirt oben an der gegenüberliegenden Seite eine kleinere, durch welche man in eine neue Abtheilung, das Presbyterium, gelangt; die Grundlinie des letzteren fällt mit der oberen Schmalseite des Chors zusammen, geht aber rechts und links noch über sie hinaus, quer durch die Breite der Kirche; die Schranken, welche sie bezeichnen, sind mannshoch. Ausser durch Marmorwände sind diese beiden Räume, Chor und Presbyterium, auch durch Stufen vom Vorderraum geschieden; der Chor liegt eine Stufe höher als das Schiff, das Presbyterium drei Stufen höher als der Chor. Die aus viereckigen Marmorplatten zusammengesetzten Schranken sind mosaicirt, übrigens einfach ornamentirt; man bemerkt an ihnen hier und da zwischen zwei Kreuzen ein Monogramm, welches ‚Johannis' gelesen und neuerdings auf Johann VIII. (872—882), den Restaurator des Chors, bezogen wird. Wir sagten schon, dass der Chor samt dem Mosaikfussboden alexandrinischer Arbeit aus der alten, vorpaschalischen Kirche stammt. An den beiden Langseiten des Parallelogramms steht links der Ambon oder die Kanzel des Evangeliums, achteckig, mit Treppen zu beiden Seiten, vor ihm eine gewundene Säule, Trägerin der Osterkerze; rechts der niedrigere viereckige Ambon der Epistel, mit einer Treppe und einem dem Altar zugewendeten Lesepulte; ein zweites, dem Volke zugewendetes Pult davor war für die Sänger bestimmt.

An den Chor grenzt also das Presbyterium oder Sanctuarium, wo die höhere Geistlichkeit sitzt: es ist nicht nur durch Wände, nicht nur durch Stufen, sondern auch, gleich dem jüdischen Allerheiligsten, durch Vorhänge den profanen Blicken entzogen; denn schrecklich,

> wie ein gegenwärt'ger Gott,
> Erglänzt durch des Gewölbes Finsternisse
> In Flammenschrift das Unaussprechliche.

Inmitten desselben, nach Osten gekehrt und erhöht, steht über den Reliquien des Apostolischen Vaters der neue Hauptaltar, mit einem alten Ciborium oder Tabernakel aus Paschalis' Zeit bedeckt; es ist von weissem Marmor und wird von vier Säulen getragen, deren zwei von Pavonazzetto und deren Capitäle vergoldet sind. Hinter dem Altar, am Gewölbe der Apsis erhebt sich, von weissem Marmor und über vier Stufen erhöht, der Bischofstuhl oder die Cathedra, laut Inschrift (Anastasius Presbyter S. Clementis hoc opus fecit) im Jahre 1108, unter Paschalis II. von einem Cardinalpriester dieser Kirche Namens Anastasius errichtet. So sehr ist alles in dieser Kirche aus den ersten besten Fragmenten zusammengesetzt, dass sogar die Marmorplatte, welche den Sitz bildet, zwei grosse antike Buchstaben zeigt. Rechts und links schliessen sich an den Bischofstuhl die Marmorbänke der Domherren an; dahinter und ebenfalls durch Balustraden geschieden, waren reservirte Logen, rechts für Mönche, links für vornehme Frauen (Matroneum). In den Ecken an den beiden Pfeilern, die sich an die Tribuna anschliessen, stehen zwei einfache Schaubrodtische; das gothische Häuschen an der Wand rechts von der Tribuna, ein sogenanntes Pastophorium, hat der Inschrift nach ein anderer Cardinalpriester von San Clemente, Jacobus, ein Neffe Bonifacius' VIII. 1290 gestiftet.

Wie anderwärts ist die Tribuna mit musivischen Arbeiten geschmückt; sie gehören der Zeit Paschalis', dem Anfange des zwölften Jahrhunderts, mithin dem Ende der zweiten Periode an und gliedern sich in die Mosaiken

1) an der Stirn des Gewölbes. Hier sieht man oben in einem Medaillon den Heiland und die vier Evangelisten unter den Bildern der Offenbarung; darunter links die heiligen Paulus und Laurentius, rechts die heiligen Petrus und Clemens; unter Laurentius den Propheten Jesaias, unter Clemens den Propheten Jeremias; zu allerunterst endlich am Fuss links Bethlehem, die Stadt der Geburt, rechts Jerusalem, die Stadt des Leidens und der Auferstehung Christi.

2) an der Laibung des Gewölbes. Aus einem Weinstocke, dessen Zweige sich in schneckenförmigen Windungen über die Innenfläche ausbreiten, schiesst ein Krucifix empor, auf dem zwölf Tauben gebildet sind, Johannes und Maria stehen ihm zu Seiten. Zwischen den Zweigen bemerkt man die vier Kirchenväter, welche den Stuhl des heiligen Petrus tragen: Augustinus,

Ambrosius, Athanasius und Johannes Chrysostomus; ausserdem unzählige Menschlein und Vögelein. Dem grünenden und blühenden Kreuzesfuss entspringen die vier Ströme des Paradieses, von welchen zwei durstige Hirsche trinken; rechts und links sitzen zwei Pfauen; ganz oben erscheint eine perlmutterartig schillernde Glorie, aus welcher eine Hand hervorragt. Die Pfauen sind Symbole der Unsterblichkeit und der Auferstehung, die Hirsche der Menschen, die nach dem Sacrament der Taufe schreien, die zwölf Tauben der zwölf Apostel; der Weinstock versinnbildlicht die Kirche, die unter dem Gesetze verdorrt und unter dem Kreuze gedeiht —

Ecclesiam Christi viti similabimus isti,
Quam lex arentem, sed crux facit evirentem,

wie leoninische Verse sagen. Den Saum bilden zwei der inneren Wölblinie parallele Streifen; der erste enthält das Gotteslamm und die Apostellämmer, der zweite, später übermalte, dieselbe Gruppe, aber in ihrer wirklichen, menschlichen Gestalt.

S. Clemente: Byzantinische Madonna.

Neben diesen musivischen enthält die Kirche auch eigentliche Gemälde, die Fresken, womit der toscanische Maler Tommaso, kurz Maso und pejorativ Masaccio genannt, ein frühreifes Genie, unter Martin V., im Auftrage des Cardinaltitulars Gabriele Condolmer, nachmaligen Eugens IV., die Kapelle links vom Haupteingang geschmückt hat: da sie der Hauptsache nach die Passion Christi zum Gegenstand haben, so nennt man die Kapelle „la Cappella della Passione". Obgleich kunstgeschichtlich nicht ohne Wichtigkeit, stehen sie doch an Interesse den merkwürdigen Malereien und den ungleich älteren Fresken nach, welche an den Wänden der Unterkirche langsam bleichen und deren schlummernde Farben wir jetzt in tiefer Grabesnacht mit dem Grubenlicht wecken wollen, indem wir auf breiter Marmortreppe, von altchristlichen Inschriften geleitet, von der Sacristei zur ersten Strecke hinuntersteigen — o, alter, unterirdischer Clemens und ihr verzauberten Bilder und Schemen früher Jahrhunderte, Geister des Bergs, wir grüssen euch, Glück auf! —

IV.

Nicht ohne Spannung bereiten wir uns, während die Custoden ihre Fackeln anzünden, vor, die mysteriösen Hallen zu betreten, die uns wie ein verschüttetes Pompeji des Christenthums gemahnen; die acht Jahrhunderte lang den Augen der Menschheit entzogen gewesen sind; wo Gregor VII., der gewaltige Papst, die letzte Messe gelesen hat. Eine unterirdische Cultusstätte scheint an sich nichts Ausserordentliches: die Märtyrergräber, über denen man die christlichen Kirchen anzulegen pflegte, die sogenannten Krypten, wurden gar oft zu umfangreichen Kapellen mit zwei und drei Schiffen erweitert, auch sie pflegten durch Treppen vom Langhause aus zugänglich zu sein. Aber die alte Kirche, welche 5 m tief unter dem Tempel des heiligen

Clemens langsam modert, lässt sich mit einer Krypta nicht vergleichen, weil beide Gotteshäuser niemals gleichzeitig in Gebrauch gewesen sind. Sie war nicht eine integrirende Kapelle der oberirdischen Basilica, sondern selbst eine Basilica, ja, die grossartigere, breitere und weitere Basilica, die beim Neubau des zwölften Jahrhunderts gänzlich abgethan und wie ein Todter mit Erde zugedeckt ward. Eben darum verschwand sie nicht von der Bildfläche der Stadt, sie sank unter sie hinab und dadurch wurde sie der Nachwelt fast unversehrt erhalten. Es ist, als hätte der Ex-Cardinal von San Clemente, Paschalis, in einer Periode, wo der Krieg tagtäglich ein Monument des Alterthums oder der christlichen Kunst in Asche legte, zu sich selbst gesagt — da ist auch noch so eine schöne, rechtschaffene Basilica vom alten Stile. Bleibt sie stehn, so geht die Zeit unbarmherzig über sie hinweg und lässt keinen Stein auf dem anderen. Ich will sie einbalsamiren wie eine Mumie; ich will sie verstecken wie ein köstliches Samenkorn. Ich will sie wie einen Schatz im Schooss der Erde bergen, dass sie künftige Geschlechter, wenn ich einst lange todt bin, sehen und bewundern mögen; dass einmal im neunzehnten Jahrhundert ein gelehrter Ire oder ein wissbegieriger Sohn Deutschlands in Rom an der Lateranstrasse eine Unterkirche von San Clemente finden, des Apostolischen Vaters denken und seinen Landsleuten daheim von ihm erzählen könne.

Dann wird er auch meiner denken — des armen, des unseligen Paschalis wird er denken, der von Heinrich V., dem Rächer seines Vaters, in die Grube gebracht ward — er hat kein Denkmal in Rom — sein Denkmal sei San Clemente.

Und er sargte den alten Clemens ein; er liess die marmornen Pilaster und die herrlichen Säulen stehn, die Vorhalle und die drei Schiffe zu markiren; er befahl den Estrich zu kehren, damit es ordentlich aussehe, wenn der Ire herunterkäme; und die Wände, aus denen heilige, bedeutsame Gestalten in Fülle und in bunter Pracht quollen, rückte er zurecht, Kunstwerke erhaltend die, verschiedenen Epochen angehörig, um sieben und mehr Jahrhunderte auseinander, eine reiche, complete Gallerie altchristlicher Gemälde constituiren.

Bedeckt mit ihnen sind sowohl die Umfassungsmauern des Gebäudes als auch diejenigen, in welche man bereits vor Paschalis die Säulen des linken Seitenschiffes eingeschlossen hatte. Das waren alte Einbauten gewesen; neue machte Paschalis selbst, um seine Oberkirche zu stützen, zu letzteren gehören zum Beispiel die Füllwände zwischen den Säulen des rechten Seitenschiffes, auf welchen die Aussenwand, und die langen Mauern, auf denen die rechte Säulenreihe der Oberkirche ruht. Durch die Risse des Abputzes hindurch gewahrt man hier und da ein unregelmässiges, aus schlechtem Material hergestelltes und mit antiken Bruchstücken versetztes Mauerwerk. Noch andere Einbauten datiren aus der allerneuesten Zeit, der Zeit der gegenwärtigen Ausgrabungen: sie sind an der weissen Tünche kenntlich.

Wie sich das Auge an das flackernde Grubenlicht gewöhnt, treten die Bilder mählich aus ihrer Dunkelheit hervor. Gleich zitternden Phantasmen, gleich den unsichern Schemen einer Zauberlaterne schweben sie hin und her, tauchen sie auf und nieder, nahen sie uns, entfliehen sie uns, zerfliessen sie, erstarren sie, bald lieblich und bald strenge, bald wohlbekannt und heimlich, bald räthselhaft und befremdlich. Seltsames Bilderbuch! Die Zeit, die Feuchtigkeit hat manches Blatt darin vernichtet und unkenntlich gemacht, aber grosse Abschnitte haben sich auch wunderbar erhalten. Die hageren, langgestreckten Proportionen, die einfachen, kräftigen Farben, die harten Contouren, die gelben Fleischtöne, die grellen Lichter, alle jene Erzeugnisse einer rohen, primitiven, byzantinischen Kunst dringen hier auf uns ein wie die unverwüstlichen Bewohner der aegyptischen Königsgräber, als ob sie gestern geschaffen, gestern auf die Wand geworfen worden wären. Sie erregen nicht immer unsere Sympathie, und doch rührt uns die Macht und Kraft der jungen Kirche, die Tiefe ihrer Andacht, die Strenge ihrer Entsagungsseligkeit. Es liegt ich weiss nicht was Altjüngferliches in diesen Figuren; aus ihnen spricht eine gewisse unfrohe Resignation: das Leben gab sich ihnen offenbar nicht leicht. Aber dafür athmen sie durchweg jene tiefe Grundansicht, die das Christenthum mit der platonischen Philosophie gemein hat und die der antiken Freude am Dasein so schroff entgegentritt: — dass man die Welt und was in ihr ist, nicht lieb haben soll — dass diese schöne Sinnlichkeit, die uns umgiebt, und der hohe Tag mit allen seinen Wundern nur ein Betrug und der wesenlose, verführerische Abglanz einer dahinterstehenden unsichtbaren, ewigen Sonne ist — dass wir hinieden nicht leben, sondern sterben, täglich sterben sollen, dass wir Krankheit und Alter nicht als Feinde fürchten, sondern als Freunde begrüssen müssen, die leise und Schritt für Schritt unser unsterbliches Theil von den Fesseln des Leibes losmachen, bis es der Tod, der grosse Wohlthäter, endgiltig befreit.

Es kommt in kunstgeschichtlichen Werken nicht selten vor, dass die Gemälde nicht beschrieben, die dargestellten Gegenstände als bekannt vorausgesetzt, dagegen über Entstehung, Stil, Manier, Schönheit und Nichtschönheit viele Worte verloren werden: es ist dies keine ganz gerechtfertigte und unanfechtbare Methode. Denn nicht nur dass der Inhalt des Bildes keineswegs für Alle, namentlich nicht für ungelehrte Leute wie unsereins verständlich ist: ein philosophischer Kopf wird die Kunst überhaupt nur als ein instructives Bilderbuch betrachten, das ihm die Wirklichkeit und die ewigen Dinge im Spiegel zeigen soll und über dem er den flüchtigen, unbedeutenden Bildner ganz vergisst. Der Künstler selbst muss hinter seinem Zweck, dem Kunstwerk, wie ein Gott hinter seiner Welt verschwinden, und wir können ihm keine höhere Ehre anthun, als wenn wir ihn ignoriren; es erscheint uns kleinlich, seine Person in den Vordergrund zu stellen und uns lieber mit seinem ephemeren Wesen als mit den dauernden Gestalten zu beschäftigen, die er mit seinem Pinsel nachahmt. Sogar wie, ob er sie besser oder schlechter nachahmt, wird uns bis zu einem gewissen Grade gleichgiltig sein, weil wir ja durch die Nachahmung wie durch ein Glas nach dem Originale sehn und uns das Bild nur zum Zeichen dienen lassen, mit dessen Hülfe wir uns des Urbildes erinnern: wenn uns das letztere überhaupt in's Gedächtniss gerufen wird, sind wir schon zufrieden, wohl wissend, dass auch der höchste Meister hinter der Natur zurück bleibt und dass, wie Theseus sagt, „das Beste in dieser Art nur Schattenspiel und das Schlechteste nichts Schlechteres ist, wenn die Einbildungskraft nachhilft."

S. Clemente: Mariä Himmelfahrt.

Wir werden daher auch hier, bei den Fresken der Clementinischen Unterkirche, wenig nach der formellen Schönheit, die Vielen zweifelhaft ist, wenig nach der Zeit der Entstehung, über welche die Ansichten getheilt sind, dagegen desto mehr nach den inneren Motiven, die ihnen zu Grunde gelegen haben, nach den heiligen Themen, von denen sie eine Variation bedeuten, mit einem Worte nach den grossen und ewigen Gegenständen fragen, und sie mit Rücksicht auf den heiligen Clemens, der von Rechtswegen in ihrem Mittelpunkte steht, nach der Geschichte der Stoffe selbst, folgendermassen ordnen:

1) **Darstellungen aus der Heilsgeschichte** (dem heiligen Clemens vorlaufende Periode). Zu ihnen rechnen wir, abgesehen von den alttestamentlichen Scenen, zwei bemerkenswerthe Bilder der Mutter Gottes.

a) **Maria mit dem Kinde**, in einer Nische des rechten Seitenschiffes. Die Madonna sitzt unbeweglich, starr, sphinxartig auf dem Throne, en face oder im Vollgesicht, lothrecht unter ihr, auf ihrem Schoosse das Jesuskind, welches eine Rolle in der Hand hält, gleichfalls im Vollgesicht. Sie hat ein glänzendes, reich mit Edelsteinen besetztes Diadem (man könnte die kleinen runden Scheiben auch für Goldmünzen halten, die im Orient bis auf den heutigen Tag zum Schmuck verwendet werden), darum herum einen zirkelrunden Nimbus; in dem des Christkindes befindet sich als charakteristisches Zeichen seiner Göttlichkeit ein Kreuz. Man hält es kaum für ein Kind: sein Antlitz hat etwas eigenthümlich Altes und Betagtes; die Madonna trotz der grossen Augen und trotz des kleinen Mundes keine hohen Reize, namentlich keine Wärme. Es ist keine Mutter mit ihrem Kind, es ist eine aufgeputzte Leiche, die mit kraftloser Hand einen jugendlichen Greis umfasst. Wir können das Bild, das man in das neunte Jahrhundert setzt, als eine rechte Probe des byzantinischen Stils und des byzantinischen Körpertypus betrachten.

S. Clemente: Angebliche Evodia.

b) **Mariä Himmelfahrt** (Assumptio, Κοίμησις d. i. Mariä Schlaf). Der Glaube an dieses Wunder gründet sich auf eine Legende, die Gregor von Tours zum ersten Mal erzählt, gefeiert wurde es seit dem achten Jahrhundert. Die Mutter Jesu starb angeblich im 63. Lebensjahr, am 15. August des Jahres 48 nach Christus, welchen sie in ihrem 15. Jahre geboren hatte, zu Jerusalem; hier wird ihr Grab noch heute im Kidronthal gezeigt, lezteres deshalb von den Christen Marienthal (Wâdi Sitti Maryam) genannt. Die Apostel, die an diesem Grabe standen, hörten drei Tage lang über ihm eine himmlische Musik und fanden, als sie Thomas, der bei dem Begräbniss gefehlt, den Leichnam zeigen wollten, Lilien statt desselben. Die daraus gezogene Folgerung, dass Maria zum Himmel aufgefahren, genauer in den Himmel aufgenommen worden (assumpta) sei, ist durch die Kunst so gut wie dogmatisirt worden; und das Fresco, welches sich an der Wand der Vorhalle links befindet, vielleicht die älteste Darstellung davon. Es wurde im neunten Jahrhundert, auf Befehl des Papstes Leo IV. (SANCTISSIMUS DOM LEO [QUA]RT[US] PP ROMANUS) ausgeführt, welcher der unmittelbare Vorgänger ihrer Heiligkeit der Päpstin Johanna war; der grüne viereckige Nimbus, welcher ihn umrahmt, ist, wir wissen es, ein Zeichen, dass er bei Lebzeiten, mit andern Worten, dass das Bild in der Zeit von 847—855 gemalt ward. Ein schlechtes lateinisches Distichon darunter, das kein Klassenlehrer ungerügt durchlassen würde,

QUOD HAEC PRAE CUNCTIS SPLENDET PICTURA DECORE.
COMPONERE HANC STUDUIT PRAESBYTER ECCE LEO

besagt zum Ueberfluss ausdrücklich, dass der Papst, richtiger der Priester (Presbyter) Leo diese glänzende Composition habe ausführen lassen. Leo, wie Clemens ein geborener Römer, befestigte den

Vatican und schuf die sogenannte Leostadt (Civitas Leonina); 849 erfocht seine Flotte bei Ostia einen glänzenden Sieg über die Sarazenen, und dieser Sieg ist der Gegenstand eines Wandgemäldes, das wir in den päpstlichen Wohnzimmern des alten Vaticanischen Palastes antreffen werden (Stanza dell' Incendio). Er, der viele Kirchen in Rom baute, restaurirte auch die Clementina.

Draussen auf dem Brachfeld ist ein offenes Grab; darum herum stehen die versammelten Apostel, ihrem Staunen durch ebenso bezeichnende wie verschiedenartige Geberden Ausdruck gebend. Bedeckt mit einem weiten Mantel, welchen sie mit ausgebreiteten Armen emporhebt, die Augen gen Himmel gerichtet, wo sie ihren Sohn in einer Glorie von vier Engeln und einer elliptischen Aureole sitzen sieht, schwebt die Madonna auf; die Scene hat ein Leben und eine Bewegung, die in nichts an die byzantinische Kunst erinnert. Dem Papste Leo entspricht rechts der heilige Vitus (SCS VITUS), welcher als Erzbischof der alten Stadt Vienne und Primas von Gallien den Arianismus niedergeworfen hatte; unfern, neben einer Kreuzigung Christi, erblickt man das Portrait des heiligen Prosper († 463), den Leo der Grosse (440—461) aus Marseille berief, um mit Augustinus die Irrlehren der Pelagianer (von der menschlichen Freiheit und unserem auch durch den Sündenfall unverlorenen Besserungsvermögen) zu bekämpfen; er ist bewaffnet mit seiner Chronik, welche sich an die des Hieronymus anschliesst, und mit seinem didaktischen Gedichte „de Ingratis“: die Ingrati sind diejenigen, welche die göttliche Gnade (gratia) nicht anerkennen, die Anhänger des giftigen, von der britischen Schlange (dem britischen Mönch Pelagius) ausgespieenen Dogmas,

quod pestifero vomuit coluber sermone Britannus.

S. Clemente: Männlicher Kopf.

Es scheint, als habe Leo IV. mit diesen Compositionen allen Ketzern der Zeit ein unvergängliches, monumentales „Anathema esto“ entgegenschleudern wollen.

2) Darstellungen aus der Legende des heiligen Clemens (Clementinische Zeit).

a) Zwei Köpfe natürlicher Grösse, ein männlicher aus dem vierten und ein weiblicher aus dem fünften Jahrhundert, wohl die ältesten Fresken unter allen, der eine auf einem Stück dicken Bewurfes, der andere auf einem dünnen und glatten Abputz, durch welchen man die Mauerfläche hindurchsieht, haftend. Die Frau, an der man die Spuren eines Heiligenscheins bemerkt, ist ein rechter Typus einer römischen Matrone, mit schwarzen Augen, gewölbten Augenbrauen und niedriger Stirne, wie man sie heute noch unter dem Volke findet; der Mann gleichfalls ein echter, adlernasiger, starkhalsiger, kurzgeschorener Römer; er erinnert an den Brutus, doch ist das Kinn runder und das Auge sanfter und gedankenvoller. Seine Kleidung scheint die der guten römischen Zeit, die Farben sind sorgfältig abschattirt. Warum könnten das nicht die Eltern des heiligen Clemens sein? In der Matrone will man bald Titus' Mutter, Domitilla, die Clemens zum Christenthum bekehrte, bald Evodia oder Syntyche erkennen, deren Namen der Apostel Paulus in seinem Briefe an die Philipper mit dem des heiligen Clemens combinirt (Cap. 4, 2).

b) Die Episode Sisinius, die interessanteste, am meisten charakteristische und am besten erhaltene Nummer in der ganzen Serie, auf einem dicken und breiten Pilaster des Hauptschiffes, ganz nahe beim Hochaltar zu sehen, aus dem eilften Jahrhundert stammend. Es sind drei Fresken in drei Streifen über einander.

α. Die Inthronisation. Sanct Peter (SCS PETRUS) setzt den heiligen Clemens, (SCS CLEMENS PP), dem seine Vorgänger, die Päpste Linus (LINUS) und Cletus (CLETUS) zur Seite stehen, feierlich auf den bischöflichen Thron (inthronizat Clementem). Dieser Streifen ist zur Hälfte zerstört; ohne die Unterschriften würden wir kaum das Süjet errathen. Das PP, welches wir bereits oben bei Leo IV. fanden, ist vielleicht eine Abbreviatur von Pater Prior oder Pastor Primarius oder von Papa selbst, jedenfalls deutet es die päpstliche Würde an; mit einem einfachen P bezeichnen sich ja bis auf den heutigen Tag die evangelischen Pastoren.

β. Die Vertreibung des Sisinius. Wir sehen in eine Kirche hinein, die, unter Anspielung auf die sieben Tage der Woche oder auf die sieben Gaben des heiligen Geistes, mit sieben Lampen erleuchtet ist; die, welche über dem Altar hängt, hat selbst wieder sieben Dillen, unterscheidet sich aber durch eine ampelartige Form von dem siebenarmigen Leuchter, den wir auf Seite 26 abgebildet haben. Es ist Messe: auf dem Altar liegt das aufgeschlagene Messbuch (Missale), daneben steht der Kelch (Calix) und das Hostientellerchen (Patena); der heilige Clemens (SCS CLEMENS PAPA) celebrirt, das Pallium auf der Schulter und bekleidet mit einer Casula, die ihm vorn bis an die Knie reicht und ihn gleich einem Häuschen (casula) isolirt, gleich einer Hütte deckt; der Künstler hat den Moment gewählt, wo sich Clemens zum Volke wendet, die Arme ausbreitet und, das zum Abtrocknen der Hände und der heiligen Gefässe dienende Handtuch (Manipulum) über die linke Hand, zwischen Daumen und Zeigefinger geschlagen, ausruft: Friede sei mit euch! Pax Domini sit semper vobiscum! — in welchem selben Momente der Heide Sisinius (SISINV), den eine fatale Neugierde in den Tempel getrieben hat, erblindet und ertaubt. Seine Schritte sind unsicher, ein junger Diener leitet ihn, von Schrecken erfasst, hinaus. Seine Frau, die fromme Theodora (TEODORA), eine hübsche, gelungene Figur, sieht dem Vorgang mit gleichgiltigen Augen zu. Links vom Altar kommen zwei Diaconen und zwei Bischöfe, ausgezeichnet durch ihre Hirtenstäbe (Peda) und Weihrauchgefässe haltend, mit der Tonsur versehen, die im Jahre 633 auf der Synode zu Toledo allen christlichen Geistlichen gesetzlich vorgeschrieben worden war: sie stellen Seiner Heiligkeit die Stifter des Gemäldes, die Donatoren vor, welche, elegant gekleidet, halb so klein als die übrigen Personen, Kränze getragen bringen. Eine Inschrift, welche sich über dem Arabeskensaume hinzieht, stellt sie auch uns vor, sie heissen Beno de Rapiza und Maria:

EGO BENO DE RAPIZA CUM MARIA UXORE MEA PRO AMORE DOMINI ET BEATI CLEMENTIS

. . . . . da der Raum nicht mehr reichte, wurde das Ende des Satzes, dass es Beno de Rapiza malen liess, in Säulenform und ohne Vocale, ja mit Weglassung einzelner Consonanten, in rechtem Winkel an den letzten Buchstaben von CLEMENTIS angehängt:

P[in]G[e]R[e] F[e]C[i];

ein andermal liest man bei Gelegenheit derselben Formel nicht FECI, sondern FECIT, die dritte Person des Verbums zur ersten Person des Pronomens (EGO), eine Freiheit, die der Klassenlehrer abermals einem heutigen Tertianer roth anstreichen dürfte. Der Name „Beno de Rapiza“, etwa „Benno von Rübenfeld“, weist auf das eilfte Jahrhundert; in der That kennt eine vaticanische Handschrift, das Register der Benedictinerabtei Farfa einen begüterten Bürger dieses Stadtviertels und dieses Namens aus dem Jahre 1080. Die Costüme sind griechisch, die Köpfe durch die Bank recht ausdrucksvoll, die Gruppen auf das verständigste angeordnet. Die ganze Scene hat eine gewisse Aehnlichkeit mit der Vertreibung Heliodors in den Stanzen des Rafael.

γ. **Der Betrug des Sisinius.** Das Gemälde am Sockel ist fast noch merkwürdiger, und an den Inschriften könnte unser Klassenlehrer Studien „de vulgari eloquio“ machen. Sisinius befahl seinen Schergen, dem Pfaffen die Kehle zuzuschnüren: statt seiner und durch ein Wunder irregeführt, greifen sie einen marmornen Säulenschaft. Der Heilige ist durch das Portal entkommen: man sieht oder hört nur noch, wie er ihnen zürnend nachruft:

DURITIAM CORDIS VESTRIS (sic) .... SAXA TRAERE MERVISTIS

das heisst etwa: O, du hartherzige Bande! Du verdienst Steine zu schleppen. Die beiden Schlepper heissen Cosmaris und Albertel. ALBERTEL TRAI, Guter Albert zieh! ruft COSMARIS, sich umwendend, in seinem Vulgärlatein; er zieht selber aus Leibeskräften, indem er das Seil über die linke Schulter geworfen hat; hinten steht ein dritter Sclave und bemüht sich die Last an der Basis mit einem Stricke aufzuheben: er sieht ängstlich zum Himmel auf, weil es gar nicht fleckt: Plage dich nur, sagt die spottende Legende, plage du dich nur hinten mit dem schweren Pfahle ab, du Aas (Caruncula):

FALI TE DERETO CO LO PALO CARVONCELLE —

man wird über ihre Derbheit nicht erstaunen, wenn man den Sisinius (SISINIUM, ein interessantes Beispiel für das Ueberhandnehmen des Accusativs) rechts selber schelten hört:

FILI DELE PVTE TRAITE

das heisst; Ihr Hurensöhne, zieht! — Man sieht, diesen Künstlern kam es auf drastische Wahrheit und auf die Sprache des Volkes an. Die Stellungen der drei jungen Sclaven haben viel Leben und viel Komik; jugendliche Gestalten gelangen den christlichen Malern gemeiniglich besser als alte, Frauenköpfe besser als Männerköpfe, Gewandfiguren besser als nackte. Ihre Ausdrucksweise mag befremden, aber man muss bedenken, dass die Legende des heiligen Clemens populär geworden war und dass sich das Volk nach der Andacht zuguterletzt an diesem Säulentransport wie an einer niedrigen Posse ergötzen mochte.

S. Clemente: Episode Sisinius.

Wir benutzen den Anlass, welchen uns das Mittelbild bietet, hier beiläufig die für den katholischen Priester zur Celebration des Hochamts vorgeschriebenen Gewänder zusammenzustellen. Es sind die folgenden:

I. Der Amictus, ein viereckiges, weissleinenes Tuch, auch Humerale und Ephod genannt, ein Bild der Wachsamkeit gegen den Versucher. Der Priester küsst es, legt es sich erst auf das Haupt, dann um den Hals, mit den Worten: Impone, Domine, capiti meo galeam salutis ad expugnandos diabolicos incursus.

II. Die Alba, ein linnenes Hemd, das Symbol der Reinheit, angezogen mit den Worten: Dealba me, Domine, et munda cor meum, ut in sanguine agni dealbatus gaudiis perfruar sempiternis.

III. Das Cingulum, eine weissseidene Schnur, mit welcher das Unterkleid gegürtet wird, Emblem der Keuschheit: Praecinge me, Domine, cingulo puritatis et exstingue in lumbis meis humorem libidinis: ut maneat in me virtus continentiae et castitatis.

IV. Das Manipulum, ein Handtuch. Der Priester küsst das eingezeichnete Kreuz und legt es um den linken Arm mit den Worten: Merear, Domine, portare manipulum fletus et doloris: ut cum exultatione recipiam mercedem laboris.

V. Die Stola, eine weissseidene Binde, die, am Ende mit drei Kreuzen versehen, kreuzweise über beide Schultern und die Brust herabhängt, ein Bild der Rechtfertigung Christi, daher der Priester, indem er sie küsst und umlegt, Gott bittet, er wolle ihm das durch die Sünde der ersten Eltern verlorene Kleid der Unsterblichkeit wiedergeben: Redde mihi, Domine, stolam immortalitatis, quam perdidi in praevaricatione primi parentis: et quamvis indignus accedo ad tuum sacrum mysterium, merear tamen gaudium sempiternum.

V. Die Casula, das oberste, mit einem grossen Kreuz geschmückte Kleid, mit einem Schlitz in der Mitte, durch welchen der Kopf gesteckt wird, ähnlich einem Poncho, oder richtiger einem Joche, daher der Priester beim Anlegen desselben folgende Formel braucht: Herr, der du gesagt hast, mein Joch ist sanft und meine Last ist leicht, gieb mir deine Kraft, dass ich beides würdig tragen möge (Domine, qui dixisti, Jugum meum suave est et onus meum leve: fac ut istud portare sic valeam, quod consequar tuam gratiam. Amen).

VI. Das Pallium, ein handbreiter, weisswollener Kragen, der von den Bischöfen über den Ornat gelegt wird. Ein Streifen hängt über den Rücken, ein zweiter längerer über die Brust; auf Kragen und Streifen sind sechs Kreuze von schwarzer Seide aufgenäht. Dieser Schmuck versinnbildlicht die Verbindung der Bischöfe mit dem heiligen Stuhle, er wird mit dem, der ihn erhalten hat, begraben; wir werden auf ihn zurückkommen, wenn wir die geweihten Lämmer der heiligen Agnes sehen, aus deren Wolle er gewebt wird.

S. Clemente: Wunder am Grabe des heil. Clemens.

c) **Das Wunder am Grabe des heiligen Clemens.** Der Leichnam des heiligen Clemens war nach Cherson gebracht, hier beigesetzt und über dem Grabe ein Altar errichtet worden. Ueber dem Altar erhob sich ein Tabernakel, gedeckt mit groben Ziegeln, wie die Kirchen von Ravenna, und mit Gardinen verhängt, die symmetrisch zurückgeschlagen sind; an der Mauer ist der Anker befestigt, den man dem Heiligen an den Hals band, als man ihn ertränkte; drei Lampen, Sinnbilder der theologischen Tugenden, hängen in vier Arcaden. Den Altar verschlang das fischreiche Schwarze Meer, mit ihm einen Knaben (PVER), der beim Feste des Heiligen zurückgeblieben war. Das Jahr darauf, als sich die Fluth zurückgezogen hat, findet die betrübte Mutter, eine Witwe (MVLIER VIDVA), das verloren geglaubte Kind unversehrt an den Stufen des Altars sitzen: sie kauert sich zu ihm nieder, es streckt ihr die Aermchen entgegen; sie drückt es an ihr Herz, es schmiegt sich an sie; es lebt, lebt herrlich errettet, und der Clerus von Cherson (CERSONA), der, angeführt von seinem Bischof, dazu kommt, wird Zeuge des grossen Wunders.

. . . ER ECCE IACET REPETIT QVĒ PREVIA MATER,

meldet der darunter gesetzte Hexameter. Dieses höchst bemerkenswerthe Fresco hat nebst einem zweiten darüber, welches den Bau des Grabes durch einen Engel darstellte (. . . TVMVLV PARAT ANGĪS ISTVM) abermals Herr Beno de Rapiza und seine Familie gestiftet: sie ist um das Medaillonbild ihres Patrons gruppirt: links steht der Vater (BENO), rechts sein Söhnchen Clemens (PVERVLVS CLEMENS), neben letzterem die Mutter (DOMMA — DOMINA MARIA), links von dem Donator sein Töchterchen (ACTILIA), links von letzterem die Grossmutter (GE . . .): alle bringen Kerzen und Kränze Auf dem Schild unter dem Medaillon steht kreuzförmig ein gereimter (leoninischer) Hexameter:

ME PRECE QVERENTES ESTOTE NOCIVA CAVENTES

das heisst: wendet Euch mit Eurem Gebet an mich und seid dann vor Schaden bewahrt; auf dem Votivtäfelchen rechts die offizielle, bereits erwähnte Widmung:

† IN NOMINE DÑI. EGO BENO DE RAPIZA P AMORE
BEATI CLEMENTIS ET REDEMPTIONE ANIMEE PINGERE FECIT,

das heisst: Im Namen des Herrn. Ich, Beno de Rapiza, habe das dem heiligen Clemens zu Liebe und um meiner Seelen Seligkeit willen malen lassen. Alles kostbare, für den Sprachforscher wie für den Kulturhistoriker unschätzbare Documente.

3) Darstellungen aus angrenzenden Legenden, die dem Stoffe nach verwandt sind und über die Gregor der Grosse in der Kirche gepredigt haben mag (der clementischen nachfolgende Periode). Aus der Fülle derselben haben wir die nachstehenden ausgewählt:

a) Legenden der heiligen Aegidius, Blasius und Antoninus, an den Seitenflächen desselben Pfeilers, welcher die Episode Sisinius enthält, aus dem neunten Jahrhundert.

Legendarische Darstellungen in der Unterkirche von S. Clemente.

α. Aegidius (SCS EGIDIVS), in Frankreich Saint Gilles, von Geburt ein Grieche, Einsiedler an den Ufern des Gard, † 1. Sept. 721. Verstümmelt.

β. Blasius (S. BLASIVS), Bischof von Sebaste in Kappadocien, Heiliger und Märtyrer unter Licinius, † 3. Febr. 316. Ein Knabe, der einzige Sohn einer reichen Witwe, die ihrer Angst einen recht offenen Ausdruck giebt (man bemerkt dies Zeichen der Trauer auch bei der Mutter des heiligen Alexius), hat eine Gräte verschluckt und ist dem Ersticken nahe: der heilige Bischof rettet ihn vom Tode. Noch jetzt wird er deshalb vom Volke als einer der vierzehn Nothhelfer, der sogenannten Vierzehnheiligen bei Halsweh angerufen.

γ. Ein Wolf, der ein Ferkel im Rachen hält, durch einen Acanthusblättersaum vom vorigen geschieden. Symbol der unreinen Seele, die in der Gewalt des Teufels ist.

δ. Antoninus (S. ANTONINVS), Märtyrer unter Diocletian in Nicomedia, der Hauptstadt Bithyniens, deren Kirche auf kaiserlichen Befehl zerstört ward, † 4. Mai 303. Verstümmelt.

ε. Daniel (SCS DANIHEL) in der Löwengrube, im Gebet und mit ausgebreiteten Armen zwischen zwei Löwen stehend, die ihm schweifwedelnd die Füsse küssen, beliebtes Vorbild Christi, der zur Hölle gefahren ist. Während der Prophet sonst nackend erscheint, trägt er hier das elegante und halb kriegerische Kostüm der byzantiner Ritter im neunten Jahrhundert. Der alte Minister der babylonischen Könige hat eine Tunica, einen prachtvollen Gürtel, einen gestickten Brustlatz; seine langen, enganliegenden Aermel sind mit kurzen Falbeln besetzt, Spitzenmanschetten umschliessen das Handgelenk: die spindeldürren Beine stecken in kostbaren Kothurnen. An seiner Person ist wahrlich nicht viel zu holen und man begreift die Gier der

ζ. fünf Löwen darunter schwer, welche im Begriff sind zu ihm hinaufzuspringen. Die gezähnte Schönleiste mit den Blumenketten zwischen beiden Tafeln ist überaus reizend.

b) Legende des heiligen Alexius, des sogenannten Gottesmannes (ἄνθρωπος τοῦ θεοῦ), eines Römers, † 17. Juli 418, begraben in der alten Kirche seines Namens auf dem Aventin, welche an der Stelle seines Vaterhauses steht. Er lebte zur Zeit Bonifacius' I. und zeichnete sich schon in seiner Jugend durch Wohlthätigkeit aus; er ist Patron der Bettler. Nachdem er lange Zeit als Einsiedler im Heiligen Lande gelebt, kehrte er in das elterliche Haus zurück, wo er, unerkannt und von den Hausgenossen verschmäht, gute Werke vollbrachte. Erst kurz vor seinem Tode gab er sich zu erkennen. Auf diese Hauptbegebenheiten seines Lebens beziehen sich drei Bilder am dritten Pfeiler des Mittelschiffes, die wie auf Sarkophagen neben einander gestellt sind; sie stammen aus dem elften Jahrhundert.

S. Clemente: Legende des heiligen Alexius.

α. Alexius (S. ALEXIVS) kehrt unerkannt mit dem Pilgerstecken und mit der Reisetasche aus dem Heiligen Lande heim: sein Vater, der berittene Senator Euphemianus (EVFIMIANVS) nimmt ihn in seinem Palast unter die Zahl seiner Diener auf, am Fenster steht seine Braut, die er, tief von der Vergänglichkeit der Welt und ihrer Lust ergriffen, am Hochzeitstag verliess, um in Wüsten zu fliehn. Siebzehn Jahre bleibt er im Vaterhaus, gleich einem Odysseus das Gnadenbrod essend und unter einer hölzernen Treppe schlafend.

β. Alexius liegt auf dem Sterbebett, auf einer Matte an der Hausthür: Bonifacius I. (BONIPHATIVS) kommt, gefolgt vom römischen Clerus, den Heiligen zu segnen, auf den ihn eine Stimme vom Himmel aufmerksam gemacht hat.

γ. Der Papst hat eine Rolle gelesen, die der Sterbende in der Hand hält, seine Autobiographie: Eltern und Braut erkennen und beweinen den geliebten Todten; er liegt jetzt in einem Bett, bedeckt mit einer Steppdecke, auf die griechische Kreuze und Tauben in Medaillons gestickt sind. Zwei schlechte leoninische Hexameter resümiren das Ganze:

NON PATER AGNOSCIT, MISERERIQVE SIBI POSCIT;
PAPA TENET CARTAM, VITAMQVE NVNTIAT ARTAM.

Die Legende vom heiligen Alexius, ein schönes Beispiel der christlichen Selbsterniedrigung, ist im Mittelalter sehr beliebt gewesen und viel besungen worden; am bekanntesten die mittelhochdeutsche Dichtung, welche Konrad von Würzburg für zwei baseler Bürger lieferte. Ausführlich behandelt sie Goethe in seinen Briefen aus der Schweiz; Cardinal Wiseman brachte sie auf die Bretter. Unsere Fresken sind von Blumengewinden umgeben, durch welche Vögel flattern;

über ihnen der Rest eines Heilands, dem die beiden Erzengel, Gabriel (S. GABRIEL) und Michael (S. MICHAEL) Weihrauch streuen; neben letzteren steht links der heilige Clemens, rechts der heilige Papst Nicolaus (S. NYCOLAVS).

c) Legende des heiligen Libertinus, Mönchs im Benedictinerkloster zu Fondi, † 591.

α. Der Abt von Fondi wirft sich vor Libertinus zu Füssen, der eine unverdiente Züchtigung mit unglaublicher Demuth hingenommen hat. Dieser geduldige Libertinus war Officier gewesen.

β. Libertinus erweckt in Ravenna ein Kind von den Todten auf.

γ. Libertinus überträgt einer Schlange die Bewachung des klösterlichen Gemüsegartens: als nun der Dieb kam, machte ihn die Schlange dingfest und pfiff dem Libertinus, welcher ihm sagte, er solle hinfüro nicht stehlen, sondern sich im Kloster holen, was er brauche.

S. Clemente: Legende des heiligen Libertinus.

Ich habe versucht, dem Leser einen Begriff von dem interessanten Material zu geben, welches die spät entdeckte Basilica dem Kirchenhistoriker, dem Romanisten, dem Sittenschilderer und Menschenkenner in den dunkelsten Zeiten bietet; es ist bei weitem nicht erschöpft. Man wird mir die knappe, systematische Form zu Gute halten: es gilt hier nur zu sehen und zu lernen.

V.

Am Feste des heiligen Clemens, am 23. November, dem Tage, wo der Winter nach dem Sprichwort der Italiener einen Zahn ansetzt (Per San Clemente il verno mette un dente), ausserdem am 1. Februar und am zweiten Fastenmontag wird die Unterkirche beleuchtet: wie in den ersten Zeiten des Christenthums wogt dann in den finsteren Hallen eine andächtige Menge auf und ab. Der Tag vorher, der 22. November, ist der Gedächtnisstag der heiligen Caecilia, an ihm findet die Beleuchtung der Callistuskatakomben statt: Blätter sind gestreut, Teppiche gelegt, lilientragende Engel schweben von Sarg zu Sarg durch die grausenden Gallerien: im tiefen Schoosse der Campagna, an palmenreicher Gruft ertönt das Requiem. Die Fremden wandern von der heiligen Caecilie zum heiligen Clemens, der an die hundert Jahre älter ist als sie; denn man setzt das Martyrium der Jungfrau in das Jahr 230.

Wir werden es, treu der Geschichte, umgekehrt machen und nun zum Sebastiansthor hinaus auf die appische Strasse schreiten: es ist unser erster Kirchhofgang. Das wunderbare Feld grünt, von den herbstlichen Regen erquickt, wie die beblümte Flur, wo die Proserpina geraubt ward; ein mildes Licht fliesst versöhnend und lieblich um die Hügel, Christus zieht mit seinen Aposteln unsichtbar über den stillen Gottesacker, der voller Beine liegt. Ach, möchten wir mit Jean Paul ausrufen, vor der Seele, in welcher sich der Morgenthau der Ideale zum grauen, kalten Landregen entfärbet hat, und vor dem Geiste, dem auf den unterirdischen Gängen dieses Lebens die Menschen nur noch wie dürre gekrümmte Mumien auf Stäben in Katakomben begegnen, und vor dem Herzen, das verarmt und verlassen ist und das Niemand mehr erfreuen will — vor allen diesen bleibst du, o liebreiche Natur, mit deinen Blumen und Bergen und Quellen treu und tröstend stehen, und der Unglückliche erhebt die nassen Augen, damit sie hell und weit auf deinen Frühlingen und auf deinen Sonnen ruhen! — —

Die Callistus-Katakomben und die heilige Caecilia.

I.

Herr, wo gehst du hin? Domine, quo vadis? — So fragte Petrus den Heiland, als er ihm auf unserer Strasse, da, wo sie sich gabelt, begegnete. Der immer wankelmüthige Apostel wollte fliehen; die Christenverfolgung hatte begonnen: ihm bangte vor dem Tode. Aber Christus antwortete: Ich komme nach Rom, um mich abermals kreuzigen zu lassen: venio Romam iterum crucifigi. Petrus kehrte um.

Christus hat angeblich seine zwei Fusstapfen (piante) auf Marmor zurückgelassen, der Stein befindet sich in der Sebastianskirche, und über einer Nachbildung desselben, am Orte der Begegnung, steht die kleine Kapelle Domine-quo-vadis.

Dergleichen Fusstapfen sieht man viele, zum Beispiel eine des rechten Fusses auf dem Oelberg, an der Stelle, von welcher der Erlöser auffuhr: es sind in Wahrheit Grabplatten, in den Katakomben und anderwärts gefunden und wahrscheinlich zum Dank für die glückliche Vollendung der irdischen Pilgrimschaft gestiftet. Auch die Tafel, welche in San Sebastiano aufbewahrt wird und an der sich die schöne, von Ambrosius erzählte Legende in die Höhe gerankt hat, stellt nichts Anderes vor: die siebente Basilica ist über einem der Hauptfriedhöfe erbaut, den ersten Katakomben, die seit dem fünfzehnten Jahrhundert „ad Catacumbas“ hiessen und von welchen dieser unerklärte Name auf alle christlichen Coemeterien übertragen ward. Die Gegenwart einer solchen Grabplatte hat also nichts Auffälliges.

Wechsel der Zeit! Jetzt ging Sanct Peter an Christi Stelle nach Rom hinein, sich kreuzigen zu lassen. Todt und gekreuzigt, zog er abermals zum Capuaner Thor hinaus, um seinen Verfolgern zu entgehn: er wurde nebst Paulus in den Katakomben beigesetzt: und abermals begegnete ihm der Herr und abermals machte er Kehrt und über seinem Grabe erstand die Peterskirche — und hundertmal hat Petrus Rom verlassen wollen und hundertmal ist er wieder umgekehrt — und wenn er heute dem Pilger begegnete und den Pilger fragte: Domine, quo vadis? Herr, wo gehst du hin? — und wenn der ihm antwortete: Ich fahre nach Rom — nach Rom, wo du gekreuzigt worden bist! — möchte er wohl das Herz haben, fortzugehn? Und wie viele Pilger sind es! Sieht man doch hier auf der appischen Strasse nicht Christi, sondern der christlichen Völker Fusstapfen, die stromgleich, als ob die Menschheit auf der Wanderung wäre, zur heiligen Caecilie und „ad Catacumbas“ wallen.

Etwas weiter, fünfundzwanzig Minuten vom Thore, rechts, wo vier Cypressen ein grandioses Monument beschatten, erreichen wir den Eingang zu dem Coemeterium Callisti; das Monument war ein christliches, gehörte indessen nicht zu den eigentlichen Callistus-Katakomben, sondern zu einem Seitenquartier der grossen Todtenstadt, das in ihren Verband erst später aufgenommen wurde. Jene gingen, wie wir schon früher angedeutet, aus der Familiengruft des alten Senatoren-Geschlechtes, der Clarissimi Caecilii, hervor, deren an Caecus anklingender Name Veranlassung gewesen ist, dass man die Heilige zu einer Blinden und zur Patronin der Blinden machte. In diese ihre Familiengruft wurde die heilige Caecilia, vornehmer Leute Kind, gebracht: wenn wir bei San Clemente nach seiner Kalendernachbarin, beim römischen Bischof nach der römischen Dame fragen, so werden wir unfehlbar auf den appischen Weg, in das Cubiculum Gentis Caeciliae und in die enge Zelle gewiesen, aus der zwar schon zu Caeciliens Zeiten ein christlicher Friedhof, mehr noch, ein kleines christliches unterirdisches Rom hervorgesprosst sein mochte,

Eingang zu den Callistuskatakomben.

die aber noch immer als solche fortbestand, ja, die erweitert und durch einen Schacht dem Tageslicht erschlossen, heute noch fortbesteht.

Von Niemandem, dem es auf eine elegante Führung ankommt, wie dem modernen Petrus, dessen Bekanntschaft wir bei Domine-quo-vadis machen und der uns an der Schwelle des Friedhofs veranlasst, kehrt zu machen. „Ei, ei", sagt er, quo vadis, Domine? „Die Römerin ruht auch in Vaters Hause; wie Clemens aus Russland, so ist Caecilia vom Lande in die Stadt zurückgekehrt." — „„Es scheint"", antworten wir, „„die Heiligen hier beschreiben einen Zirkel; und wo wohnt die Caecilia?"" — „Sie wohnt in Trastevere." — „„Man sieht noch etwas von ihr?"" — „Man sieht ihr ganzes Haus: es ist die Kirche Santa Cecilia." — „„Wer hat sie geweiht?"" — „Der heilige Mann, der ihr Leben geleitet hat." — „„Papst Urban?"" — „Derselbe." — „„So wäre Caecilia doch erst unter Alexander Severus und nicht schon unter Marc

14

Aurel gestorben, wie Fortunatus sagt?"" — „Halte Dich, mein Sohn, an die Legende, die Dir die Kirche in Trastevere erzählt."

Und was erzählt uns diese?

Folgendes erzählt sie. Es war eine reine Jungfrau, schön, adelig und gottbegabt. Mit vielen ihrer Verwandten hatte sie den christlichen Glauben angenommen, während ihre Eltern noch dem donnernden Jupiter und der Juno Regina opferten. Und sie kannte nicht allein den wahren Gott, der über den Wolken thront, sie diente ihm auch auf eine neue, wundersame Art — sie war sehr musikalisch: Tag und Nacht sang sie geistliche, liebliche Lieder und spielte Orgel dazu; sie erfand das herrliche, volltönende Instrument. Wer erinnert sich nicht des berühmten Gemäldes in der Pinakothek zu Bologna, das ein seltener Feuergeist durchdringt? Was die Verklärte in der niedersinkenden Hand hält, ist eine kleine Orgel. Sie blickt zu den Sphären auf, die ihrem Spiele lauschen, denn mit ihm entzückte sie selbst die Engel; es gewann ihr die Liebe eines Seraph, der das Paradies verschmähte, um bei ihr zu weilen. Timotheus, heisst es in der erhabenen, von Händel componirten Ode auf den Caecilientag, Timotheus

raised a mortal to the skies,
she brought an angel down.
Dryden, Alexander's Feast.

Vorhalle von Santa Cecilia in Trastevere.

An dieser himmlischen Liebe hatte Caecilia genug, sie wollte als Jungfrau sterben; anders dachte ihr Vater, der Senator, der sie zwang sich mit Valerian, einem jungen Edelmanne, zu verloben. Die gehorsame Tochter fügte sich, aber Gottes Schaaren wachten über ihrer Unschuld. In der Brautnacht flehte sie ihren Bräutigam an, er möge sie nicht berühren, sie sei nicht seine, sie sei Braut des Himmels, sie gehöre nicht den irdischen Freuden an. Und wie sie bat, zertheilten sich die Wolken, ein lichter Engel schwebte flammend nieder und hielt ihnen beiden eine Märtyrerkrone hin. Der Jüngling staunte: die Lust der Entsagung, die süsse Schwärmerei der Religion ergriff ihn: er befragte den alten Bischof Urban, auf welchen sich Caecilia berief: er empfing mit seinem Bruder Tiburz das Sacrament der Taufe. Beide Brüder erlitten den Märtyrertod zugleich mit dem Amtsrichter Maximus, der mittlerweile von dem wunderbaren Mädchen bezaubert worden war; Caecilia begrub sie alle drei auf dem Friedhof des Praetextatus gegenüber den Callistuskatakomben an der appischen Strasse links, dem sogenannten Coemeterium SS. Tiburtii, Valeriani et Maximi (14. April 230). Das Brautpaar erblicken wir auf den Mosaiken der Tribüne, in einer Tracht, wie sie im neunten Jahrhundert bei den höheren Ständen Mode war. Valerian trägt einen weissen Mantel über einer grünen Tunica mit kostbarer Stickerei; Caecilia ein Kleid und ein Peplum von Goldbrocat; die Märtyrerkronen, die ihnen der Engel brachte, halten sie in Händen. Auf den Weg sind Blumen gestreut und zwei Palmen mit schwellenden Früchten, Sinnbildern ihrer Verdienste, reichbeladen, bewohnt vom Phönix, wölben sich zu einem Triumphbogen über sie.

Auch Caeciliens Leben war bedroht: sie konnte es retten, wenn sie Christus abschwor und zu den alten Göttern ihres Hauses betete: sie hielt fest am Glauben. Sie setzte sich an ihre Orgel; noch einmal verkündete sie das Lob des Herrn in wunderbaren Weisen, dann zerbrach sie das Pfeifenwerk und machte sich bereit. Der Praefect Almachius befahl, man solle sie in ihrem eignen Hause, in dem Badezimmer, das heute eine Kapelle der Kirche bildet, auf gute Art verbrennen oder ersticken. Umsonst, den nächsten Tag fand man sie gesund und munter: es war ihr in ihrem Bade so wohl wie einem Fisch im Wasser. Da wurde beschlossen, sie dem Scharfrichter zu übergeben: seitdem Paulus' Haupt unter dem Schwerte gefallen war, galt das immer, wenn den Märtyrern sonst nicht beizukommen, für das letzte, unfehlbar anschlagende Mittel. Es schlug auch bei der heiligen Caecilie nicht fehl, obgleich der Henker seine liebe Noth mit ihr hatte: mit aller seiner Geschicklichkeit und Kraft bekam er das schöne Haupt nicht ab, und erst drei Tage später, freiwillig verliess das Leben die geknickte Blume und zerfloss klingend in der ewigen Harmonie. In goldgesticktem Kleide, bedeckt mit einem seidenen Schleier, das blutgetränkte Linnen zu Füssen, also wurde sie in einen Sarg von Cypressenholz, mit diesem in einen Marmorsarkophag gelegt und aus der Herberge hinaus zu ihrem Bräutigam ins feste Haus getragen (Caecilienfest, 22. November 230). Der heilige Urban begrub sie; sechs Monate später ging er selbst zur Ruhe; er ward mit andern heiligen Männern unfern von Valerian, Tiburtius und Maximus in den Katakomben des Praetextatus beigesetzt, die im vierten Jahrhundert auch den Namen Coemeterium SS. Urbani, Felicissimi, Agapiti, Januarii, Quirini führen (25. Mai, 231).

Valerianus und Caecilia. Mosaik in Santa Cecilia in Trastevere.

Was vergangen, kehrt nicht wieder, aber ging es leuchtend nieder, leuchtet's lange noch zurück. Sechs Jahrhunderte schlief Caecilia, gleich einer süssen, in harten Felsen gebannten Melodie; dann wachte sie wieder auf. Einst, erzählt der Papst Paschalis I. von sich selbst, einst, es war an einem Sonntag in der Morgendämmerung während der Frühmette, sass ich betend in Sanct Peter vor dem Grab des Apostelfürsten. Ich hatte gestern in den Katakomben die Reliquien der Bischöfe ausgehoben und auch nach den Gebeinen der heiligen Caecilie geforscht, aber nichts gefunden. Bekümmert schlummerte ich ein: wahrscheinlich, dass sie mir Astolf, der kriegerische Longobardenkönig, bei der Belagerung mit weggenommen hatte. Da erschien mir die Selige im Traum. Der stille Glanz der Ewigkeit wob um ihre reinen Züge und sie sprach: Was härmst du dich, Paschalis? Ich bin nicht weit. Gestern, als du in die Papstgruft hinabstiegst, bist du bei mir vorbeigegangen. Getröstet erhob ich mich; ich begab mich wieder zum Friedhof des heiligen Callistus, suchte in der Nähe der Papstgruft, suchte unverdrossen: und hinter den Bischöfen, an der Wand entdeckte ich ein Brustbild des Erlösers, ein Portrait des heiligen Urban, die Figur der Jungfrau selbst und darunter in der niedrigen rechteckigen Nische den kostbaren Sarkophag. Da lag sie unter ihrem seidenen Schleier, in dem goldgestickten Kleide, das blutige Linnen zu Füssen, noch jetzt eine rührende und engelgleiche Schönheit. Vorsichtig liess ich sie aufheben, nach Rom in die Kirche tragen, die ich neu gebaut hatte, und in der Confession an der Seite ihres gottseligen, gleichfalls wiedergefundenen Bräutigames betten (821).

Es vergingen acht Jahrhunderte: an der Neige des sechzehnten, 1599, erklang abermals der Name Caecilia: Clemens VIII. liess ihren Sarg zum zweiten Male öffnen. Und wunderbar!

Die heilige Caecilia, modellirt von Stefano Maderno.

Unschuld und Herzensreinheit feit Menschen noch im Grabe, sie lässt die irdischen Leiber nimmer verwesen noch vergehn! Die holde Leiche lag anmuthig und sanft, wie sie in den Callistus-Katakomben lag, wie sie im Jahre 230 auf ihrem Todtenbette lag — zu Boden auf der rechten Seite, das schuldlose, untrennbare Haupt abgewandt und verhüllt, die geschlossenen Knie ein wenig eingezogen, die Arme von sich gestreckt und starr als wie in tiefem Schlafe, eine marmorblasse Maid — es war, als hörte man ihren Bräutigam, den seligen Valerianus, in der Volksweise klagen:

Weiss bist du, mein Mägdlein, kannst nicht weisser mehr sein,
Warm lieb ich dich, mein Mägdlein, kann nicht wärmer mehr sein:
Als sie todt war, mein Mägdlein, war viel weisser sie noch,
Und ich liebt' sie, ich Armer, viel wärmer dann noch — —

Aber der fromme Papst Clemens, der eben durch ein Wunder von schwerer Krankheit genesen war, wollte nicht, dass dieser Anblick, dieses liebliche Schweigen, dieses jungfräuliche

Hochaltar von Santa Cecilia in Trastevere.

Sterben der Menschheit verloren ginge. Er legte den gebenedeiten Leib in einen silbernen Schrein von tausend Pfund Gewicht, doch der Bildhauer Stefano Maderno, der bei der Oeffnung des Sarkophages mit vielen Koryphäen der Wissenschaft zugegen gewesen war, musste ihm die marmorblasse Maid in Marmor wiederholen, und in weissem Marmor liegt sie (prorsus eodem corporis situ) in der Nische unter dem Hochaltare, ein rührendes Bild weiblicher Anmuth, weiblicher Ergebung, weiblicher Heldengrösse, zart und hingeseufzt wie zitternder Harfenton, unfassbar wie ein Hauch.

II.

„Gehe", so sprach die heilige Caecilie zu ihrem Bräutigam Valerianus in der Brautnacht, „gehe auf die appische Strasse bis zum dritten Meilensteine: dort wirst du arme Bettler finden, welche die Reisenden um milde Gaben bitten. Ich habe ihnen immer gegeben und sie kennen mich wohl. Grüsse sie und sprich: Caecilia schickt mich, ihr sollt mich zu dem heiligen Greise Urban bringen, ich habe ihm etwas zu bestellen."

Man sieht, der heilige Stuhl stand damals in der Roma Subterranea, und wie Valerian im Jahr 230 von der heiligen Caecilia zu den Katakomben hinausgeschickt worden ist, so werden auch wir jetzt in Trastevere unsere Reise in die Unterwelt antreten und uns nur noch vorher einen Wachsstock und beim Generalvicar auf der Via della Scrofa, bei der „Commissione dell' Archeologia Sacra" eine Eintrittskarte holen, die übrigens neuerdings nicht mehr gefordert zu werden pflegt.

Callistus-Katakomben: Der Todtengräber Diogenes. Alte Malerei.

Die Via della Scrofa hat ihren Namen von einer steinernen Sau (scrofa), die daselbst eingemauert ist. Dieses Thier, das Mutterschwein von Alba, welches dem Aeneas die neue Stätte seiner Niederlassung anzeigte, spielt in der Urgeschichte eine grosse Rolle, man sieht es häufig abgebildet; die römischen Münzen hatten vor der Wölfin, die erst auf Quadranten des fünften Jahrhunderts erscheint, auf der Bildseite eine Sau. Sie mag uns hier als ein Symbol der Roma Subterranea und des neuen Reichs erscheinen, das im Innern der aufgewühlten Erde gegründet ward.

In den Gräbern, die der Todtengräber Diogenes (DIOGENES. FOSSOR. IN. PACE. DEPOSITUS. OCTABV. KALENDAS. OCTOBRIS) mit dem Eisen in seiner rechten Hand und den Schlägeln, Hämmern und Hebeln um ihn herum beim Scheine des Grubenlichts gewühlt hat: er war ein Christ, auf seiner Tunica bemerkt man die griechischen Kreuze, welche, aus vier grossen Gamma's (*Γ*) zusammengesetzt, unter dem Namen Gammadia (*γαμμάδια*) bekannt sind; Tauben, Sinnbilder des Glaubens, sitzen über ihm, sogar das Geleucht, das er in der linken Hand an einer Kette trägt, hat Taubenform; er ist in den Katakomben begraben, die wir eben besuchen wollen, und wir entnehmen ihnen sein Portrait.

Er hat brav gearbeitet, der alte Maulwurf Diogenes: er hat ein vielstöckiges Labyrinth von Schächten abgeteuft — er hat an den Wänden unabsehbare Grabstellen und tausend Kämmerchen eingehauen — er hat mit Eisen und Schlägel ganze Gewölbe und Kirchen ausgehöhlt.

Die Stollen oder Gänge, welche meist sehr eng, durchschnittlich 0,8 m breit sind, heissen Ambulacra; die Grabstellen, länglich-viereckige Nischen ungleicher Grösse, welche durch Steinplatten oder Terracottentafeln geschlossen wurden, heissen Loculi; die kapellenartigen Räume, zu denen sich die Corridore erweitern und die mit der Zeit als Versammlungsorte des Cultus benutzt zu werden pflegten, theils Familien-, theils Märtyrergrüfte, den Oertern eines Bergwerks zu vergleichen, heissen Cubicula.

Die Cubicula sind durch Sarkophage ausgezeichnet, welche an der Hinterwand, der Thür gegenüber in einer Nische stehen. Diese Nische ist entweder viereckig, in Form den Loculi entsprechend, doppelt so hoch als der längliche, in den lebendigen Felsen eingehauene oder an der Wand aufgemauerte Sarkophag, dessen schwerer Marmordeckel einen Tisch bildet: dann nennt man ein solches Grab ein Tischgrab (Sepolcro a mensa, Table-Tomb). Oder die Nische ist oben halbkreisförmig abgeschlossen und der freie marmorne Sarkophag von einem Triumphbogen überwölbt: dann nennt man ein solches Grab ein Bogengrab (Arcosolium). Letzteres ist die häufigere und die ältere Form.

Meistentheils dienten die Sarkophage zu Altären, doch finden sich auch besondere Altartische. Zur Abhaltung des Gottesdienstes mussten natürlich in den kellerartigen Räumen Lampen und Kerzen angezündet werden, und dieser Gebrauch erhielt sich auch später in den Kirchen, um so mehr, als in ihnen noch immer ein mystisches Dunkel herrschte; und wenn selbst in den hellen protestantischen Gotteshäusern bis auf den heutigen Tag beim Abendmahl die Altarkerzen brennen, so ist das eine Erinnerung an die römischen Katakomben und an die Zeit, wo die ersten Christen ihre heiligen Mysterien in Gräbern zu feiern pflegten.

Auf diese Weise wechseln also im System unseres Friedhofs Nischen mit Sarkophagen, Reihen einfacher Wandschränke mit möblirten Zimmern, Grabstellen, die gleichsam gar keinen Raum einnehmen, sondern in den Ulmen und Stössen der Stollen selber ausgespart sind, mit Grabcapellen und wirklichen Grüften ab: es ist dies beiläufig das System aller italienischen Campi Santi.

Wenn wir uns den stehenden und alten Vergleich der Friedhöfe mit Coemeterien oder Schlummerstätten zu nutze machen, so gelangen wir zu einer besonders klaren Anschauung der Sache. Ein Jeder von uns hat wohl einmal die Kajüte eines Schiffes gesehen. An den Seitenwänden derselben rechts und links und reihenweise übereinander befinden sich die sogenannten Kojen, in welche die Passagiere hineinsteigen, wenn sie zu Bette gehen. Die Gänge in den Katakomben entsprechen ziemlich genau einer solchen Schiffskajüte: man wolle lieber an die zweite als an die erste denken, weil sich die Kojen in der zweiten unmittelbar nach der Kajüte zu öffnen. Die Koje ist die Grabnische, der Passagier, der darin liegt, der Todte, der aus dem kleinen Sterbebette in's grosse Bette aller Menschen getragen ward, der rothe Vorhang, den der Schläfer vorgezogen hat, die Marmorplatte, hinter welcher der Pilgrim 'in pace requiescit'. Die Grabcapellen dagegen entsprechen den Schlafstuben, welche der Passagier bewohnt, wenn er an's Land kommt und in einem Wirthshaus einkehrt, die Sarkophage, die darin stehen, unsern Betten und Bettstellen; und da sie nicht frei und unbedeckt an der Wand, sondern in viereckigen oder bogenförmigen Vertiefungen in der Hinterwand stehen, so können wir diese Vertiefungen mit unseren Alkoven vergleichen: das arabische Wort 'al-kubbe', welches dem Fremdwort zu Grunde liegt, bedeutet ursprünglich ein gewölbtes Gemach, und das stimmt trefflich zu einem Arcosolium. Zuweilen wurden auch an den Wänden der Schlafstuben noch Kojen und Bettschränke ausgebrochen, so dass beide Methoden combinirt erscheinen, und das ist eben bei der berühmten Kammer der Fall, welche, nur durch einen Corridor von der Caecilischen Familiengruft getrennt, die erste Erweiterung derselben, das erste Entwickelungsstadium der kleinen Zelle darstellt; die im zweiten und dritten

Jahrhundert die Metropole des entstehenden Kirchenstaats und das Centrum der päpstlichen Administration gewesen ist; und in welcher der geistliche Herr der Welt in tiefer Abgeschiedenheit damals sitzen und arbeiten mochte, als die heilige Caecilia ihren Bräutigam Valerianus zu ihm auf die appische Strasse schickte, sprechend: „Mein Lieber, gehe zum Capuaner Thore hinaus bis zum dritten Meilensteine. Dort wirst Du Arme finden, die um Almosen bitten. Ich habe ihnen immer gegeben und sie wissen um mein Geheimniss. Sie werden Dich führen und zu dem heiligen Greise Urban bringen; mein Freund, lass dir rathen, habe die Sonne nicht zu lieb und nicht die Sterne, folge ihnen ins dunkle Reich hinab."

Das war die Papstgruft.

S. Maria in Trastevere.

III.

Die unmittelbaren Nachfolger Petri waren in den unterirdischen Thon- und Sandgruben des vaticanischen Hügels hinter dem neronischen Circus, auf seiner Märtyrerstätte begraben worden; diesen alten Begräbnissplatz nennt man die *Memoria Petri Apostoli et sepulturae episcoporum in Vaticano.* Als derselbe aber gegen Ende des zweiten Jahrhunderts durch kaiserliche Neubauten bedroht zu werden anfing, cedirte die vornehme Familie der Caecilier der christlichen Kirche in der Nähe ihres Erbbegräbnisses ein Stück Land, um daselbst einen Friedhof, zunächst eine Gruft für die römischen Bischöfe anzulegen. Es war im Jahr 198: auf dem heiligen Stuhle sass eben Zephyrinus, und der übergab die Sache einem gewissen Callistus, einem etwas anrüchigen Patron, einem Schwindler, der, als Diener eines reichen Christen eine Depositenbank gegründet, Bankerott gemacht hatte, durchgegangen, arretirt und zur Stampfmühle verurtheilt, aber auf Fürbitte der armen Kunden begnadigt worden war; aus Dankbarkeit ward er fromm und ein Antisemit, dafür abermals vor Gericht citirt und zur Deportation nach den sardinischen Hütten- und Bergwerken verurtheilt, aber bald darauf auf Fürsprache der Maitresse des Kaisers Commodus, der schönen und christenfreundlichen Marcia, abermals begnadigt; worauf ihm eben Zephyrinus die Stelle eines Friedhofsinspectors gab. Dieses Amt, zu welchem ihn die in Sardinien erworbenen Kenntnisse vorzüglich befähigten, verwaltete der geschickte Mann recht gut; nach Zephyrinus' Tode (217) erwählte ihn ein Theil des Presbyteriums zum Papst, während ein anderer den heiligen Hippolytus als Candidat aufstellte: als solcher nahm er den Namen Calixtus[1]) an; er war ein eifriger Unitarier und Gegner der später orthodox gewordenen Lehre vom Logos als zweiter Person der Gottheit, welche Hippolytus vertrat; in diesem Sinne hatte er schon die Fresken der Sacraments-Krypten in unsern Katakomben concipirt, die vorzugsweise von johanneischen Anschauungen getragen werden. Im Jahre 223, am 14. October, wurde er das Opfer eines Volkstumultes in Trastevere; er flüchtete in ein Haus, die gegenwärtige Kirche San Callisto, wurde aber ergriffen, gesteinigt und in den noch heute sichtbaren Brunnen geworfen. Der Nähe wegen brachte man ihn nun gar nicht einmal in seine Katakomben, sondern in das Coemeterium Calepodii an der Via Aurelia, der grossen Küstenstrasse, welche Rom auf der Höhe des Janiculums verliess. Wie jener konnte er sagen:

Sic vos non vobis mellificatis, apes,
Sic vos non vobis nidificatis, aves.

Während seines Pontificats erbaute er in Trastevere, über einer zu Christi Geburt hervorgebrochenen Erdölquelle, dem symbolischen Vorbild des welthistorischen Ereignisses, die uralte Basilica S. Maria in Trastevere, die Oelheim (Fons Olei) genannt wird. Unsere Abbildung zeigt den Platz vor dieser Kirche, den ein Springbrunnen schmückt, und die Vorderseite derselben; in der Hohlkehle bemerkt man ein altes Mosaik, die Mutter Gottes, zwei Bischöfe und die zehn klugen und thörichten Jungfrauen des Evangeliums (Matthäi XXV, 1) darstellend; in den Händen der vier Bildsäulen auf der Ballustrade das päpstliche Kreuz.

Doch zurück zu der Schöpfung, durch die der Name Callistus vorzugsweise populär geworden ist und die er seinerzeit durch das Oratorium S. Callisti in arenariis auszeichnete. Ich weiss nicht, wie er sich das ‚Cubiculum Pontificium' gedacht, ob er es zunächst nur für den regierenden Papst, für Zephyrin, bestimmt, oder ob er von Anfang an alle Päpste darin hat unterbringen wollen. Als eine unregelmässige, 3,5 m breite, 4,5 m lange Capelle enthielt die Papstgruft offenbar ursprünglich nur einen einzigen Sarkophag, der wie gewöhnlich an der Rückwand in viereckiger Nische hinter dem Altartische stand, und dieser den Leichnam des Papstes Zephyrinus, an dessen Stelle später der des heiligen, in den Praetextatus-Katakomben niedergemachten Papstes Sixtus oder Xystus kam (6. August 258). Jedenfalls hat man die Gruft erst in der Folge, als man noch andere Päpste zu begraben hatte, auch zu ihrer Aufnahme eingerichtet. Man tiefte zuvörderst unten je zwei Nischen für neue Sarkophage auf ebener Erde aus, und als auch diese nicht mehr reichten, half man sich, an den Wänden aufwärts gehend, mit einfachen, weiten, durch breite Bänder von einander getrennten Bettschränken in Form der Loculi. Wir haben schon bemerkt, dass dieselben wie Schmarotzer auch in andere Grüfte unorganisch eingedrungen sind. Wir zählen ihrer zwölf (2 × 2 × 3). Auf Bruchstücken vierer zum Verschluss dienenden Marmorplatten lesen wir noch in griechischer Schrift die Namen vierer Päpste des dritten Jahrhunderts, der Bischöfe (*Ἐπίσκοποι*):

1) Die ursprüngliche Form ist ohne Zweifel Callistus = *Κάλλιστος*, etwa so viel wie unser Schöne. Aus Callistus wurde, indem das s wie bei Ulixes (Ulysses) oder wie bei Xystus (Sixtus) in x ausartete, Callixtus und, vielleicht mit Anlehnung an Calix, Kelch, Calixtus. Auch im Portugiesischen und Spanischen findet ein Uebergang des lateinischen s in x statt, doch nimmt es dort die Aussprache eines breiten Zischlautes, hier eines blossen Hauches an (span. Mexias = Messias, port. Paixão = Passio).

Cubiculum Pontificium.

Papstgruft in den Katakomben des heiligen Callistus.

Anterus ([ΑΝ]ΤΕΡΩϹ), rechts unten,
Fabianus (Φ.ΑΒ[Ι]...ΑΝΟϹ), in zwei Stücken, links vom vorigen,
Lucius ([Λ]ΟΥΚΙϹ), erste Reihe rechts,
Eutychianus (ΕΥΤΥΧ[ΙΑΝΟϹ]), erste Reihe links.

Dagegen wurde der Papst Cornelius († 253) in den Krypten der Lucina, einem ursprünglich selbständigen, aber nachmals mit den Callistus-Katakomben verbundenen Coemeterium, zu welchem das Monument am Eingang gehört, und Papst Eusebius († 309) in einer eigenen Grabkammer der Callistus-Katakomben (Area III) beigesetzt, was damit zusammenhängen mag, dass beide in der Verbannung starben, ihre Leichname erst später nach Rom gebracht und nun von Verwandten reclamirt wurden. Der letzte in dem Cubiculum Pontificium bestattete Papst war Miltiades oder Melchiades, mit dem zugleich die erste Periode des Papstthums schliesst († 314).

Nach den vornehmsten unter den genannten Päpsten und Märtyrern, zu welchen noch der hervorragende Kirchenlehrer und Gegenbischof des Callistus, Hippolytus, gerechnet werden muss, führt der ganze Friedhof in alten Zeiten den Namen Coemeterium Lucinae Zephyrini Callisti Hippolyti, und seit dem vierten Jahrhundert die Namen Coemeterium S. Xysti; S. Caeciliae; SS. Xysti et Cornelii. Eine schöne metrische Inschrift an der Rückwand, gegen Ende des vierten Jahrhunderts vom Papst Damasus zu Ehren Sixtus' und Genossen gesetzt und in den zierlichen Uncialbuchstaben, welche sein Schreiber Philocalus eigens für die römischen Epitaphia erfand, den Literae Damasinae, geschrieben, lässt uns keinen Zweifel, dass wir in der That „inter episcopos", „ad S. Sixtum et S. Caeciliam" stehen: wir würden es schon aus den Gebeten und Ausrufungen, den sogenannten Proscinemen (*προσκυνήματα*) entnehmen können, die auf dem Wege dahin in fast verwirrender Menge von andächtigen Pilgern an den Wänden eingeritzt worden sind.

Christus als Orpheus, Malerei von einem Arcosolium.

HIC FATEOR DAMASUS VOLUI MEA CONDERE MEMBRA,
SED CINERES TIMUI SANCTOS VEXARE PIORUM.

Wenn der Priester, an dem vierbeinigen Altartische stehend, tief von seines Amtes Heiligkeit durchdrungen, die Mysterien des neuen Glaubens feierte und in dem finstern Raume an den Gräbern der ersten Bischöfe ein Volk auf Knien lag; wenn die Lampen brannten, die Wände von Marmor schimmerten, und die Pfeiler der unterirdischen Kirche ein fernes, übersinnliches, höheres Gottesreich zu tragen schienen, wie majestätisch, wie gross, wie unter der Erde überirdisch mag sie gewesen sein, die Papstgruft! — Gegenwärtig steht sie leer wie eine längst geräumte Wohnung; die Loculi klaffen gleich ungemachten Betten, gleich ausgenommenen Nestern dem Eintretenden entgegen: abgebrochene Säulen, Fragmente von Marmorschranken, kümmerliche Reste von Kragsteinen und Pilastern liegen wüst und unordentlich umher: der Stuck, der die kahlen Tuffwände überzog, ist abgefallen, der Altar umgestürzt, der Bischofsstuhl in Trümmern — so schauerlich wie in dieser Papstgruft muss es aussehen, wenn dereinst Gottes Sturmwind über die Lande fährt, die Riegel des Todes aufgerissen und die Leichen wie Spreu auf der Tenne gefegt und geworfelt werden — wenn die Berge auseinanderbersten, die Gräber, von Jehovah's Hauch befruchtet, kreissen und Erd und Himmel in Feuer und Rauch zergehen — wenn die allmächtige Posaune des Weltgerichts erdröhnt — —

IV.

Was ist das für ein Klang? Welch eine bezaubernde Melodie! Wer erklärt mir das ausserordentliche, unerhörte Wunder? —

Zwischen Bäumen, die sich zu ihm neigen, eine Leier in der linken Hand, mit dem rechten Fusse Tact schlagend, sitzt ein junger Mann: er trägt eine phrygische Mütze und einen losen Kittel, enganliegende Beinkleider, hohe Schuhe; und die wilden Thiere stehen um ihn herum und lauschen: Löwen, Tiger, Pferde, Füchse, Schlangen, Schildkröten, Pfauen und andre Vögel — die drei Naturreiche drängen sich um den schönen Wunderknaben, von seiner Töne Macht gefesselt, von seiner Stimme Lieblichkeit überwunden, in seiner Harmonien goldnen Strom verloren — es ist, als ob der Gesang der Sphären über ihm stille stände, um ihn nicht zu stören — —

Und er spielt ihnen auf und singt ihnen von dem tiefen Mysterium — von dem himmlischen Frieden und dem neuen Jerusalem — mit schaudernder Hand fährt er über die Saiten und greift unbekannte herrliche Accorde und hebt an:

Wie wird's sein, wie wird's sein,
Wenn ich zieh' in Salem ein?
In die Stadt der goldnen Gassen —
Herr, mein Gott, ich kann's nicht fassen,
Was das wird für Wonne sein!

Siehe, da schlagen die Todten in ihren Betten die müden Augen auf; von den süssen Tönen geweckt, regen sich die bekränzten Schläfer und stützen sich auf und horchen — und der Sänger fährt fort:

Paradies, Paradies,
Wie ist deine Frucht so süss!
Unter deinen Lebensbäumen
Wird uns sein, als ob wir träumen.
Bring uns, Herr, in's Paradies! —

Er hält abermals inne: das Licht des Himmels blüht auf seinem Angesichte, und wer es erblickt, in dem zergeht die Qual der Erde — es ist kein irdischer Tonkünstler, es ist ein Künstler über alle Künstler — es ist die selige Erfüllung der Weltgeschichte, das Wort des Lebensräthsels — auf solchen Spielmann weisen stumm und bedeutend tausend silberne Gestalten, die zurück in dämmernder Ferne stehen, die wie unbewusste Boten um ihren Meister schweben, in denen er sich gleichsam rückwärts spiegelt — die jetzt im Chor in seinen Gesang einstimmen, wenn er zum dritten Mal beginnt:

Süsses Licht, süsses Licht,
Sonne, die durch Wolken bricht!
O, wann werd ich dahin kommen,
Dass ich dort mit allen Frommen
Schau dein holdes Angesicht — —

Das ist Orpheus, der Vorläufer Christi, und wir haben ein Bild beschrieben, welches die Decke eines Cubiculums in den Callistus-Katakomben schmückt: der mythische Sänger, der mit den Klängen seiner Leier Löwen und Tiger bezaubert, füllt das achteckige Mittelfeld des Plafonds,

Mittelbild: Christus als Orpheus.

Randbilder:

Die Seele im Paradies. — Daniel in der Löwengrube.

Moses, Wasser aus dem Felsen schlagend. Die Seele im Paradies.

Die Seele im Paradies. Auferweckung des Lazarus.

Der Fischer. Die Seele im Paradies.

Rundherum schwimmende Hippokampen; in den Ecken die Taube mit dem Oelzweig.

Deckengemälde aus den Callistus-Katakomben.

die acht darum herumliegenden Trapeze enthalten abwechselnd Paradieseslandschaften und vorbildliche Scenen aus dem alten und dem neuen Testament. Der Orpheus ist das einzige Süjet, welches die christliche Kunst der classischen Mythologie zu entnehmen wagte: der Rest war verpönt, die alten christlichen Schriftsteller wurden nicht müde, sich über ihre angebliche Unreinheit zu verbreiten. Bereits in den frühesten Zeiten wurde Orpheus' Gabe, die wilden Thiere zu zähmen, Steine und Bäume zu bewegen und gleichsam das Universum zu elektrisiren, als typisch für die Allmacht des Evangeliums betrachtet, welches die Stürme und die wüsten Leidenschaften des Menschenherzens sänftigt, die hadernden Parteien beschwichtigt und versöhnt und die gesammte Menschheit zu einem gemeinsamen friedlichen Bund vereinigt. Die Sage von Orpheus galt für eine Illustration der Worte Christi: Wenn ich erhöhet werde von der Erde, so will ich sie alle zu mir ziehn (Evangelium Johannis XII, 32) und für eine Parallele zu den bekannten Prophezeiungen des Jesaias, denen die gleiche Symbolik zu Grunde liegt: Die Wölfe werden bei den Lämmern wohnen, und die Pardel bei den Böcken liegen. Ein kleiner Knabe wird Kälber und junge Löwen und Mastvieh mit einander treiben (Jesaias XI, 6–9. LXV, 25). Daher spielen die Kirchenschriftsteller, Clemens Alexandrinus, Gregor von Nyssa, Chrysostomus, Lactanz u. s. w. gern auf

Die drei Männer im feurigen Ofen. — Orantin. — Der Prophet Jonas.

Alte Malerei in den Callistus-Katakomben.

den orphischen Mythus an, wie sich eben dieselben oft auf die mystisch-theologischen Dichtungen über den Ursprung der Götter und die Entstehung der Welt berufen, welche den Namen des Orpheus trugen. Es kann uns daher kaum überraschen, wenn der Gegenstand eine Zeitlang bei den römischen Christen recht beliebt war. Das gegenwärtige Deckengemälde, das wir auf unserer Tafel gebracht haben, ist die beste Darstellung davon; mit unbedeutenden Variationen findet sich dasselbe Süjet noch häufig, z. B. an einem Arcosolium, gleichfalls in den Callistus-Katakomben, das wir umstehend abbilden, und in der Capelle der vier Evangelisten in den Katakomben der heiligen Nereus und Achilleus, wiederum an der Decke. In Marmor ist uns nur eine einzige Ausführung bekannt, nämlich an einem Sarkophag, den man in Ostia entdeckt hat, in Mosaik oder in Miniaturen keine.

Auf dem erwähnten Sarkophage entspricht dem Orpheus ein Tobias oder ein Fischer: die alte Kunst stellt sowohl Christus selbst als auch seine Schüler gern als Menschenfischer dar, und einen solchen glauben wir auch auf einem der vier, biblische Geschichten enthaltenden Trapeze zu erkennen (1). Die Auferweckung des Lazarus (2) ist eine andere, vielbehandelte Scene des neuen Testaments: wir begegnen ihr in Katakomben und in Kirchen, in der Malerei, der Mosaik und der Plastik, auf Grabplatten und auf Sarkophagen. In frühen Darstellungen dieses grossen Ereignisses erscheint Lazarus als eine kleine, mumienähnliche Figur, mit Binden umwickelt, das Haupt mit einem Tuch umwunden, nur das Gesicht unbedeckt; auf unserem Bilde sieht er fast wie eine Schmetterlingspuppe aus. Vor diese Figur, die aufrecht am Eingang eines kleinen Tempels steht, tritt der Herr und berührt sie mit einem Stabe; in einigen Fällen erhebt er die Hand nur zum Segen nach lateinischem Ritus, in noch anderen legt er sie dem Lazarus aufs Haupt. Nur auf gallicanischen Sarkophagen liegt der Todte ausgestreckt auf dem Boden. Entgegen der Bibel geben die Künstler dem Grabe Flügelthüren (die hier wie die Platte an einem Secretär zurückgeschlagen sind), während es in Wahrheit mit einem Steine verschlossen war; übrigens entspricht auch die Gruft, welche man heutzutage in el-Azariye oder Bethanien zeigt, keineswegs einer jüdischen Grabanlage.

Man liebte es in jenen frühen Zeiten alt- und neutestamentliche Süjets, zwischen denen irgend eine reelle oder scheinbare Analogie obwaltete, nebeneinander zu stellen, und so entspricht auf unserem Gemälde dem Christus, der den Lazarus auferweckt, ein Moses, der einen Felsen mit seinem Zauberstab berührt (3). Unverkennbar ist die äusserliche Aehnlichkeit beider Vorgänge; aber man fand auch eine innerliche heraus. Das Wasser, welches aus dem angeschlagenen Felsen quoll, war ein Vorbild des Taufwassers und der göttlichen Kraft und Gnade, welche aus dem Christusfelsen entsprang; noch in unseren Bibeln wird 2. Mose XVII, 6 als eine Parallelstelle zu 1. Corinther X, 4 citirt. Christus kommt hier in eine gewisse Collision mit Sanct Peter und in der That wird nicht nur dem Moses meist die traditionelle Physiognomie und Tracht des Apostels gegeben, sondern auch die Gefangennahme des letzteren mit der Tränkung Israels combinirt. Das letzte der vier historischen Trapeze endlich zeigt einen Daniel in der Löwengrube, über dessen Bedeutung wir eben, auf Seite 205, gesprochen haben (4).

V.

Wenn die Heiden beteten, so streckten sie beide Hände (duplices ad sidera palmas) stehend gen Himmel aus, eine schöne und verständliche Geberde. Die Christen beteten anders; sie standen auch, breiteten aber die Arme aus, ohne sie zu erheben — ne ipsis quidem manibus sublimius elatis, sed temperate ac probe elatis, wie Tertullian sagt. Noch heute giebt daher das römische Messbuch dem celebrirenden Priester folgende genaue Vorschrift: *Celebrans extendit manus ante pectus, ita ut palma unius manus respiciat alteram et digitis simul junctis, quorum summitas humerorum altitudinem distantiamque non excedat: quod in omni extensione manuum ante pectus servatur. Stans autem, ut supra extensis manibus, dicit Orationem.*

In dieser Stellung sind in den Katakomben Männer wie Frauen vielfach gemalt — vielleicht, dass die letzteren einmal die christliche Kirche symbolisiren sollen, gewöhnlich sind es Porträts der Todten, den Photographien zu vergleichen, die man hin und wieder an den Denkmälern der Campi Santi trifft, daher auch oft mit Halsbändern und Schmucksachen überladen, nicht um ihren Reichthum in diesem Leben, sondern um ihre Glorie und Herrlichkeit in jenem anzudeuten; Jungverstorbenen gab man wohl einen flüchtigen Vogel als Attribut. Man nennt sie Oranti oder Betende.

Wir reproduciren eine derartige Orantin; links von ihr stehen die drei Männer im feurigen Ofen, in phrygischer Mütze, kurzer Tunica und Beinkleidern, gleichfalls betend, Vorbilder unserer eignen von den Flammen der Hölle erlösten Seelen; rechts sehen wir die Geschichte des Propheten Jonas, die einen sehr beliebten Typus für Christi Auferstehung abgiebt. Sie zerfällt in drei, zu einem compendiösen Bild verbundene Scenen:

a) Der splitternackte Prophet wird ins Meer geworfen und von dem grossen Fisch verschlungen. Derselbe ist eine Art Seeschlange mit langem Hals, starkem Kopf, grossen Ohren und geraden Hörnern; er gehört nicht sowohl zu der Gattung der schwarzen Walfische, als vielmehr zu dem Geschlechte der Pistrices, er ist eine Pistrix.

S. Maria in Domnica.

b) Jonas wird von dem Fisch ans Land gespieen. Brehm, welcher nicht wie Scheffel an einen Walfisch, sondern an einen Haifisch denkt, sagt, ein ähnlicher Fall solle in der That verbürgt, nämlich ein von einem Haifische verschlungener Matrose wieder ausgespien worden sein, nach dem der Capitän den Räuber mit einer Kanonenkugel zum Tode getroffen hatte.

c) Jonas liegt, auf den linken Arm gestützt, scheinbar bekümmert, in seiner Kürbislaube, die wie eine Weinlaube aus einem Lattenspalier besteht. Der Kürbis ist thatsächlich der schnellwachsende Wunderbaum (Ricinus communis), der in Oberägypten jedes Bahnwärterhaus beschattet.

Mit anderen Worten: unsere süsse schlafende Schwester wird auferstehn — ihre Anima pura et munda wird, gleich den drei Männern erlöst, gleich Jonas und gleich Christus vom Tode befreit, in's Paradies eingehen — sie wird das ewige Leben haben, den frommen Wunsch erfüllend, den ihr ihre Verwandten in unzähligen Variationen nebst einem ☧ auf's Grab geschrieben haben: VIVAS IN DEO.

Was soll er anders bedeuten, als dass unser Dasein nicht mit dem Tode aufhört und dass die Grüsse dieser Erde auch auf das zukünftige Leben übertragen werden können — dass wir gleich den Pfauen, die mit ausgebreitetem Schweife so häufig die Laibungen der düstern Gewölbe füllen, prachtvoll aufsteigen und unsere goldaugigen Räder schlagen werden.

Wie man auf unseren Tafeln Truthähne, Fasanen und andere Vögel aufputzt, indem man sie in einen Laib Brot bettet und die Flügel mit den Federn und den radförmig ausgebreiteten Schwanz daransteckt, so servirte man schon im Alterthum den gebratenen Pfau mit all seinem Federschmuck. Der Pfau feierte mithin bei Tisch seine Auferstehung, ja er schien geradezu einer Art Unsterblichkeit zu geniessen: man balsamirte ihn nämlich öfters ein, indem man ihn mit aromatischen Kräutern füllte, wo er dann Jahre lang aufbewahrt und Jahre lang von der schönsten Dame unter Trompetenschall auf goldner Schüssel aufgetragen werden konnte. Das geschah allgemein bei grossen Banketten zur Zeit des Mittelalters, aber es geschah wahrscheinlich bereits zur Zeit der Ofellus und der Hortensius, und es mag darauf die bereits von Augustin erwähnte Sage zurückzuführen sein, dass das Fleisch des Pfaues nicht verwese: Quis enim nisi Deus creator omnium dedit carni pavonis mortui ne putresceret? — Am Ende hängen wir doch ab von Creaturen, die wir machten; so mochten schon die alten Aegypter an eine Fortdauer nach dem Tode glauben, weil sie diese Fortdauer künstlich herbeizuführen pflegten. Jedenfalls galt der Pfau, so wenig er sich sonst mit der christlichen Weltansicht vertrug, frühe für ein Symbol der Unsterblichkeit, der Auferstehung und der himmlischen Herrlichkeit, daher noch Hans Memling den Engeln Pfauenfedern in die Flügel setzte; er ward ein zweiter Phönix.

Dem Dichter Ennius erschien der Vater Homer im Traume und eröffnete ihm, er sei ein Pfau geworden (memini me fieri pavum). Es war dies wohl eine pythagoreische Vorstellung: als Symbol des gestirnten Himmels und der Juno, der Himmelskönigin, war der Pfau das rechte Thier, Homers Genius zu herbergen und zu hausen. Vielleicht dass er in den christlichen Katakomben geradezu den gestirnten Himmel vorbedeuten sollte, der an den Gewölben der ägyptischen Königsgräber prangt. Vielleicht dass des Christen Seele gleich dem Homer in den nächtlichen Pfau eingehen sollte, dass sie eins seiner tausend Augen, eine Feder an seinem glänzenden Schweife zu werden hoffte.

Naturam expellas furca, tamen usque recurret. Steigt in Gräber hinab, entsagt dem Licht des Tages, verjagt den Pfau der Juno aus Haus und Hof und aus eures Herzens Kammer, er kehrt flugs zurück; und wie ihr den Schein der Kerzen, die auf eurem Altar brennen und die Gluth eurer Weihrauchfässer vom Sonnenlicht geborgt habt, so schlägt der Himmelsvogel über den Särgen sein königliches Rad, das Sternenzelt abbildend, dessen Anblick uns stärkt wie eine Heimat und über dem ein guter Vater wohnt.

14

Santa Maria in Domnica und San Lorenzo fuori le Mura.

I.

Auf Inschriften und anderwärts wird dem Leser der Anklang an's Griechische, die Fülle griechischer Formeln und griechischer Namen aufgefallen sein, die einigermassen an das massenhafte Eindringen französischer Elemente in unser Deutsch erinnert. In der That muss man, um sich in dem altchristlichen Rom zurechtzufinden, ebensoviel Griechisch verstehn als Lateinisch. Die griechische Sprache ist ursprünglich die des Neuen Testaments und der römischen Liturgie gewesen, mindestens wurde sie in den frühesten Zeiten ebenso häufig angewandt wie die lateinische, überwog sogar, entartend und Vocale und Diphthonge verwirrend, in den Krypten. Da liest man einmal über das andere: *Εἰρήνη σοι ἔστω*, Friede sei mit dir, oder *ζήσαις ἐν κυρίῳ*, magst du leben im Herrn, oder *Χριστὸς μετὰ σοῦ*, Christus sei mit dir, oder *θάῤῥει*, sei getrost; da findet man unter den „*ψυχαὶ καλαί*" bald eine *Πίστις*, bald eine *Ἐλπίς*, bald eine *Ἀγάπη*, bald eine *Σωζομένη*, bald eine süsse Glyco — die Namen Praxedis, Callistus, Theodora, ja die der drei ersten Päpste: Petrus, Linus, Cletus waren alle griechisch; ja, wie bereits der antike Wunsch: *Sit tibi terra levis*, sei dir die Erde leicht, eine griechische Quelle hatte, so sind auch viele lateinische Redensarten der christlichen Aera nicht einheimisches Gut, sondern Uebersetzungen aus dem Griechischen gewesen, das „*requiscat in pace*" geht dem „*ἀνάπαυσιν ἐν εἰρήνῃ*", das „*nolite dolere parentes, hoc faciundum fuit*" dem „*μὴ λυποῦ, τέκνον, οὐδεὶς ἀθάνατος*", das „*vivas in deo*" dem „*ζήσῃς ἐν θεῷ*" parallel, und unter nationaler Maske verbirgt sich ein fremdes Blut.

So mag auch die Bezeichnung des Sonntags als des Herrentags von Osten gekommen sein. Wer heutzutage in Griechenland reist, der ist sicher, die Bekanntschaft irgend einer *Κυριακή* zu machen, wie er in Italien nicht selten einer Domenica begegnet: beides sind Sonntagskinder. Der Sonntag heisst nach der wohlbekannten Stelle (*ἐγενόμην ἐν πνεύματι ἐν τῇ κυριακῇ ἡμέρᾳ*) auf griechisch *ἡ κυριακὴ ἡμέρα*, und es ist wahrscheinlich, dass dieser Ausdruck zunächst nur den ersten Tag der Woche bedeutet hat; er wurde dann von den Römern in Dominica dies übersetzt. In gleicher Weise entsprechen sich die beiden Frauennamen *Κυριακή* und Domenica, zwischen denen ein dritter in der Mitte steht: Cyriaca.

So hiess eine heilige Frau, die in der Geschichte der alten Kirche oft genannt wird. Sie lebte um die Mitte des dritten Jahrhunderts und besass ein Haus auf dem Hügel Coelius. In diesem Hause pflegten sich damals die Christen zu versammeln; in ihm war es, dass der heilige Laurentius, der erste unter den sieben Diaconen der Kirche, und als solcher mit der Verwaltung der Kirchengüter betraut, die letzteren, um sie nicht in feindliche Hände fallen zu lassen, vor seinem Martyrium unter die Armen austheilte, eine bekannte, durch die Kunst vielfach, z. B. von Fiesole in der vaticanischen Laurentiuscapelle verherrlichte Scene. Besagtes Haus scheint mithin eine der sieben Diaconiae gewesen zu sein, das heisst, eins jener Locale, in welchen die Diaconen an die Armen Nahrungsmittel und Almosen auszutheilen pflegten, und die zu diesem Zweck mit einer Halle, sowie mit einem Oratorium versehen waren; diese sieben Diaconien mit ihren sieben

Die Confession von San Lorenzo fuori le mura.

Diaconen entsprachen den sieben kirchlichen Regionen, in welche Fabianus 238 das christliche Rom eintheilte; die Superintendenz hatte ein Archidiaconus, dessen Amtswohnung nachweislich neben Cyriaca's Hause stand. Nachmals wurde die Diaconie Cyriaca, respective das Oratorium derselben, zum Range einer Kirche erhoben, was, als sie keinen Zweck mehr hatten, auch mit den übrigen geschah: solcher Diaconatskirchen giebt es vierzehn, deren jede einem Cardinal-Diaconus zugewiesen ist: und es wird uns nun, nach dem Obigen, erklärlich sein, warum man diese der Maria gewidmete Kirche Santa Maria in Domnica = Dominica betitelte.

Dass die Person der heiligen Cyriaca nicht gleich der heiligen Pudentiana ein blosser Mythus sei, dafür spricht die Thatsache, dass auch ihr Martyrium vom 7. Juli 282 bekannt ist und dass es Katakomben der heiligen Cyriaca gibt, in denen sie ihrerzeit nebst dem heiligen Laurentius beigesetzt wurde. Neben dem Beinamen ‚in Domnica' führt die Marienkirche auch den ‚della Navicella', weil in der Vorhalle einst ein marmornes Schiffchen, eine Navicella aufgestellt war, vermuthlich von einem Seefahrer ex voto aufgestellt war, denn Votivschiffe sieht man noch heute in italienischen Hafenstädten, zum Beispiel an der Riviera, vielfach in den Kirchen an der Decke hängen: abhanden gekommen und vergessen, wurde es kurz vor der Wahl Leo's X. in Stücken aufgefunden, als ein besonderes Omen, als das Schiff des Aesculap gedeutet und nach seinem Muster ein neues angefertigt, welches noch auf dem Kirchhof steht. Leo X., der als Cardinal Archidiaconus von S. Maria in Domnica gewesen war, erneuerte die Kirche überhaupt; um 820 hatte das Paschalis I. gethan, derselbe Paschalis, den wir als Gründer, respective Restaurator der Caecilien- und der Praxediskirche kennen. Die lateinischen Hexameter unter den Mosaiken, mit denen er die Tribüne schmückte, wollen besagen, dass sie nach seiner Wiederherstellung wie Phoebus strahle, wenn er die Schatten der Nacht vertreibe:

ISTA DOMVS PRIDEM FVERAT CONFRACTA RVINIS
NVNC RVTILAT JVGITER VARIIS DECORATA METALLIS
ET DECVS ECCE SVVM SPLENDET CEV PHOEBVS IN ORBE
QVI POST FVRVA FVGAT TETRAE VELAMINA NOCTIS
VIRGO MARIA TIBI PASCHALIS PRAESVL HONESTVS
CONDIDIT HANC AVLAM LAETVS PER SAECLA MANENDAM.

Die Mosaiken selbst sind im Stil derer von S. Cecilia gehalten; sie zerfallen wie gewöhnlich in zwei Compositionen, nämlich in die

a) an der Stirn des Gewölbes. Christus sitzt, die Füsse auf dem Firmament, zwischen zwei Engeln und den zwölf Aposteln; unten an den Schenkeln stehen in vergrössertem Massstabe zwei Propheten, die auf ihn hinzudeuten scheinen.

b) an der Laibung des Gewölbes. Das Centrum nimmt nicht Christus, sondern (das erste Beispiel dieser Modification) die Mutter Gottes ein: sie sitzt auf einem Throne und hält kein Kind, sondern einen Zwerg auf dem Schoosse, welcher den Segen ertheilt. Engel stehen rechts und links in Rotten aufgereiht, vor ihr kniet, als Lebender durch einen viereckigen Nimbus bezeichnet, Paschalis und küsst ihr den rechten Fuss, den er mit beiden Händen fasst: das Knien wird ihm sauer. Auf dem Boden blühen Blumen, zwei Topfgewächse bilden, der inneren Wölblinie folgend, die halbkreisförmige Umrahmung; am Scheitel, wo die Stengel zusammentreffen, bemerkt man das Monogramm: 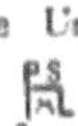

II.

Wenden wir uns nun von der Diaconie zum Diaconus, von der heiligen Cyriaca zum heiligen Laurentius, der aus Spanien gebürtig gewesen sein soll, den man aber vielmehr für einen Sohn der alten lateinischen Stadt Laurentum halten sollte. Jedenfalls war er römischer Bürger, arm an irdischen, reich an himmlischen Gütern, den seine ausgezeichnete Begabung, mehr noch eine grosse Herzensreinheit bereits in früher Jugend dem Papst Sixtus (257—258) empfohlen hatten: er ernannte ihn, wie gesagt, zum Archidiaconus. Eben als solcher ward er ein Gegenstand der neuen Christenverfolgung, die ihren Anfang unter Valerianus genommen und die es speciell auf die Geistlichkeit, auf die Bischöfe, die Priester und die Diaconen abgesehen hatte: ein Rescript an den Senat ordnete an, dass sie samt und sonders ohne Aufschub aus dem Wege geräumt werden sollten; waren erst die Hirten fort, so hoffte man schon auch die Heerde zu zerstreuen. Sixtus II. kam zuerst an die Reihe: er wurde nebst vier andern Geistlichen in den Katakomben des Praetextatus in dem Augenblick verhaftet, wo er vor der knieenden und sich dreimal bekreuzigenden Versammlung beim Anschlagen des Messglöckleins die Hostie emporhob. Als man ihn zur Hinrichtung abführte, folgte ihm Laurentius; *wo gehst du hin, mein Vater*, sagte er traurig, *ohne deinen Sohn? Warum nimmst du, o hoher Priester, deinen Diener nicht mit? Wodurch hat er es verdient, dass du ihn zurücklässt? Bin ich dein rechter Diaconus, würdig das Blut unseres Herrn Jesu auszutheilen, so zeige mir's. — Nein*, antwortete Sixtus, *nein, mein Sohn, ich lasse Dich nicht zurück, aber dir steht ein heisserer Kampf bevor: wahrlich ich sage dir, in dreien Tagen wirst du mir nachfolgen* (6. August 258).

Noch an demselben Tage zeigte sich der Anlass, die Prophezeiung des sterbenden Papstes zu erfüllen. Laurentius sass still zu Hause, da pochte es an die Thür. Es waren zwei Schergen, die der Praefect, Cornelius Saecularis, abgesandt. Vor ihn wurde der Diaconus geführt; er sagte: *Es ist mir zu Ohren gekommen, dass Ihr Pfaffen in Euren Kirchen viele Schätze und Kleinodien habt; Ihr braucht bei euren Functionen goldene und silberne Gefässe. Ihr seid reich und eure Glaubensgenossen wetteifern, euch noch reicher zu machen. Gieb sie heraus, deine Schätze! Der Kaiser braucht Geld, er braucht Geld für die Soldaten; du siehst, wie gnädig ich gegen dich gesinnt bin, weiter soll dir nichts geschehn! Aber schaffe die Kirchenschätze! — In Wahrheit*, erwiderte Laurentius, *die Kirche hat viel Reichthümer und grosse Schätze; gebt mir zwei Tage Zeit, so werde ich sie euch bringen.*

Und, nicht unähnlich jener Cornelia, die ihre Kinder als ihren alleinigen und höchsten Schmuck bezeichnete, brachte er ihm die Armen der Gemeinde — die wahren Schätze der Kirche — die Blinden, die Lahmen, die Krüppel, die Witwen und Waisen, denen nach des Erlösers Wort das Himmelreich gehört.

Das sind, so sagte er zu dem verdutzt dreinschauenden Praefecten, *das sind unsere goldenen und silbernen Gefässe, unsere Perlen und Edelsteine: das Gold, das du begehrst, ist nur ein verächtliches Metall, ungezählter Sünden Anfang; das wahre Gold ist die Seele, die täglich wie die Sonne Vergold geht; ich habe mein Wort gehalten.*

Unter seine Armen hatte Laurentius vorher wohlweislich vertheilt, was er in der Kasse hatte, ja, er schonte nicht einmal die heiligen Gefässe, sondern machte sie zu Geld und verschenkte den Erlös.

DISPERSIT, DEDIT PAVPERIBVS,

also steht auf dem offenen Buch geschrieben, das der Märtyrer als Diaconus in der Hand zu halten pflegt.

Der Praefect schäumte vor Wuth; er liess ihn peitschen; und da Laurentius darum seine Rede nicht besserte, befahl er, ihn in den Thermen der Olympias (San Lorenzo in Paneperna) nackend auf einen eisernen Rost zu legen und langsam zu verbrennen. Es war dies eine nicht ungewöhnliche, unter dem Namen Catasta bekannte Art der Hinrichtung: ein Rost hiess eigentlich Craticula, Diminutiv von Crates, und daher spricht man gewöhnlich von der Graticola di San Lorenzo,

Tabernakel über dem Hauptaltar von San Lorenzo fuori le mura.

doch darf man solche Craticula nicht mit der Crates verwechseln, die ebenfalls zu Executionen diente: das war eine Hürde, die man über den Verbrecher warf und mit Steinen beschwerte (sub crate necari). Laurentius wurde also nicht wie Stephanus gesteinigt, sondern wie ein Stück Fleisch auf einem Rost gebraten: die Legende sanctionirt diesen unwürdigen Vergleich, indem sie ihn dem Heiligen in den Mund legt. Mit übel angebrachtem Humor sagte er nach einer Weile: *Auf der einen Seite bin ich braun, wendet mich!* Und abermals nach einer Weile rief er dem Tyrannen zu: *Nun bin ich durchgebraten, du kannst anfangen zu essen.* Endlich erhob er seine Augen gen Himmel, betete inbrünstig zu Gott, dass Rom, seine geliebte Adoptiv-Vaterstadt, bekehrt werden möge, und entschlief. Etliche Senatoren, Glaubensgenossen, trugen den verkohlten Leichnam auf ihren Schultern in die Katakomben der heiligen Cyriaca an der Strasse nach Tivoli (Via Tiburtina),

S. Lorenzo fuori le mura.

auf den sogenannten Ager Veranus: das Martyrium fiel auf den 10. August 258. Sixti und Laurentii waren die grossen Erntefeste der römischen Kirche: noch heute werden am 10. August in der Campagna die Stoppeln verbrannt, speciell ist es der Erntetag für die Nüsse. Am 10. August 1557 siegte Philipp II. bei Saint Quentin, und deshalb machte er dem heiligen Laurentius (San Lorenzo el Real de la Vittoria) einen monumentalen Rost, den Escorial, dessen vier Eck-Pavillons die Füsse, dessen Quergebäude die Stäbe, dessen Seiten den Rahmen des Rostes bilden, während die Kirche den Griff darstellt. Das Original existirt auch noch; es ist 2 m lang und bildet die Hauptreliquie der uralten Titularkirche San Lorenzo in Lucina, von welcher jederzeit der älteste Cardinalpriester den Titel entlehnt.

Die qualvolle Hinrichtung eines römischen Bürgers war nichts Kleines: sie ist von Prudentius besungen und vielfach abgebildet worden. Wir bringen eine sehr alte Darstellung des Martyriums, die sich in der Vaticanischen Bibliothek auf einer bleiernen Medaille aus dem fünften Jahrhundert findet. Der Märtyrer liegt auf dem glühenden Roste, ein Henkersknecht hält ihn an den Füssen fest: ihm gegenüber sitzt, ein Scepter in der Hand, einen Lorberkranz auf dem Kopf, auf einer Sella Curulis der Praefect, vor letzterem steht ein Beamter: über dem Haupte des Heiligen bemerkt man das Chrisma oder das Monogramm Christi (☧), rechts, zwischen Alpha und Omega, in weiblicher Gestalt, die Seele, die ihn verlässt, mit ausgebreiteten Armen aufsteigend und gekrönt von Gottes Hand, welche einen Kranz herabreicht. Die Medaille wurde für eine Laienschwester Namens Successa (SVCESSA VIVAS) ausgeführt, die sie umhängen und an der massiven Oese tragen wollte: auf dem Revers sieht man sie, wie sie mit einer Kerze vor das korbartige, oben mit Henkeln versehene, aber offene Grab des heiligen Laurentius tritt.

III.

Auch wir treten jetzt vor das Grab des heiligen Laurentius, vor den viereckigen Schrein, in dem seine Reliquien nebst denen des andern grossen Diaconus, des Collegen Stephanus, aufbewahrt werden, und der, von einem metallenen Gitter umgeben, wahrscheinlich mit dem Korbe auf der Medaille gemeint ist. Ueber ihm erbaute Constantin der Grosse an Ort und Stelle, ausserhalb der Mauern (foris muros) eine Basilica, eine der fünf Patriarchal- und eine der sieben Pilgerkirchen, die im Jahre 578 von Pelagius II. neu gebaut, dann unter Honorius III. im dreizehnten Jahrhundert durch Verlegung der Front und Anfügung eines Langschiffes von Grund aus verändert, auch später noch oft restaurirt ward, zuletzt unter Pius IX., der sie mit neuen Gemälden schmückte, die ältere zugeschüttete Hälfte ausgrub und daneben, Katakomben auf Katakomben, den Campo Santo der Stadt anlegte. ‚Andar a San Lorenzo' heisst in Rom so viel wie begraben werden — es ist ein Feld nicht erst seit gestern heilig, ein Acker voll alter verdorrter Beine, wer zu Lorenz geht, der findet gute Gesellschaft aus dem dritten Jahrhundert und eben den Stephanus des Westens, dessen Kirche unmittelbar und unauflöslich mit dem grossen römischen Friedhof zusammenhängt. Man erzählt, dass De Rossi dereinst draussen in der Campagna in eine Katakombe hinabgestiegen, irregegangen und auf gut Glück unter der Erde weitergewandert sei, um einen Ausweg zu entdecken: auf einmal vernahm er zu seinem Erstaunen Kirchengesang und Orgelspiel: er kam näher und näher, stiess eine morsche Thüre auf und stand — in der Basilica von San Lorenzo.

Laurentius-Medaille (Vaticanische Bibliothek).

Wie ein Todesengel, wie ein Wegweiser und Führer der Seelen, ein christlicher Psychopompos beschreitet er die Säule vor der Kirche, begrüsst er die ankommenden Leichenzüge:

omnes una manet nox
et calcanda semel via Laurenti.

Seine Basilica ist also eine richtige Katakombenkirche, sie ist als ein altes, stetig erweitertes und verschönertes Cubiculum und als eine grosse Krypte zu betrachten, in der die kleine, anfängliche jetzt Confession genannt wird: die Kirchen der ersten Jahrhunderte sind alle entweder aus Hauscapellen oder aus solchen Gräbern hervorgegangen, erst später ward dieses Verhältnis umgekehrt. An der Façade über der Vorhalle sind die Gründer und Pfleger von San Lorenzo, die Constantin, die Pelagius, die Honorius, die Pius in mosaikartigen Malereien auf Goldgrund dargestellt: Pio Nono trägt als letzter die Basilica auf der Hand. Diese Façade gleicht dem Titel eines Buchs,

Der Ambo des Evangeliums in San Lorenzo fuori le mura.

auf dem mehrere Autoren als Verfasser namhaft gemacht sind: jeder hat ein Stück davon bearbeitet — Pelagius schrieb den ersten Haupttheil, Honorius den zweiten: jenem gehört die hintere Kirche mit den zwölf korinthischen Säulen, diesem die vordere mit den zweiundzwanzig ungleichen Säulen an; und ihre Werke sind zu einem complicirten Ganzen malerisch und wundersam verschmolzen, so dass man in der Kirche wie in der Luchsburg bei Alexandersbad die Stufen hinauf und hinuntersteigt, sich in den Jahrhunderten versehend. Die pelagianische Lorenz-Kirche liegt nicht wie die Basilica von San Clemente unter dem Bau des Honorius, sie schliesst sich an denselben an, es ist keine Unterkirche, sondern eine Hinterkirche: dabei aber hat sie doch ein (2, 8 m) tieferes, erst durch Treppen zugängliches Niveau, welches eben das Niveau der alten Krypte ist, und in ihr selbst, in ihrem Mittelschiffe ist wieder bei dem Umbau des Honorius in

Kreuzgang des Klosters S. Lorenzo fuori le mura.

halber Säulenhöhe eine Estrade gelegt und ein Chor eingerichtet worden, zu dem neben der Confession rechts und links sieben Stufen hinanführen. Sie, urprünglich selbst eine und zwar eine dreischiffige, ausnahmsweise mit einer Empore versehene, also zweistöckige Basilica, bildet jetzt das Sanctuarium der Vorder-Basilica, in welchem noch, nur verkehrt, der alte Triumphbogen mit den alten Mosaiken, frühen byzantischen Stiles (579) stehen geblieben ist — die Figuren, von denen wir auf unserer Tafel eben noch vier Füsse sehen, auf der einen Seite Laurentius und Pelagius, die Sanct Peter dem Heiland zuführt, auf der andern Seite Stephanus und Hippolytus, die durch Sanct Paul vorgestellt werden, haben wenig von ihrer Ursprünglichkeit bewahrt: Alles trägt Weiss, Christus sitzt auf der Weltkugel, Bethlehem und Jerusalem, seine Wiege und sein Grab, stützen die ganze bemerkenswerthe Composition. Dagegen wurden die beiden alten Ambonen, die mit Porphyr und Serpentin in musivischer Einrahmung belegt sind und von denen der des Evangeliums mit dem löwenhaltenden Adler so einfach, wie reizend ist, nebst dem gewundenen, löwengetragenen

Osterkerzenleuchter in das Mittelschiff der Honoriuskirche übertragen. Auf dieser originellen Verschmelzung zweier heiliger und reicher Basiliken zu einem einheitlichen Bilde, welches durch die bereits erwähnte Empore mit den zierlichen Säulen, den kunstvollen Archivolten, dem aus antiken Fragmenten zusammengesetzten Gebälk in seltener Weise gehoben wird, beruht der überraschende Anblick dieser Kirche und ihr unerschöpflicher Reichthum an malerischen Perspectiven, den wir mit drei Vollbildern zur Geltung bringen wollten. Uebrigens ist sie wie wenige, nebst dem anliegenden Klosterhofe ein Sammelsurium von allerhand Raritäten und Antiquitäten, eine Rumpelkammer voll verstaubter Sarkophage, voll antiker und mittelalterlicher Trophäen und Bildwerke, Batrachier und Saurier, anziehend für den Gelehrten, anregend für den Laien und doch mitten in seinem Glanze, auf einer seiner heiligsten Stellen an das Fragmentarische, an das Epigonenhafte des christlichen Roms erinnernd.

Sant' Agnese fuori le Mura und die Agnese-Katakomben.

I.

Zum 21. Januar, Vormittags sieht man Jung und Alt, Arm und Reich durch die Porta Pia hinaus in die Campagna, auf das schneebedeckte Sabinergebirge zu, die alte Via Nomentana entlang und in der Richtung der gleichnamigen Aniobrücke ziehen. Da folgen sich die fürstlichen Equipagen und die einfachen Droschken in langer Reihe, und dazwischen hindurch drängen sich die Schaaren der Fussgänger, der Spielleute, der Marketender und der Bettler. Wo geht es hin? Wollen sie eine Wallfahrt nach Mentana unternehmen? Wandert die Plebs abermals auf den Mons Sacer aus? — Es geht nach Sant' Agnese, am 21. Januar ist das Fest der heiligen Agnes, in der alten Kirche, die Constantin der Grosse über dem Grabe des jungfräulichen Lammes auf Bitten seiner Tochter Constantia gegründet hat, der man übrigens dieses hohe Alter nicht gleich ansieht, werden heute zwei wirkliche Lämmer feierlich gesegnet. Auf dem Altare liegen sie, rosenbekränzt und mit seidnen Bändern geschmückt, wunderbare, lebendige Symbole: nach dem Hochamt vollzieht der Abt von San Pietro in Vincoli ihre Weihe, worauf sie einem Würdenträger vom Lateran übergeben werden, der sie dem Papste bringt: der heilige Vater bestimmt ein Nonnenkloster, in dem sie auferzogen werden sollen, gewöhnlich das Kloster des Jesuskindleins (Bambin Gesù), gegenüber S. Pudenziana, aber auch das von S. Lorenzo in Paneperna, oder die Kapuzinerinnen: eins von ihnen kommt (agnos vivos volunt vorare et in pariete pictos adorare!) am nachfolgenden Charfreitag auf die päpstliche Tafel. Aus der Wolle beider aber werden die bereits erwähnten Pallien gewebt. Das Pallium, ein weisswollener Kragen, der um die Schultern gelegt wird, bis zum vierten Jahrhundert ein ausschliessliches Abzeichen der römischen Bischöfe, erinnert an die Pflicht des guten Hirten, die verirrten Schafe nach Jesu Beispiel „mit Freuden auf seine Achseln zu legen und heimzutragen“: dem guten Hirten werden wir in den anliegenden Katakomben wiederholt begegnen. Da die Bischöfe diese Pflicht von Petrus überkommen haben, dem Christus seine Schafe zu weiden ausdrücklich anbefahl, so werden die Pallien am Vorabend vor dem Feste Petri auf seinem Grabe niedergelegt und hierselbst vom heiligen Vater den abendländischen Erzbischöfen verliehen.

Obgleich das von der Kirche Alles in einen überraschenden, tiefsinnigen Zusammenhang gebracht ist, so muss man doch bekennen, dass gerade die Pointe des Ganzen, die Lämmerweihe, auf einer irrigen Voraussetzung beruht, nämlich auf der, dass der Name Agnes mit dem lateinischen Worte Agnus eine etymologische Verwandtschaft habe. Die heilige, von allen Kirchenvätern, namentlich aber vom heiligen Ambrosius gefeierte Agnes wurde wie Caecilia um das Ende des dritten Jahrhunderts in Rom geboren, und zwar gleichfalls in einem vornehmen, aber christlichen und frommen Hause. Kaum zwölfjährig, wurde das schöne Mädchen von vielen Seiten zur Ehe begehrt, unter Andern von einem gewissen Simplicius, dem Sohne des Präfecten Symphronius. Aber sie, die sich als Christi Braut betrachtete, schlug jeden Heiratsantrag aus und blieb auch auf ihrem Kopfe, als der Stadtpräfect selbst ein gutes Wort für seinen Sohn einlegte. Damals (303) wüthete gerade die fürchterliche Christenverfolgung des Kaisers Diocletianus, und so kam es, dass die eigensinnige Jungfrau als Christin angeklagt und vor Gericht geschleppt ward. Der Richter war der abgewiesene Vater selbst: er versuchte es im Guten und im Bösen, mit Drohungen und Bitten, Ketten und Schmeichelein, er konnte sie nicht dahin bringen, ihren Glauben zu verleugnen, den heidnischen Göttern zu opfern und eine *Sacrificata*, eine *Lapsa* zu werden, wie man's nannte, oder sich auch nur, gleich den *Libellatici*, durch eine falsche Bescheinigung (Clibellus) zu retten: an ihren Altären stehend, vor den unheiligen Opferflammen der Venus bezeichnete sie sich mit dem Kreuze. Da wollte ihr der Tyrann das Allerschlimmste anthun: er sagte, er würde sie, um ihren Starrsinn zu brechen, von zwei Soldaten nackt in ein Bordell abführen und daselbst prostituiren lassen. Gesagt, gethan. In jenen Gemächern an der Piazza Navona, über denen gegenwärtig die Stadtkirche Sant' Agnese steht und wo Algardi die Begebenheit glücklich in einem Basrelief geschildert hat, in den Gewölben des domitianischen Stadiums wurde die heilige Agnes der Schande preisgegeben. Umsonst: ihr goldnes Haar wuchs und umfloss sie wie ein Kleid: Niemand wagte sie zu berühren: und als sich ihr Simplicius mit frevlem Muthe näherte, ward er von einem Blitz getroffen und geblendet — er wäre todt liegen geblieben, wenn nicht Agnes für ihn gebetet und ihm das Augenlicht zurückgegeben hätte.

S. Agnese fuori le mura.

Symphronius bebte vor Scham und Zorn: er sollte das Mägdlein nicht zwingen! Es ward zum Tod verurtheilt. Nimmer ging, wie Ambrosius sagt, eine Braut vergnügter zu ihrer Hochzeit, als die heilige Jungfrau zu ihrer Hinrichtung. Das Volk staunte, ein Wesen, ein Kind zu sehn, das ein kaum angefangenes Leben so ruhig fahren liess; der Scharfrichter, den man kommen lassen musste, weil die Flammen nicht vertingen, der Scharfrichter konnte es nicht über's Herz bringen, sie zu tödten — „*was zögerst du, Henker,*“ rief sie, indem sie das geneigte Haupt erhob, „*was hältst du die Braut auf, die in die Arme des Bräutigames fliegt? Henker, kannst du keine Lilie knicken? Bleicher Henker, zittere nicht!*“ — und zitternd und bleich knickte der Henker die Lilie: sie ging ein am 21. Januar 304 und wurde an besagter Stätte, an der Via Nomentana

16

auf einem kleinen Familiengrundstücke (praediolum) begraben, wo wenig Tage darauf noch eine andere heilige Jungfrau die Palme des Martyriums erlangte: Emerentiana, die Milchschwester der heiligen Agnes, die, als sie an ihrem Grabe betete, von den Heiden gesteinigt wurde (23. Januar 304). Ihre Ruhestätte (*Coemeterium S. Agnetis in ejusdem agello*) ist der Kern der berühmten Agneskatakomben, wie die Caeciliengruft der Kern der Callistuskatakomben war.

Nun die gebenedeite Jungfrau, welche die Kirche als ein Muster christlicher Sittenreinheit preist und der auf einer alten Glasmalerei zwei Tauben den doppelten Kranz der Keuschheit und des Martyriums reichen:

duplex corona est praestita martyri

Prudentius, Peristeph. XIV, 7 —

diese unschuldige Agnes, die noch auf den Brettern als ein Typus mädchenhafter Schüchternheit und Naivetät fortlebt, hiess eigentlich nicht Agnes, sondern Agne, heisst sie im Gregorianischen Kanon noch, und dieser Name, das griechische Ἁγνή, bedeutet die Keusche und die Reine — man möchte behaupten, dass derselbe nicht zufällig, sondern auf die Bildung der Legende von Einfluss gewesen sei. Mit Agnus, Lamm hat er nichts zu thun, diese Beziehung gründet sich nur auf die äusserliche Aehnlichkeit der beiden Worte. In Südeuropa wächst ein Strauch, dessen bitterlicher Same den Geschlechtstrieb unterdrücken soll, dessen Zweige die Vestalinnen in ihren Händen trugen, die Priesterinnen der Ceres in ihre Betten legten, den man noch heute in den Klöstern des Orients zu „Mönchspfeffer" benutzt: der sogenannte Keuschbaum oder das Keuschlamm. Diese Verehrung der aromatischen Verbenacee, die dichte, ausgedehnte Gebüsche an den Flussufern bildet, hat keinen andern Grund als den, dass sie im Griechischen den Namen ἄγνος führt: dieses ἄγνος verwechselte man mit ἁγνός keusch, und schrieb deshalb als Erklärung das lateinische castus bei, woraus im Mittellatein die tautologische Benennung ‚Agnus castus' entstand: diese übersetzten wir wiederum, weil wir Agnos mit Agnus verwechselten, in Keuschlamm. Die Araber nennen die Pflanze „Hand der Maria." — Das Keuschlamm, das der heiligen Agnes als Sinnbild gegeben wird, erinnert nur zu stark an die Kette von Irrthümern, die um den zierlichen Strauch herumgelegt ist.

Die heilige Agnes.
Mosaik in der Tribuna von S. Agnese.

II.

Noch köstlicheren Samen bergen wir trauernd in der Erde Schooss, heisst es in der Glocke; der Dichter denkt dabei an die Auferstehung. Wir können denselben Vergleich in einem etwas andern Sinne machen. Der begrabene Märtyrerleib scheint recht eigentlich ein keimkräftiges Samenkorn zu sein, das aufgeht und Wurzeln schlägt. Wie eine junge Pflanze durchbricht er die Erde, treibt er einen Stengel hervor, wächst er auf zu einem Baume; wie eine Pflanze schickt er tausend weit verzweigte Wurzeln abwärts.

Der Baum ist die Basilica, die über ihm ersteht, die sich über ihm wie eine Krone wölbt, an der die Mosaiken wie goldne Früchte hängen, aus der der Glockenthurm herauskommt wie ein Ast: die Wurzeln sind die Gräberreihen, die sich unter der Erde wie Fasern von einem Stock ausbreiten. Die Campagna war der Acker, auf den der Same des Christenthums gestreut ward — er steht jetzt voller Bäume: diejenigen, die sie steckten, thaten es unter Thränen und in Hoffnung — wie der Araber die Dattel nicht erntet, die er pflanzt.

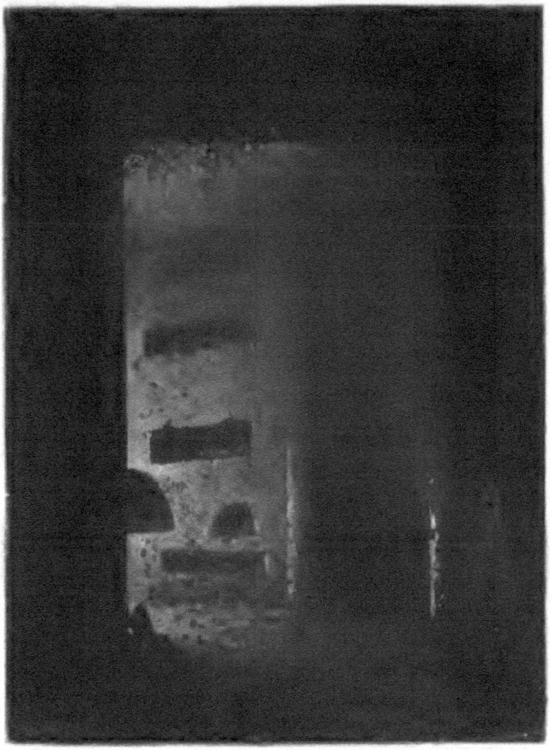

Katakomben von S. Agnese.

So Sant' Agnese. Sie ging auf unter Constantin dem Grossen; unter Honorius I. (625 — 638) war sie bereits ein stattlicher Kirchenbaum — eine dreischiffige Basilica mit sechzehn antiken Säulen und Emporen wie San Lorenzo; damals wurde die Tribuna mit Mosaiken geschmückt, welche die heilige Agnes zwischen zwei Päpsten, Honorius (PRAESVL HONORIVS HAEC VOTA DICATA DEDIT) und Symmachus darstellen: sie hat eine violette Tunica, einen goldgestickten Purpurstreif (latus clavus) mit weissem Saume und eine Krone auf dem Kopf, — dieses starre Prachtgewand, diese steife Stellung, diese geraden Falten, die nur durch dunkle Streifen, diese rothen Wangen, die durch plumpe Tupfen angedeutet sind, alles das stimmt nicht sehr zu dem anmuthigen Bilde, das wir uns von dem dreizehnjährigen Kinde machen und unter welchem sie ein Tintoretto und ein Domenichino verewigt hat. Die Hand des ewigen Vaters, welche der Heiligen ihre Krone aus den Wolken herabreichte, haben neuere Restaurationen gleich dem Schwert, welches als eigentliches Werkzeug ihrer Marter zu ihren Füssen lag, verschwinden lassen; statt des letzteren bemerkt man zwei ausschlagende Flammen, die wohl eine Anspielung auf den ihr anfänglich zugedachten Feuertod sein sollen. Unter Innocenz VIII. (1484—1492) fing der alternde Baum bereits an hohl und morsch zu werden, und in unserem Jahrhundert konnte man sich nicht einmal mehr ruhig auf seine Aeste setzen: am 15. April 1855 nach dem Hochamt brach Pius' IX. mit seinem ganzen Gefolge durch den Boden der Seitenhalle durch und stürzte, ohne Schaden zu nehmen, in einen Keller. Damals wurde die Kirche zum letzten Mal restaurirt.

Und sie streckte ihre Wurzeln tief in den Grund hinein, indem sich das kleine Coemeterium S. Agnetis im Laufe der Zeit mit dem Coemeterium S. Nicomedis und dem ausgedehnten Coemeterium Ostrianum verband; die gesamte Anlage führt im vierten Jahrhundert geradezu den Namen *Coemeterium majus (ad Nymphas S. Petri* oder *Fontis S. Petri)*, während wir sie schlechthin die Katakomben von Sant' Agnese nennen. Sie sind nicht anders eingerichtet als die Callistus-Katakomben, aber durch ein typisches Beispiel einer sogenannten Kirche ausgezeichnet; sie veranlasst uns, noch einmal auf jene Räume zurückzukommen, die wir als Cubicula kennen gelernt haben. Die letzteren hatten im Allgemeinen kleine Dimensionen und konnten nur eine beschränkte Anzahl von Personen fassen. Doch findet man auch Hallen und Gemächer von grösserem Umfang, die nach der Meinung der römisch-katholischen Autoritäten von vornherein für gottesdienstliche Versammlungen bestimmt gewesen sind. Padre Marchi erfand sogar, ohne damit durchzudringen, eine entsprechende Nomenclatur, indem er die kleineren Grüfte Cryptae, die grösseren Ecclesiae betitelte. Er stützte sich dabei hauptsächlich auf die Agnes-Katakomben, wo im Jahre 1842 eine hervorragende Ecclesia entdeckt ward. Dieselbe umfasst fünf quadratische, 2 m lange und 2 m breite Gemächer, welche mit Einschluss der Durchgänge zusammen eine Länge von 13 m haben; das letzte ist 2 m, die übrigen sind 4 m hoch. Sie liegen in einer Flucht, werden aber durch ein quer durch laufendes Ambulacrum in rechtem Winkel geschnitten und in zwei Abschnitte, von No. 1—2 und von No. 3—5 zerlegt, so dass die Proportion des goldenen Schnittes (3:5) entsteht; No. 2 und No. 3 hängen übrigens nicht unmittelbar, sondern durch einen Corridor zusammen, welcher von dem Ambulacrum zunächst geschnitten wird, wie man aus folgendem, ungefährem Schema sieht:

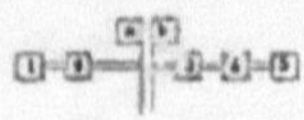

Nummer 1 und 2 sollen für die Frauen, Nummer 3 und 4 für die Männer reservirt, die beiden Kammern diesseits (a und b) Vestibüle gewesen sein; Nummer 5, durch einen Bogen, der auf stuckirten Säulen ruht, geschieden, war das Sanctuarium, an dessen Rückwand die Cathedra, der aus dem Tuff ausgehauene Bischofsstuhl stand; an ihn schlossen sich rechts und links Steinbänke an, die an den Seitenwänden hinliefen und Sitze für die Geistlichkeit abgaben. Hinter dem Bischofsstuhl und hinter den zwei Chorbänken öffnet sich je ein Arcosolium, in dessen Laibung kleine Loculi für Kinderleichen ausgebrochen sind; die Mauern darüber enthalten gleichfalls Reihen von Loculi. Keine Spur eines Altars: der Bischofsstuhl verschliesst das Arcosolium durchaus und lässt keine Benutzung des Sarkophages zu. Daher glaubt Marchi, dass der Altar tragbar gewesen sei. Das Ganze ist ohne jede Malerei und bis auf ein marmornes Tafelwerk, von dem sich noch eine Spur erhalten hat, völlig schmucklos. Das Resultat der Forschungen des gelehrten Vaters ist das hocherfreuliche, dass die beiden Geschlechter auf besonderen Treppen und besonderen Corridoren zur Kirche gingen und dass dieselbe vor Anfang des dritten Jahrhunderts gebaut sein müsse, die Basis derselben indessen zu unsicher, als dass man seine Annahme für mehr als eine Hypothese halten könnte.

Und hoffen, dass er aus den Särgen erblühen soll zu schönerm Loos. Ich bin der Weinstock und ihr seid die Reben, sagt der Erlöser (Evangelium Johannis XV, 5), ein Weinstock ist das älteste Sinnbild, welches die christliche Kunst angewendet hat, und in Santa Costanza, in dem Mausoleum jener Constantia, auf deren Bitten Sant' Agnese gegründet ward, ein paar Schritte von unserer Kirche, sieht man eine Weinlese musivisch dargestellt: der mächtige Sarkophag der Prinzessin, der jetzt im Eingangssaal des Vaticanischen Museums steht, hat, weil auch

Moses, Wasser aus dem Felsen schlagend.

Alte Malerei aus den Katakomben von Sant' Agnese.

Christus, der gute Hirte.

Alte Malerei aus den Katakomben von Sant' Agnese.

auf ihm eine Weinlese gehalten wird, seinerzeit den Titel „Grabmal des Bacchus" erhalten. Die Weinlese ist ein Symbol der Todesernte, des Martyriums, bei welchem das Blut des Bekenners wie der Wein aus der gekelterten Traube fliesst; der Weinstock das Symbol der Kirche, die unter dem Kreuze aufwächst und deren Zweige sich über die Welt ausbreiten. Wohlan! Christus hat das ganze Gebäude seiner Religion mit einem Gewächs verglichen; und wir sollten es im Einzelnen nicht können? —

III.

An den Mosaiken der oberen Kirche bemerken Kunsthistoriker eine bedeutende, das Emporkommen des Heiligendienstes bezeichnende Abweichung von der bisherigen Sitte, die, dass Agnes die Stelle Christi einnimmt und von der Gottheit sozusagen nur eine Hand übrig geblieben ist. Vielleicht haben die Künstler gedacht, dass Christus unten in den Katakomben schon oft genug gemalt ist. Das eine Mal auf dem Schoosse seiner Mutter am Plafond eines Arcosoliums, in steifer, symmetrischer, byzantinischer Manier, ähnlich wie in San Clemente, etwa aus dem Jahr 400 — das Kind steht in Viertelfigur vorn, bekleidet mit einer blauen Tunica, die Mutter dahinter, in grüner Tunica und einem Pallium, das ihr auf die Arme fällt, das Haupt mit einem Schleier bedeckt, den Hals mit einer Perlenschnur umwunden, in Stellung einer Betenden, beide sind ohne Nimbus, aber das heilige Monogramm (☧) blickt sie von beiden Seiten an; übrigens steht es abermals nicht ganz fest, dass es wirklich die Jungfrau Maria mit dem Kinde ist — das zweite Mal, und zwar nicht blos einmal, sondern wiederholt als guter Hirte. Dieses Bild, gleich dem Weinstock eines der frühesten und wichtigsten Symbole, hat für uns hier eine besondere Bedeutung und deshalb wollen wir es zum Schlusse kurz analysiren.

Arcosolium mit einem Freskogemälde der Mutter Gottes. Katakomben von S. Agnese.

In allen Gegenden, wo das Hirten- und Nomadenleben vorgeherrscht hat, ist auch der

Vergleich der irdischen und der himmlischen Könige mit Hirten traditionell geblieben: man liest ihn im Homer, in den Psalmen und in den Propheten; Jesus wendet ihn auf sich selbst und sein Verhältniss zur Menschheit an (Evangelium Lucae, XV, 4, Johannis X, 12); und deshalb gaben ihm die ersten Zeiten vor allen anderen, mit Ausnahme des vom Weinstocke, den Vorzug. Es entstanden drei Typen des guten Hirten: einer, wo er mit Orpheus verschmolzen ist; ein zweiter, wo er das wiedergefundene Schaf auf den Schultern trägt, mit aufgeschürzter Tunica und Mantel (Penula), eine unbedingte Wiederholung des Hermes Kriophorus, sehr allgemein zu finden; ein dritter, wo er einen Stab in der Hand hält und von einem Hunde begleitet ist, minder häufig. Seit dem fünften Jahrhundert verschwindet der Typus, obwohl Constantin der Grosse Statuen des guten Hirten auf den constantinopolitaner Plätzen hatte aufstellen lassen.

In den Agneskatakomben herrscht der zweite Typus vor, mit mannigfachen Modificationen. Bald bläst er die Schalmei (Syrinx), bald steht er betend zwischen zwei Bäumen; bald blicken zwei Schafe zu ihm auf, bald hebt er ein Lamm auf der einen Seite auf die Höhe, während er die Mutter auf der andern Seite melkt: einen Schemel (Scabellum) und eine Gelte oder ein Melkfass (Mulctra) hat er gewöhnlich am Arme oder an einem Baume hängen oder vor sich stehen.

Wenn die ersten Herbstregen im October gefallen und mit dem Brande der Sonne auch die Fieberdünste verschwunden sind, wenn das üppig hervorschiessende Gras alle Höhenzüge überkleidet, dann steigen aus den schneebedeckten Abruzzen und vom Hochland Umbriens und der Sabina die Schäfer mit ihren Heerden in die römische Campagna herab. Dann sieht man die guten Hirten leibhaftig und wie sprechende Symbole, in Schaffelle gekleidet bei Sant' Agnese vorüberziehn. Wir haben oben erfahren, wie innig der Zusammenhang dieses Sinnbildes mit der Kirche der Heiligen ist, und dass aus der Wolle ihrer Lämmer das Pallium gewebt wird, welches der katholische Bischof nach dem Beispiel des guten Hirten auf seine Schultern nimmt, das er zurück zum Schafstall und zu seiner Heerde trägt, das er mit Hülfe wachsamer Schäferhunde, der Dominicaner, der *Domini Canes* dem Rachen des Wolfs entrissen hat. O, Campagna, wunderbarer Boden! Buch voll Gleichnisse, Bühne voll wandelnder Schatten, selbst ein Bild der Kirche und der Erde, wer denkt dich aus? Wer durchdringt deine mystische Vorbedeutung? Es ist, als ob das Lamm, das dort rosenbekränzt auf dem Altar seiner Schutzpatronin liegt, tiefsinnig aufstünde und sagte — ich bin nur ein armes, unschuldiges Thier, aber hinter mir steht ein Universum. Du siehst mich an und kannst mich nicht begreifen. Die Welt ist eine Geheimschrift, lies sie; sie ist ein uraltes Räthsel, gehauen in einen ewigen Felsen, versuche seine Lösung; und wenn du dich den ganzen Tag damit herumgetragen, wichtigen Sinn herausgelockt, sehnsuchtsvoll und einsam darüber gebrütet hast, lege dich am Abend nieder mit der Hoffnung, dass dir die heilige Agnes oder ein befreundeter Gott im Traum erscheinen und das Wort nennen werde, an das du so fest geglaubt hast! —

San Giovanni in Laterano.

Santa Croce in Gerusalemme — Santa Maria Maggiore.

I.

O, Roma nobilis, orbis et domina,
Cunctarum urbium excellentissima,
Roseo martyrum sanguine rubea,
Albis et virginum liliis candida:
Salutem dicimus tibi per omnia.
Te benedicimus, salve per saecula!

In hoc signo vinces! — Ausgekämpft ist der Kampf, ausgelitten das Mass des Martyriums, ausgefüllt der Kreis der zehn Christenverfolgungen. Friede sei mit euch! Der süsse Friede kam, und in dem langen, schweren Streite hat das christliche Kreuz den Sieg davongetragen, es ragt flammend und triumphirend auf dem Pol der Erdkugel in die Höhe: der Kaiser, dem unter diesem Zeichen Obmacht verheissen worden, hat es mit eigner Hand begeistert aufgepflanzt. Nun kehren sie heim, die unter Thränen hinaus getragen worden sind: die Märtyrer, die diesen Boden mit ihrem Blute geröthet haben, die heiligen Jungfrauen, die ihn gleich weissen Lilien beglänzen, erheben sich aus den Gräbern, entsteigen den Katakomben und ziehen schaarenweise, wie Geisterkarawanen in die Stadt ein, wo man sie sorglich bettet — der Erlöser selbst schwebt von einer Mauer des lateranischen Palastes glorreich und majestätisch auf und ergreift Besitz von seinem Jerusalem, weiht das Zion des neuen Bundes, stiftet die allgemeine, apostolische, römische Kirche, die Bischofskirche und die Nationalkirche der Römer und der Menschheit, die aller städtischen und irdischen Kirchen Haupt und Mutter,

OMNIUM URBIS ET ORBIS ECCLESIARUM
MATER ET CAPUT

heisst — wovon die tiburtinische Sibylle in ihrer Entzückung träumte; was jener Kriegsknecht ahnte, da ihm das Scepter des sterbenden Tiberius vor die Füsse rollte und er es wie einer Zukunft Vorhang wallen sah; worum der heilige Bekenner auf dem glühenden Roste flehte, es ist erfüllt, das alte Rom die christliche, die heilige Stadt geworden, die der Pilgrim, wenn er sie, an Ruinen gelehnt, betrachtet, andächtig grüsst und anruft —

Ewige Stadt, der Welt Hirtin und Hüterin,
Rom, aller Städte ruhmvolle Königin,
Von rosefarbenem Märtyrerblute roth
Und dem jungfräulichen Lilienflor umloht —
O, vielbewunderte, nie ausgewunderte:
Gesegnet seist du durch die Jahrhunderte! —

Man darf annehmen, dass diese welthistorische Wendung der Dinge durch politische Rücksichten herbeigeführt worden war: Constantin hatte viele Gegner und Nebenbuhler, und es lag nur in seinem Interesse, sich die zahlreichen christlichen Unterthanen geneigt zu machen. Die Legende drückt das so aus, dass ihm bei seinem Zuge gegen Maxentius, angeblich bei Andernach am Rheine, ein flammendes Kreuz am Himmel mit der Aufschrift: IN HOC SIGNO

VINCES, und in der Nacht, die der Entscheidungsschlacht voranging, ein Engel mit dem Befehl erschienen sei, die Schilde seiner Soldaten mit dem Monogramme Christi zu bezeichnen: wir haben bereits unter dem Triumphbogen gestanden, welcher den Sieg vom 27. October des Jahres 312 verherrlicht und den man als einen Triumphbogen des Kreuzes selber betrachten kann. Im nächsten Jahre, 313, sicherte der Triumphator dem Christenthum mit Licinius durch ein officielles, zu Mailand erlassenes Edict umfassende Duldung zu und räumte bei dieser Gelegenheit dem dermaligen Bischof Miltiades oder Melchiades den grossen und herrlichen, von Juvenal und Capitolinus erwähnten Palast am Ostabhange des Coelius, die Domus Lateranorum zur Wohnung ein, speciell den Flügel, den seine Gemahlin Fausta inne hatte und der den Titel Domus Faustae führte. Dieser Palast war seit den Zeiten Neros kaiserliches Eigenthum und hatte, wie der Name besagt, ursprünglich den Lateranern, einer altrömischen Familie, gehört; mit den übrigen Gütern des Geschlechtes fiel er an die Krone, als Nero den Consul Plautius Lateranus, der sich gegen ihn verschworen, hinrichten liess, und kam nur vorübergehend, unter Septimius Severus, wieder in die Hände der rechtmässigen Besitzer. *In domo Faustae in Laterano* wurde bereits am 2. October 313 unter Miltiades ein Concil gehalten und der Bischof Donatus wegen ungerechten Gerichts verurtheilt; *in domo Faustae in Laterano* wohnten die Päpste fast tausend Jahre lang, nämlich bis zum Jahre 1305, wo sie ihren Sitz nach Avignon verlegten und in die „babylonische Gefangenschaft" zogen; nach ihrer Rückkehr wählten sie den Vatican zur Residenz.

Im Jahre 324 war Constantin Alleinherrscher des römischen Reichs geworden, und in demselben Jahre sollte er durch eine besondere Führung veranlasst werden, sein Werk zu besiegeln und das Christenthum zur Staatsreligion zu erheben. Die Geschichte will, dass Constantin der Grosse, zwar längst Christ und bekehrt, aber noch Katechumen, das Sacrament der Taufe erst in seinem vierundsechzigsten Lebensjahre, auf dem Todtenbette von einem arianischen Bischof empfangen habe; der Glaube an die sündenvergebende Kraft der Taufe, welcher nur der Märtyrertod, die Bluttaufe gleichgeachtet wurde, bewog viele, dieselbe so lange als möglich aufzuschieben. Wir müssen uns an die Legende halten, welche die nachfolgenden Jahrhunderte beherrscht hat, ohne die das christliche Rom gar nicht verstanden werden kann, die auch den Kern der Sache am geschicktesten formulirt. Also die Legende erzählt, dass der Kaiser eben im Jahre 324, dem fünzigsten seines Lebens, an einer hitzigen Hautkrankheit schwer daniedergelegen habe. Sein Leibarzt verordnete ihm animalische Bäder: der Patient sollte sich täglich einmal in das warme Blut gesunder Kinder einbringen lassen: und zu dem Ende ward beim lateranischen Palaste ein marmornes Badebassin (Baptisterium) erbaut. Da hatte der Kranke eine Vision. Geh zum heiligen Sylvester, hiess es; statt in das Blut unschuldiger Kindlein tauche dich in das Wasser, womit der Täufer die Sünden der Menschheit abwäscht, so wirst du des Aussatzes genesen. Constantin gehorchte, er liess sich in dem Bassin taufen, in dem er hatte ein Blutbad nehmen wollen, der Aussatz wich von ihm, und aus Dankbarkeit erliess er, entschlossen, das Christenthum in allen Landen einzuführen, an seine Unterthanen eine zweite (von Eusebius ins Griechische übersetzte) Botschaft, durch die er sie aufforderte, dem alten Aberglauben zu entsagen und den wahren Gott anzubeten; und machte dem römischen Bischof, seinem geliebten Bruder (dilecto fratri) den Kirchenstaat oder Petri Erbgut, das Patrimonium Petri nebst der päpstlichen Tiara zum Geschenk, während er selbst eine allgemeine Kirchenversammlnng nach Nicaea berief und persönlich den Vorsitz derselben führte (325).

Nun brauchte sich das Christenthum nicht mehr in Katakomben zu verstecken: in oder neben dem bischöflichen, weiland lateranischen Palaste ward eine Basilica, eine erste öffentliche, christliche Basilica gegründet, die Basilica Lateranensis. Geweiht war sie vermuthlich von Anfang an Johannes dem Täufer, dem Constantin der Grosse auch anderwärts, zu Ostia,

Façade von Santa Maria Maggiore — Sant' Antonio Abate.

Albano, Neapel und Constantinopel Kirchen baute, unter dessen unmittelbarer Protection die anliegende Taufkapelle stand und der als die Personification der Taufe Constantins und der Bekehrung Roms aufgefasst werden konnte; doch führt sie in alten Zeiten auch den Namen Erlöser- oder Heilandskirche (Basilica Salvatoris), weil sie an die wunderbare Heilung des Kaisers durch die Taufe erinnerte und eben diese Heilung eine sinnreiche Beziehung auf die Heilung und Rettung der ganzen Menschheit durch den Weltheiland darbot. Als Sergius III. am Anfang des zehnten Jahrhunderts den eingestürzten Tempel aus gänzlichem Ruine neu erhob, machte er den johanneischen Titel offiziell, und Johanneskirche, San Giovanni in Laterano, heisst die Constantinische Basilica bis heute, wie die Taufkapelle San Giovanni in Fonte heisst; am Geburtstage des heiligen Vorläufers ist das Hauptfest der Kirche, und nur ein Misverständnis hat wieder den Täufer mit dem Evangelisten verwechseln und beide Johannes als ihre Schutzheiligen verehren lassen.

Es ist charakteristisch, dass es unter den eigentlichen Hauptkirchen der Stadt keine einzige und unter den dreihundertvierundsechzig römischen Kirchen überhaupt nur eine und die andere Christuskirche gibt, dass man dagegen achtzig Marienkirchen zählt und die grösste darunter (Santa Maria Maggiore) allerdings zu den Patriarchal-Basiliken gehört. Diese letztere, nicht blos die grösste, sondern auch die älteste Marienkirche in Rom und höchst wahrscheinlich in der christlichen Welt, stammt dennoch aus nachconstantinischer Zeit: Papst Liberius baute sie im Jahr 352 auf der Stelle des Esquilins, wo am Morgen des 5. August, gemäss einem vorhergegangenen Traumgesichte, frischer Schnee lag; zum Andenken an so wunderbaren Schneefall, nach dem sie auch Maria im Schnee (S. Maria ad Nives) heisst, lässt man noch jährlich zur Kirmes beim Hochamte und bei der Vesper weisse Blumenblätter von der Decke regnen, wie sie bei den Passionsspielen in Oberammergau Manna regnen lassen. Sixtus III, der die Kirche 435 erneuerte, nannte sie S. Maria Mater Dei, weil sie der *Mutter Gottes* angehören sollte: die Gottesmutterschaft der heiligen Jungfrau war eben auf dem Concil zu Ephesus, im Jahre 430 zum Dogma erhoben worden. Damit mag es zusammenhängen, dass man die echte Krippe des Jesuskindleins aus dem heiligen Lande in diese Kirche brachte (S. Maria ad Praesepe). Aber vor der Krippe, die nur eine Reliquie in der Kirche bildet, war ein anderes, vornehmeres Heilthum aufgefunden worden und theilweise nach Rom gekommen, ein Heilthum, das selbst eine Kirche werth war — das Kreuz, an welchem Jesus gehangen hatte, und es führt uns in die Nähe des Laterans und in die Constantinische Familie zurück.

Basilica von S. Croce in Gerusalemme.

Am 3. Mai des Jahres 327 hatte Helena, die Kaiserin-Mutter, in Jerusalem, das heilige Kreuz erfunden (Inventio Sanctae Crucis). Unter Hadrian war jede Spur von Golgatha vertilgt, der Boden erhöht und ein zwiefacher Tempel des Jupiter und der Venus darauf errichtet worden. Zugleich mit der Annahme des Christenthums fasste Constantin den Entschluss, die heiligen Stätten von jenem Greuel zu säubern, und dieser Entschluss ward durch seine Mutter Helena, die im Alter von neunundsiebzig Jahren nach Palaestina reiste, und den Bischof Macarius ausgeführt. Mit Gottes Hülfe und unter Anleitung eines gelehrten Hebräers, eines gewissen Judas, nachmals unter dem Namen Quiriacus getauft, entdeckte man den Platz, schaffte die Erde weg, und in einer Reihe nebeneinander erschienen die drei Kreuze. Auch das Täfelchen mit der in drei Sprachen, Hebräisch, Griechisch und Lateinisch abgefassten Inschrift (JESVS NAZARENVS REX IVDAEORVM), welches Pilatus an das Kreuz Christi anheften lassen hatte, fand sich. Doch war es vom Stamme losgerissen und die Aufgabe demnach schwierig, das Kreuz Christi von denen der beiden Schächer zu unterscheiden. Zum Glück kam Macarius auf einen sinnreichen Gedanken. Eine junge Jerusalemerin lag am Tode, zu ihr brachte man die drei Kreuze. Die beiden ersten hatten nicht die geringste Wirkung, als die Kranke aber das dritte berührte, genas sie augenblicklich. Das war das rechte Kreuz. Ein Stück davon wurde in Silber gefasst und dem Macarius übergeben, der es in Jerusalem behielt, der Rest nebst den Nägeln an den Kaiser expedirt. Da sollte sich, wie einige Väter sagen, die Prophezeiung des Sacharja (Cap. XIV, 20) erfüllen. Einen der Nägel legte Constantin als Eiserne Krone (Corona Ferrea) um seinen Helm, aus einem zweiten ward ein Zaum für sein Ross geschmiedet; was vom Kreuze selbst noch übrig war, wurde zum Theil in eine Bildsäule Constantins auf dem gleichnamigen Forum in Constantinopel eingeschlossen, theils, so namentlich die triglotte Inschrift, von der Kaiserin nach Rom gebracht und in der Kirche niedergelegt, die sie noch vor ihrem Tode innerhalb der Umfassungsmauern des Sessoriums im Jahre 328 stiftete (*Basilica Sanctae Crucis in Hierusalem*). Ausserdem hatte Helena auch die achtundzwanzig Marmorstufen der Treppe eingepackt, die zur jerusalemer Landpflegerschaft führte und die der schmerzenreiche Erlöser hinaufgestiegen war: diese heilige Stiege kam in den bischöflichen Palast am Lateran (*SS. Salvatore delle Scale Sante*).

Es ist wahrscheinlich, dass Constantin der Grosse an den heiligen Stuhl keine andere Schenkung gemacht hat, als die des Patriarchium Lateranense und dass sich der Kirchenstaat von damals in Wahrheit auf die Laterankirche reducirt. Nichtsdestoweniger, auch nicht ohne ein höheres historisches Recht, hat die Christenheit den Anfang des neuen Weltreichs vom Jahr 324 datirt und (da das Zweigöttersystem in der römischen Geschichte hergebracht ist) in Constantin dem Grossen und seiner Mutter Helena ein drittes römisches Gründerpaar gesehen. Wie die beiden geistlichen, gleich Saul und Jonathan „im Leben einigen und im Tode nicht getrennten" Brüder, Petrus und Paulus, auf die beiden leiblichen Brüder, Romulus und Remus, die Erbauer der ewigen Stadt gefolgt sind, also folgten wieder auf Petrus und Paulus der Kaiser Constantin und die Kaiserin-Mutter Helena, die Apostelgleichen (*Ἰσαπόστολοι*). Die irdischen Reste der beiden Apostelfürsten befinden sich zur Hälfte in Sanct Peter, zur Hälfte in Sanct Paul, aber ihre heiligen Häupter sind in der Lateranbasilica. Wer denkt hier nicht an das Caput Toli vom Capitol, das diesen Hügel zur Weltherrschaft praedestinirte? Es will symbolisch andeuten, dass die Constantinische Kirche das Haupt, das neue Palatium und Capitol der Erde zu werden vorbestimmt war.

II.

An neun Jahrhunderte sind vergangen. Das Haus der Lateraner ist nachgerade zu einer kleinen Stadt und einem Jerusalem hochheiliger Orte angewachsen: es umschliesst Tempel, Klöster, Oratorien, Taufbrunnen und apostolische Paläste: aber das Heiligthum unter den Heiligthümern, das Sancta Sanctorum oder das Allerheiligste ist die päpstliche Hauscapelle, die auch nach dem berühmten Leviten, dem heiligen Laurentius, genannt wird; sie hat zwar noch nicht die glänzende Ausschmückung erhalten, die ihr Nicolaus III. geben wird, aber sie ist schon lange das unnahbare, nur dem Hohenpriester vorbehaltene Palladium der Stadt.

Sie enthält die angesehensten Reliquien — die Häupter der Apostelfürsten und das nicht von Menschenhänden gemachte Portrait Christi; zu ihr, die im ersten Stocke gelegen ist, führt, wir wollen es so annehmen, die heilige Treppe vom jerusalemer Praetorium, die der Erlöser kummervoll erklomm, als er zu Pilatus ging, auf deren Absatz er, ecce homo! als ein ergreifendes Bild menschlichen Jammers stand.

Ist es nicht, als ob er jetzt noch oben stünde? In dem wunderbaren Bilde, das der Evangelist gemalt hat, das zu vollenden Engelschaaren vom Himmel herniedergeschwebt sind,

San Giovanni Laterano.

scheint Christus selber gegenwärtig; er steigt sie noch immer hinauf, die achtundzwanzig Stufen, und die Millionen, die ihm knieend nachfolgen, erkennen das Haupt voll Blut und Wunden, o sehet, welch ein Mensch!

Nicht von Menschenhänden gemacht oder, wie die Griechen sagen, ἀχειροποίητον. Es gibt zwei Bilder Christi, denen dieses Praedicat zukommt und die, wenn man der Legende glauben dürfte, die ältesten und authentischsten auf der Welt sein würden: das Abgarus- und das Veronicabild. Das eine wie das andere ist gewissermassen als ein übernatürlicher Zeugdruck zu betrachten, zu dem Christi eigenes Antlitz die Form geliefert hat. Ersteres entstand so: Abgarus, König von Edessa, ein Freund des Augustus, hatte von dem wunderthätigen Arzte Jesus in Judäa gehört und ihn, da er an den Füssen litt, brieflich zu sich eingeladen, aber von dem Herrn eine abschlägige Antwort erhalten. Da schickte er einen Maler nach Jerusalem, der den Sohn Gottes abnehmen sollte; doch der war nicht im Stande, die überirdische Klarheit, die um den Messias leuchtete, zu ertragen. Um ihm aus der Noth zu helfen, nahm Jesus sein Gewand, hielt es vor sich und drückte sein Gesicht in dem Stoffe ab: den Abdruck, τὸ ἀπεικόνισμα, schickte er nach Edessa. Dieses Bild kam am 16. August des Jahres 944 nach Constantinopel und taucht später in Italien, unter andern auch in Rom, in der Kirche San Silvestro in Capite wieder auf; sie gehörte in der That Basilianern an, die während des Bilderstreites von Constantinopel nach Rom geflüchtet waren. Es stellt Christus in der Blüte jugendlicher Kraft und Schönheit, mit hoher Stirne, klaren Augen, gerader Nase, gescheiteltem Haar und dichtem braunem gespaltenem Barte dar. Das sehr verschiedene Veronicabild, das den leidenden, dornengekrönten Erlöser zum Gegenstande hat und das uns in Sanct Peter gezeigt werden wird, ist ebenfalls einem Stück Zeug, dem Schweisstuch der Veronica, eingedrückt — einer mythischen Personification des wahren Bildes (Vera Icon). Das sind also zwei Acheiropoieta, und ihnen zählt denn bereits Anastasius auch das Bild in Sancta Sanctorum zu, doch scheint es, dass sich der gelehrte Bibliothecar die Begriffe nicht völlig klar gemacht hat. Denn offenbar muss man darunter Naturbilder verstehn, die gar nicht künstlich gemalt, sondern nach Art von Photographien oder Lichtdrucken mechanisch hervorgebracht worden sind: eben darauf beruht der unvergleichliche Wert derselben. Bei dem Bild in der päpstlichen Hauscapelle will die Tradition dagegen, dass es von dem Evangelisten Lucas gemalt und von Engeln retouchirt worden sei. Lucas war bekanntlich ein Maler, und ihm soll nicht blos Christus, sondern auch Maria und Petrus und Paulus gesessen haben: die Lucas'sche Madonna befindet sich in Santa Maria Maggiore, in der Kapelle der Familie Borghese. Allen Respect vor dem Pinsel des Evangelisten! Aber wenn auch sein Portrait an Heiligkeit und Treue den beiden Originalabdrücken nahe kommen sollte, so ist es doch immerhin ein Werk von Menschenhänden, respective von Engelshänden, keine unmittelbare Reproduction — es ist nebenbei gesagt, ein Werk von byzantinischen Händen, viel jünger als der Christuskopf, der sich in den Callistus-Katakomben findet und der für die gesamte christliche Malerei den Typus gegeben hat.

Vor diesem Christusbild, das an Christi Statt in der Kapelle Santa Sanctorum hängt, kniet Innocenz III., der Stellvertreter Christi: er hat eben den heiligen Stuhl bestiegen und die dreifache Krone aufgesetzt bekommen: er ist in feierlicher Procession auf weissem Zelter den grossen Strassenzug des Papstweges entlang von Sanct Peter zum Lateran geritten: in der Laterankirche hat er, angesichts des ehernen Caballus Constantini, von seinem Thron Besitz (Possesso) genommen. Hier wohnt er, hier wurzelt er: in Sanct Peter ist er der geistliche Herr der Welt, im Lateran ist er Bischof; dort gebietet er „Orbi", hier „Urbi". Stadt und Land sind eins; aber die Stadt ist das mystische Emblem, das ihm die Weltherrschaft erst verspricht.

Der neue Papst steht auf, um in dem grossen Speisesaal, dem Triclinium Majus, das Festmahl einzunehmen; er setzt sich an eine separirte Tafel, in die Tribüne, wo der Heiland in Mosaik gebildet ist, wie er seine Jünger mit der apostolischen Gewalt aussendet, wo er dem Papst Silvester die Schlüssel des Himmelreichs und dem Kaiser Konstantin das Kreuzbanner übergibt, wo Petrus Leo III. die päpstliche Stola und Karl dem Grossen die Fahne reicht: in einsamer Grösse übersieht er, von Fürsten und Königen bedient, wie ein Gott seine Tischgesellschaft — er wirft einen Blick auf das ererbte Weltreich, und über seine Stirne zieht der kühne Traum des Papstthums.

Dieses Weltreich heisst die Kirche: es ist in der Lateranbasilica vorgebildet und inbegriffen — sie ist ein Titel über alle Titel, sie verleiht ein Scepter über alle Scepter, in ihren Hallen hängen wie im Tempel zu Jerusalem die Wagschalen des höchsten Richters, in welche die Loose der Menschheit geworfen werden.

So sitzt er am Webstuhle der Zeit, der grosse Weber, und wirkt Gottes Kleid: Geheimnisvoll und mit wichtiger Miene gehen die Praelaten aus und ein — Breven und Bullen, an denen das bleierne Siegel hängt, werden von Kanzlei zu Kanzlei getragen — Eilboten satteln, um nach allen Richtungen der Windrose zu fliegen — Legaten und Nuntien ziehen aus, Schicksale und Kronen in den Taschen — Bannstrahlen zucken wie Blitze in einer Gewitterwolke — man hört hier das Herz der Weltgeschichte schlagen, man sieht hier die Länder der Erde zu seinen Füssen liegen, man athmet hier eine Luft von lehnsherrlicher Majestät.

Voll von diesen Gedanken legt sich Innocenz nieder und schläft ein; während seines Schlummers hat er eine seltsame Vision.

Wohl steht das Haus gezimmert und gefügt,
Doch ach, es wankt der Grund, auf dem wir bauten!

Lateranplatz. (Piazza di S. Giovanni in Laterano.)

Es däucht ihm, die Kirche von San Giovanni in Laterano falle ein, wie sie vor ein paar hundert Jahren eingefallen war: ihre Mauern schwanken, sie neigen sich drohend über ihn, sie stürzen wie von einem Erdbeben erschüttert — da stemmt sich noch zu rechter Zeit ein Mönch dagegen, ein fremder, unbekannter, geringer Mönch, und hält den sinkenden Tempel in seinem Falle auf.

Innocenz fährt voll Schrecken in die Höhe: er sieht zum Fenster hinaus: da steht das Haus der Kirche fest gegründet und gezimmert, und nichts wankt und schwankt. Er sinnt dem Gesichte nach und über dem Sinnen schläft er abermals ein und hat zum zweiten Male einen bedeutenden Traum.

Abermals bricht über ihm der Lateran zusammen, und abermals stützt ihn ein fremder Mönch mit seinen Schultern, aber ein anderer als vorhin.

Den nächsten Tag liessen sich zwei Männer bei ihm melden, zwei sonderbare Schwärmer, ein Umbrer und ein Spanier, Franz von Assisi und Domingo de Guzman: sie kannten einander nicht, aber der eine wie der andere wollte einen Bettelorden gründen; selbander fingen sie an, sich für das evangelische Leben zu begeistern, selbander predigten sie die apostolische Armut, die apostolische Strenge und Einfalt in dem apostolischen Palast, selbander hielten sie sich berufen, unter die sich senkende Kirche wie Strebepfeiler unterzutreten — das waren die beiden Mönche.

Da ergriff den Papst das Zusammentreffen der Dinge und er ward die himmlische Fügung und den göttlichen Fingerzeig gewahr. Er liess sich überreden, und bei dem berühmten Concil, das vom 11. zum 30. November des Jahres 1215 in der Laterankirche abgehalten ward und zu welchem 482 Bischöfe, 900 Aebte und Prioren, Gesandte aus aller Herren Ländern und die bedeutendsten Zeitgenossen, im Ganzen 2283 Personen erschienen waren, in einer der glänzendsten Versammlungen des Katholicismus bestätigte er die beiden Bettelorden der Franciscaner und der Dominicaner, dass sie das schwankende Ansehn der Kirche wieder befestigten — — wir würden diese Episode nicht herausgegriffen haben, wenn sie nicht ausdrücklich an den Lateran anknüpfte und wenn nicht auf zwei Gemälden, die den Traum des Papstes zum Gegenstande haben, von Giotto und von Fiesole, die Laterankirche als die Kirche figurirte.

III.

Das hat sich sehr geändert. Am 6. Mai 1308, gleich nachdem die Curie nach Avignon übergesiedelt war, ging die Basilica und das gesamte Patriarchium Lateranense durch einen unglücklichen Zufall in Flammen auf; die Kirche ward wieder aufgebaut, um 1360 abermals vom Feuer verschlungen und abermals aufgebaut zu werden, aber der Palast blieb eine Ruine und eine öde Brandstätte, völlig unbewohnbar. Als daher Urban V. im Jahre 1367 die ewige Stadt besuchte, als Gregor XI. im Jahre 1376 definitiv nach Rom zurückkehrte, mussten sie wenigstens vorläufig den am entgegengesetzten Pole gelegenen, übrigens gleichfalls trostlos aussehenden Vatican beziehen: ganz Rom wird von den Dichtern jener Zeit unter dem Bilde einer betrübten, in Schutt und Asche wehklagenden Witwe dargestellt. Nachdem sich die Päpste nun einmal weggewöhnt hatten, kümmerten sie sich auch nicht mehr um das Haus, in dem sie gross gewachsen waren, und erst Sixtus V. liess im Jahre 1586 die Ruine schleifen und durch Domenico Fontana einen neuen Palast aufführen. Derselbe, der noch gegenwärtig steht, ist bedeutend kleiner als der alte und schliesst das Gebäude der Scala Santa, welches bei dem grossen Brande verschont geblieben war, aus; es erhebt sich, als der einzige Rest des Constantinischen Patriarchiums, isolirt und aus dem Zusammenhang gerissen, an der Ostseite des Platzes, dessen Aussehen, wie das so vieler anderer, durch Sixtus V. und seinen getreuen Baumeister bestimmt ward; sie schmückten ihn auch, da die Aufrichtung des Vaticanischen glücklich gelungen war, mit einem Obelisken, dem grössten Monolith der Erde, der Nadel des aegyptischen Königs Tutmes III., welche, an viertausend Jahre alt, an eine Million Pfund schwer, 32 m, mit Postament 47 m hoch, ursprünglich vor dem Sonnentempel zu Heliopolis stand, im Jahre 357 n. Chr. nach Rom kam und hier den Grat des Circus Maximus bezeichnete; sie bauten in der Stadt einen wahren Wald von Obelisken auf, einen dritten setzten sie auf die Piazza del Popolo und einen vierten vor S. Maria Maggiore. Der Lateran wurde wohl wiederhergestellt, der Lateranpalast gleichwohl nicht mehr benutzt, sondern 1693 in ein Waisenhaus verwandelt, 1843 zu einem Museum eingerichtet. Auf dem Platze, wo einst der sausende Webstuhl der Zeit gestanden hat, herrscht jetzt tiefe Stille, der päpstliche Hofstaat hat sich nach dem Vatican verzogen, und nur am Himmelfahrtstage, wenn der heilige Vater vom Balcon der Basilica herab dem Volke den Segen ertheilt, wird es auf ihm lebendig:

der Neugewählte nimmt noch immer Besitz vom Lateran, aber er besitzt ihn nicht mehr — ich meine „besitzen" im eigentlichen Sinne, denn nebst dem Vatican und Castel Gandolfo hat der Lateranische Palast durch das Garantiegesetz vom 13. Mai 1871 das Privilegium der Exterritorialität erhalten.

Wenn man die Stadt Rom als einen Kreis betrachtet, so kann man sagen, dass die Päpste ihre Residenz von einem Punkte der Peripherie auf den andern verlegt haben. Und zwar auf den gegenüberliegenden Punkt der Peripherie, denn wenn man vom Lateran zum Vatican eine gerade Linie zieht, so geht sie durch den Mittelpunkt des Kreises. Die gerade Linie, der Durchmesser des Kreises, ist die Via Papalis, auf welcher sich der päpstliche Krönungszug bewegt. Innerhalb der Kreisfläche haben die Päpste nie gewohnt, denn der viel jüngere Quirinal war nur eine Sommerresidenz.

Die Heilige Treppe (SS. Salvatore delle Scale Sante).

Nur die Laterankirche selbst bewahrte ihre Grösse und ihren ehrwürdigen, über alle andern übergreifenden Primat. Ihr Clerus ging bei der glänzenden Fronleichnamsprocession vor dem der Peterskirche; sie sprach kein anderes Gebet als das Gebet des Herrn; in ihr wurde beim ‚Agnus Dei' das ‚da nobis pacem' weggelassen, weil sie selbst ein Jerusalem und der ewige Friede war: ursprünglich hatte sie, als ein unverletzliches Asyl, nicht einmal Thüren, sondern einfache Vorhänge, damit männiglich eine Zuflucht in ihren Mauern finde. Sie ist vornehm und angesehn wie alter Adel — sie ist auch conservativ wie alter Adel und hält unverbrüchlich an den ererbten Institutionen, an ihren heiligen Familientraditionen fest. Nicht dass sie äusserlich dieselbe geblieben wäre; o, keine Basilica ist so viel Unglücksfällen, so viel Veränderungen ausgesetzt gewesen als die Lateranbasilica: Der Bau Sergius III. zerstörte die Kirche Constantins, und auf den Fundamenten des Sergius-Baus erhob sich zwischen den Jahren 1560—1746 etwas ganz Fremdes, ganz Unconstantinisches. Seit dem fünfzehnten Jahrhundert ward die Basilica erneuert und reich geschmückt, 1650 im Innern durch Borromini barock umgestaltet; 1734, unter Clemens XII., einem Corsini, erbaute Alessandro Galilei die neue Façade und die schöne Capelle Corsini. Sie ist völlig modernisirt; nur der Hauptaltar mit dem gothischen Tabernakel besitzt nebst einigen Monumenten ein relatives Alter, er stammt aus der Zeit Urbans V., der die Basilica nach dem zweiten Brande im Jahre 1360 wieder aufbaute und in jenem Tabernakel die bis dahin in Sancta Sanctorum verwahrten Häupter der Apostelfürsten niederlegte; ausserdem stehen manche Reste der ältern Sergius'schen Kirche in dem schönen Klosterhofe, der mit seinen gewundenen und mosaicirten Säulchen an Farbe und an eigenthümlichem Reiz nur dem der Paulskirche verglichen werden kann; wie jener gehört er dem dreizehnten Jahrhundert an. Man sieht in ihm den alten bischöflichen Stuhl und viele interessante Reliquien — einen ehernen Hahn, der die Nachfolger Petri an die Schwäche der menschlichen Natur erinnern sollte (ET GALLVS CANTAVIT), die Säule, welche sich, „was die mehr als steinernen Herzen der Juden nicht gethan", in Jerusalem bei Jesu Tode in zwei Hälften spaltete (ET PETRAE SCISSAE SVNT) und das Mass Christi in Form eines steinernen Tisches. Schade dass sich unter diesen Raritäten der marmorne Nachtstuhl (Sella stercoraria) nicht findet, der in der Vorhalle der Sergius'schen Basilica, vor der heiligen Thüre stand und auf den sich der Papst bei der Besitznahme niederlassen musste, um der irdischen Gebrechlichkeit eingedenk zu sein: Er hebet auf den Dürftigen aus dem Staube nnd erhöhet den Armen aus dem Koth, dass er ihn setze unter die Fürsten und den Stuhl der Ehren erben lasse (SVSCITAT DE PVLVERE EGENVM ET DE STERCORE ERIGIT PAVPEREM, VT SEDEAT CVM PRINCIPIBVS ET SOLIVM GLORIAE TENEAT, 1. Sam. II, 8; Ps. CXIII, 7). Der Sessel war antik und ursprünglich ein Badestuhl, ähnlich dem aus Rosso antico, der im Pio-Clementinischen Museum, im Gabinetto delle Maschere aufbewahrt wird.

Brunnen im Klosterhof des Laterans.

Man nennt solche Hallen Kreuzgänge, nicht etwa, weil sie selbst kreuzförmige Gänge gewesen wären, da sie vielmehr den vier Seiten eines Quadrats entsprechen, sondern, weil sich der Kreuzgang, d. h. der feierliche Umzug der Mönche mit dem Kreuze zur Andacht an den hier befindlichen Gräbern durch sie hindurchbewegte (lat. claustrum, it. chiostro, franz. cloître).

Der ganze Lateran steckt in dem alten Kreuzgang, Johannes der Täufer hat äusserlich fast nichts von seiner früheren Herrlichkeit und Würde als die Mosaiken der Tribüne und den Leoninischen Porticus behalten — und doch weht in dem complicirten Werke später, weit auseinander liegender Restaurationen noch der fromme, conservative Geist der ersten Jahrhunderte: bis auf den heutigen Tag gilt es von der Lateranbasilica, was Abälard von ihr gerühmt hat, dass sie allein unter allen Kirchen der Stadt die alte Ordnung des Gottesdienstes, das alte Officium und die alte Liturgie unverfälscht bewahre, was nicht einmal die Peterskirche thue; noch heute wird in ihr am Sonntag vor dem Hochamt unter dem Gesange der Litanei in Procession gegangen,

Kreuzgang im Kloster des Laterans.

noch heute bei der Seelenmesse der Name des Verstorbenen genannt, noch heute am Johannisabend das Gewürznäglein eingesegnet: die Gewürznelken (Chiodi di garofano), in welche sich die anwesenden Geistlichen theilen, haben eine unverkennbare Beziehung auf das Würz- oder Johannisfeuer, in welches man von jeher aromatische Kräuter und Weihrauch geworfen hat.

Und noch heute werden am Lateran, zu San Giovanni in Fonte die Ungläubigen getauft — aus dem Brunnen, in dessen Wassern Constantin der Grosse und in Constantin dem Grossen das Heidenthum untertauchte und des unheilbaren Aussatzes genas, steigt alle Jahre am Ostersonnabend die wiedergeborene Schaar der Neophyten, der bekehrten Juden, Türken und Heiden in weissen Kleidern auf: ascendit grex dealbatorum de lavacro. In Gestalt der Osterkerze, gleich der Feuersäule, die das Volk Israel durch's Rothe Meer geleitet hat, geht ihnen Christus voran und empfängt mit ihnen von Täufers Händen das heilige Sacrament: der Lateran ist noch immer die Stätte, wo der Vorläufer das Messiasreich ankündigt und das alternde Erdenrund verjüngt.

Die stille Woche ist vorbei, sie war nicht nur still, sie war auch dunkel wie das Grab. Die Sonne der Welt ging unter, sie versank weinend „in Tenebris"; die christliche Kirche verhüllte sich und schwieg. Charfreitagsruhe und Charfreitagsweh lag bleiern auf der Natur, das Universum schien sich in ein Castrum doloris zu verwandeln, in dem der Candelaber mit den fünfzehn Kerzen brannte: die fünfzehn Kerzen erloschen eine nach der andern und durch die Finsterniss erklang das Miserere. Eine lange Nacht, lang, lang und sternenlos — da endlich graut der Morgen des grossen Sabbats, das himmlische Licht erneut sich und kehrt sieghaft wieder, und, wie das jungfräuliche Feuer der Vesta, muss es frisch angefacht und der verborgenen Quelle rein entnommen werden.

Aus hartem Stein wird der Himmelsfunken herausgeschlagen, ein Häuflein Kohlen in Brand gesteckt und die Gluth in einer Pfanne zum Tempel hineingetragen. Hier ist die Geistlichkeit versammelt: der Diaconus in weisser Dalmatica nimmt ein Rohr, an dem drei Lichter, Sinnbilder des drei Welttheile bescheinenden Evangeliums, befestigt sind; er senkt das Rohr, zündet das erste Licht an und singt:

Lumen Christi!

Er geht bis in die Mitte des Schiffs und zündet das zweite Licht an:

Lumen Christi!

er kniet an den Stufen des Altars nieder und zündet das dritte Licht an:

Lumen Christi!

Mit diesem ‚Lumen Christi' wird endlich die grosse Osterkerze, der Cereus Pasqualis, angebrannt, der gleich dem auferstandenen Christus neben dem Altar aufgepflanzt ist, der gleich dem Leibe des Erlösers fünf Wunden und fünf Weihrauchkörner hat, und der die ganze Osterzeit hindurch beim Gottesdienste brennt, bis zu Himmelfahrt, wo er während des Hochamts nach dem Evangelium ausgelöscht wird. Zugleich werden alle übrigen Kerzen und Lampen der Kirche angezündet und Strahlen der jungen Sonne auch der Gemeinde mitgetheilt. Es ist bekannt, zu welchen Unruhen, ja zu welchem gottlosen Scandal das Fest des heiligen Feuers zu Jerusalem in der Grabeskirche alljährlich Anlass giebt.

Die Osterkerze ist das Licht, welches die Welt erleuchtet: sie erleuchtet alle Heiden; der Taufquell, nach dem die Neubekehrten wie Hirsche nach frischem Wasser schreien, wird durch sie erschlossen, durch sie geweiht, durch sie aus den Tiefen der Erde hervorgelockt. *Sicut cervus desiderat ad fontes aquarum* — unter dem Gesange dieses Psalmen ziehen die Täuflinge in die Constantinische Taufkapelle, lange Zeit die einzige innerhalb der Mauern, in das mächtig emporstrebende, von acht Porphyrsäulen getragene Octogon und hinab in das Bassin, auf dessen Grunde ein basaltenes Becken steht. Das ist der Taufstein: an ihn tritt der Generalvicar, wie

Johannes an den Jordan, taucht die Osterkerze in das Wasser, theilt das vergottete Nass mit der rechten Hand in Kreuzesform, es nach den vier Weltgegenden führend, sprengt davon auf die Gemeinde und auf die Häuser der Stadt, giesst das Chrisma und das Katechumenenöl hinein, und dann tauft er Constantin den Grossen und Constantin den Kleinen im Namen des Vaters und des Sohnes und des heiligen Geistes, Amen — — Rom ist abermals eine christliche Stadt geworden, es entsagt dem Teufel und allen heidnischen Werken und Gezierden, und es beginnt die Feier des heiligen Abendmahls, welches heute alle Gläubigen, mit Ausnahme der Excommunicirten, geniessen müssen. Man nennt das ‚pigliar pasqua' oder ‚rendere la pasqua'.

In aede curiae meae, quae S. Joannis in Laterano inscribitur, paschali redeunte laetitia, sacra de altari libavi — also lautet das darüber ausgestellte Zeugniss.

IV.

Das Fest Johannis des Täufers steht in einem bemerkenswerthen Gegensatz zu den Festen anderer Heiligen, weil bei letzteren der Todestag, als der Geburtstag ihres besseren Selbst, gefeiert zu werden pflegt, während bei Johannes wie bei Christus und der Maria der wirkliche Geburtstag zu seinem Rechte kommt. Am 24. Juni, zur Zeit der Sommersonnenwende wird gleichsam das Sommerweihnachten begangen; in der Mittsommernacht ist grosser Blumenmarkt auf dem Lateranplatz; in der ‚Notte di San Giovanni' muss alles fröhlich sein.

Trotz des Mondscheins ist es dunkel: das Auge der Nacht verbirgt sich hinter den Mauern der ehrwürdigen Kirche, deren Thürme und Bildsäulen sich grell gegen die klare Luft abzeichnen. Rechts ragt der Obelisk stumm und in steinerner Ruhe in die Höhe, er blickt unbeweglich auf das nächtliche Phantasiestück, das er so oft gesehn hat, seinen eignen Sommernachtstraum träumend. Denn ihm zu Füssen geht's lustig und lärmend zu: auf der Erde, die heute wunderbar und wie fiebernd mit allen Bäumen rauscht, wird bei Lampenscheine ein Bacchanal gefeiert; über das Glacis, das sich zur Aurelianischen Stadtmauer sanft hinabsenkt, braust und irrlichtelirt und tollt es. Der Täufer hat seine Messe: überall sind Verkaufsbuden improvisirt, wo Blumen und Sträusse feilgehalten werden; die ganze Atmosphäre ist mit dem Arom von Lavendel und Thymian geschwängert, und die auf und abwogende Menge trägt sich mit Knoblauchdolden, um die bösen Geister abzuwehren. Rundherum Tische, an denen Schnecken gegessen werden, deren Saison beginnt: Augenkranke und Unfruchtbare, denen sie bereits Plinius empfiehlt, nehmen sie „per devozione" in ungeraden Zahlen zu sich. Hier und da ist ein Holzstoss angezündet, um einen „Spaccio di vino" zu erleuchten; um einen Hirten, der malerisch, mit brennender Kienfackel in der Mitte steht, tanzt es den Ringelreihn, die Guitarre und die Mandoline klingt — alles schwärmt, alles schmaust, alles schwelgt, der ganze Platz dreht sich wie im Wirbel, nächtlicher Zauber spukt in tausendfacher Laune — da schimmert das Morgenroth über den Sabiner Bergen, die Tische und Bänke werden weggeräumt, die Menge verliert sich und löst sich wie eine Schaar von Elfen in dünne Luft auf: dafür wird's in der Laterankirche lebendig, die Glocken läuten und die Frühmesse des Johannistags hebt an.

Als ob der heilige Vorläufer abermals seine Stimme in der Wüste erschallen liesse und predigte: Bereitet dem Herrn den Weg! — Denn es unterliegt keinem Zweifel, dass diese nächtliche Johannisfeier gleich der Feier der Walpurgisnacht ein Stück Abgötterei ist, das in's Christenthum hineinragt, und dass das versammelte Volk da draussen nach alter Sitte zu alten Göttern betet — zu jenen Göttern, die das bekränzte Jahr über die Erde führen, zu den Göttern, welche die vorgeschriebene Reise mit Donnergang vollenden, zu den Göttern, deren Segen uns, durch die Himmel wehend, hehr und ahnungsvoll umwittern.

Aurora über der Erde auffahrend. Clotho den Lebensfaden spinnend. Lachesis die Nativitas stellend. Luna den Wagen abwärts lenkend. Psyche. Prometheus den Menschen bildend. Minerva ihn beseelend. Atropos in den Mantel eingehüllt. Der stille Gott die Fackel senkend. Nemesis neben dem Abgeschiedenen sitzend und das Buch aufrollend, in welchem die Thaten seines Lebens verzeichnet sind.

Reliefs von einem Sarkophage aus sehr später Zeit, dessen Stil den Uebergang zur christlichen Kunst zeigt (Capitolinisches Museum).

Auferweckung des Lazarus. Petri Verleugnung. Moses die Gesetztafeln empfangend. Brustbilder der Beigesetzten. Isaaks Opfer. Pilatus bei Verurtheilung des Heilands seine Hände waschend.

Moses Wasser aus dem Felsen schlagend. Gefangennahme des Petrus. Daniel in der Löwengrube. Moses dem Volke das Buch des Bundes vorlesend. Heilung des Blindgeborenen. Vermehrung der Brode und der Fische.

Sarkophag des Petronius Probus, gefunden auf dem Gottesacker der heiligen Lucina, nachmals Altar in einer Capelle von Santa Maria Maggiore, gegenwärtig im christlichen Museum des Lateran.

Wie am ersten Mai der Einzug des Lenzes und der Sturm und Drang des Frühlings Veranlassung gegeben hat, des einäugigen Wodans und des Wüthenden Heeres zu gedenken, so mag es am vierundzwanzigsten Juni die Sonnenwende, die linde Sommerluft und das geheimnissvolle Waldweben gewesen sein, was unsere Väter überrascht und ihre Aufmerksamkeit herausgefordert hat.

Ebenso zweifellos ist es, dass jene alten Götter unter dem Einflusse des Christenthums zu Teufeln und ihre Bekenner, die Heiden, zu Zauberern und Hexen herabgesunken sind. Dass die Johannisnacht, wie bei uns die Walpurgisnacht, in Rom für die Periode gilt, in welcher verwunschene Eulen ihr unheimliches Wesen treiben, haben wir bereits auf Seite 78 zu erzählen Gelegenheit genommen. Auf dem felsbedeckten Scheitel des Brocken erinnert man sich der Zeiten, wo die Sachsen dem Wodan Gefangene opferten und Rosse schlachteten; aus dem hier gepflegten Götterdienst entwickelte sich dann, als das Christenthum obsiegte, die poetische, mit Spukgeheimniss untermischte Sage. So mögen die alten Römer am Hügel Coelius ihrem Mars und ihrem Apollo geopfert haben, und diejenigen, die daran festhielten, später als Hexen und Hexenmeister verschrieen worden sein. Der Gedanke an eine Wechselbeziehung zwischen Ketzerei, Heidenthum und Zauberei ist schon in den ersten christlichen Jahrhunderten aufgetaucht; der erste Ketzer, welcher 385 zu Trier unter Maximus, dem Gegenkaiser Gratians, den Tod durch Henkershand erlitt, der spanische Bischof Priscillian, war auch der Zauberei beschuldigt.

Antike Portraitstatue des Sophokles. (Museum Gregorianum Lateranense.)

Es ist männiglich bekannt, dass dann diesen Hexen und diesen Zauberern der Process gemacht und dass nach gerade der Bekenner des Heidenthums von den Christen verbrannt wurde wie vorher der Bekenner des Christenthums von den Heiden.

Man achte, wie merkwürdig der Spiess im Laufe der Zeiten umgekehrt worden ist. Wie lange wird es dauern, dass derselbe Laurentius, der auf dem Roste gebraten worden ist, selbst einen Rost über die Kohlen stellt, um einen Ketzer darauf zu legen, dass der Märtyrer martert und dass der Heide für seinen Glauben leidet.

V.

Das Museum Lateranense wurde 1843 von Gregor XVI. gegründet und für Alterthümer bestimmt, die im Vatican und auf dem Capitol keinen Raum hatten; der Palast ist feucht und ungesund, und da es die Menschen nicht konnten, sollten die Statuen drin wohnen. Pius IX., der Nachfolger Gregors der Zeit und der Nachfolger des Damasus dem Geiste nach, fügte 1857 eine Sammlung altchristlicher Sarkophage und Inschriften, die Ausbeute von de Rossi's und P. Marchi's Katakombenforschungen hinzu. Die beiden Kategorien sind getheilt: das Profan-Museum befindet sich im Erdgeschoss des Palastes, das christliche Museum im ersten Stocke; neben letzterem, welches auch viele Kopien von alten Fresken enthält, befindet sich eine moderne Gemäldegallerie, darin das Portrait Sixtus V. als Papst und als Kardinal. Das gregorianische Museum ist eins der drei grossen römischen, sein Cabinetsstück die antike, 1838 in Terracina gefundene Portraitstatue des Sophokles, die würdig aufzustellen es hauptsächlich angelegt ward; in ihm, möchte man mit der Iphigenie sagen, in ihm hab ich seit meiner ersten Zeit das Muster des vollkommnen Manns gesehn. Aus dem christlichen Museum bringen wir die sitzende Statue des heiligen Hippolytus, die Winckelmann für das beste bekannte Beispiel der frühchristlichen Bildhauerkunst erklärt; man setzt sie in das sechste Jahrhundert. Der angesehene Kirchenlehrer sitzt in würdiger Haltung mit dem Philosophenmantel bekleidet auf einer Kathedra; der rechte Elbogen ruht auf einem Buche, das er in der linken Hand hält, die rechte Hand ist auf die Brust gelegt. Da er sich durch Verbesserung des Ostercyclus um die Feststellung des Kirchenjahres verdient gemacht und sein vom Jahre 222 bis zum Jahre 333 reichender Canon Paschalis einige Berühmtheit erlangt hat, so ist derselbe an der Stuhllehne eingegraben worden; auf der andern Seite steht das reichhaltige Verzeichniss seiner Schriften. So bemerkt man neben dem Sophokles eine runde Büchse, die seine Tragödien enthält (Scrinium, Capsa).

Diese beiden Männer, der eine im profanen der andere im christlichen Museum, der griechische Dichter und der altkirchliche Schriftsteller, zwei beiderseits hochbedeutende Persönlichkeiten, sie stehen da wie die Repräsentanten zweier Welten und zweier Weltansichten. Der eine mit sich selbst und mit der Natur in Uebereinstimmung, der andere mit der Natur zerfallen und ein christlicher Weltüberwinder — der eine harmonisch ausgebildet und entwickelt, ergeben in das Schicksal und heiter, in edler, stolzer Männlichkeit über die Erde schreitend, der andere die Spuren geistiger Kämpfe im Angesicht, gedankenvoll auf seinem Stuhle sitzend und in Ueberzeugungstreue die Hand auf's Herz gelegt — der eine die Menschheit mit der leichten Grazie eines edlen Geistes grüssend, der andere sie voll tiefen Ernstes auf das Jenseits und auf ein besseres Dasein weisend — der eine ein lebensfroher Mensch, der andere ein Fremdling auf Erden, der etwas Höheres als das Leben hinter dem Leben sucht — —

So ist das Heidenthum und so das Christenthum. Wer möchte leugnen, dass die Weltansicht eines Hippolytus eine tiefere und gewissermassen eine vornehmere ist als die eines Sophokles; und wer möchte anderseits leugnen, dass sie gegenüber seiner urwüchsigen Gesundheit einen schmerzlichen Zug und jene leise Traurigkeit besitzt, die, wie der Wolkenflor um die Kuppe des Mont Blanc, so häufig um die Stirnen der edelsten Geister schwebt. Die antike Welt ist krank, krank und enttäuscht wie Hamlet, darum wird sie christlich. Sie ist sehr gebildet und hat viel gelitten, darum wählt sie eine entsagende Religion, die in Wüsten flieht. Alle Völker thuen das, wenn der goldne Traum der Jugend verflogen ist, der Buddhismus beruht auf ganz ähnlichen Anschauungen. Und allemal stehen sie dann geistig höher, aber sind auch kränker; junge Nationen können derlei Philosophie zwar annehmen, aber niemals aus sich erzeugen, sie besitzen dazu viel zu wenig innere Geschichte. Wie? Sollte eine trübe Resignation, eine wehmüthige Weltflucht das Vollkommenere sein? Sie bezeichnet eine höhere, nicht die letzte Stufe der Entwickelung. Wenn einst ein durchgebildetes Geschlecht sich mit der Natur versöhnen und, vom Christenthum durchgeistigt und geadelt, zur schlafenden Antike sagen sollte: Steh auf! Verkläre dich und erwache! — dann würde das Weltall, wenn es sich selbst empfinden könnte, als an sein Ziel angelangt, aufjauchzen und den Gipfel des eigenen Wesens und Werdens bewundern.

Es wäre verjüngt, es wäre w i e d e r g e b o r e n, es erstünde ein neuer Sophokles, schöner, erhabener und milder als zuvor.

Sanctus Hippolytus,

saeculi tertii scriptor ecclesiasticus.

Statue im Christlichen Museum des Lateran.